加纳特码新集装箱码头工程项目技术与管理论文集

Papers on Technology and Management of New Container Terminal Project in Ghana

主编 杨 涛 陈汨梨

中国港湾工程有限责任公司
CHINA HARBOUR ENGINEERING COMPANY LTD.

河海大学出版社
HOHAI UNIVERSITY PRESS
·南京·

图书在版编目(CIP)数据

加纳特码新集装箱码头工程项目技术与管理论文集／
杨涛，陈汨梨主编．－－南京：河海大学出版社，2022.8
　ISBN 978-7-5630-7477-8

　Ⅰ．①加…　Ⅱ．①杨…②陈…　Ⅲ．①集装箱码头－
码头工程－技术管理－加纳－文集　Ⅳ．①U656.106-53

中国版本图书馆CIP数据核字(2022)第031886号

书　　名	加纳特码新集装箱码头工程项目技术与管理论文集 JIANA TEMA XIN JIZHUANGXIANG MATOU GONGCHENG XIANGMU JISHU YU GUANLI LUNWENJI
书　　号	ISBN 978-7-5630-7477-8
责任编辑	俞　婧
特约编辑	王丹妮
责任校对	王　敏
封面设计	徐娟娟
出版发行	河海大学出版社
地　　址	南京市西康路1号(邮编：210098)
电　　话	(025)83737852(总编室)　(025)83722833(营销部)
经　　销	江苏省新华发行集团有限公司
排　　版	南京布克文化发展有限公司
印　　刷	南京迅驰彩色印刷有限公司
开　　本	787毫米×1092毫米　1/16
印　　张	22
字　　数	517千字
版　　次	2022年8月第1版
印　　次	2022年8月第1次印刷
定　　价	240.00元

目录
CONTENTS

港口施工

ACCROPODE™ Ⅱ护面块体安装常见问题解决办法 ········ 003
ACCROPODE™ Ⅱ型护面块体裂缝分析及处理措施 ········ 011
可视化坡度控制系统在深水防波堤理坡施工中的应用 ········ 018
声呐三维成像技术在新型护面块体ACCROPODE™ Ⅱ安装中的应用 ········ 026
浅析法标薄膜密度计仪检测压实度的应用 ········ 035
CAT390D29 m加长臂挖掘机改造技术探析 ········ 040
防波堤护面块体可视化量测技术分析及应用 ········ 045
吊机装配Echoscope可视化设备在护面块体安装中的应用 ········ 052
无掩护海域水位变动区ACCROPODE™ Ⅱ护面块体安装技术研究 ········ 060
护面块体创新型移除装置在深水防波堤中的应用 ········ 068
港口工程吹填砂陆域地基处理质量控制及沉降分析 ········ 074
无掩护海域水下护面块体安装质量控制方法 ········ 080
抗浪垫层块石的设计及施工可行性分析 ········ 085
信息系统在国际工程交工验收中的应用 ········ 091
水下液压整平机的工艺原理及在加纳特码项目的应用 ········ 096
一种新型高效打夯设备在港口项目的应用 ········ 104
水下整平机在重力式码头基床整平中的应用 ········ 110
季风期防波堤施工临时防护措施 ········ 117
新型快速掏除桩芯砂装置制作及应用 ········ 125
深水防波堤船抛工艺控制措施 ········ 129
高效修补技术在沉箱孔洞修补工程中的应用 ········ 136
浅谈40 m大跨度门机横移安全管理 ········ 144
GPS系统在远程石料运输安全管理中的应用 ········ 151

悬吊大跨度贝雷梁在现浇胸墙中的推广应用 ················· 156
整体收支式内胆模板在大型沉箱预制中的应用 ················· 162
护面块体可视化安装设备选型对比分析 ······················· 173
轻量型水下整平机的制造 ··································· 180
国内外斜坡式防波堤越浪量计算方法比较 ····················· 188
浅析码头橡胶护舷的优化设计 ······························· 197

疏浚与吹填

航速及纬度误差对Octans航向值的影响 ······················· 207
大涌浪条件下的吹填施工防护方案研究 ······················· 212
粗颗粒对水力吹填效率影响的分析与计算 ····················· 218
浅析水下炸礁在硬土质疏浚施工中的应用 ····················· 224
浅谈凿岩棒在航道沉船障碍物清理中的运用 ··················· 230
浅析砂源探测在加纳特码项目中的研究与运用 ················· 236
"东祥"号200 m³抓斗土质适应性分析 ························ 242
浅谈欧洲知名疏浚企业排泥管线技术 ························· 247
防波堤对"东祥"号施工的掩护分析 ·························· 254
浅谈疏浚吹填对海洋生态环境的影响及监测控制 ··············· 261
大涌浪条件下回填砂防护方案的研究与运用 ··················· 267
改造水囊进行沉船拖带的方法综述 ··························· 274

设计技术

采用UKC模型及概率方法优化航道设计水深 ··················· 281
基于PIANC的国外港口工程护舷设计方法 ····················· 289
深水斜坡堤堤脚块石稳定性分析 ····························· 299
不均匀沉降影响下的方块码头胸墙内力有限元分析 ············· 306
石料质量综合评估法在海外防波堤工程中的应用 ··············· 317
国外大预制沉箱吊装施工的吊耳设计 ························· 325
加纳特码项目钢管桩选锤及停锤标准介绍 ····················· 333
基于欧标的防波堤块石级配设计 ····························· 341

港口施工

ACCROPODE™ Ⅱ 护面块体安装常见问题解决办法

杨 涛[1],吴多贵[1,2]

(1. 中国港湾西部非洲区域公司,科特迪瓦阿比让 06BP6687;
2. 中交四航局第三工程有限公司,广东湛江 524005)

摘 要:预制护面块体主要用在护岸及防波堤工程中,起消浪作用。ACCROPODE™ Ⅱ型块体强健性好、消浪性好、稳定性强,并可单层施工,应用非常广泛,是迄今为止全球最为流行的人工护面块体。本文以加纳特码新集装箱码头工程为例,论述在护面块体安装过程中遇到常见问题的解决办法。

关键词:ACCROPODE™ Ⅱ;护面块体安装;常见问题

1 前言

预制护面块体主要用在护岸及防波堤工程中,起消浪作用。护面块体种类很多,在中国,常用的人工护面块体有四角锥型、扭工字块、扭王字块和栅栏板等,近年来以扭王块应用较多。在海外,人工块体的研究和应用非常广泛,目前以 ACCROPODE™ Ⅱ 型、Core-Loc™ Ⅰ 型、Core-Loc™ Ⅱ 型、Xbloc@为主的钩联型块体为主,此类块体强健性好、消浪性好、稳定性强,并可单层施工,应用非常广泛,其中 ACCROPODE™ Ⅱ 型是迄今为止全球最为流行的人工护面块体。

2 工程概况

加纳特码新集装箱码头工程位于非洲最大的人造海港加纳特码港西侧。该工程防波堤全长 3 558 m,为斜坡式抛石堤结构,最大水深 16 m,设计高水位+1.50 m,设计低水位+0.20 m。防波堤采用 1~1 000 kg 块石作为堤心,内侧坡面依次为 300~500 kg 垫层块石及 2~5 t 护面块石;外侧斜坡面依次为 1~2 t 垫层块石、2~5 t 护面块石和 2 m³ 护面块体,护面块总工程量为 3.7 万件。图 1 为防波堤典型断面图。

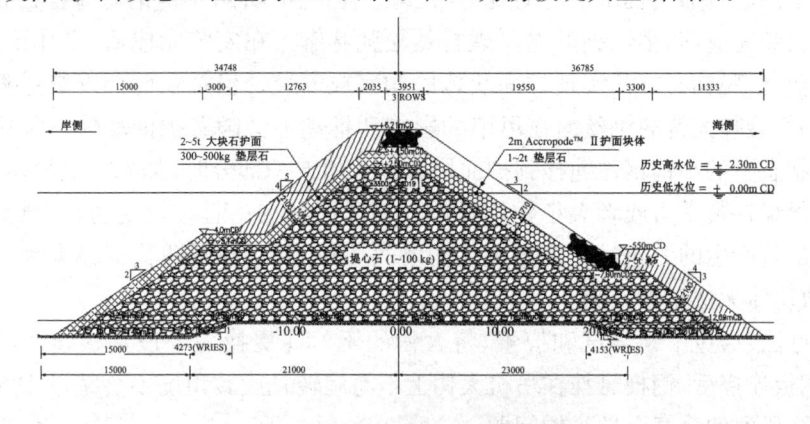

图 1 防波堤典型断面图(单位:mm)

工程所用护面块体为 CLI 专利的 ACCROPODE™ Ⅱ 型护面块体，采用 Echoscope 实时声呐成像和天宝 GPS 实时定位结合的监测安装技术，ACCROPODE™ Ⅱ 是经过 CLI 公司不断研究和优化的产品，在单个重量比较轻的情况下通过块体之间的充分连锁，以达到良好的消浪和抗冲击效果，但它的安装要求遵守 CLI 企业标准，对护面块体的安装达到如下要求：

（1）安装密度满足 95%～105%；

（2）需单层安装，块体安装后超出设计轮廓线部分不得超过块体厚度的 1/3，且每块块体需与垫层接触；

（3）块体与块体之间连锁且不能自由活动；

（4）任何块体周围的四块都需形成"钻石形状"；

（5）块体之间的空隙以垫层块石不能在外力作用下逃离为控制标准；

（6）相邻位置的块体安装需采用不同的姿态。

安装标准的严格要求给该分项工程施工带来了巨大的挑战。此外，特码港常年受长周期波影响，近岸波浪大，每年 5—10 月的雨季期间海况恶劣，防波堤外侧涌浪较大，制约护面块体安装进度和安装质量。采用声呐三维实时成像系统 Echoscope 进行水下护面块体安装，水下安装会受到风浪影响，安装过程中可能会遇到硬件设备、安装软件、安装人员经验不足、水位变动区难以安装、安装无法满足验收标准等问题，会制约护面块体的安装进度和质量，无法及时对防波堤进行有效防护，影响项目总体施工进度。

3 硬件设备问题

本项目采用两台装有 Echoscope 的设备进行护面块体安装，分别为 150 t 履带吊和日立 EX1200 挖机，吊机安装水下前 4～6 排，标高为 −8～4 m，挖机再接着安装至出水。吊机采用的桁架系统和挖掘机支架系统设计不同，在安装过程中分别遇到了不同的硬件问题。

3.1 吊机安装遇到的问题和解决办法

（1）钢丝绳环绕块体导致的脱钩问题

吊机采用脱钩器实现水下自动脱钩，大钩悬挂护面块体，小钩钢丝绳挂在脱钩器上。理论上未安装完成前，小钩钢丝绳呈现自然松弛状态。在安装完成后，操作吊机命令拉紧小钩钢丝绳，脱钩器打开实现护面块体脱钩完成安装。但是在前期安装过程中，护面块体入水后，悬挂大钩的钢丝绳在风浪的影响和推动下会随着护面块体一起旋转，当在自然松弛状态下的小钩钢丝绳挂到护面块体的一角或一部分时，如果护面块体旋转会导致小钩钢丝绳拉紧受力或者大小钩钢丝绳互相环绕缠在一起拉紧受力，当风浪较大时，护面块体旋转产生的力超过脱钩器脱钩需要的力时，就会导致脱钩器非人为、非意愿性脱钩，导致块体无法正常安装。

解决办法：通过不断尝试和摸索，将大钩的钢丝绳更换为 3 段钢板连接，如图 2 所示，采用钢板连接后，钢板悬挂在吊机大钩上不易旋转且旋转角度不会超过 180°，解决了钢丝绳环绕导致的非意愿性脱钩问题。

（2）风浪较大导致安装桁架摆动幅度大无法安装问题

桁架装配 Echoscope 声呐头和天宝测量盒子 F180，在安装时，需起重工通过拉绑在架子上的绳子保持架子垂直坡面，使声呐头扫描到坡面，有利于在软件上获得良好的视觉。当风浪较大时，架子摆动大，起重工无法控制架子方向，影响安装。

解决办法：可在吊机上挂滑轮，通过滑轮拉动绳子，这样更加省力且较容易控制方向。当风浪很大影响安装时，可考虑暂停安装，待风浪小后再继续安装。

图 2　吊机钢板取代钢丝绳安装

3.2　挖掘机安装遇到的问题和解决办法

（1）架子经常被碰变形影响安装的问题和解决办法

在挖机上安装的架子上装配 Echoscope 声呐头，在安装时垂直坡面安装，在软件上获得较好的视觉效果，但是由于挖机上架子可以自由上下调整角度，在挖机伸缩臂过程中也会影响架子角度，当挖机臂往回伸缩时，架子会自动往下调整角度，容易碰到下面已经装好的护面块体，导致架子变形，严重的可能会碰到 Echoscope 声呐头导致损坏。

解决办法：2D 窗口真实反映水下护面块体的实时状态，当声呐头离护面块体较远时，在 2D 窗口显示的单个块体较小；当声呐头离护面块体较近时，在 2D 窗口显示的单个块体较大；当声呐头特别接近护面块体时，2D 窗口下角会出现黑点，整个窗口只能看到 1~2 个块体。在安装过程中，机手和技术员要时刻观察软件显示的 2D 窗口，当出现黑点或者显示单个块体较大时，适当抬高架子避免被碰到而导致损坏，见图 3。

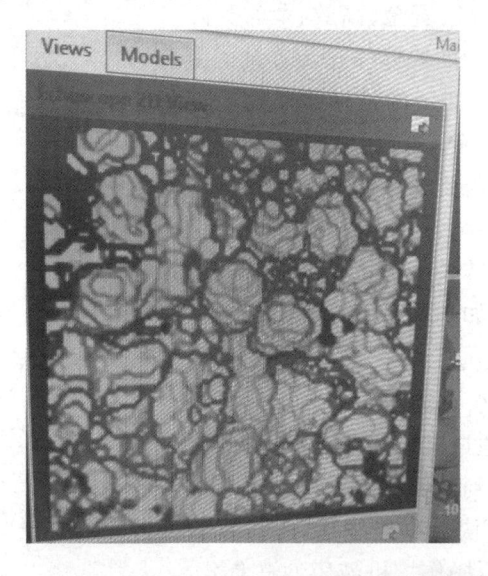

图 3　Echoscope 软件 2D 正常安装距离护面块体显示窗口

（2）挖机旋转头悬挂护面块体的挂环太宽导致易脱钩问题

本项目采用回旋式 5 t 吊具，旋转板两个悬挂点相距 90 cm，如果直接悬挂就会导致护面块体在水下安装的过程中非意愿性脱落，影响安装。

解决办法：如图 4 所示，在两个悬挂点之间增加一个直径 30 cm 左右的圆环作为束腰环，约束和限制铁链之间的距离，解决护面块体在水下非意愿性脱落的问题。

图 4　增加束腰环防止脱落

3.3　块体掉落、位移或安装不正确处理方法

在护面块体安装过程中，块体可能会因为脱钩器、钢丝绳、恶劣海况、操作原因等问题导致非意愿性脱钩或位移，无法满足安装标准和要求，需要被吊起移除重新安装。当出现错误块体影响安装时，项目前期水下移除块体常用的办法是潜水员下水挂钩移除，存在对海况要求高、效率低、成本高、安全风险大、程序复杂等缺点。

新解决办法：创新发明的新型护面块体移除装置，实现水下无人、经济、安全、高效、及时移除错误块体。新型防波堤护面块体移除装置结构由挖机旋转头、伸缩油缸和加工的带环钢丝绳三部分组成，将加工好的带环钢丝绳无挂钩环的一头从挂钩环中穿进去之后与旋转头中心位置的挂钩点连接，有挂钩环的一头与伸缩油缸连接，再通过电工扎带将钢丝绳与旋转头底板边上另一个挂钩点连接，形成套索结构（如图 5 所示）。

设计原理是将钢丝绳上的三点与挖机连接，形成较大的环状结构，水下通过 Echoscope 实时可视化声呐系统、水上通过肉眼去判断，进而通过挖机操作将钢丝绳套索到需要移除的块体上。确定钢丝绳已经套到护面块体的肢腿后，先拉紧钢丝绳与块体充分接触，再操作挖机液压油缸命令，

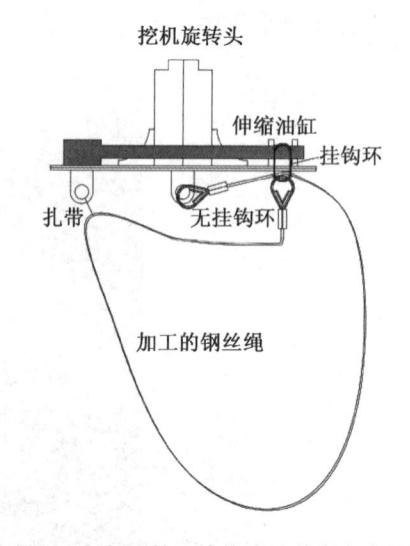

图 5　创新型护面块体移除装置套索结构

挂钩环掉落在钢丝绳上滑动。再将旋转头往一边移动,使挂钩环在钢丝绳上继续滑动到与块体接触、拉紧、出水、解除钢丝绳。

该移除装置具有以下技术优点:

(1) 工作效率更高,采用潜水员移除每块护面块体平均需要 30～40 min,而采用本技术移除水下块体平均需要 5～10 min/块;

(2) 对海况环境适应程度高,采用潜水员移除护面块体需等待良好海况方可进行,而采用本专利技术对海况适用性得到极大提高;

(3) 节约成本,不需其他起重机械设备及潜水员的配合,大大节约成本;

(4) 安全性高,不涉及潜水员水下作业,彻底将水下作业转换为陆上作业,大大降低安全风险;

(5) 时效性强,当安装过程发现问题,可立即进行移除,无需暂停该区域的施工,以等待潜水员移除护面块体。

详见表1。

表 1 创新型移除装置与传统方案对比

选项	方案	
	传统潜水员方案	创新型移除装置
时效性	潜水员准备潜水时间 1 h 以上	可立即移除
安全性	潜水安全风险大	无风险
成本	平均移除成本 500～1 000 元/块	几乎零成本
效率	平均 30～40 min/块	平均 5～10 min/块
适用性	只适用于水下	可适用于任何安装区域

4 软件问题

4.1 3D 模拟块体标记、替换、验收问题和解决办法

采用 Echoscope 系统进行护面块体安装,通过声呐成像技术生成 2D 及 3D 画面,可实时显示已安装和正在安装的护面块体姿态,利于安装和姿态的控制(图6)。3D 模拟块体根据实际安装的块体位置和姿态模拟标记,可获得安装块体的安装三维坐标,进而计算安装密度。前期只通过 3D 模拟块体标记三维情况去判断是否满足安装标准,已经安装的块体会受到上排相邻块体压力的影响出现微位移,导致之前标记的 3D 块体与实际不符,再调整需要花费一定时间,不调整就会出现空隙。有时因为 Coda 公司的安装软件 CMS 与笔记本电脑系统不兼容或者软件版本问题出现块体替换,正在安装的块体编号可能会取代已经安装的块体,导致已经安装的块体被替换。

解决办法:经过与 CLI 专利公司的沟通,该公司同意可以不以 3D 模型为依据判断是否符合安装标准,现场机手直接根据 2D 窗口显示的护面块体实时状态进行调整安装,安装完成后,技术人员从 2D 视觉、3D 三维模拟图和坐标偏差值三个方面综合判断块体的

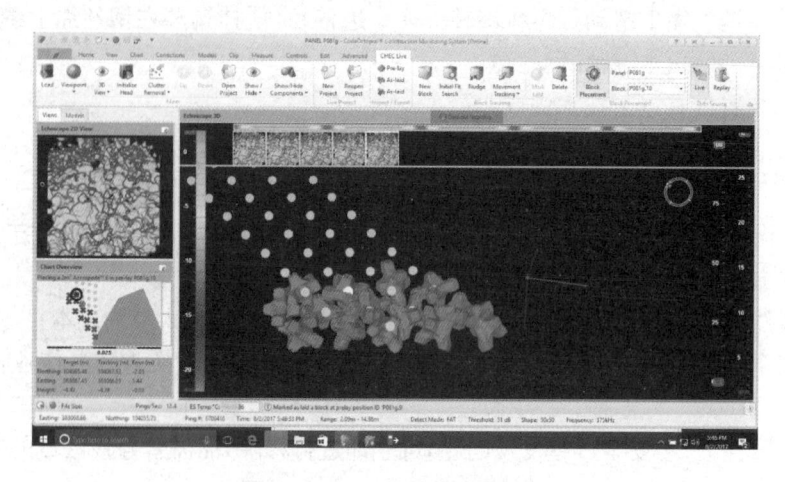

图 6　Echoscope 软件安装界面

安装状态,确保每个块体安装的精准性。当日安装完成后,用 Echoscope Coda 公司的专业水下测量扫描软件 Underwater Survey 进行水下扫描测量,再进行数据和图像处理,生成清晰的三维图像(图 7),判断是否符合安装标准。如果出现块体替换,则在替换前保存之前安装的块体安装坐标,3D 模拟块体安装完成后,无需再次调整,大大提高了安装效率。

图 7　水下扫描处理图像

4.2　安装软件死机、重启问题和解决办法

Echoscope 安装软件可能会因为版本和电脑系统不兼容的问题造成经常性死机,需要经常性重启软件或者电脑,影响安装进度。

解决办法:联系咨询 Echoscope Coda 厂家帮忙选择一台和安装软件兼容的高配置的笔记本电脑,如果在正常使用过程中出现经常性死机问题,可联系 Coda 技术人员进行软件版本更新。

4.3 3D模拟块体无法自动追踪问题和解决办法

Echoscope Coda 安装软件模拟的 3D 块体在风浪条件较好时,声呐头能扫描到整个完整的块体时,可实现模拟块体自动追踪,快速标记块体并进行判断和获取坐标。但当风浪情况较差或正在安装的块体有一部分隐藏到已经安装的块体后面,声呐头无法探测到时,3D 模拟块体就无法实现自动追踪,有时块体已经安装完成无法确定位置时,需要吊起块体重新确定,影响安装进度。

解决办法:当 3D 模拟块体无法自动追踪时,可到安装软件 Edit 菜单命令下,手动调整模拟块体的三维坐标和姿态,当块体只有一部分可见时,也可根据可见的这部分块体准确调整至模拟块体与实际块体相一致(图 8)。

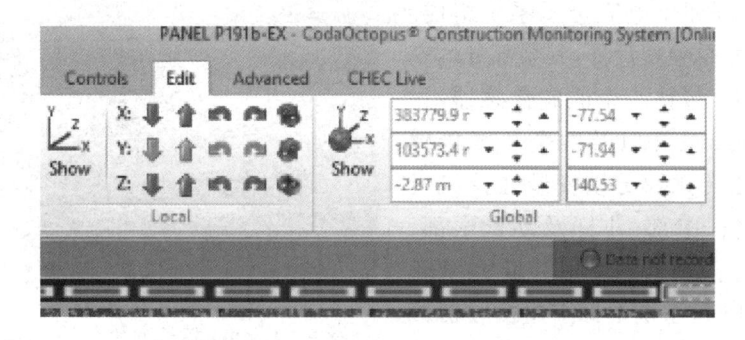

图 8 坐标和姿态手动调节菜单界面

5 其他问题

5.1 水位变动区安装困难问题和解决办法

Echoscope 系统是利用水中声波对水下目标进行探测和定位,能从实时的三维和二维声呐图像上观察和区分不同的物体的系统。当水位变动区受到涌浪的影响且涌浪较大时,声音比较杂,水中波浪对 Echoscope 声呐头的影响比较大,生成的三维和二维声呐图像不够清晰,有时需等待确定,安装进度缓慢。

解决办法:(1) 从施工组织上合理安排施工,每年 5—10 月的雨季期间海况恶劣,防波堤外侧涌浪较大,设计高水位+1.50 m,设计低水位+0.20 m。因此在 11 月到次年 4 月非季风期抓紧施工,在这段时间内正常平均有效波高 0.9~1.1 m,安装水位变动区时,图像相对较清晰。在每个月的大潮期,高水位可达+1.70 m,低水位可达+0.10 m,在高潮时利用 Echoscope 安装-2~-0.3 m 的水位变动区块体,在低潮时可直接通过之前软件标记的 3D 块体的姿态和肉眼直接看到的块体姿态判断安装是否到位,当块体之间姿态合理、钩联紧密时即可。(2) 经验积累总结,前期技术员和机手安装经验不足,对水位变动区安装没有把握,经过不断实践操作,积累出水位变动区的安装经验。机手有了一定的经验后,可直接通过二维实时图像进行安装,技术员通过二维、三维图像和安装坐标偏差值三者快速判断水位变动区是否符合安装要求,当标记三维模拟块体时,无需清晰看到全部块体,只需看到块体的某一部分,可根据这部分快速确定安装块体的姿态。

5.2 水上块体坐标获取的问题和解决办法

ACCROPODE™Ⅱ护面块体验收需满足安装密度95%～105%的要求,计算安装密度需要有每个块体的安装坐标,水下块体坐标使用 Echoscope 3D 模拟块体的坐标,Echoscope 在水上无法使用,水上坐标如果直接用全站仪或者测杆配合 RTK 测量仪进行测量存在效率低、测量精度不足等问题。

解决办法:采用装 Trimble 可视化系统的挖机测量水上块体坐标(图9)。Trimble GCS900 系统主要由感应、定位、信号中转传输、中央控制和供电五个子系统组成。除 GPS 基准站单独架设外,其余部分均安装在挖掘机上,包括一个航向传感器,一套 GPS - RTK 系统以及四个角度传感器。四个角度传感器分别安装在挖机机身、机臂的摇杆中部、斗杆及动臂根部。该系统主要依靠感应系统和定位系统获取数据。工作时,系统根据卫星接收器接收的 GNSS 信号及机载电台接收的来自

图9 Trimble 挖机测量水上护面块体坐标

基准站的位置修正信号,使用载波相位动态实时差分法(RTK)解算出厘米级精度的定位坐标。使用挖机测量的优势是精度高、效率高,使用前可用 RTK 先和挖机复核坐标确保一致。

6 结语

ACCROPODE™Ⅱ型是迄今为止全球最为流行的人工护面块体,该块体强健性好、消浪性好、稳定性强,并可单层施工,应用非常广泛,随着技术的发展和质量要求的不断提高,该类护面块体的应用会越来越广泛,项目前期遇到的硬件问题、软件问题等得到顺利解决,为本项目护面块体顺利安装提供宝贵经验,有利于防波堤早日形成永久有效防护,为工程的总体全面施工提供有力保障。通过经验的不断积累和总结,为今后类似大型深水防波堤护面块体安装提供宝贵的经验。

参考文献

[1] CLI COMPANY. CLI Guide in ACCROPODE™ Ⅱ[P]. France:[s. n.],2015.
[2] Accropode Technical Information Document. Concrete Layer Innovations[P]. France:[s. n.],2015.
[3] 张芮,唐明刚. 可视化坡度控制系统在深水防波堤理坡施工中的应用[Z]. 湛江:中交四航局第三工程有限公司,2017.

ACCROPODE™ Ⅱ 型护面块体裂缝分析及处理措施

夏 伟[1,2]，杨 涛[1]

(1. 中国港湾西部非洲区域公司，科特迪瓦阿比让 06BP6687；
2. 中交四航局第三工程有限公司，广东湛江 524009)

摘 要：混凝土的裂缝问题是一个普遍存在而又难以解决的工程实际问题，本文对素混凝土工程中常见的裂缝问题进行了探讨分析。结合本工程的实际情况，分析ACCROPODE™ Ⅱ型护面块体预制过程中出现固定裂缝的原因并提出有针对性的解决措施，为海外类似项目提供参考和借鉴。

关键词：裂缝；模板；应力集中；混凝土入模温度；混凝土配合比

1 引言

混凝土结构裂缝的原因复杂多变，有多种因素的相互影响，但每一条裂缝均有其产生的一种或几种主要原因。本文针对ACCROPODE™ Ⅱ型护面块体出现固定裂缝的原因进行分析和总结，通过对混凝土配合比、混凝土入模温度、浇筑工艺、块体模板改造等进行试验研究，得出块体产生固定裂缝的主要原因为模板中部及下肢相接位置出现应力集中，经过对模板中部及下肢相接位置的改造，将折线处改为平缓过渡，消除应力集中，从而解决块体预制过程中产生固定裂缝的难题。

2 工程简介

加纳 TEMA 项目位于非洲西部，加纳特码市天气属于热带草原气候，年平均气温最高在2月，约为34℃。本项目属于设计施工总承包项目，整体工作包括了地质勘探、设计及施工三大部分，项目主要划分为6大区块：防波堤、沉箱重力式码头、陆域形成及地基处理、港池及基槽疏浚、护岸工程、附属设施。

2.1 块体介绍

本工程防波堤采用ACCROPODE™ Ⅱ型护面块体，国际上当前较为流行，本项目块体采用C30素混凝土结构，单个体积 2.0 m³。护面块体预制数量总数为33 917件。块体结构详见图1。

2.2 块体施工工艺

块体模板为定型钢性模板。模板由两片定型钢模拼装而成，中间拼缝用高强螺栓连接，模板上端开口作为浇注仓口。混凝土运输采用混凝土罐车，混凝土浇筑采用改装的装载机进行浇筑。混凝土坍落度为80～120 mm，分三层浇筑，成型后，在混凝土初凝前，进行二次振捣和二次抹面，确保混凝土浇筑顺利且外观质量稳定。

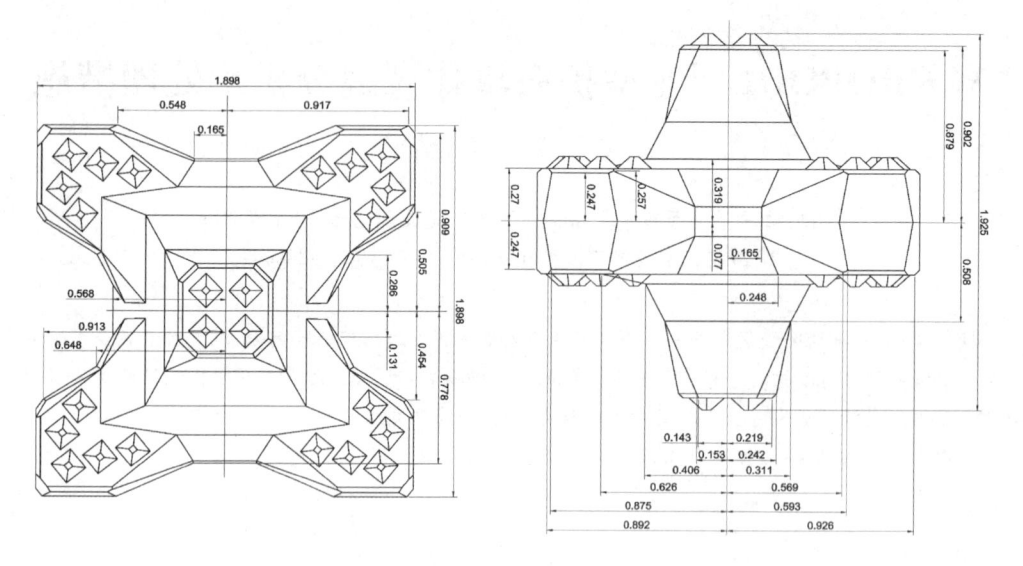

图 1　ACCROPODE™ Ⅱ 型护面块体平面图、立面图(单位:m)

3　裂缝问题描述

3.1　块体裂缝情况

从图 1 中我们可以看出,该项目所采用的块体异形模板具有斜面多、棱角多、模板拼接面多、比表面积大的特点。采用上述块体浇筑工艺后,块体中部及下肢相接的位置出现了裂缝,且每次浇筑后裂缝产生的部位相同,裂缝产生的位置见图 2。

图 2　ACCROPODE™ Ⅱ 型护面块体出现的裂缝位置示意图

3.2 块体裂缝判定标准

根据块体专利公司 CLI(Concrete Layer Innovations)规格书 TID 要求:表观质量较好,无明显的蜂窝、麻面、砂斑砂线,无大面积气泡,无明显的裂缝则评为 A;出现裂缝但裂缝长度不超过 $H/7=1.9/7=0.271$ m,宽度不超过 1 mm,且深度不超过 2 cm 则评为 B;任何一项超过以上标准则评为 C。

A:可以直接用于防波堤块体安装;

B:需 4 块 A 搭配一块 B 的型式安装;

C:不能直接用于安装,需修补合格后方能使用。

前期块体中部及下肢相接的位置出现了固定裂缝,初步统计大致的情况见表 1。

表 1 项目前期块体统计数据

序号	月份	块体编号	总量(件)	A(件)	B(件)	C(件)	裂缝出现百分率(%)
1	3	1~147	147	86	49	12	41.5
2	4	148~567	420	307	88	25	26.9

4 块体裂缝原因分析

针对块体裂缝问题,现场进行控制变量试验,进行试浇筑,分析 ACCROPODE™ Ⅱ 型护面块体裂缝成因如下:1.混凝土原材料及配合比方面问题:原材料温度高导致混凝土入模温度过高,配合比水胶比偏小,混凝土水化热过大,内外温差过大从而引起的温度应力裂缝。2.混凝土坍落度不稳定、施工振捣不到位,产生塑性收缩裂缝。3.块体设计问题,模板应力集中产生的裂缝。

4.1 原材料质量控制问题

4.1.1 胶凝材料

水泥采用当地水泥 CEM Ⅰ 型 42.5N,各项指标均满足规范要求,但是由于生产厂家供货紧张,经常都会采用热水泥直接生产混凝土,水泥罐水泥的温度在 70℃ 以上。由于水泥温度过高,混凝土的入模温度也相应增高,水泥材料温度过高,水化热过大,混凝土温度过高,内外温差大,导致裂缝产生。

4.1.2 粗骨料

粗骨料未搭设料棚遮盖,加纳天气目前处于全年中最热的季节,紫外线非常强烈,白天温度能到 40℃,造成混凝土入模温度较高。粗骨料级配有断档情况,未达到规范要求的中值,级配不良。

4.1.3 细骨料

本项目采用的是当地的河砂,最初配合比设计的材料均满足要求,而且级配良好,细度模数 2.9 左右。现目前料场的河砂细度模数在 2.2~2.5,砂细度模数变小后比表面积增大,需要大量水泥填充,收缩增大,用水量增加,导致产生收缩裂缝。

4.2 配合比

由于材料与理论配合比试验时的材料发生变化了,经过时间整改后材料得到一定的改观。试验室根据现有材料调整优化了配合比。

4.3 坍落度

当地气温高,表面水分散失快,混凝土坍落度损失较大,浇筑现场的坍落度也不稳定,坍落度大的混凝土本身塑性收缩就大。

4.4 施工过程

混凝土施工中分层厚度不合适、浇筑速度过快、振捣不充分、二次振捣不及时等导致裂缝产生。入模后混凝土的泌水率增大,且混凝土极不匀质,振捣后混凝土表面会产生浮浆,因天气炎热,如果混凝土的失水速度大于泌水速度,容易引起开裂。

4.5 模板

因为块体是CLI公司的专利产品,其模板加工图也是由专利厂家提供,且其加工过程及验收由专利厂家全程参与。块体由于其优越的性能在世界范围内应用较广,案例较多。前期分析由于模板的问题导致裂缝的可能性非常小。

但是考虑到每次裂缝出现在块体中部及下肢相接的位置即模板折线处,暂时将块体模板中部及下肢相接的位置即模板折线处出现应力集中产生固定裂缝也列入考虑范围。

5 解决方法及效果

5.1 原材料

对水泥厂家提出要求(生产后留置一段时间再发货),新到货水泥需灌入水泥罐放置三天以上温度稳定后方可使用,三个水泥罐依次循环。

对砂石料进场严格把关,杜绝不合格材料进场,控制集料级配、含泥量等指标满足规范要求,搭设砂石料棚降低集料温度问题,安装制冰机,对搅拌用水降温,从而降低混凝土温度。

5.2 配合比

保证混凝土强度的前提下,加大粉煤灰掺量到33%,达到降低水化热的作用;调整碎石掺配比例;调整砂率,目前河砂的细度模数在2.4左右,砂率在原来配合比的基础上减少了2%;降低外加剂掺量,增加用水量,在满足技术规格书的前提下,增加了水胶比,由于前期配合比的强度富余量比较大,我们适当调整了水胶比,降低了外加剂的掺量。经过优化后,工作性能及强度均满足施工和技术要求。详见表2。

表 2　C30 块体配合比调整前后的对比

序号	块体配合比	水泥(kg)	粉煤灰(kg)	河砂(kg)	4～16 mm 碎石(kg)	16～31.5 mm 碎石(kg)	外加剂(kg)	水(kg)	胶材总量(kg)	水胶比
1	调整前	271	90	747	504	756	3.8	130	361	0.36
2	调整后	241	118	702	258	1 030	3.02	140	359	0.39

序号	块体配合比	砂率(%)	粉煤灰掺量(%)	外加剂掺量(%)	坍落度(mm)	容重(N/m³)	1天强度	3天强度	7天强度	28天强度
1	调整前	37	25	1.05	110	2 502	22.4	38.8	47	62.5
2	调整后	'35	33	0.84	100	2 492	17.2	31	38.6	54.8

5.3　施工过程

浇筑过程中,对罐车车身进行洒水降温,尽量降低混凝土入模温度,保持入模温度在 30℃以下。

严格控制第一层浇筑厚度大于 75 cm,第二层浇筑至 120 cm,第三层到顶,控制好分层厚度和振捣时间。对养护剂进行有效试验,确保养护到位。控制好浇筑工序,不振动赶浆,确保浇筑均匀,采取二次振捣。

5.4　模板

经过大量试验,包括优化混凝土配合比、降低入模温度、控制施工水平等措施后,块体表观质量得到极大提升,但块体下肢与中部连接处裂缝仍经常出现。所以考虑引起该固定裂缝的原因可能为块体下肢与中部连接处应力集中导致,因此决定改装 2 套模板进行试验。将块体模板下肢与中部连接处进行切割,切割尺度为长 80 cm,宽 15 cm,并重新用钢板焊接打磨,使原模板下肢与中部连接处交角由 159°调整为 170°,以达到平缓过渡、减少应力集中,块体模板改装见图 3、图 4。

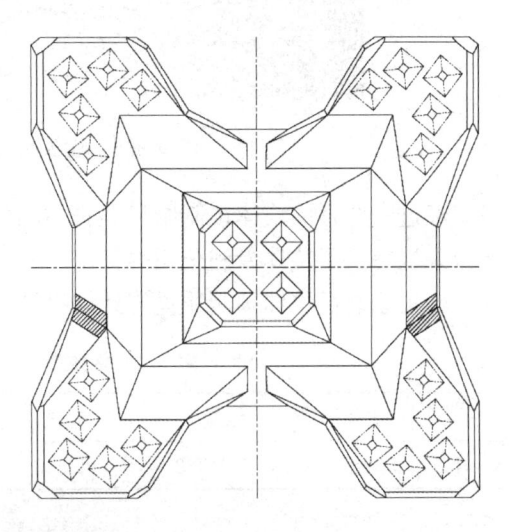

图 3　块体模板改装示意图

图4 块体模板改装效果图

采用改装后的模板进行块体预制,拆模后发现块体中部及下肢相接的位置无裂缝产生。反复试验10次均无裂缝产生,遂对现场120套块体模板全部进行改造,改造后的块体预制质量达到预期要求。模板改装前后裂缝对比图见图5。

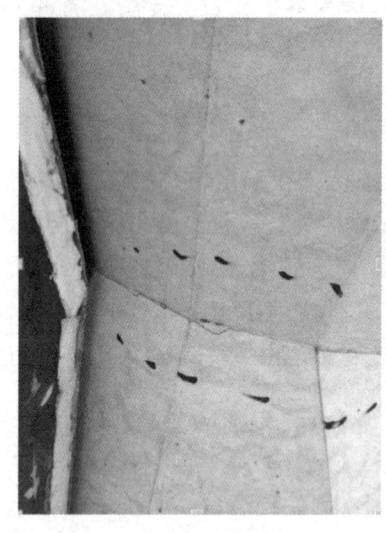

图5 模板改装前后裂缝对比图

经过一个月的块体预制结果验证,块体裂缝问题得到全面解决,同时模板改装方法及效果也得到了块体专利公司的肯定。

模板改装后块体预制质量统计结果见表3。

表3 模板改装后块体预制质量统计结果

序号	块体编号	总量(件)	A(件)	B(件)	C(件)	裂缝出现百分率(%)
1	568~2 500	1 933	1 926	7	0	0.4

6 总结

经过对本项目块体裂缝问题的分析研究,我们对 ACCROPODE™ Ⅱ 型护面块体裂缝控制有了比较成功的经验,解决 ACCROPODE™ Ⅱ 型护面块体中部及下肢相接的位置处的固定裂缝的方法为消除此处的应力集中,对块体模板进行改造。同时在施工中还需要控制原材料的质量,优化配合比,降低水化热,采取有效措施降低混凝土入模温度,使结构表观质量得到改善。

参考文献

[1] Technical Specfications for ACCROPODE™ Ⅱ Concrete Blocks[DB/CD]. France:[s. n.],2015.
[2] CLI COMPANY. CLI guide in ACCROPODE™ Ⅱ[P]. France:[s. n.],2015.
[3] 中华人民共和国交通运输部. 水运工程大体积混凝土温度裂缝控制技术规程:JTS 202—1—2010[S].北京:人民交通出版社股份有限公司,2010.
[4] 中华人民共和国交通运输部. 水运工程混凝土质量控制标准:JTS—202—2—2011[S].北京:人民交通出版社股份有限公司,2011.

可视化坡度控制系统在深水防波堤理坡施工中的应用

杨胜生[1,2],杨 涛[1]

(1. 中国港湾西部非洲区域公司,科特迪瓦阿比让 06BP6687;
2. 中交第四航务工程局有限责任公司,广东广州 510290)

摘 要:结合加纳特码新集装箱码头防波堤工程,详细介绍了可视化坡度控制系统的结构组成和工作原理。同时系统对比分析了传统理坡方案和可视化坡度控制系统的优劣势,运用可视化坡度控制系统成功解决了深水防波堤坡面施工精度控制问题,大幅提高了理坡效率及理坡质量。该系统的成功应用可为类似工程提供参考。

关键词:可视化坡度控制系统;实时成像;水下理坡;防波堤

1 前言

在斜坡式抛石堤的水下理坡施工中,由于水下不可见,其质量精度控制一直以来都是施工的难点。传统的理坡控制方法在水上部分采用坡度尺进行测量控制与检测;在水下部分采用测杆测量水深,配合潜水员探摸[1-6]。由于此方法需要频繁的测量水深以及潜水员配合水下探摸,其效率低、投入大,同时安全隐患多,且无法实时得知坡度的施工精度;对于水下高精度理坡要求更是无法满足。在某海外集装箱码头扩建项目防波堤工程中,首次采用 Trimble GCS900 3D 理坡系统进行理坡施工。该系统的成功应用不但解决了水深浪大施工环境恶劣的工况下理坡精度控制问题,同时也提高了理坡效率,减小了安全隐患,降低了施工成本。本文通过对比传统的理坡方案和 Trimble GCS900 3D 坡度控制系统的可视化方案,详细阐述了 Trimble GCS900 3D 理坡系统的结构组成、施工原理以及施工工效,可为类似工程提供参考。

2 工程概况

该工程防波堤全长 3 558 m,为斜坡式抛石堤结构,最大水深 16 m,设计高水位 +1.50 m,设计低水位 +0.20 m。防波堤采用 1~1 000 kg 块石作为堤心,内侧坡面依次为 300~500 kg 垫层块石及 2~5 t 护面块石;外侧斜坡面依次为 1~2 t 垫层块石、2~5 t 护面块石和 2 m³ 护面块体。防波堤堤心高度 +2.5 m(900~3 858 m 里程),外侧垫层坡顶 +4.50 m,坡底 -7.60 m,最大理坡长度 21.8 m,水下理坡长度 12.5 m,有一半坡面位于水面以下(见图 1)。

本工程中所采用的护面块体类型为 2 m³ ACCROPODE™ Ⅱ 型护面块体[7-8]。该型护面块体对垫层石的平整度要求较高,整体误差不大于 18 cm,局部误差不大于 31 cm,坡角线偏差小于 31 cm。对质量控制的高要求对传统的施工方法是一个巨大的挑战,特别是水下部分的施工。此外,工程所在区域常年受长周期波影响,近岸涌浪大,每年 5—

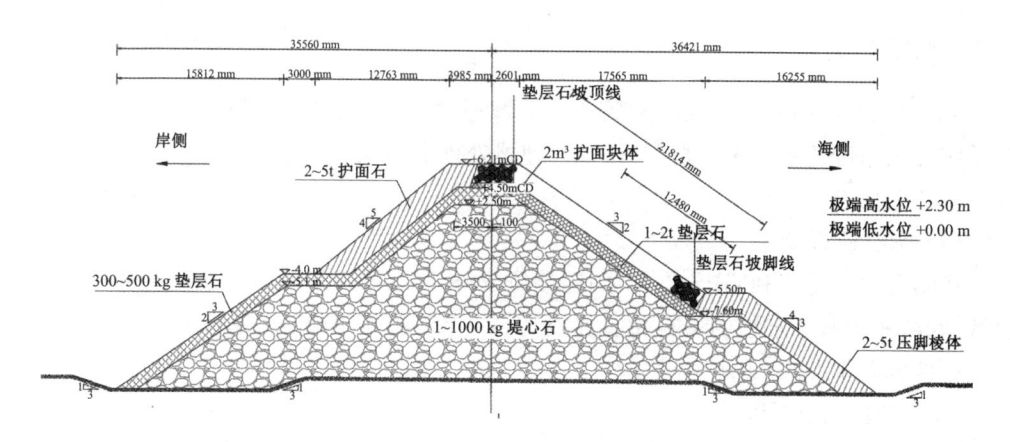

图 1 防波堤典型断面图

10月的雨季期间海况恶劣,防波堤外侧难以进行海上或潜水测量。

3 方案比选

为解决防波堤在恶劣海况、高标准、复杂坡面下成坡的技术难题,项目部结合国内外的施工经验,进行了方案比选。

3.1 传统方案

备选传统方案有如下几种:

(1) 在水面以上部分设置坡度架作为参考,水面以下部分根据挖机操作手经验,以挖机臂呈现的大致角度为判断依据进行修理,坡面出水之后再与坡度架对比。

该方法较依赖经验,常常造成水下部分坡度过缓,石料在坡脚堆积等。单独使用时,只适用于精度要求不高的情况。

(2) 使用水面上坡度架辅助,水下部分使用交通船单波束声呐水深测量控制。

该方法通过对水下部分的检测、修正可以提高施工精度,但测点间隔较远,难以检测孤立块石,且未解决操作手操作时水下不可见的问题,更多凭借操作手的经验和感觉。测量次数比较频繁,效率低。当施工海况较差时,这种使用检测方法安全风险高,精度易受影响。

(3) 使用水面上坡度架辅助,水面下使用潜水员下水探摸测量。

潜水员下水探摸或水下摄影可以发现散落的孤立块石,但需要较为平静的海况,在本项目中不可行。

(4) 使用水面上坡度架辅助,水下部分使用测杆水深测量控制。

使用挖机吊测杆测量的方法,不受海况限制。但根据 CLI 技术规格书的要求,坡面上不允许出现孤立块石,测杆探测的频率需要提高到 0.85 m 一个断面,同一断面上 0.85 m 一个测点才能基本满足护面块体安装的要求(1~2 t 垫层块石 Dn50＝0.85 m),测量工作量大。测量完毕后返工过程中,挖机手依然需要根据经验进行坡面的修理,存在多次返工的情况。传统检测方法都存在无法及时成图、修补返工的问题。

3.2 可视化方案

Trimble GCS900 理坡控制系统是基于物理动态模拟成像的可视化坡面控制系统,该系统使用角度传感器采集数据,通过处理器处理之后在屏幕上实时成像[6]。该系统具有以下几个特点:

(1) 实时模拟成像

控制盒将传感器和 GPS 的实时定位数据处理后生成模拟图像显示在屏幕上并附带参数指导,实现水下理坡的可视化。通过挖机斗接触坡面时的显示,可以得到实际坡面与设计的偏差情况。

(2) 实时动态检测

采用的角度传感器定位和 GPS-RTK 等技术能够将斗齿坐标误差控制在厘米级,保证了理坡精度达到要求。该系统对挖机臂及挖机斗齿坐标的检测是动态的,可以实时为操作手的操作提供指导。

(3) 使用周期长,易维护

该系统采用固态角度传感器,具有在高强度冲击力和振动下保持定位的准确性,同时配套不锈钢套盒防腐蚀,增强了固态角度传感器的使用寿命。该套系统的设计使用年限为 12 年。

(4) 使用安全

在使用该系统进行防波堤理坡施工时,水上理坡不再需要放置坡度架,水下理坡也不再需要频繁的水下测量,提高了效率、降低了施工安全风险。

(5) 验收简便

该系统具有记录并显示已施工区域的数据及图像的功能,通过使用不同颜色表示实际坡面与设计坡面的偏差值,该系统可将实际坡面数据导出作为理坡验收和竣工图绘制的依据。

通过综合比较分析,可视化坡度控制系统优势明显,决定在该工程的理坡施工中采用可视化坡度控制系统对防波堤进行理坡施工。

4 工艺原理

Trimble GCS900 系统主要由感应系统、定位系统、信号中转传输系统、中央控制系统和供电系统五个子系统组成。除 GPS 基准站单独架设外,其余部分安装在挖掘机上,采用挖机本身的电力系统供电,无需外接发电机。

该系统主要依靠感应系统和定位系统获取位置信息,为此需要在挖机上安装四个角度传感器,一个航向传感器,一套 GPS-RTK 系统,其中 AS460 角度传感器安装在挖机机身。三个 AS450 角度传感器分别安装在挖掘机臂的摇杆中部、斗杆及动臂根部(见图 2)。

Trimble GCS900 3D 坡度控制系统根据卫星接收器接收的 GNSS 信号及机载电台接收的来自基准站的位置修正信号,使用载波相位动态实时差分法(RTK)解算出厘米级精度的定位坐标。同时,系统从固态传感器感知挖机摇杆、斗杆、动臂及机身的转动角度,从航向传感器感知挖机臂相对坐标系的航向角,从而得到当前挖掘机的工作姿态信息。

以上信息由网关收集并传输至控制器后，系统根据软件的预设参数（挖机型号、预先输入的三维设计断面信息等）解算出挖机斗齿的三维坐标、挖机斗齿当前位置距离设计坡面的偏差值等信息并在显示屏上形成施工的模拟图像。

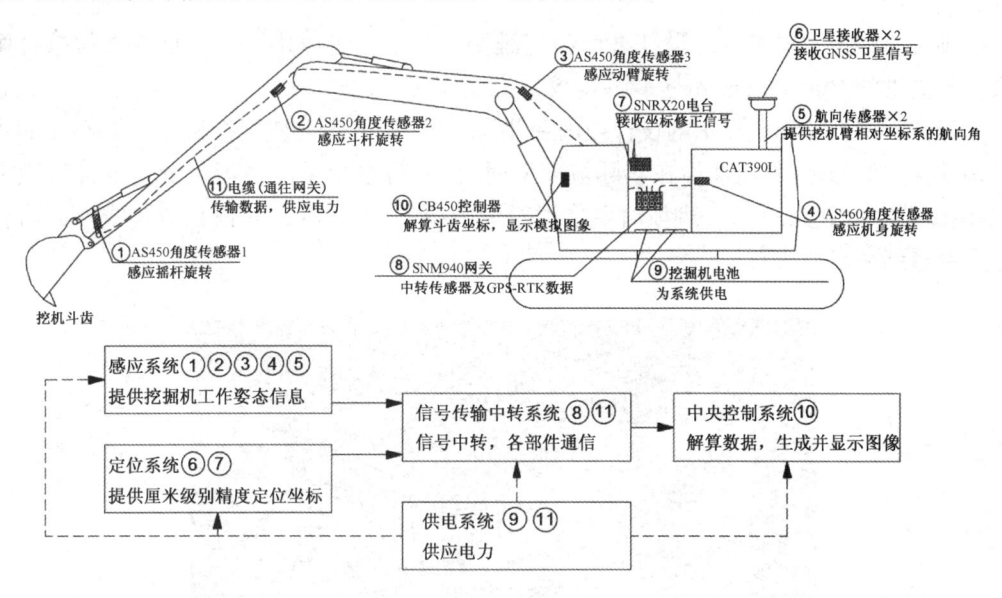

图 2　Trimble 系统原理图

挖机操作手将斗齿放在坡面上，根据模拟图像及偏差值的提示对坡面进行抛理，可以实现对理坡精度的控制。通过屏幕，挖机手可以清楚地看到护面石料的摆放过程，从而对摆放施工进行控制。

5　工艺流程及实施要点

本工程主要使用 Trimble GCS900 系统进行堤心石理坡、垫层石理坡。

5.1　施工工艺流程图

图 3 为施工工艺流程图。

图 3　施工工艺流程图

5.2　安装及系统测试

Trimble 系统安装前需要协调好焊机和高空作业车等辅助设备，安装需在 Trimble 厂家技术人员的指导下进行。

安装完毕后，通电检查各组件工作情况，选择挖机类型，输入挖机斗及斗齿尺寸，使用 GPS 复核斗齿坐标，最后在施工坡面进行系统测试，正常后即可投入使用。

5.3 各类石料结构的抛理技术

5.3.1 堤心石理坡

理坡前在控制器中导入设计坡面的三维图。三维图可以由 Civil 3D 或类似软件配合厂家提供的 Business Center 软件生成。

操作手根据控制台显示的设计坡面和斗齿位置,从下到上使用挖机斗对堤心坡面进行多填少补的修理,直至斗齿在实际坡面上时,控制台中显示的斗齿位置与设计坡面偏差在要求范围内(见图 4)。理坡时要注意对坡脚线的检查,确保斗齿在坡脚线外的肩台上不会遇到突出的块石。

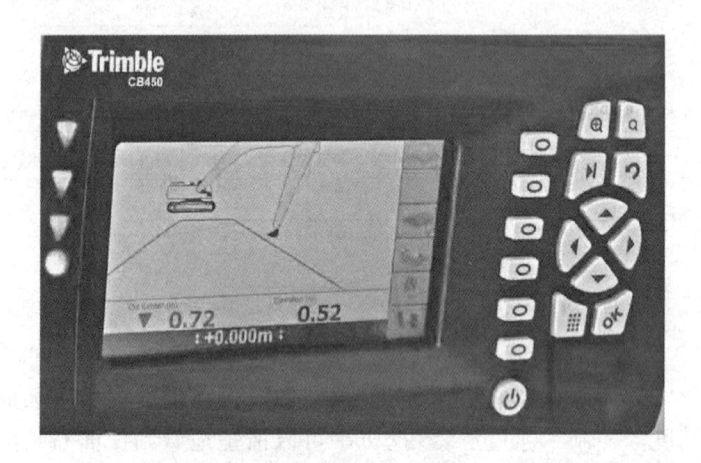

图 4　显示器屏幕

理坡过程中可以使用控制器切换显示整个坡面的平面图,在已经理过的坡面会有不同的颜色区域标识:红色区域表示实际坡面未开挖到位且超出误差范围;蓝色区域表示实际坡面开挖过度且超出误差范围;淡红色和淡蓝色表示坡面偏差在误差范围内;绿色区域表示实际坡面与设计坡面吻合。颜色对应的误差范围和 CUT(削平)/FILL(填充)提示会在界面旁显示。

理好的坡面各点应与设计点误差在规范要求范围内且互有正负,过于光滑的堤心石坡面不利于上下两层石料间的结合。每一层理坡施工完毕后,需通过验收方可进行下一层施工。

5.3.2 垫层石理坡

1～2 t 垫层石需要在已经理好的堤心石坡面上安放成坡。

使用挖机斗挑选合适大小及形状的垫层石,在系统的指引下找到坡脚,从下到上开始安放。在向上安放的过程中,可以通过在控制器中查看平面及断面图了解大体已经安放的范围,在此指引下通过挖机斗触碰坡面时的读数可以确认有垫层区域和无垫层区域的分界,将铲斗置于边界上方堤心石坡面上,缓慢展平铲斗,将斗中石料放置在边界上,可以实现垫层石的准确安放。使用铲斗确认石料安放稳固且满足误差要求。垫层石安放好后需用挖机拍实。

垫层石理好一个区域后,用挖机斗齿刮过该区域作为检查,确保没有空洞存在。

6 实施效果

6.1 精度对比

为比较传统工艺与 Trimble 系统理坡精度的区别,我们选取防波堤上的两段进行了试验,以下是两种工艺下的 1~2 t 垫层石理坡验收的现场实测资料(见表1、表2)。

表1 传统工艺施工的防波堤 780~800 里程 1~2 t 垫层石验收数据

里程	编号	x	y	实测高程(m)	设计高程(m)	偏差(m)	结论
CH780	1	104 087.964	383 069.462	3.770	3.866	−0.096	合格
	2	104 086.530	383 067.26	2.323	2.125	0.198	合格
	3	104 084.721	383 065.169	0.478	0.282	0.196	合格
	4	104 081.750	383 062.708	−2.272	−2.568	0.296	合格
	5	104 079.791	383 059.72	−4.322	−4.611	0.289	不合格
	6	104 079.144	383 058.603	−5.000	−5.461	0.461	合格
	7	104 077.856	383 056.944	−6.782	−6.860	0.078	合格
	8	104 076.300	383 055.658	−7.746	−7.808	0.062	合格
CH800	1	104 072.734	383 083.062	4.027	4.318	−0.291	合格
	2	104 070.206	383 080.231	2.020	1.790	0.230	合格
	3	104 068.827	383 077.65	0.163	−0.123	0.286	合格
	4	104 065.827	383 074.808	−2.870	−2.928	0.058	合格
	5	104 064.710	383 073.244	−3.839	−4.135	0.296	合格
	6	104 063.305	383 071.658	−5.933	−5.546	−0.387	不合格
	7	104 062.234	383 069.813	−7.315	−6.950	−0.365	不合格

表2 使用 Trimble 系统施工的防波堤 880~900 里程 1~2 t 垫层石验收数据

里程	编号	x	y	实测高程(m)	设计高程(m)	偏差(m)	结论
CH880	1	104 009.09	383 131.87	2.128	2.11	0.017	合格
	2	104 007.92	383 130.23	0.710	0.771	−0.061	合格
	3	104 007.15	383 127.30	−1.010	−1.065	0.055	合格
	4	104 005.29	383 124.45	−3.120	−3.321	0.201	合格
	5	104 003.80	383 122.55	−5.060	−4.929	−0.131	合格
	6	104 002.64	383 120.93	−6.400	−6.255	−0.145	合格
	7	104 001.15	383 118.97	−7.750	−7.895	0.145	合格
	8	103 999.99	383 117.54	−8.800	−9.030	0.230	合格

续表

里程	编号	x	y	实测高程(m)	设计高程(m)	偏差(m)	结论
CH900	1	103 993.88	383 144.41	1.900	2.027	−0.127	合格
	2	103 992.57	383 142.83	0.850	0.655	0.095	合格
	3	103 991.16	383 139.41	−1.730	−1.700	−0.030	合格
	4	103 989.50	383 136.99	−3.780	−3.649	−0.131	合格
	5	13 986.33	383 132.72	−7.070	−7.190	0.120	合格
	6	13 984.97	383 131.93	−8.120	−8.173	0.053	合格
	7	103 984.01	383 130.34	−9.160	−9.303	0.143	合格

从验收资料可以看出,使用传统工艺理出的水上坡面能基本满足护面块体安装需要,水下坡度过缓,超过了整体偏差 18 cm,局部偏差 31 cm 的要求。在实测过程中还发现存在坡脚线不清晰,护坦上存在孤立块石甚至形成矮坎等情况。需要经过多次验收和返工,才能基本达到要求。

使用物理模拟成像的坡度控制系统后,1～2 t 垫层石坡面整体偏差在 18 cm 以内,坡角线清晰,护坦平整,便于后续 2～5 t 块石及护面块体的安装施工。

6.2 效率对比

以垫层石坡面为例,工程初期使用传统方法进行理坡施工及控制验收,测杆顶端装有 GPS 移动站,底端配重。实际测量过程中由于测点位置难以控制导致速度较慢(一个测点耗时 1～2 min),且测点密度低,没有达到 0.85 m 测一个点的要求。

每个堤心石坡面在施工完成后需要经历 2 到 3 次返工才能验收通过。传统的理坡方法单台钩机的理坡工效为 30 m²/d;采用 Trimble GCS900 3D 坡度控制系统,单台钩机平均理坡施工工效为 114.11 m²/d,其效率是传统方法的 4 倍左右(见图 5),极大地提高了坡面的理坡效率。

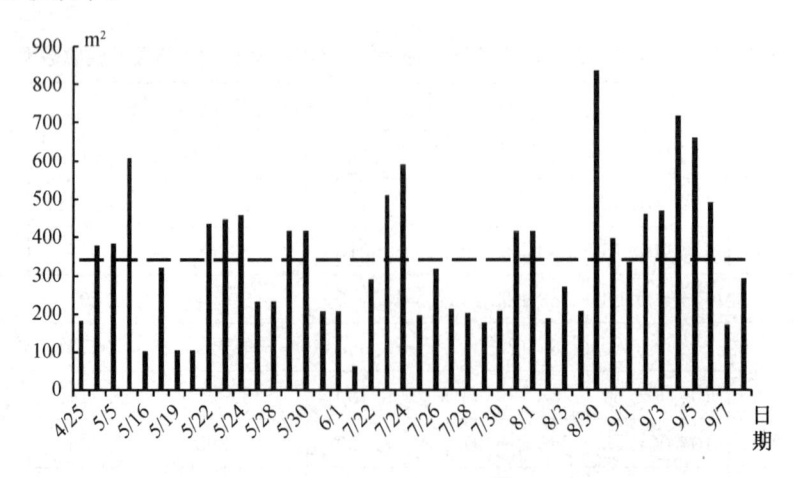

图 5 1～2 t 垫层石理坡工效统计

7 结语

可视化坡度控制系统在大型深水斜坡式抛石防波堤理坡施工中的成功应用表明：(1) 该系统可以解决深水防波堤高精度理坡要求时，坡面精度控制难、理坡质量参差不齐等问题。(2) 该系统水下理坡精度可以控制在厘米级范围，可以满足大多数斜坡抛石防波堤的理坡要求。(3) 在保证施工质量的同时，该系统可大幅提高理坡施工效率，单台钩机水下理坡效率可达 114 m^2，具有一定的工程意义和很好的经济效益。可视化坡度控制系统不但适用于防波堤的理坡施工，对于深基坑等高精度控制的要求的土方开挖工程同样适用，具有广泛的推广应用前景。

参考文献

[1] 刘键,吴书鸿,常印国. 便携式坡度尺在堤防施工中的应用[J]. 水利天地,2000(3)：24-25.

[2] 潘龙文. 一种简易的速测坡度尺的制作[J]. 浙江建筑,2009,26(5)：57-63.

[3] 黄建阳,陈东明. 鸿山热电厂煤码头及引堤工程施工关键技术与控制[J]. 中国港湾建设,2012(6)：49-52.

[4] 黄建阳. 深水防波堤施工关键技术[J]. 施工技术,2013,42(S1)：504-506.

[5] 邵宝峰,刘路盛,吴松华. 围堤水抛石及块石理坡施工工艺及质量控制[J]. 黑龙江科技信息,2014(5)：250-251.

[6] 邓波,郭灵华,刘菠. 3D挖掘机在护岸水下理坡中的应用[J]. 中国水运(下半月),2015,15(5)：266-267.

[7] CLI COMPANY. CLI Guide in ACCROPODE™ Ⅱ[P]. France：[s. n.],2015.

[8] Ciria,Cur,Cetmef. The Rock Manual The use of rock in hydraulic engineering (2nd edition)[M]. London：CIRIA,2007.

声呐三维成像技术在新型护面块体ACCROPODE™Ⅱ安装中的应用

刘天云[1,2],李社生[1,3]

(1. 中国港湾西部非洲区域公司,科特迪瓦阿比让　06BP6687；
2. 中交第四航务工程局有限公司,广东广州　510290；
3. 中交四航局港湾工程设计院有限公司,广东广州　510290)

摘　要:针对传统护面块体安装方法在海况恶劣、安装标准高时,容易造成块体安装精度不足、勾连嵌套不理想、安装质量难以保证等问题。结合某海外防波堤工程,详细介绍了声呐三维成像技术——Echoscope系统的结构组成和工作原理,以及新型护面块体ACCROPODE™Ⅱ的安装要求。运用声呐三维成像技术以及GPS-RTK定位技术,成功解决了在波浪条件恶劣的工况下,新型护面块体ACCROPODE™Ⅱ水下安装精度控制问题,同时大幅度提高了护面块体水下安装的施工效率。应用成果可为类似工程提供参考。

关键词:实时声呐三维成像技术;ACCROPODE™Ⅱ;防波堤;安装工艺

随着科技的进步,越来越多的新型护面块体结构应用于港口工程中,与此同时,也对新型护面块体结构的安装提出了新的要求。传统的护面块体安装方法可分为定点随机安放和规则摆放[1]。通常情况,不论是定点随机安放还是规则摆放,首先需要设计安装网格,然后利用极坐标法进行安装,两种安装方法均以单位面积内块体的安装数量来控制。此方法广泛应用于国内防波堤护面块体的安装施工中[2-9]。随着新型护面块体的应用,传统的护面块体安装方法已经不能适应新的要求,主要存在以下弊端:护面块体的水平位置和方向难以精确控制;需要人为调整其方向和角度,给施工人员造成安全隐患[10]。同时,传统的安装方法也无法满足新型护面块体对安装精度、块体姿态,尤其是水下精度控制等一系列要求。为解决在水下能见度低、水深浪大、海况恶劣的工况下,块体安装精度不足,块体钩联嵌套情况不理想,安装质量难以保证等问题,首次将声呐三维成像技术成功应用于大型深水防波堤水下护面块体的安装施工中。

本文以某集装箱码头扩建项目防波堤工程为背景,详细介绍了声呐三维成像系统——Echoscope系统的工作原理以及在新型护面块体ACCROPODE™Ⅱ安装中的应用,为国内外类似工程提供参考。

1　工程概况

该项目主要包括1 400 m长的码头岸线、3 558 m长防波堤(其中包括4.08万件ACCROPODE™Ⅱ护面块体)、陆域吹填及地基处理约121 hm^2、港池疏浚550万 m^{3}等(图1)。防波堤结构形式为斜坡式抛石堤,最大水深约-16 m。防波堤外侧坡面为1~2 t的垫层石及2 m^{3}的ACCROPODE™Ⅱ护面块体,外侧坡脚为2~5 t的护面块石结构,典型断面见图 2。

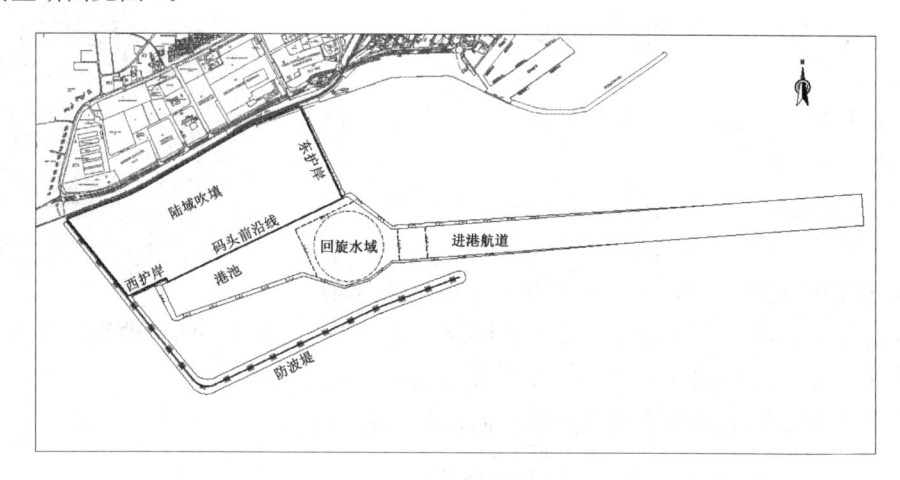

图 1　工程平面布置图

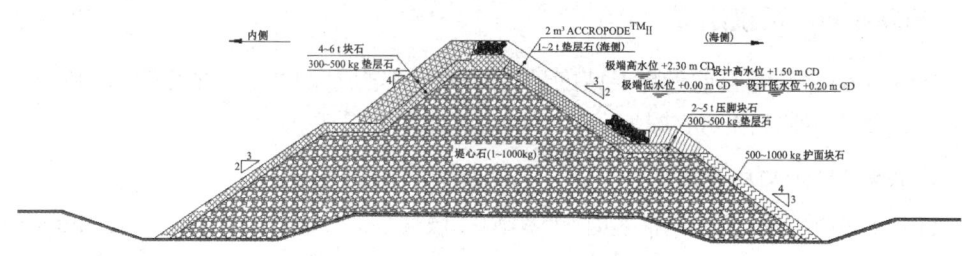

图 2　防波堤典型断面

2　新型护面块体 ACCROPODE™ Ⅱ 的安装要求

ACCROPODE™ Ⅱ(图 3)是法国 CLI 公司在 ACCROPODE™ Ⅰ 的基础上改进而来的。Ⅱ型块体整体造型紧凑,高度与长度、宽度相当,四腿呈 X 形,其上部有棱台状突起。根据体积的不同,ACCROPODE™ Ⅱ 可分为以下 14 种型号,如表 1 所示。本工程中采用的是单块体积为 2 m³ 的 ACCROPODE™ Ⅱ 块体。

表 1　ACCROPODE™ Ⅱ 型号

体积 V(m³)	1	2	3	4	5	6	7	8	9	11	12	15	20	26
高度 H(m)	1.51	1.90	2.17	2.39	2.58	2.74	2.88	3.01	3.13	3.35	3.45	3.71	4.09	4.46
厚度 T(m)	1.36	1.71	1.96	2.15	2.33	2.46	2.60	2.71	2.82	3.01	3.10	3.34	3.68	4.02

试验研究表明在相同消浪效果条件下,Ⅱ型护面块体较Ⅰ型护面块体具有单块混凝土用量小、单块安装时间少等优点。但是Ⅱ型护面块体的安装要求更为严格,必须满足以下要求:

(1) 块体与垫层石必须接触良好;
(2) 块体的外轮廓线不能超出设计断面外轮廓线的 1/3;
(3) 上一层的块体必须压在下一层的两个块体上,且块体之间必须相互钩联嵌套

(Interlock)成整体；

（4）块体与块体间的间隙大小要求为不允许垫层石块通过；

（5）相邻两块块体的姿态不能相同（CLI 技术规格书中所列明的 9 种姿态）；

（6）块体的安装相对密度在 95%～105%。

CLI 公司的相关研究表明，摆放合理、块体相互钩联嵌套良好时 II 型护面块体的消浪能力是没有钩联嵌套时的 5 倍以上。本工程中，块体的安装图由专利公司 CLI 提供，安装图中包含了每个块体的位置坐标。为保证防波堤的抗浪能力，块体安装需严格遵循以上要求。

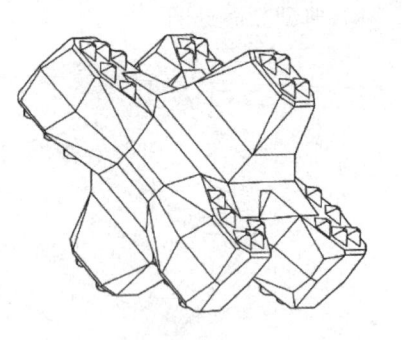

图 3　ACCROPODE™ II 块体

3　Echoscope 系统组成及工作原理

3.1　Echoscope 系统组成

Echoscope 系统是目前世界上精度最高的实时三维成像系统，主要由实时 3D 声呐成像系统、块体姿态控制系统、定位系统、供电系统四部分组成。

3.1.1　实时 3D 声呐成像系统

实时 3D 声呐成像系统包括实时 3D 声呐成像仪（图 4）、单轴旋转器 ISAR（Integrated Single Axis Rotator）（图 5）以及装有 Echoscope 软件的计算机。实时 3D 声呐成像仪具有单次发射超 16 000 束声波以及每秒钟发射 10 次以上声波的能力。可以探测位于其正前方 50°×50° 范围内的区域。凭借其超密的波束以及超高的频率，实时 3D 声呐成像仪不仅能够对静态的物体进行扫描成像，同时也能对移动的物体进行实时追踪成像。

图 4　实时 3D 声呐成像仪　　　　图 5　单轴旋转器 ISAR

为了更好、更灵活地对移动的块体进行实时扫描成像，同时扩大成像仪的扫描范围，可利用单轴旋转器对成像仪的扫描角度进行动态调整。单轴旋转器的一面固定在安装框架的挡板上，另一面与声呐成像仪连接构成一个整体。声呐成像仪控制单轴旋转器旋转，调整声呐成像仪的扫描角度。

实时3D声呐成像仪将扫描块体的位置信息传输到计算机,经过Echoscope软件处理之后以三维声呐图像的形式显示。该系统不但可以实时显示扫描块体的声呐图像(如图6所示),还可以通过内置块体模型模拟块体实时姿态。

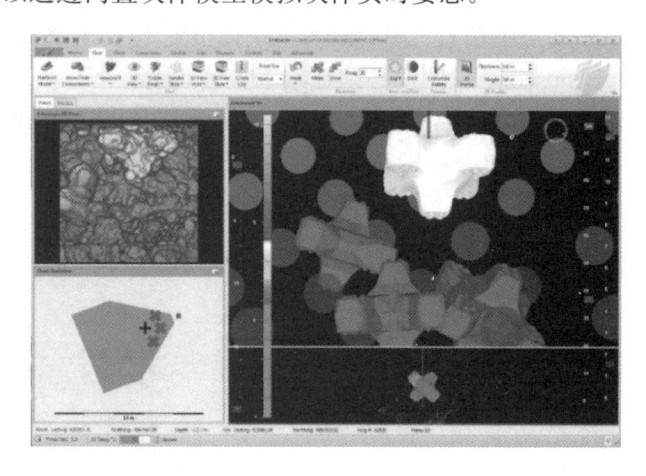

图6　Echoscope软件操作界面

3.1.2　块体姿态控制系统

为达到块体最佳消浪性能,CLI规定相邻两块块体的姿态不能相同。因此在安装时必须对块体的姿态进行调整,以保证相邻块体的姿态不同。根据安装机械的不同(吊机或钩机),用于控制块体姿态的框架也有所不同。钩机安装块体的姿态控制系统主要包括安装框架、姿态控制旋转头、液压脱钩器等(如图7所示)。操作人员根据声呐实时三维图像判别块体水下姿态是否合理,控制液压旋转头,调整块体姿态。

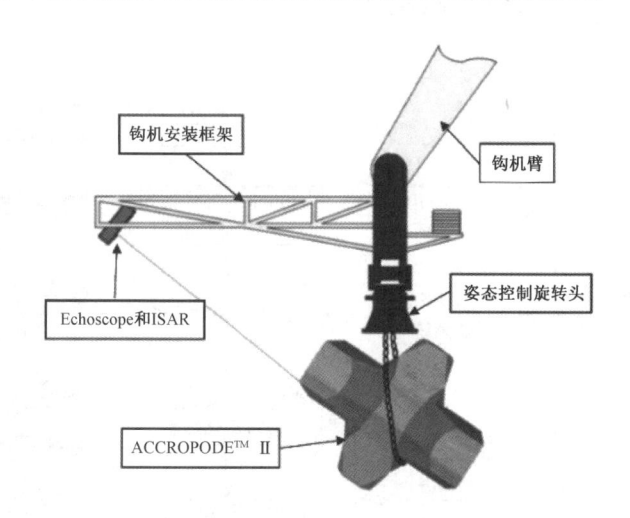

图7　块体姿态调整系统示意图(钩机)

3.1.3　定位系统

Echoscope定位系统主要包括GPS基准站、辅助流动站、惯性运动传感器IMS(Inertial Motion Sensor)等。本工程中采用的Trimble SPS855基站,30km内RTK定位水平精度为 8 mm+0.5 ppm RMS,垂直精度为 15 mm+0.5 ppm RMS。

水下定位:通过 Trimble GPS 定位系统以及位于钩机三条移动臂上的惯性运动传感器,得到三维声呐成像仪的实时坐标、航向、俯仰以及角度等信息。系统根据成像仪的位置以及其接收反射回来的声呐信息计算得到水下块体位置坐标(见图8)。

水上定位:由于 Echoscope 成像仪必须在水下工作,因此对于水面附近以及水上区域的块体定位则无法使用声呐对护面块体进行定位。水上安装时,系统根据钩机臂末端(PIN)的坐标 X、Y、Z 以及钩机臂末端到块体形心的距离来修正其 Z 坐标值,从而确定块体的位置坐标。

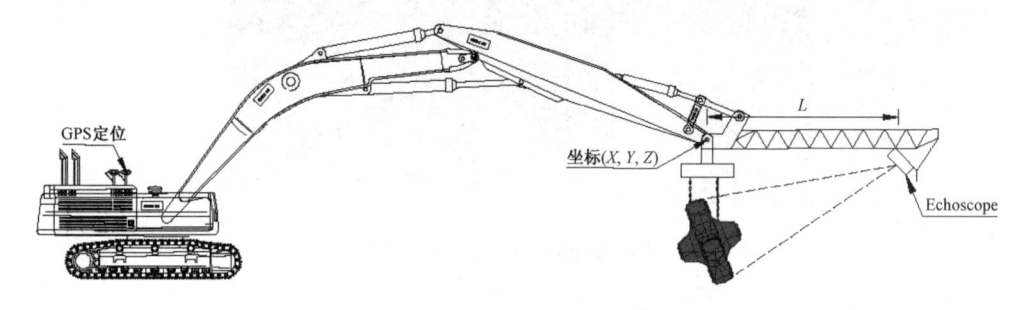

图 8 Echoscope 定位系统

3.1.4 供电系统

供电系统包含一台独立的小型发电机,三个转换电源及电缆等,负责提供电力。整套 Echoscope 系统需要 110~240 V 的交流电,功率不小于 2 000 W。

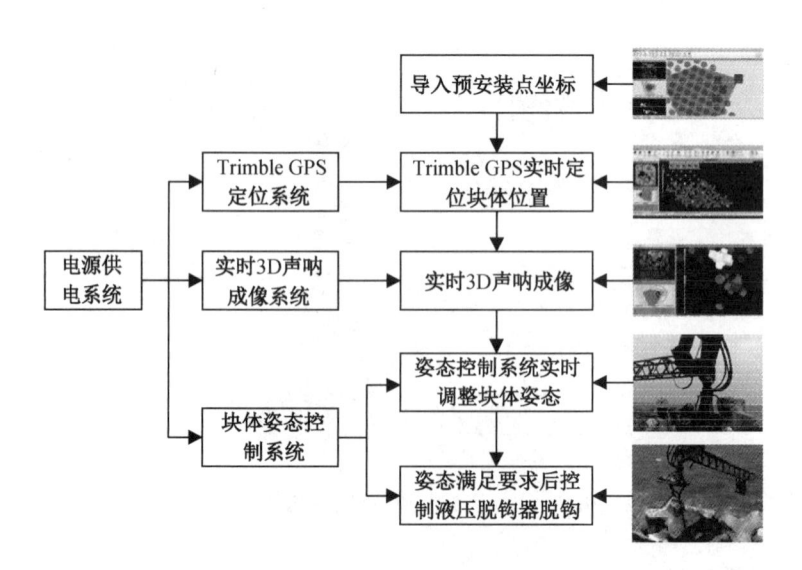

3.2 Echoscope 系统工作原理(图 9)

图 9 Echoscope 系统工作原理图

3.3 三维声呐成像系统特点

(1) 波束密,频率高,范围广

该系统在其正前方 50°×50° 的视野范围内单次能产生超过 16 000 束的声波,声波发射频率在 10 Hz 以上,同时配备单轴旋转器 ISAR 可以扫描更广的范围。

(2) 水下实时三维成像

水下实时三维成像功能是该系统核心功能,能够在低能见度甚至零能见度下实现三维成像功能,而且通过内置的块体模型,可选择声呐成像、内置模块模拟成像以及声呐成像与模拟成像耦合三种显示模式(图 10)。

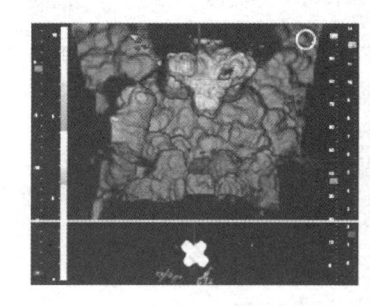

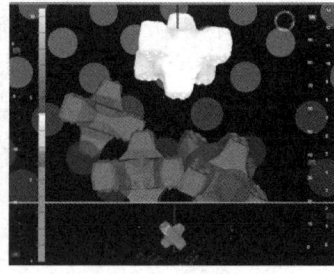

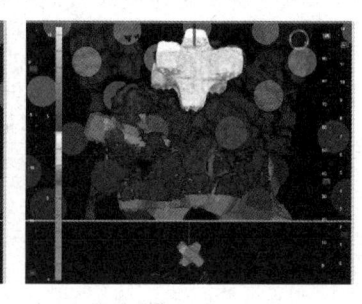

图 10 声呐成像、内置模块模拟成像、声呐成像与模拟成像耦合

(3) 实时追踪定位

该系统能够实时对移动块体进行追踪定位,并且计算分析移动块体与预设坐标之间的差值,及时提示操作者做出决策。

(4) 抗外界干扰能力强

系统所用声呐的穿透力强,可在浑浊的水中作业。姿态传感器提供姿态修正,根据本工程实测,在港外风浪较大的情况下,Echoscope 成像稳定,不受框架晃动影响而出现偏差。

(5) 具有数据记录和回放功能

Echoscope 可将安装过程的数据及图像保存在计算机中以便随时查看,同时具备记录护面块体实际安装坐标、姿态及与周围块体钩联嵌套等情况的功能。

4 Echoscope 系统应用

4.1 Echoscope 系统安装 ACCROPODE™ Ⅱ 型护面块体

在本工程中,传统的安装方法已经无法适应 ACCROPODE™ Ⅱ 型护面块体的安装要求。因此采用更为先进的 Echoscope 系统进行护面块体的安装施工。这是我国工程技术人员首次将该技术应用于防波堤护面块体的安装施工中。在实际工程应用中,Echoscope 系统展现了以下优势:

(1) 基于声呐三维成像技术,避免了频繁的定位以及潜水员水下测量工作,从而节省了安装时间,减少了安全风险,提高了安装效率。本工程中,单台钩机安装峰值速度可达

80块/天,平均每天可安装50块,见图11。

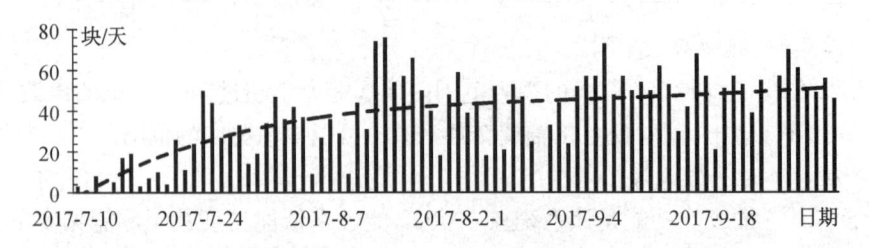

图11 单台钩机水下安装效率

(2) 基于定位姿态控制系统对块体姿态及坐标的修正技术,最大限度地减小了波浪水流对安装施工的影响。极大地扩展了安装施工时间,使得安装施工可以全天候进行。

(3) 系统提供多种显示模式,使得水下安装达到水上安装的可视化程度,确保了各个块体之间相互钩联、相邻块体姿态不同以及块体的安装精度,保证了安装质量。

(4) 系统实时记录块体安装位置、姿态、钩联嵌套的情况等,使得安装每一块块体均具有可追踪性,同时也方便后续查看,见图12。

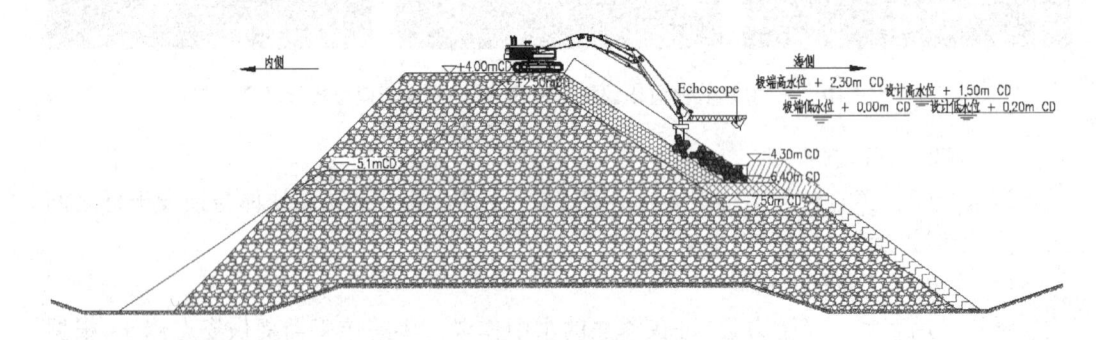

图12 Echoscope系统安装护面块体示意图

4.2 Echoscope系统验收ACCROPODE™Ⅱ护面块体

4.2.1 安装相对密度计算

根据CLI技术规格书要求,块体的安装相对密度必须控制在95%～105%。将Echoscope系统实时记录的块体安装坐标导入CLI提供的块体预安装图中,计算块体安装相对密度(图13)。星号点为实际安装位置,圆圈点为CLI预设安装位置,每三个分区计算一次安装密度。

其计算公式为:

$$D_P = \frac{S_t}{S_r}$$

其中,D_P为安装密度;S_t为某区域内理论安装面积(图13中虚线部分);S_r为该区域实际安装面积(图13中实线部分)。表2为部分水下区域安装密度计算结果。

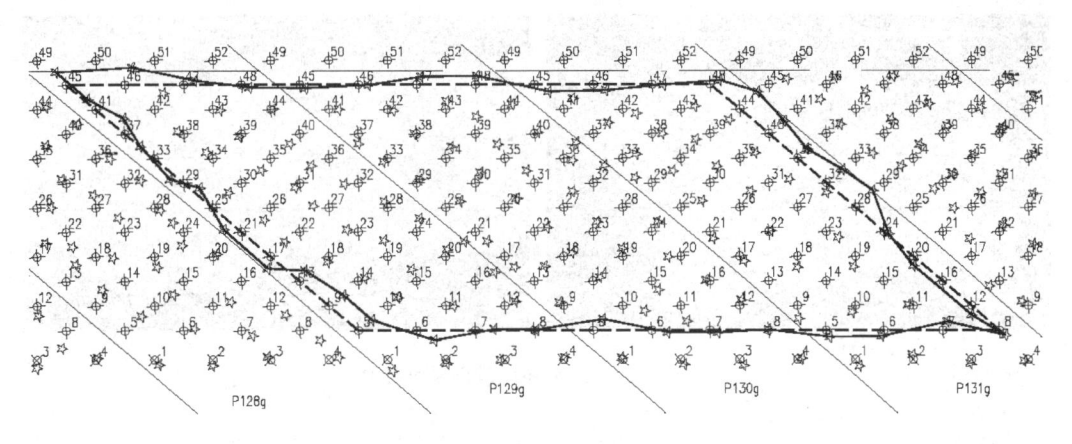

图 13　安装密度计算图

表 2　部分水下区域安装密度计算结果

安装区域	p126 g~p128 g	p129 g~p131 g	p132 g~p134 g	p135 g~p137 g	p138 g~p140 g	p141 g~p143 g	p144 g~p146 g
密度	97.57%	97.53%	97.79%	95.10%	98.21%	98.76%	99.33%

经过计算,所有已安装区域块体的安装密度均控制在 95%~105%,均满足要求。

4.2.2　块体姿态验收

基于 Echoscope 系统的水下三维成像功能,首次将该系统应用于块体的安装质量验收中。利用该系统对已安装好的块体进行扫描,形成实时的三维声呐图像,可以直观地判别块体的姿态、块体与块体之间的钩联嵌套是否满足要求,见图 14。同时结合防波堤三维模型,能形象生动地体现已安装块体所在位置以及其姿态,见图 15。相比较于水下摄像机、潜水员探摸、多波束扫描等其他验收方法,Echoscope 系统具有操作简单、扫描效率高、范围广、受环境影响小、成本低、扫描结果清晰可靠等优势,具有极高的推广应用价值。

图 14　多波束(左)与水下摄像机(右)验收护面块体

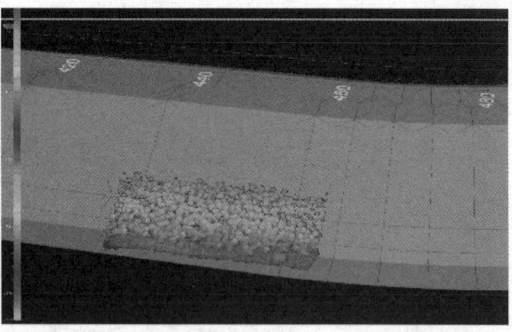

图 15　Echoscope 系统验收护面块体

5　结语

（1）通过应用声呐实时三维成像技术，ACCROPODE™ Ⅱ 护面块体可以在水深浪大、海况恶劣的工况下进行水下安装施工，可以解决传统的水下安装精度差、姿态控制难等问题。

（2）声呐实时三维成像技术提高了高要求下护面块体的安装效率，每台套每天可以安装超过 50 块以上，高峰值达到 80 块。

（3）声呐实时三维成像技术避免了频繁的定位以及潜水员水下测量工作，简化了护面块体水下安装验收程序，降低了水上施工安全隐患。

（4）目前国内尚无此系统成功应用的案例，声呐实时三维成像技术在该集装箱码头扩建项目防波堤工程中的成功应用可以为以后类似工程提供参考，同时推动国内防波堤护面块体安装施工技术革新。

参考文献

[1] 徐静,徐新成.某工程扭王字块陆上安装技术探讨[J].中国新技术新产品,2015(15):128.

[2] 戴鹏,周文杰,谢文武.水上方驳吊机组在防波堤护面块体安装施工中的应用[J].中国水运(下半月),2014,14(8):373-374.

[3] 黄仕汪.斜坡堤工字型块体安放方法和镇脚棱体结构形式的探讨[J].港口工程,1989(2):37-41.

[4] 卢海丰,孙潇文.移动钢便桥与监控系统在扭王字块体安放施工中的应用[J].中国水运(下半月),2014,14(6):336-337.

[5] 罗宗业.新型防波堤护面扭王块体[J].海岸工程,1997(1):25-29.

[6] 王洪荣.澳门国际机场人工岛护岸钩连块体施工组织和安放工艺介绍[J].华南港工,1996(3):11.

[7] 魏建雄.新型 Core-Loc 防护块体的安装施工技术[J].港工技术,2013,50(1):46-48.

[8] 杨志雄,王炜.防波堤护面扭王字块定点安放工艺[J].水运工程,2002(6):79-80.

[9] 姚斌,祖为国.护面块体安装极坐标法的优势及极坐标计算的软件实现[J].水运工程,2008(12):58-60.

[10] 薛瑞龙.防护块体 Core-Loc 的三维可视化安装技术[J].水运工程,2012(7):46-50.

浅析法标薄膜密度计仪检测压实度的应用

夏 伟[1,2]，杨建冲[1,2]

(1. 中国港湾西部非洲区域公司，科特迪瓦阿比让 06BP6687；
2. 中交四航局第三工程有限公司，广东湛江 524009)

摘 要：针对本工程的实际情况，浅谈法国标准薄膜密度计仪法与中国标准灌砂法的试验区别与优缺点，为海外同标准下的公路路基压实度检测提供参考。

关键词：法标薄膜密度计仪法；灌砂法；比较

1 引言

非洲地区正处于工程建设快速发展的时期，尤其是公路的建设已经成为该地区经济发展的重要环节，由于当地的工程建设技术水平比较落后，施工经验欠缺，没有统一的技术标准和规范，大部分工程采用法国的规范和标准。

中国近年来加大对非洲地区港口、公路和铁路等大型基础建设的投资和建设力度，但该地区的工程技术规范及施工方法大部分参考法标、欧标、美标，中国技术人员更多需要在欧标、法标、美标等环境下开展施工管理及技术工作。

因此，学习和掌握其他国家的标准规范以及施工管理，积累海外工程的管理和技术经验，对开拓市场，尤其是进军非洲市场具有深远的意义。

2 项目介绍

本项目是对通向喀麦隆克里比深水港道路的整治工程，本合同工期为13个月，长20.92 km，总宽11.5 m(行车道7.5 m＋土路肩2×2 m)，设计时速60 km/h，预计车流量：T3级，使用寿命15年。路基填方130万 m^3，路基挖方80万 m^3，本项目路基填筑点多，填筑面积小，流水作业周期短等特点。项目位于喀麦隆共和国西南部沿海地区，所在区域年降水量超过4 300 mm，几乎每个月都有降雨。每年3—5月为小雨季，6—8月为小旱季，9—11月为大雨季，12月至次年2月为大旱季节，因此工期紧、任务重、地形多变，对路基填筑工作是一个大的考验。该项目使用法国标准，技术要求按照合同特别技术条款执行。

3 路基压实度检测方法

本项目按照合同特别技术条款CCTP法标要求，压实度通过使用薄膜密度计对各层进行控制，而国内公路多采用灌砂法试验进行检测，两种方法的介绍如下：

3.1 法国标准薄膜密度计仪

薄膜密度计仪法适合测定细粒土、砂类土密度，试样最大粒径不超过15 mm，薄膜密度计仪直径为 100 mm,测定密度层的厚度一般为 150～200 mm。仪器组成部分为:压力表、标有体积的探杆、储水筒、水带、基板、电子秤、凿子、铁锤、毛刷等,见图 1。试验方法:选择一处平坦干净的试验地点,其面积不得小于基板面积。将基板固定在路基表面上,将薄膜密度计仪放入基板中心测定基板中孔体积,将探杆向下压入基板中孔处达到规定压力后记录其体积值(探杆压入后可以直接看刻度值),移开薄膜密度计仪,沿基板中孔凿洞。在凿洞过程中,应注意不使凿出的试样丢失,并随时将凿松的材料取出,放在已知质量的塑料袋中密封,防止水分丢失,及时称取试洞内全部材料质量,取代表性土样做含水率试验。将薄膜密度计仪放在基板上,探杆压入试洞中,测其试洞总体积,减去基板中孔体积,得出试洞体积。

图 1　法国标准薄膜密度计仪

3.2　中国标准灌砂法

灌砂法适合测定细粒土、砂类土及砾类土密度,试样最大粒径一般不超过 15 mm(如土样粒径超过 15 mm,应采用直径 150 mm 或者 200 mm 的灌砂筒),测定密度层的厚度一般为 150～200 mm。仪器组成部分及配套工具为:灌砂筒、金属标定罐、基板、电子秤、量砂、凿子、铁锤、毛刷等。试验方法:选择一处平坦干净的试验地点,将灌砂法基板放在路基表面上,再将盛有量砂的灌砂筒放在基板中间的圆孔上,打开开关测定其灌砂筒锥体砂质量(图 2)。由于路基表面的粗糙程度不一,需要在每一个测点都测定其锥体砂质量。取走基板,将表面清扫干净,再将基板放在清扫干净的表面上,沿基板中孔凿洞。在凿洞过程中,应注意不使凿出的试样丢失,并随时将凿松的材料取出,放在已知质量的塑料袋中密封,防止水分丢失,及时称取试洞内全部材料质量,取代表性土样做含水率试验。在凿洞过程中尽量使洞坑垂直,这样能达到灌砂时的准确性。凿洞完成后将灌砂筒安放在基板中间(储砂筒内放满砂至恒重),使灌砂筒的下口对准基板中孔

图 2　中国标准灌砂法

及试洞,打开开关让砂自由下落至试洞内,灌砂完毕后,关闭开关,小心取走灌砂筒,称其质量。现在可以得出试洞内砂的质量,灌砂筒用砂为试验室定期标定的标准砂(量砂粒径 0.3~0.6 mm),从而得出试洞内体积。

4 薄膜密度计仪与灌砂法数据对比

为了更好地了解薄膜密度计仪的实测结果,在前期检测过程中,我们对两者试验进行对比。由于本项目设计时速是 60 km/h,相当于国内二级公路要求,先看看法国标准与中国标准对路基施工的要求,详见表1和表2。

表1 法国标准对路基施工检测要求

填挖类型		路床顶面以下深度(m)	压实度要求(%)	测点频率
路堤	路床	0~0.25	96	1 000 m² 测 2 个点
	下路堤	>0.25	92	1 000 m² 测 1 个点
零填及挖方路基		0~0.50	96	1 000 m² 测 2 个点

表2 中国标准对路基施工检测要求

填挖类型		路床顶面以下深度(m)	压实度要求(%)	测点频率
			二级公路	
路堤	上路床	0~0.30	95	1 000 m² 测 2 个点
	下路床	0.30~0.80	95	1 000 m² 测 2 个点
	上路堤	0.80~1.50	94	1 000 m² 测 2 个点
	下路堤	>1.50	92	1 000 m² 测 2 个点
零填及挖方路基		0~0.30	95	1 000 m² 测 2 个点
		0.30~0.80	95	1 000 m² 测 2 个点

根据上面两个表格可以得出,法标的填筑结构层次与中标差异比较大,而压实度要求与测点频率都与中标较一致。

在路基填筑前期试验室进行了对比试验,填料来自 PK16+775 取土场,最大干密度 1.946 g/cm³,最佳含水率 13.0%,选择测点一定要具有代表性,两者试验取点位置相距 30 cm,如表3所示。

表3 两种方法结果对比

序号	薄膜密度计仪法				灌砂法			
	深度(mm)	干密度(g/cm³)	含水率(%)	压实度(%)	深度(mm)	干密度(g/cm³)	含水率(%)	压实度(%)
1	151	1.836	12.5	94.3	150	1.833	12.6	94.2
2	150	1.828	11.9	93.9	151	1.824	12.1	93.7
3	152	1.843	12.5	94.7	151	1.838	12.4	94.5

续表

序号	薄膜密度计仪法				灌砂法			
	深度(mm)	干密度(g/cm³)	含水率(%)	压实度(%)	深度(mm)	干密度(g/cm³)	含水率(%)	压实度(%)
4	151	1.812	14.3	93.1	152	1.815	14.1	93.3
5	153	1.845	13.1	94.8	152	1.848	13.0	95.0
6	155	1.804	13.4	92.7	155	1.800	13.3	92.5
7	154	1.868	13.2	96.0	152	1.866	13.0	95.9
8	152	1.836	12.4	94.3	151	1.833	12.2	94.2
9	152	1.831	12.2	94.1	153	1.824	12.1	93.7
10	151	1.818	12.7	93.4	152	1.822	12.5	93.6
11	153	1.846	11.4	94.9	152	1.848	11.4	95.0
12	154	1.801	10.8	92.5	153	1.807	11.0	92.9
13	152	1.845	12.3	94.8	150	1.843	12.2	94.7
14	152	1.830	13.1	94.0	151	1.836	13.3	94.3
15	153	1.831	13.7	94.1	152	1.828	13.8	93.9
16	154	1.860	12.5	95.6	152	1.852	12.7	95.2
17	151	1.816	14.1	93.3	150	1.820	14.2	93.5
18	151	1.841	12.3	94.6	152	1.835	12.4	94.3
19	152	1.854	12.5	95.3	153	1.859	12.6	95.5
20	154	1.819	13.5	93.5	153	1.826	13.3	93.8
21	153	1.840	13.9	94.6	152	1.843	13.7	94.7
22	154	1.805	12.3	92.8	153	1.811	12.4	93.1
23	154	1.819	12.9	93.5	152	1.815	12.8	93.3
24	153	1.814	14.1	93.2	152	1.816	14.0	93.3
25	152	1.850	12.2	95.1	151	1.847	12.1	94.9
26	152	1.819	13.8	93.5	153	1.821	13.9	93.6
27	151	1.800	13.6	92.5	152	1.805	13.5	92.8
28	150	1.863	15.0	95.7	151	1.866	15.1	95.9
29	152	1.834	13.3	94.2	151	1.837	13.3	94.4
30	152	1.813	13.1	93.2	151	1.820	13.2	93.5
平均值	152	1.831	13.0	94.1	152	1.831	12.9	94.1

从以上数据可以简单分析得出,两种试验方法得出的结果相差甚小,无大的偏差。

5 两种检测方法的优缺点

通过现场实际操作和不断总结,得出两种检测方法的优点和缺点,如表4所示。

表4 两种检测方法优缺点对比表

序号	检测方法	优点	缺点
1	薄膜密度计仪法	试验仪器便携、操作简便、仪器标定简便、操作时间短(适合喀麦隆多雨天气)	价格昂贵(法国进口仪器需1万元以上一台)、仪器底部水袋容易破碎、只局限于细粒土检测
2	灌砂法	仪器价格便宜、适合各类土检测	操作过程漫长、辅助仪器繁多、购买量砂定期标定

6 总结

(1)掌握该方法对于法标环境下路基施工具有重要作用,为以后新的海外同类项目提供有利的经验数据及借鉴作用。

(2)经过对比试验,发现此方法与灌砂法的结果相近,证明该检测方法对路基压实质量起到同样的控制作用,为海外项目提供有力的数据支撑。

(3)法标薄膜密度计仪优点是便携、快速,特别是对于在现有施工环境条件下具有加快施工进度的重要意义,值得海外项目的推广应用。

7 注释

CCTP:业主单位在招标文件中针对本工程提出的特别技术条款。

参考文献

[1] 交通部公路科学研究院.公路路基路面现场测试规程(JTG E60-2008)[S].北京:人民交通出版社股份有限公司,2008.

[2] 交通部公路科学研究院.公路路基施工技术规范(JTG F10-2006)[S].北京:人民交通出版社股份有限公司,2006.

[3] 交通部公路科学研究院.公路土工试验规程(JTG E40-2007)[S].北京:人民交通出版社股份有限公司,2007.

CAT390D 29 m 加长臂挖掘机改造技术探析

何大广[1,2]，张 攀[1,2]

(1. 中国港湾西部非洲区域公司,科特迪瓦阿比让 06BP6687；
2. 中交四航局第三工程有限公司,广东湛江 524009)

摘 要：防波堤建设中内外坡理坡往高精度、超深度方向发展。文章主要结合了加纳特码新集装箱码头工程分析了 CAT390D 29 m 加长臂挖掘机提高使用性能的改造措施以及改造后性能提高程度,进而使得 CAT390 挖掘机的使用性能得到充分提高,为今后防波堤的理坡施工提供借鉴。

关键词：防波堤施工；加长臂挖掘机；改造

1 前言

防波堤施工中加长臂挖掘机理坡最为常用。根据设计要求,抛石斜坡堤结构外侧(肩台－5.50 m 以上部分)顶标高＋8.0 m 和 5.50 m,加上挖掘机自身高度 2.1 m,最大坡脚需要采用 29 m 以上臂长挖掘机才可以满足施工要求；项目采用日立 EX1200－6bh 32 m 加长臂挖掘机 1 台、CAT390D 29 m 加长臂挖掘机 1 台、CAT390F 26 m 加长臂挖掘机 1 台、CAT374F 22 m 加长臂挖掘机 1 台进行理坡作业,不同吨位、臂长加长臂挖掘机配合作业,各自性能、效率、性价比比较明显地体现出来。现将改变 CAT390D 底盘结构,增加横梁,使履带机构加宽至 5.5 m,配重增加 18 t,整机重量达到 120 t,配备 29 m 加长臂和 2.1 m³ 铲斗,使得 CAT390D 挖掘机的作业能力显著提高。改造后设备经过实际施工检验,作业能力及作业稳定性得到很大提高,经济性较好。

2 工程概况

加纳 TEMA 港扩建项目工程内容主要包括：防波堤施工、沉箱重力式码头施工、陆域形成及地基处理、港池及基槽疏浚、护岸工程、其他附属设施等。其中防波堤总长 3 848 m,堤顶标高分别为＋8.0 m 和＋5.96 m。本项目防波堤均采用抛石斜坡堤结构,外侧肩台－5.50 m 以下部分采用 2～5 t 护面块石护面,内侧肩台－4.0 m 以下不作护面,由堤心石组成,内侧肩台－4.0 m 以上部分由 2～5 t 大块石护面(见图 1)。

3 CAT390 加长臂改造工艺

内外侧护面需要采用加长臂挖掘机作业,现有 CAT390F 26 m 臂＋1 m³ 铲斗加长臂挖掘机无法满足施工作业要求,故改造 CAT390D 29 m 臂＋2.1 m³ 铲斗,以满足实际施工需要。现就 CAT390D 29 m 臂＋2.1 m³ 铲斗与 CAT390F 26 m 臂＋1 m³ 铲斗进行比较分析。

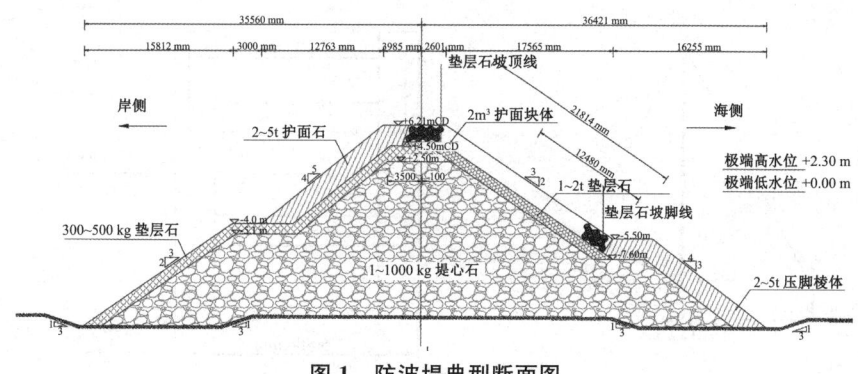

图 1　防波堤典型断面图

3.1　CAT390D 29 m 臂＋2.1 m³ 铲斗

3.1.1　改造配置清单(表1)

表 1　加长臂改造配置清单

序号	部件名称	部件规格	数量
1	履带加宽横梁	重量 4.6 t	2
2	增加平衡配重	6 t	3
3	大臂	长度 19 m,重量 10.9 t	1
4	小臂	长度 10.35 m,重量 8.9 t	1
5	铲斗	2.1 m³	2

部分配置部件见图 2。

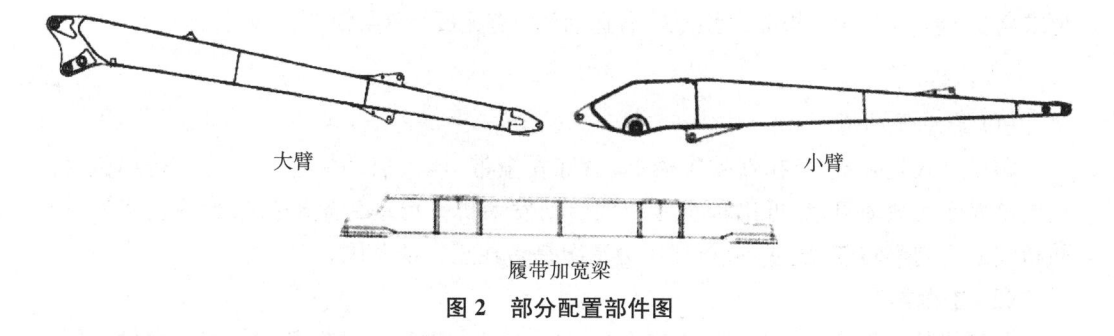

图 2　部分配置部件图

3.1.2　装配过程

(1) 加宽横梁的安装

整机停放在平整坚实的安装场地(半径 20 m 空间供吊装等作业)—拆除主机与履带机构的固定螺栓—采用 150 t 履带吊机吊起主机(见图 3)—采用小型挖掘机平衡拉出履带机构—履带机构平行放置安装加宽横梁(如图 4 所示,安装固定螺栓,并用扭力扳手加力到 250 N·M)。

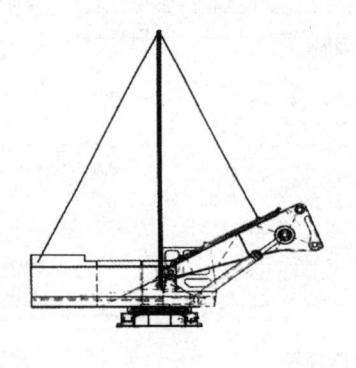

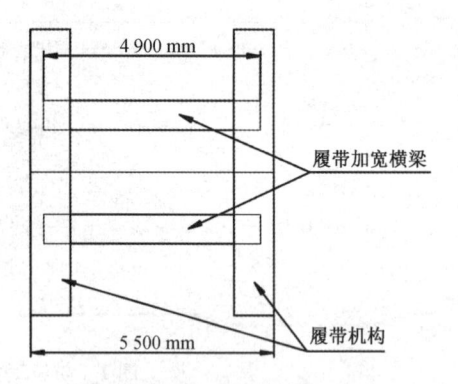

图 3　主机吊装图　　　　图 4　履带加宽后横梁示意图

（2）主机安装

待履带横梁安装完毕（如图 5 所示），主机吊起安装在横梁上，操作顺序与拆除履带相反。

（3）加长臂安装

主机履带安装完毕，移动整机，调整位置，确保主机水平，采用 55 t 汽车吊机吊装平衡配重；待平衡配重安装完毕，按顺序安装大臂、小臂，最好安装铲斗。

图 5　履带安装完成图

3.2　试机

3.2.1　整机检查

主要包括：全车固定螺栓是否达到要求扭矩、各销轴是否到位、油管接头是否固定可靠、各运动部位黄油是否到位、操作手柄是否灵活、发动机冷却液、机油是否达标、液压油面是否达到要求高度、履带是否存在松动或者缺失、各运动部位有无扳手等杂物等。

3.2.2　试机

（1）启动发动机

司机进入驾驶室，坐在驾驶座椅上，系好安全带，插入启动钥匙扭转至运行挡位，确认电脑界面无故障显示，再扭转至启动挡启动发动机。启动后发动机进行热机工作，待热机完成后观察转速、机油、液压油压力情况是否在正常值范围。

（2）挖掘操作

调整驾驶员座椅，将发动机转速扭转至工作范围，把液压锁控制装置移到解锁位置，提升动臂以提供足够的离地间隙，移动小臂至最大行程，观察整机稳定性；若整机稳定，分别挖掘 500 kg、1 000 kg、1 500 kg、2 000 kg、2 500 kg、3 000 kg 块石，并记录在各个负荷下块石中心距离挖掘机回转中心距离。

（3）停机操作

操作完毕，收回大小臂及铲斗至存放位置，并调整发动机转速至怠速挡，冷却后停机。

（4）试机完成后检查

待整机停稳后，检查整机各个部位有无损坏或者松动，如果有松动，及时加固。

(5) 检测认证

待试机完成后,请第三方机构检测认证,合格后投入施工作业。

3.2.3 CAT390D 29 m加长臂与CAT390F 26 m加长臂参数性能对比

(1) 基本参数

两种加长臂参数对比见表2。

表2 参数对比表

序号	挖掘机型号	臂长(m)	履带宽度(m)	新增配重(t)	加宽梁(t)	自重(t)	斗容(m³)
1	CAT390D 29 m	29	5.5	18	9.2	120.6	2.1
2	CAT390F 26 m	26	4.15	6.5	0	98.1	1
	对比结果	+3	+1.35	+11.5	+9.2	+22.5	+1.1

(2) 性能参数对比

根据基本参数对比得知,CAT390D 29 m加长臂比CAT390F 26 m加长臂臂长增加3 m,履带宽度增加1.35 m,配重增加11.5 t,整机重量增加22.5 t,斗容增加1.1 m³。同等级别的底盘作业能力大大提高。

(3) 作业范围曲线示意图见图6、图7。

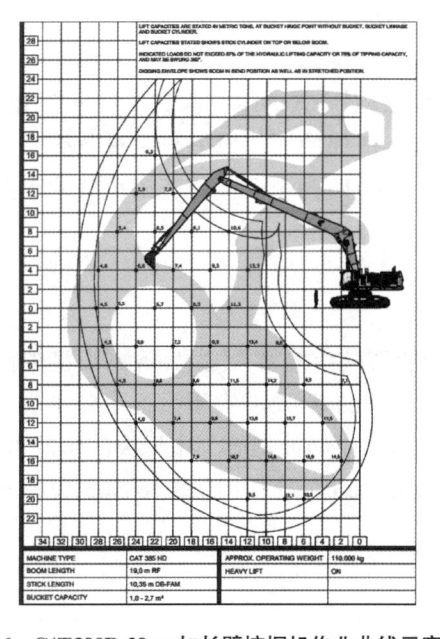

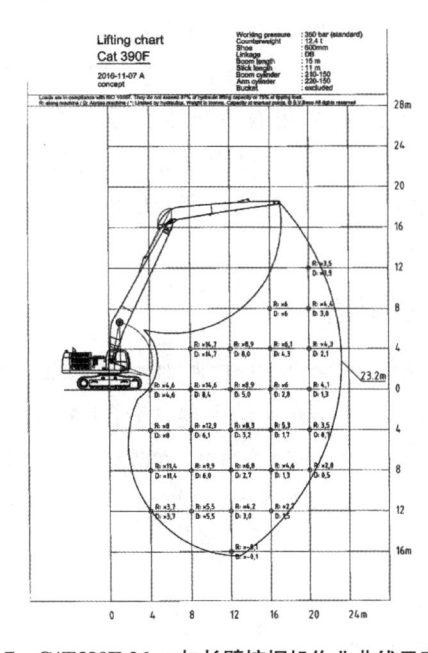

图6 CAT390D 29 m加长臂挖掘机作业曲线示意图　图7 CAT390F 26 m加长臂挖掘机作业曲线示意图

4 改造效益分析

4.1 作业范围增加

CAT390D 29 m加长臂挖掘机进一步增大了作业的范围,比同等级别CAT390F

26 m加长臂挖掘机最大挖掘机高度增加3 m,最大挖掘机半径增大4 m,最大挖掘机深度增加2.1 m,更有利于防波堤理坡作业。

4.2 作业能力增加

根据专业厂家设计,CAT390D 29 m加长臂挖掘机配备2.1 m³铲斗,同等级别CAT390F 26 m加长臂挖掘机配备1.0 m³铲斗,斗容量增加1.1 m³,作业能力显著提高,已达到120 t级别挖掘机的作业能力。

4.3 经济效益对比

根据实际作业能力及效率,改造后的CAT390D 29 m加长臂挖掘机能力和效率提高至120 t挖掘机级别。CAT390D市场价约600万元,改造费用约90万元,总计CAT390D改造后成本约690万元,而120 t级别的挖掘机市场价约900万元,比较而言,无疑CAT390D增加加宽横梁及尾部平衡配重更加经济,在满足使用功能前提下,节约成本约210万元。

5 总结

(1) 本工程采用CAT390D底盘改造配备29 m加长臂,在低投入的前提下成功完成防波堤施工中理坡这一施工难点。

(2) CAT390D底盘改造主机部分提高0.45 m,履带机构增宽1.35 m,提高了设备的作业稳定性,也有效降低了海水对主机部分的侵蚀,对于设备维护起到了推进作用。

(3) 本次改造对于设备核心部位没有任何改动,增加的加宽横梁与主机及履带机构采用螺栓连接,灵活拆装与转场,且不会对设备造成损坏,为今后其他施工设备的改造积累了经验。

6 结束语

综上所述,近几年来,随着海运事业的发展和船舶吨位的增大,世界各国海港的防波堤建设趋向深水区域发展,国际上对于建设深水防波堤的涉及的大型设备十分重视。本工程大胆采用CAT390D改造底盘及加长臂,成功解决了防波堤施工中理坡的超低水深、高精度要求施工难点,并节约了施工设备的投入,为今后充分利用防波堤施工设备积累了丰富经验。

参考文献

[1] 尹成湖,周湛学. 机械加工工艺简明速查手册[M]. 北京:化学工业出版社,2015.
[2] 蔡兰,王霄. 数控加工工艺学[M]. 北京:化学工业出版社,2005.
[3] 李晓佩. 简明公差标准应用手册[M]. 上海:上海科学技术出版社,2005.

防波堤护面块体可视化量测技术分析及应用

唐明刚[1,2]，汪楚亮[1,2]

(1. 中国港湾西部非洲区域公司，科特迪瓦阿比让 06BP6687；
2. 中交四航局第三工程有限公司，广东湛江 524009)

摘　要：本文基于某海外防波堤工程护面人工块体验收可视化需求，针对工程具体工况，通过不同量测方式的对比分析，展现水下区、水位变动区、水上区等不同区域的量测手段及方法，实现了外海复杂波浪条件下全断面覆盖的可视化量测验收，为类似工程提供良好的经验借鉴。

关键词：人工块体；可视化；量测；验收

1　前言

ACCROPODE™Ⅱ人工护面块体结构是法国 CLI 公司专利产品，经过多年的对形体结构优化、块体连锁安装研究和优化，相同的抗浪能力条件下可以节约较多的混凝土投入，结构上具有较好的经济性，因而在世界范围得到广泛的应用。ACCROPODE™Ⅱ人工护面块体水下连锁安装需要按照 CLI 公司的相关要求执行，并且有可视的图片验收记录。这要求在安装过程中有实时的可视监控途径，例如，潜水员直接定位和调整安装、声呐扫描安装等实时控制措施。安装后的验收测量要求能够使用影像的形式检测块体本身的姿态和块体之间的连锁状态。当前世界上比较主流的水下部分测量是声呐扫描，在水质清晰的情况下也可以用水下相机拍照完成。水上部分可以通过光学照相机拍照验收。

加纳某新集装箱码头扩建工程所处几内亚湾，该区域潮差小，波浪周期较大，大潮期波高较大。在护面块体验收测量的水位变动区因为波浪破碎干扰，声波及光学成像均较为困难，又因潮差小，利用潮差的机会和范围有限，测量难度较大。本文基于项目块体可视化测量的成功经验，介绍各区段的测量方法，为类似施工提供参考。

2　工程概况

加纳某新集装箱码头扩建工程项目所在地海域在当地雨季(5—10 月)期间风浪较大，旱季(11 月至次年 4 月)风浪相对较小。波向以 S~SW 为主，风浪波高在 1~2 m，周期在 6 s 以内；涌浪来自西南的大西洋，波高往往低于 1 m，但周期都较长，在 10~21 s 不等。该工程防波堤全长 3 558 m，为斜坡式抛石堤结构，最大水深 16 m，工程设计高水位 +1.50 m，设计低水位 +0.20 m，海域平均潮差约为 1.3 m，见图 1。

如图 2 所示，防波堤采用 1~1 000 kg 块石作为堤心，内侧坡面依次为 300~500 kg 垫层块石及 2~5 t 护面块石；外侧斜坡面依次为 1~2 t 和 300~500 kg 垫层块石、2~5 t 和 0.5~1 t 护面块石以及 2 m³ 人工护面块体。护面块体采用法国 CLI 公司 ACCROPODE™Ⅱ型，单个块体重量约 4.6 t，块体高 2 m。工程需要安装的护面块体数量约 38 000 块。

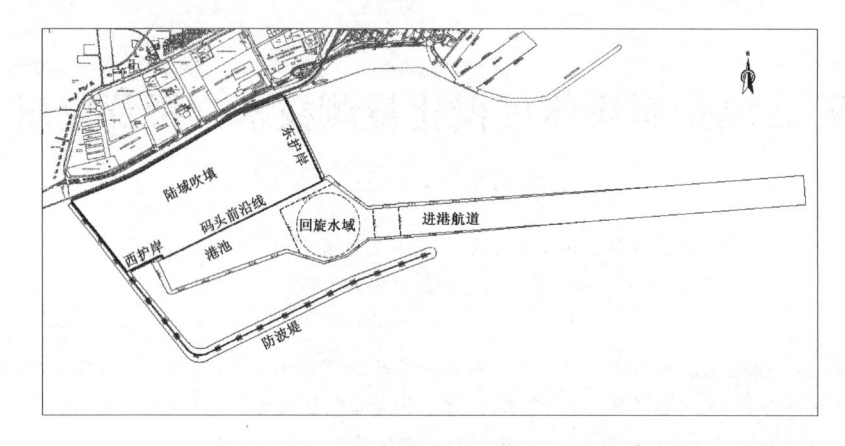

图 1 防波堤地理位置及平面布置

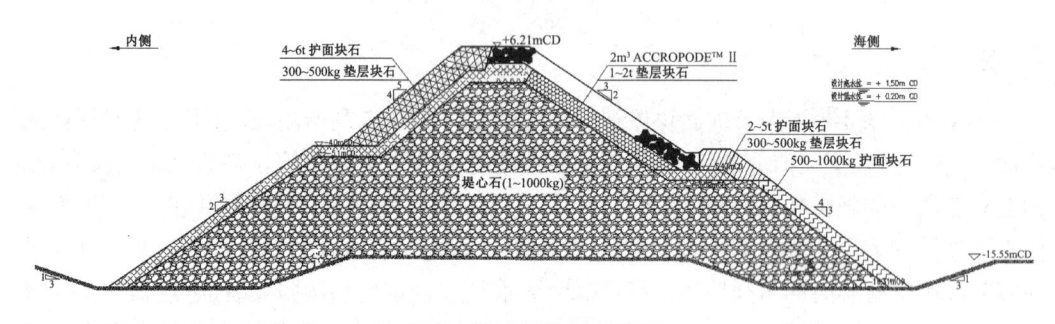

图 2 防波堤典型断面图

3 护面块体的安装

3.1 安装工艺介绍

如图 3、图 4 所示，人工护面块体 ACCROPODE™ Ⅱ 通常采用挖掘机吊重、GPS 精确定位、声呐仪成像确认姿态的安装工艺。

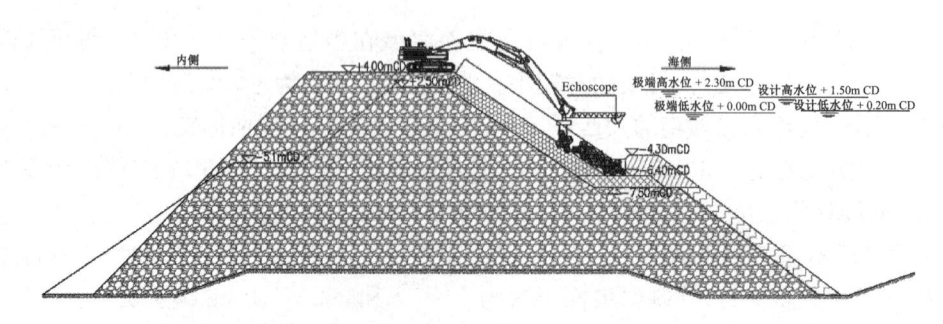

图 3 护面块体 ACCROPODE™ Ⅱ 安装工艺图

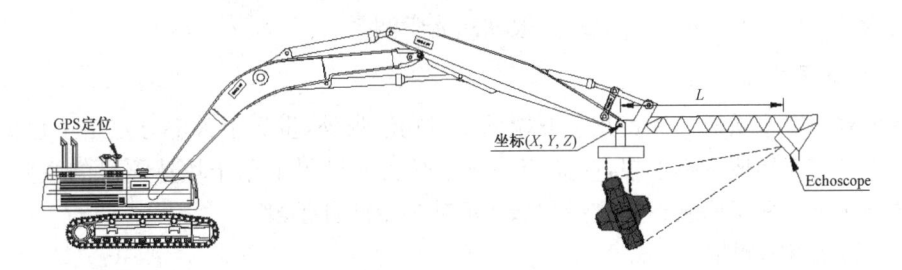

图 4　安装及量测设备

3.2　护面块体的安装要求[1]

CLI 公司关于 ACCROPODE™ Ⅱ 护面块体安装的标准规定：

(1) 块体与垫层石必须保持良好的接触；

(2) 块体的外轮廓线不能超出设计断面外轮廓线的 1/3；

(3) 上一层的块体必须压在下一层的两个块体上,且块体之间必须相互钩联嵌套(Interlock)成整体；

(4) 块体与块体间的间隙大小要求为不允许出现垫层石块石通过；

(5) 相邻两块块体的姿态不能相同(CLI 技术规格书中所列明的 9 种姿态)；

(6) 块体的安装相对密度在 95%～105%。

验收中不满足以上安装要求的块体需要吊起重新安装。由于块体连锁的原理,拟吊起重装的错误块体上层的块体必须先被移除,因此层次越低的块体吊起的工作量越大,且水下起吊难度更大。

3.3　校核测量

一方面,安装过程中由于声呐成像的质量易受水质、水下气泡等因素影响,屏幕图像呈现可能与块体实际位置和形态不符；另一方面,安装的脱钩操作和后期水流影响可能会使块体发生运动但不被实时测量所发现,这些因素都可能导致实际安装的护面块体无法满足安装标准要求。因此,及时地进行校核测量,复核已安装的块体可以尽早发现可能存在的问题,避免大工作量的返工。

根据 CLI 规定,校核测量显示为合格的护面块体区段可作为最终的验收资料,由 CLI 确认并颁发合格证书。为更好地控制安装质量,避免返工事件的发生,工程分段安装后及时进行可视化量测。

3.4　测量手段分析及应用

目前护面块体比较常用的校核量测方法有声呐扫描测量、光学相机图像采集等。根据块体所在环境的不同,量测一般分为水下区、水位变动区和水上区。声呐测量应用于水下区域,水质好的海域也可以用水下相机进行。水线以上的可视区一般采用光学相机拍照采集。波浪在遇到防波堤结构后会发生反射和浅水破坏,往往在防波堤前方 5～10 m 范围内生成气泡,气泡主要集中在水表面以下 2 m,同时该区域内也有较多的固体漂浮物,不适合使用声呐仪器测量,一般使用光学测量。

3.4.1 水下区校核量测

除少数地区水质极其优良且水下能见度特别清晰外,世界上大部分水工工程护面块体水下部分可视环境并不理想,因此声呐测量是目前世界上用于块体测量的主要手段。水下部分测量可采用船载声呐测量和陆上声呐测量两种手段。

(1) 船载声呐测量

船载多波束声呐设备扫描是常见的测量方法,它使用安装在船舶的底部或者侧面的多波束声呐仪器对护面块体进行扫描并记录其形态。多波束测量是一种水声测量方法,该系统一般由多波束、姿态与艏向输出设备、定位设备、声面剖面仪、表面声速仪组成。其工作原理是通过发射与接收换能器阵进行声波广角度定向发射、接收,通过各种传感器对各个波束测点的空间位置归算,从而获得各个波束测点的距离数据,通过数据后处理获得结构物的深度和模型的图像输出[2],详见图5。

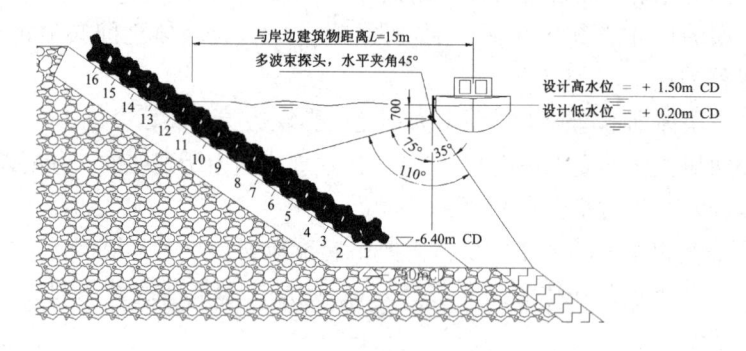

图 5 常规多波束测量示意图

图5中,探头距离水面0.7 m。船舶行驶时,船中心(船宽3~4 m)一般距离护岸15 m,在该情况下多波束声呐理论上可以扫描第7层的护面块体,但由于结构物附近波浪发射影响频繁,受船体横摇偏移的影响,扇面波两侧杂波较多,波束质量偏低,在结构物的扫描中实际第6、7层扫描效果较差,成像不清晰。

影响成像范围的另一个因素是多波束探头与结构物的距离,为获得更高分辨率的图像,多波束探头需要更靠近岸侧块体。在极端良好的自然条件下(设计高水位、块体前水域波高0.5 m以下),船舶靠近护岸结构物7 m,此时探头距离块体5~6 m,在该距离下使用高频率波段,波束能量大、损耗小,换能器能够较为准确输出测量效果,从而获取更清晰的图片。并且此时理论上可以获得第9层的护面块体扫描图像,如图6所示。但是由于块体前方7 m水域极少能够出现以上波浪条件,在波浪作用下船只横、纵摇剧烈,发射和接收波束的覆盖区就会分类,发射的某些波束无法被能唤器接收到,从而无法输出高质量的测量数据。此外,由于此时船体与岸侧净距离约5 m,波浪作用下船体碰撞岸侧块体的可能性比较大,安全风险高。通常来说,高水位下波浪一般较大,周期较长,并不利于船舶过于近距离地进行扫描作业,因此以上情况发生的概率较小。

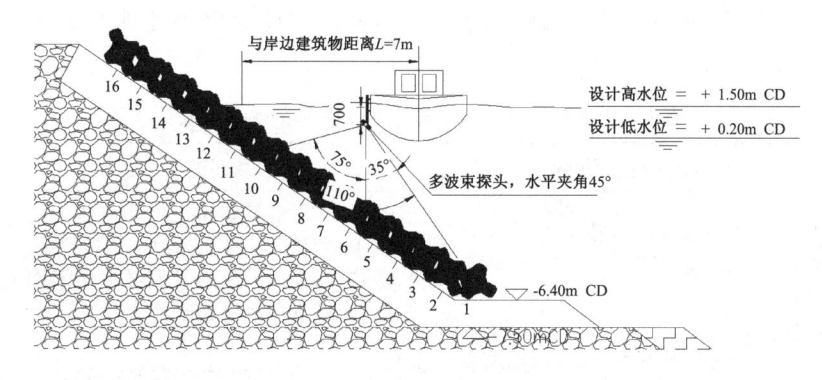

图 6　极近距离的多波束测量

（2）陆上声呐测量

陆上声呐测量指使用陆上设备如长臂挖掘机、吊机等悬挂声呐测量设备对护面块体进行扫描测量的方法。在本项目的实施过程中，项目部根据工期和现场设备条件，选用CODA公司的3D声呐Echoscope作为校核量测设备，Echoscope同时也是护面块体安装的实时监控设备，故此方法实现了安装实时监控测量和装后复核测量设备的统一，见图7。

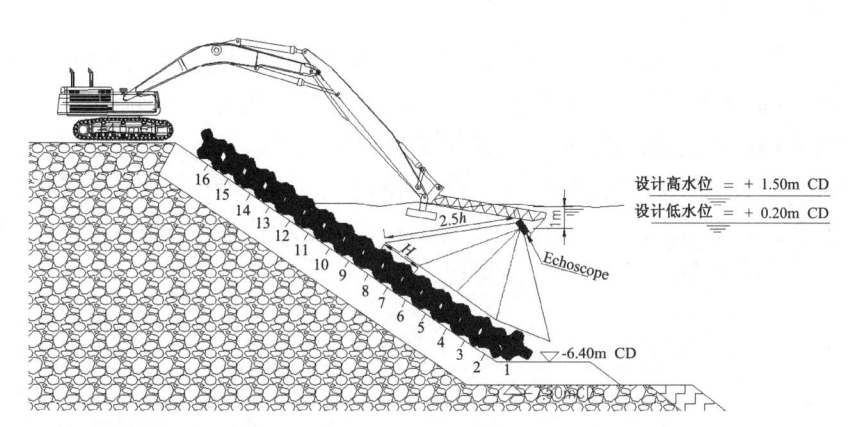

图 7　防波堤典型断面图

图7中，Echoscope悬挂在长臂挖掘机前臂端的加长臂架上，通过挖掘机操作旋转臂架以使Echoscope获得适合的扫描角度和距离，同时Echoscope自带的旋转系统ISAR也可以使Echoscope具有仪器平面内旋转的能力，从而补偿臂架旋转的部分盲区，因此该套系统的扫描视角能够一次覆盖整个水下岸坡断面。为清晰测量每一个块体以及块体之间的两两连锁关系，测量时调整Echoscope的扫描的波束宽度为1个护面块体高度，即 $1h=2$ m，而Echoscope距离块体表面约 $2.5h$ 时图像最佳，如图7所示。

因Echoscope只能在水下使用，因此测量时保持Echoscope至少在水面以下1 m。拟测护面块体的位置通过系统定位技术确定，并记录相应的编号。为保证测量覆盖测区所有护面块体，每次测量的步距不大于1.5 m，从而保证前后两次测量重叠0.5 m以上。

经过实践分析,表 1 为使用陆上测量方法和使用船载多波束水上测量方法优劣对比:

表 1　陆上测量与船载多波束水上测量的优缺点对比

序号	Echoscope 陆上测量	船载多波束水上测量
1	陆上操作,不受风浪、昼夜等自然条件影响,可为安装过程提供及时的校核量测资料	船载多波束作业受自然条件约束较大,夜间无法作业,风浪条件不好时无法作业或者需要远距离扫描,成像效果不佳,校核量测结果可能因大风、大浪等恶劣自然环境因素影响而不及时反馈
2	测量设备与安装设备统一,可以随时切换使用模式,不需要额外的设备和人员投入,成本具有优势。占用一定的安装时间,一定程度上影响功效	独立的测量设备,同时需要投入船舶以及相应的操作人员,成本相对较大。独立的测量,不需要占用设备安装的时间,也可以用于海上的其他海底测量
3	陆上操作安全风险较小	近距离测量侧面水工建筑物,操作的安全风险较大
4	成像范围更广、成像效果更好	成像范围基本相同,受扇面波两侧杂波因素影响,护面块高排成像效果相对较差

通过上面的比较,采用陆上测量在操作安全、成像质量上具有优势。

3.4.2　水位变动区测量

由于波浪破碎带和固体漂浮物,Echoscope 测量声波数据在该区域损坏,无法获取清晰的图像,因此水面以下有 3 件护面块体无法被测量。此时可利用潮差,在高潮位时尽量获取更大的水下测量范围,利用低潮尽量获取更大范围的水上部分的光学测量,以本项目防波堤里程 1 700 m 的典型施工断面为例,在平均潮位附近,断面中第 9、10、11 层无法测量扫描。如图 8、图 9,高水位时,Echoscope 的测量范围可以到达第 9 层;低潮时,第 11 层露出水面,但第 10 层仍然无法可视。

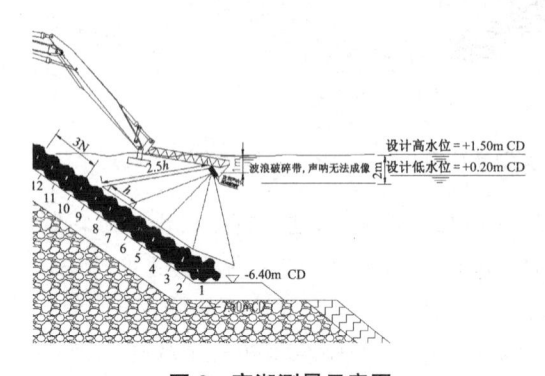

图 8　高潮测量示意图　　　　　　　　图 9　低潮测量示意图

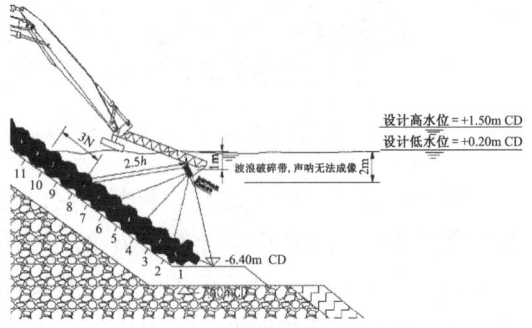

3.4.3　水上区测量

如图 10 所示,水上部分测量主要依靠光学照相机,在波浪下爬的最低点可获得最大拍照可视范围。通过水下测量可以获得第 9 层的图片数据,第 10 层数据可以选择在海况较为平静、水质清晰的情况下,使用拍照的方法,光学相机可拍摄到水面以下 1~2 层的护面块体。通过声呐数据和光学拍照数据的叠合,从而实现全断面的可视化验收。

图 10 水上部分可视验收方法

4 结语

本项目采用陆上挖掘机配载 Echoscope 声呐仪的测量技术,结合水上无人机拍照验收的方法,实现了覆盖水上、水下、水位变动区的全断面可视化量测,为护面块体的安装质量提供了可靠的确保手段。可为类似项目提供借鉴。在施工过程中,如下问题也需要注意和改进:

(1)声呐测量方法主要的难点在于水面以下 2 m 区域的成像不清晰,当潮差较小时有部分排数块体无法通过声呐成像验收,此时通常使用光学拍照的方式进行补充,拍照时应选择水质较好、潮水位较低、波浪较小的时刻进行,以更多地获得水面以下浅部的块体图像。

(2)挖掘机搭载的声呐仪通常用于块体安装,设计声呐仪旋转马达时往往没有考虑长时间连续旋转工作,因此在测量过程中旋转马达容易出现机械故障,因此在设备选型时应注意强化旋转机件,并合理地安排连续工作的时间,避免设备疲劳损坏。

参考文献

[1] CLI COMPANY. CLI Guide in ACCORPODE™ Ⅱ[P]. France:[s. n.],2015.
[2] 赵钢,王茂枚,徐毅,等.多波束测深几何声呐技术在河道堤防水下外观病害探测中的应用[J]. 水利水电技术,2017,4(48).
[3] Ciria;Cur;Cetmef. The Rock Manual The use of rock in hydraulic engineering (2nd edition)[M]. London:CIRIA,2007.

吊机装配 Echoscope 可视化设备在护面块体安装中的应用

黄浩枫[1,2]，李碧波[1,2]

(1. 中国港湾西部非洲区域公司，科特迪瓦阿比让 06BP6687；
2. 中交四航局第三工程有限公司，广东湛江 524009)

摘 要：吊机是护面块体安装的常见设备之一，装配 Echoscope 可视化设备在水下可实现护面块体三维实时成像，获取护面块体实时坐标与姿态，实现护面块体互相连锁、姿态及密度可控的精准安装。吊机又因起重能力大，作业半径长，摆动灵活等特点，在大型防波堤、大重量护面块体的安装中具有适用性强、成本低等优势。

关键词：吊机；Echoscope 可视化设备；护面块体安装

1 前言

工程所用护面块体为 CLI 专利的 ACCROPODE™ Ⅱ 型护面块体（如图 1 所示），设计方量 2 m³，重量约 5 t，该型护面块体是国内常见的扭王字块的原型——ACCROPODE™ Ⅰ 型护面块体的改进型。Ⅱ 型块体整体造型紧凑，四腿呈 X 形，其上布有棱台状突起，其消能性、强健性和稳定性均优于 Ⅰ 型护面块体。同样的防波堤中，使用 Ⅱ 型护面块体总浇筑方量少于 Ⅰ 型块体，经济性更好，但该型块体对预制安装的要求也更为严格。

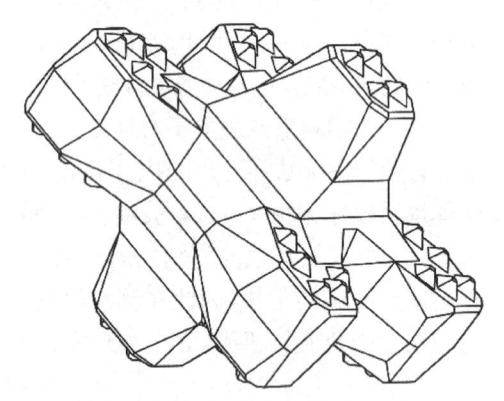

图 1 ACCROPODE™ Ⅱ 型护面块体

2 工程概况

加纳特码新集装箱码头工程位于非洲现有最大的人造海港特码港的西侧。该工程防波堤全长 3 558 m，为斜坡式抛石堤结构，最大水深 16 m。防波堤外侧坡面采用 300～500 kg 垫层块石、1～2 t 垫层块石、2～5 t 护面块石和 2 m³ ACCROPODE™ Ⅱ 型护面块体的防护结构。护面块体总工程量约 34 000 块，安装坡面最大长度 21.8 m，其中 12.5 m 长的坡面位于 0.00 m 的极端低水位以下。

在水下坡面较长、风浪环境恶劣、水下能见度差的情况下，使用极坐标法或安装在吊机上的 GPS 定位的传统方法效率较差。为解决防波堤水下块体安装的位置、角度及互相关系的控制问题，克服恶劣天气对施工造成的影响，加纳特码项目部引进了 Coda Octopus Echoscope 声呐实时三维成像系统，并配合吊机和挖机对护面块体进行安装，利用可视化技术确保护面块体的水下安装质量。

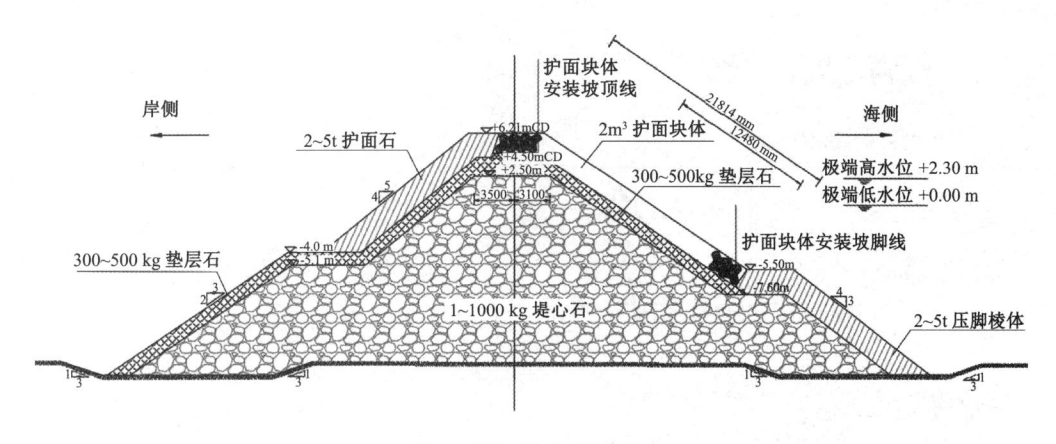

图 2　防波堤典型断面图

3　吊机装配 Echoscope 可视化设备安装护面块体的方法

3.1　设备组成

本工艺涉及的设备主要由机械系统、定位系统和声呐系统三部分组成。机械系统包括吊机及配套的吊具,负责护面块体的起吊及安装。定位系统包括 GPS 基准站、F180 卫星天线和分体式 GNSS 接收机,负责护面块体坐标位置的及时反馈以确保安装的精准性。声呐系统包括 Echoscope 声呐、综合单轴旋转器和遥感惯性测量单元(IMU),负责生成实时三维图像以确保安装姿态可控及紧密连锁。安装示意图(图 3)及工作原理(图 4)如下所示。

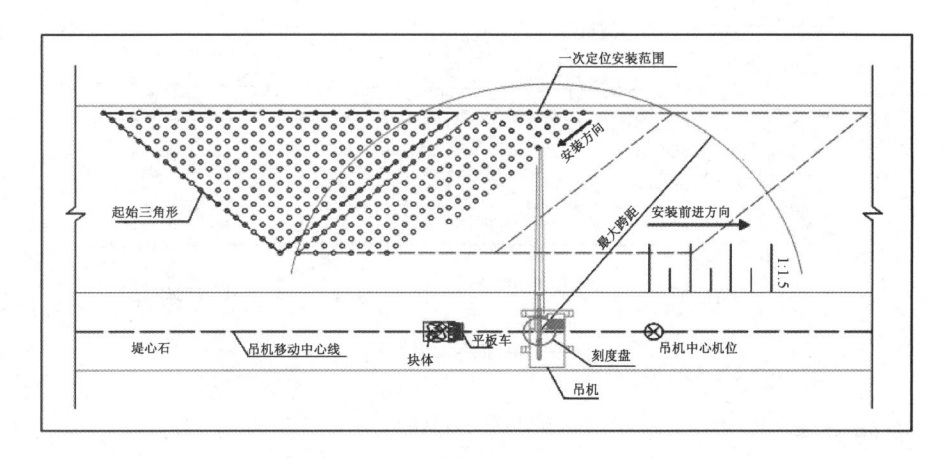

图 3　XGC150 履带起重机安装示意图

3.2　安装要求

根据 CLI 规格书的要求,护面块体的安装应按照 CLI 公司提供的参考坐标点位(如

图 4 工作原理

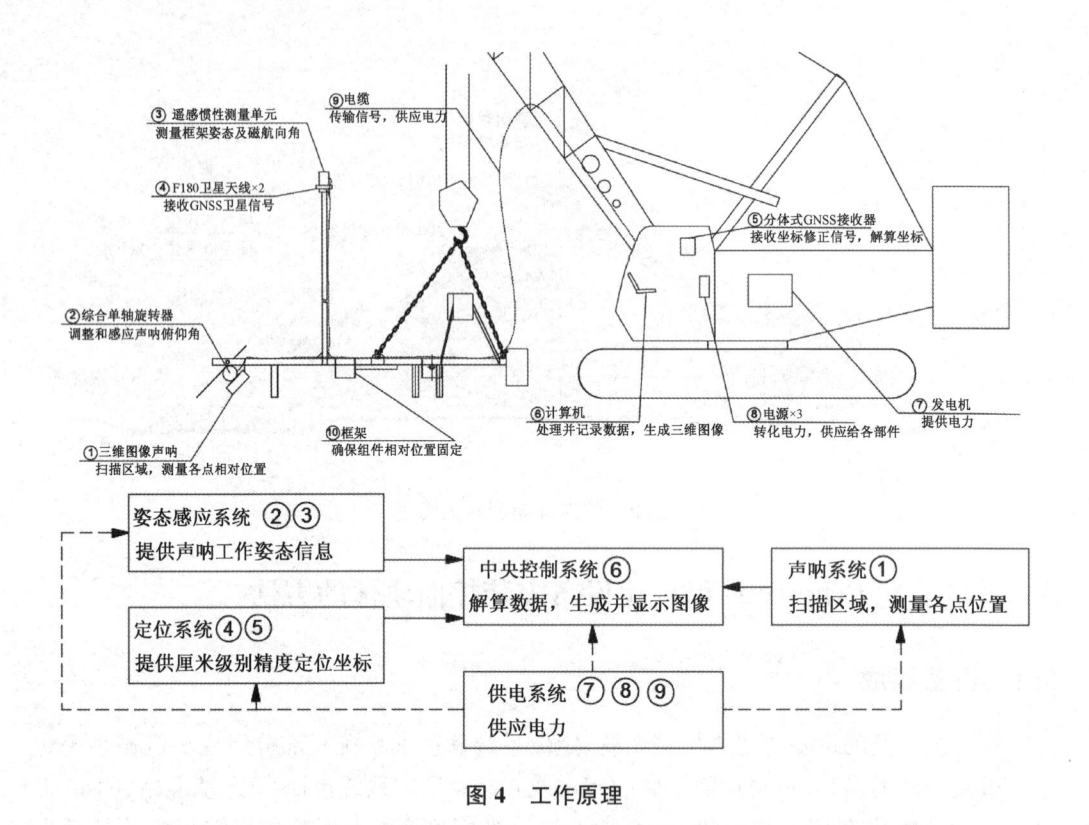

图 5 所示)进行。安装第一层要求护面块体向内侧或两侧倾斜,间距控制在 30 cm 以内,必须三脚着地。除第一层外,上面每一块护面块体安放时,都需要插入并锁定它下面的两块。所有相邻的护面块体姿势皆不能一样(如图 6 所示)。

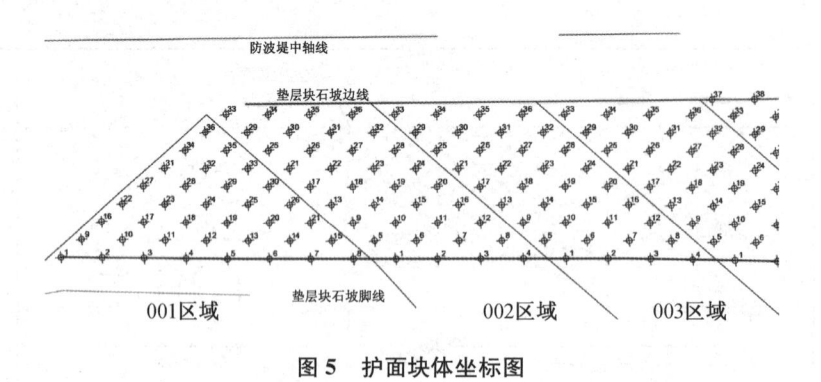

图 5 护面块体坐标图

3.3 操作方法

3.3.1 护面块体转运

经验收合格的护面块体由平板车运输至现场,由 5t 叉车(叉子上配备废旧轮胎支垫)卸放到吊机的起吊范围内。

图6 ACCROPODE™ Ⅱ型护面块体安装示意图

第一层护面块体向内侧或两侧倾斜，三脚着地，相邻姿态不一。

第二层及以上护面块体安放时，都需要插入并锁定它下方的两块，无较大空隙，且相邻姿态不一。

3.3.2 护面块体分类及记录

起重工记录好护面块体的等级分类及块体上面的编码（如果是安装水上的护面块体，还需在护面块体上用油漆写上安装的区间和编号，以便区分）。

3.3.3 护面块体安装

护面块体安装采用铁链捆绑挂钩，起重工按照操作手要求的挂钩方式把护面块体固定到脱钩器下面，操作手把护面块体吊起放入水中。安放过程中，两个起重工通过绳子控制好框架两边的平衡，使得 Echoscope 声呐可以正对着坡面，另一个起重工通过绳子和吊杆上的定滑轮控制设备电缆的升降。计算机操作人员在安装了 Coda Octopus 提供的专用软件的电脑上点击 New Block（建立新模型），再点击 Movement Tracking（动态追踪），调整模型姿态使之与声呐三维图像吻合。系统将根据 GPS-RTK 的定位数据和施工布置图在计算机屏幕左下角用平面图给出定位指示（如图7所示），机手按照定位指示把护面块体安放到指定位置上。

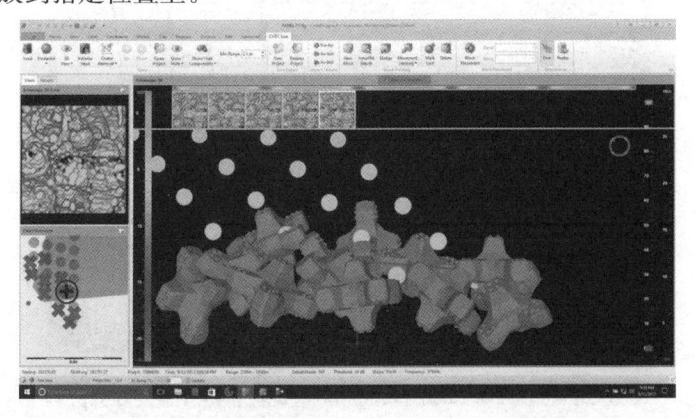

图7 Construction Monitoring System(CMS)操作界面

3.3.4 确认护面块体姿态

安放稳定后,计算机操作人员调整 Echoscope 的视角,从各个角度确认护面块体是否安装正确,如安装正确,则计算机操作人员点击 Mark Laid(标记安装)。机手操作吊机进行脱钩、出水,重复下一轮操作(见图 8)。

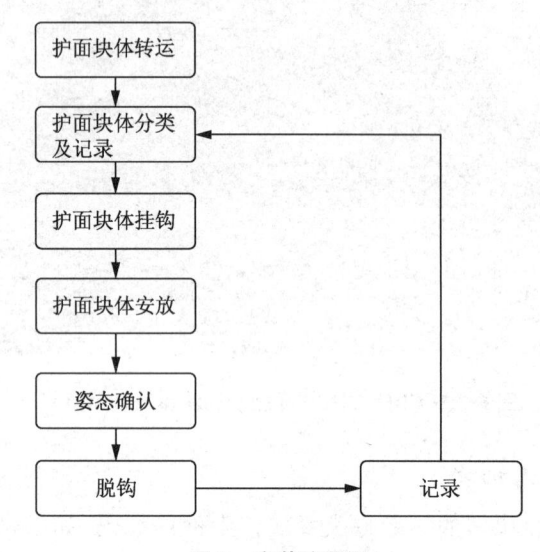

图 8　安装流程图

3.4　对吊机和吊具的改装

为了用吊机配合 Echoscope 声呐设备进行护面块体安装,必须对吊机及吊具进行适当改装,以满足现场施工需要。

3.4.1　用厚钢板代替钢丝绳起吊

经实践,当用钢丝绳连接脱钩器起吊护面块体时,大钩和小钩的钢丝绳会互相缠绕,给脱钩带来困难。后面经过设计及计算,采用钢板代替钢丝绳的起吊方式(见图 9),解决了大小钩钢丝绳互相缠绕及护面块体转动幅度过大的问题。

图 9　钢板改装

3.4.2 脱钩器的改装

在前期护面块体安装过程中,原脱钩器小钩太长,容易出现脱钩困难的情况。后来把小钩锯短之后,钢丝绳很容易从小钩里面脱落出去,频繁出现了护面块体误脱钩的现象,影响了护面块体安装的质量和进度。后来根据脱钩器挂好钩之后张开的最大角度,在上面加焊一截钢板抵住了小钩(见图10),大大减小了误脱钩的概率。

图 10 脱钩器改装

3.4.3 吊臂加装定滑轮

负责提供电力和传输数据的电缆一端连到 Echoscope 上,另一端通过挖机的大臂连接到驾驶室的设备及计算机上面。因为在陆上挂钩和水下安装的高差太大,电缆长度过长,会与地面产生摩擦,影响电缆的使用寿命。后来在吊机的大臂上加装定滑轮,起重工在陆地上通过绳子控制电缆的升降,解决了电缆过长的问题。

4 吊机与挖掘机安装工艺的对比

吊机与挖掘机安装工艺的对比见表1。

表 1 与挖掘机安装工艺的对比

设备	配备人员	灵活性	功效	优缺点
吊机	操作手1名 电脑操作员1名 起重工2名	安装时吊机位于区间中间,可安装整个区间的护面块体而无须来回移动	一个台班12 h平均可达40件	优点:工作范围大,灵活性好,可以弥补挖掘机工作范围小的缺陷 缺点:稳定性欠缺,安装效率比挖掘机低
挖掘机	操作手1名 电脑操作员1名 起重工5名	安装时挖掘机大臂必须垂直于坡面,声呐必须正对着所安装护面块体的位置,所以每安装一块护面块体都要重新调整位置	一个台班12 h平均可达80件	优点:稳定性好,旋转头可自由调整姿态,安装效率比吊机高 缺点:工作范围窄,无法安装到坡底平台的前三层护面块体

5 安装经验及注意事项

5.1 框架的平稳性

框架的平稳性对护面块体的安装起到了关键性作用。当波浪较大时,会影响框架左右晃动,护面块体在水下成像不清晰,姿态难以把控,安装效率低。所以波浪小的时候是关键施工时间段,应加快安装节奏提高产量;波浪大的时候应放缓安装节奏,保证安装质量和设备安全。

5.2 挂钩方式

在进行下一块护面块体安装之前,应观察 3D 图像,判断下一块护面块体应以何种方式连锁,再给起重工指令以指定的挂钩方式固定护面块体。挂钩时应注意,在自然状态下,护面块体的"鼻子"应该朝着吊机方向,否则下水后会出现"鼻子"朝外的姿态,不满足 CLI 公司的安装要求。

5.3 操作技巧

5.3.1 起吊技巧

挂钩完成后,吊机提起护面块体转向海侧方向的速度不宜过快,避免护面块体姿态在摆动过程中变形。安装时应一次到位,避免在水下过多地调整方向,否则造成护面块体姿态改变而出水重新挂钩会耗费大量工时。

5.3.2 水下调整技巧

在水下调整护面块体姿态时,可以左右轻微摆动吊机大臂,带动护面块体旋转调整姿态,或者使块体轻碰触到旁边已安装块体,进而旋转调整姿态。安装第一层护面块体时,如需调整姿态,可以使护面块体轻触底再抬起,进而旋转调整姿态。

5.3.3 安装技巧

安装时,先调整吊机大臂使护面块体到达安装点位附近,再调整大钩垂直下放安装。大钩下放过程中,要注意大钩和小钩的相对位置,相对位置过大,小钩的钢丝绳容易缠上脱钩器或护面块体;相对位置过小,小钩的钢丝绳容易脱钩,造成安装失误。安装完成后,吊机手可以轻抬再下放几次大钩,使护面块体完全嵌入锁死无剩余空间,此时方可进行脱钩。

5.3.4 脱钩技巧

因为脱钩器在护面块体的上方,所以声呐无法探测到脱钩器的状态。在水下不可见的状态下进行脱钩,要根据吊机电脑显示的小钩受力状态、小钩与大钩的相对位置来判断脱钩是否成功。脱钩时如小钩的受力状态超过 1 t,证明小钩的钢丝绳可能缠上脱钩器或者被护面块体压住,此时要把护面块体提到陆地上检查,直到排除故障后再进行安装。脱钩完成后,应先缓抬吊机大臂,抽出捆绑护面块体的铁链。如果在抽出铁链的过程中吊机屏幕显示起吊重量超过 4 t(框架及声呐系统的重量),证明铁链被压在两块护面块体中间,此时应顺着固定护面块体的铁链的挂钩方向缓慢抽出,否则会拉动已经安装完成的护面块体造成位移。

5.3.5 施工步距及效率优化

安装时根据 CLI 公司提供的图纸,按照区间来安装,每层安装 4 个,每个区间安装前三层,给后面挖掘机的安装制造工作面。且吊机安装时框架易受涌浪影响而摆动,深水区涌浪较小,对框架的影响较小,安装效率高。

6 结论

挖掘机和吊机都是护面块体施工工艺中不可或缺的两种设备。吊机又因起重能力大，作业半径长，摆动灵活等特点，在大型防波堤、大重量护面块体的安装中具有适用性强、成本低等优势，是挖掘机所不可替代的。目前吊机装配 Echoscope 安装护面块体在国内尚无成熟经验，总结相关的工程经验和成功实例，对未来类似工程将有一定的指导意义。

参考文献

[1] CLI COMPANY. CLI guide in ACCROPODE™ Ⅱ[P]. France:[s. n.],2015.

无掩护海域水位变动区 ACCROPODE™ Ⅱ 护面块体安装技术研究

汪楚亮[1,2]，李金保[1,2]

(1. 中国港湾西部非洲区域公司，科特迪瓦阿比让 06BP6687；

2. 中交四航局第三工程有限公司，广东湛江 524005)

摘 要：以加纳特码新集装箱码头项目为例，论述 Echoscope 三维可视化安装原理、水位变动区护面块体安装的难点和重点、如何划分护面块体安装的水位变动区以及水位变动区护面块体安装的方法和控制要点，为今后类似项目提供宝贵经验。

关键词：Echoscope 安装系统；水位变动区；护面块体安装

1 前言

预制护面块体主要用在护岸及防波堤工程中，起消浪作用，护面块体种类很多，在中国，常用的人工护面块体有四角锥型、扭工字块、扭王字块和栅栏板等，近年来以扭王字块应用较多。扭王字块是中国学者在 20 世纪 80 年代学习消化国外的 ACCROPODE™ Ⅱ型护面块体后进行了部分修改优化的成果，经过三十多年的发展，已经成为我国最流行的人工护面块体之一。在海外，人工块体的研究和应用非常广泛，目前以 ACCROPODE™ Ⅱ 型、Core-Loc™ Ⅰ 型、Core-Loc™ Ⅱ 型、Xbloc@ 为主的钩联型块体为主，此类块体强健性好、消浪性好、稳定性强，并可单层施工，应用非常广泛，其中 ACCROPODE™ Ⅱ 型是迄今为止全球最为流行的人工护面块体。

ACCROPODE™ Ⅱ 是 CLI 公司经过不断研究和优化的产品，能够实现在单个重量比较轻的情况下，通过块体之间的充分连锁达到良好的消浪和抗冲击效果，但它对块体安装质量的要求非常严苛，CLI 企业标准针对护面块体安装提出如下要求：

（1）安装密度必须达到 95%～105%；

（2）需单层安装，块体安装后超出设计轮廓线部分不得超过块体厚度的 1/3，且每块块体需与垫层接触；

（3）块体与块体之间需连锁且不能自由活动；

（4）任何块体周围的四块需形成"钻石形状"；

（5）块体之间的空隙以垫层块石不能在外力作用下逃离为控制标准；

（6）相邻位置的块体安装需采用不同的姿态。

ACCROPODE™ Ⅱ 水下护面块体安装采用 Echoscope 系统，具有三维可视化、图像显示实时化、3D 块体模拟化，可记录安装坐标、自动计算安装坐标偏差等优点，是目前常用的水下护面块体安装系统。但同时也存在着水位变动区声呐受到波浪影响，波浪较大时，气泡较多，声呐成像不够清晰，大大制约了安装进度和安装质量。

因此,在护面块体安装标准严格、无掩护海域风浪较大、水位变动区声呐成像不清晰的条件下,研究如何在保证安装质量的前提下,提高水位变动区护面块体安装进度至关重要,决定了防波堤是否早日形成永久掩护。

2 工程概况

加纳特码新集装箱码头工程位于非洲西部,加纳南部沿海,濒临几内亚(GUINEA)湾的北侧。该工程防波堤全长 3 558 m,为斜坡式抛石堤结构,防波堤采用 1~1 000 kg 块石作为堤心,内侧坡面依次为 300~500 kg 垫层块石及 2~5 t 护面块石;外侧斜坡面依次为 1~2 t 垫层块石、2~5 t 护面块石和 2 m³ ACCROPODE™ Ⅱ 护面块体,护面块总工程量为 3.5 万件。本项目防波堤典型断面图见图 1。

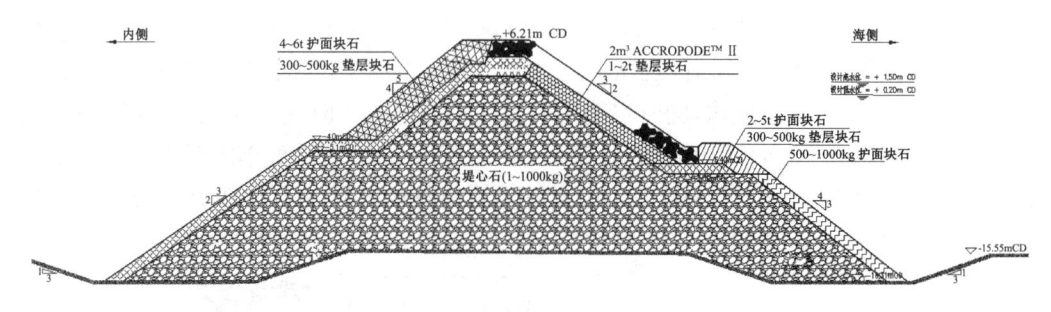

图 1 防波堤典型断面图

本项目所在海域 4—9 月为季风期,风浪较大,10 月到次年 3 月为非季风期,风浪条件较好。波向以 165°~171°为主,周期在 7~19 s,平均潮差约为 1.3 m,潮位大致情况如表 1 所示。

表 1 项目设计潮位取值

项目	潮位取值
设计高水位	+2.30 m CD
平均高潮位	+1.50 m CD
平均低潮位	+0.20 m CD
设计低水位	+0.00 m CD

3 Echoscope 安装系统和安装原理

声呐是一种利用声波在水下的传播特性,通过电声转换和信息处理,完成水下探测和通信任务,是利用水中声波对水下目标进行探测、定位和通信的电子设备,是水声学中应用最广泛、最重要的一种装置。Coda Echoscope 三维成像声呐系统是属于声呐的应用装置之一,它的研发最早是专门针对美国海岸警卫队的码头和港口安保应用,是目前世界上唯一的水下三维实时高分辨率观察声呐系统。其优点主要有:实时生成高清晰度的 3D 声呐图像;具备图像拼接功能;准确显示复杂的移动结构,即使在浑浊的水中也依然准确；适合安装在船舶、ROV、潜艇或起重机上；具备准确的经纬度地理数据、全能型 DTM 输出选项。Echoscope 可视化安装系统从实时的三维和二维声呐图像上来观察和区分不同的物体，从而使得该系统成为能够满足水下观察和测量任务的理想工具，成为水下护面块体可视化安装的重要工具。

本项目采用 Coda Octopus 厂家的 Echoscope 水下可视化系统和天宝 GPS 实时定位的监测安装技术结合的技术进行水下护面块体辅助安装，本系统具有对护面块体安装实时监测的功能。Echoscope 可视化安装系统可以从实时的二维进行安装并用三维声呐图像进行 3D 块体模拟，同时结合天宝 GPS 实时定位监测技术，可以与安装系统 3D 模拟块体结合获取坐标，用于计算安装密度，使 Echoscope 水下可视化系统成为水下护面块体安装的利器。

Echoscope 系统主要由实时 3D 声呐成像系统、块体姿态控制系统、Trimble GPS 定位系统、供电系统四部分组成（见图 2）。Echoscope 实时 3D 声呐成像系统可以探测位于其正前方 $50°\times50°$ 范围内的区域。凭借其超密的波束以及超高的频率，实时 3D 声呐成像仪不仅能够对静态的物体进行扫描成像，同时也能对移动的物体进行实时追踪成像。实时 3D 声呐成像仪将扫描块体的位置信息传输到计算机，经过 Echoscope 软件处理之后以三维声呐图像的形式显示（见图 3）。该系统不但可以实时显示扫描块体的声呐图像，还可以通过内置块体模型模拟块体实时姿态。

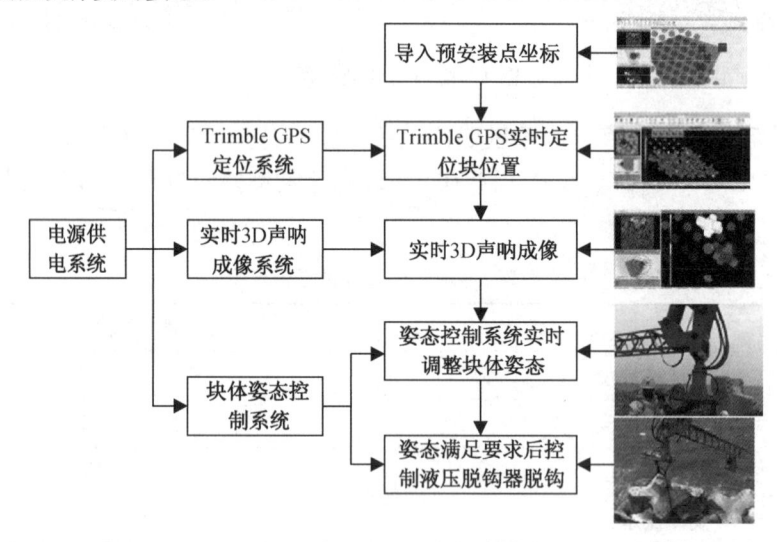

图 2　Echoscope 系统原理图

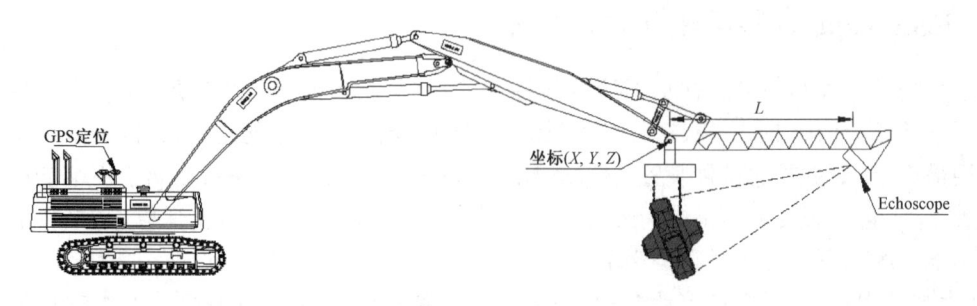

图 3　声呐仪与块体相对关系图

4 水位变动区护面块体安装的重点和难点

根据海工工程定义,本项目水位变动区区域应为-1~1.3 m之间。护面块体水位变动区的界限和划分不同于海工工程水位变动区,根据 Echoscope 声呐可视化清晰程度,以护面块体中心位置标高为界限,水位变动区的定义为设计高水位减去 2 m 至设计低水位减去 2 m 的区域,因此本项目护面块体水位变动区的区域为-2~0.3 m 之间。根据护面块体水位变动区的定义,将护面块体安装分三个区域:水上区、水位变动区和深水区。图 4 为护面块体安装图纸区域划分,表 2 为 P121 g 区域护面块体安装坐标,以 P121 g 区为例,编号 1—36 为深水区护面块体,编号 37—48 为水位变动区护面块体,编号 49—84 为水上区护面块体。

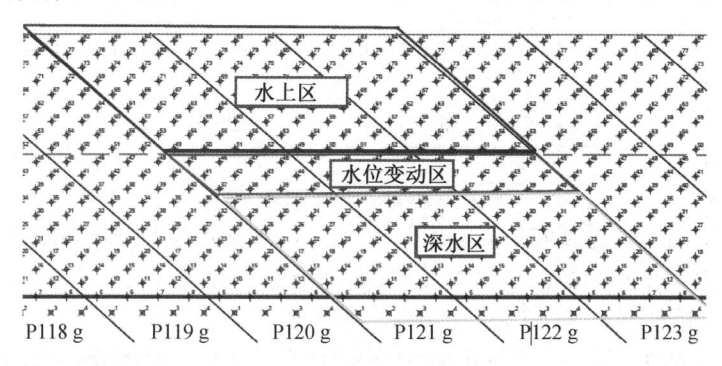

图 4 护面块体安装图纸区域划分

表 2 P121 g 区域护面块体部分安装坐标

P121 g 块体坐标			
Rev:	坐标(m)		
编号	X	Y	Z
33	383 291.89	103 798.64	-2.23
34	383 293.31	103 796.92	-2.23
35	383 294.73	103 795.19	-2.23
36	383 296.15	103 793.46	-2.23
37	383 291.90	103 800.10	-1.61
38	383 293.32	103 798.37	-1.61
39	383 294.74	103 796.64	-1.61
40	383 296.16	103 794.92	-1.61
41	383 291.91	103 801.55	-0.99
42	383 293.33	103 799.82	-0.99
43	383 294.75	103 798.10	-0.99
44	383 296.17	103 796.37	-0.99

续表

Rev：编号	P121 g 块体坐标 坐标(m)		
	X	Y	Z
45	383 291.92	103 803.01	−0.37
46	383 293.34	103 801.28	−0.37
47	383 294.76	103 799.55	−0.37
48	383 296.18	103 797.82	−0.37
49	383 291.93	103 804.46	0.25
50	383 293.35	103802.73	0.25
51	383 294.77	103 801.00	0.25
52	383 296.18	103 799.28	0.25

在施工过程中，深水区区域由于水位较深，受涌浪影响较小，气泡较少，Echoscope 模拟成像清晰，安装较快，进度和质量有保障。水上区域安装可用肉眼判断进行安装，安装更加容易。而水位变动区护面块体安装时，受涌浪影响较大，气泡多而杂，Echoscope 成像不清晰，安装困难。

水位变动区的 Echoscope 2D 声呐图像如图 5 所示，2D 图像指的是 Echoscope 扫描直接得到的气泡图，可以如实反映水下真实情况的图像。在水位变动区护面块体正常安装过程中，2D 图像中气泡较为杂乱，护面块体的轮廓、姿态无法辨别，无法清晰地看到护面块体。在水位变动区中安装护面块体时，大部分时间段 Echoscope 2D 图像处于图 5 状态。进行安装、辨别和判断护面块体的姿态、确定钩锁情况，模拟标记 3D 块体比较困难。

水位变动区介于深水区和水上区之间，起到承上启下的关键作用，如果水位变动区块体安装进度缓慢，将影响水上区的护面块体安装，影响护面块体安装的总体进度，无法及时对防波堤形成有效掩护。水位变动区声呐图像不够清晰时，安装质量无法保证，水位变动区块体安装质量决定了护面块体安装质量是否符合标准和要求，因此如何在保证水位变动区护面块体安装质量前提下，提高安装效率至关重要。

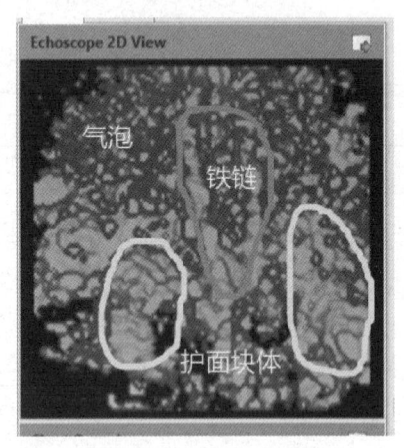

图 5 水位变动区 Echoscope 2D 声呐图像

5 水位变动区护面块体安装的方法和控制要点

5.1 根据风浪情况进行安装

本项目所在海域波向以 165°～171°为主，周期在 7～19 s，当波浪周期在 7～13 s、波高低于 1.3 m 时,风浪情况较好,Echoscope 水位变动区声呐图像比较清晰,有利于水位变动区护面块体安装。当波浪周期大于 13 s、波高高于 1.3 m 时,风浪条件较差,水位变动区声呐图像模糊,不利于水位变动区护面块体安装,因此当我们需要根据风浪预报,合理安排施工组织,当风浪条件不好,水位变动区声呐图像模糊时,进行深水区或者水上区护面块体安装。当风浪条件较好,水位变动区声呐图像比较清晰时,进行水位变动区护面块体安装。图 6 为某年 4 月季风期风浪预报,以 5 日至 10 日为例,5 日 0 时至 6 日 9 时、8 日 0 时到 12 时、9 日全天这三个时间段的风浪条件较好,适合水位变动区护面块体安装,其余时间段风浪条件较差,不适合进行水位变动区护面块体安装,因此在适合水位变动区安装的时间段,合理安排施工,为安装水上区护面块体提供安装工作面。

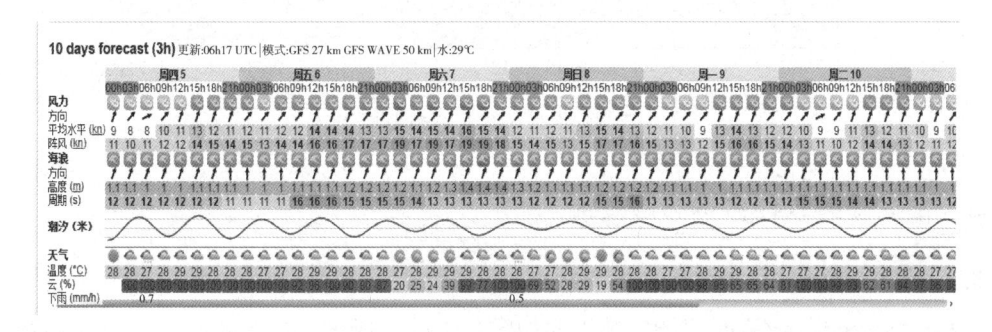

图 6　某年 4 月季风期风浪预报

5.2　根据潮位差进行安装

本项目平均潮差约为 1.3 m,设计高水位为 +2.3 m,平均高潮位为 +1.5 m,设计低潮位为 +0.0 m,平均低潮位为 +0.2 m。本项目护面块体水位变动区的区域为 −2 m 至 0.3 m,水位变动区护面块体共有 3 层,如图 4、图 5 所示,以 P121 g 区为例,第 10 层至 12 层,编号 37—48 为水位变动区。高潮位时选择安装第 10 层和 11 层。其中第 11 层是最难安装的区域,第 11 层护面块体中心位置标高为 −0.99 m,以平均高潮位 +1.5 m 计算,护面块体中心位置至水面水深约 2.5 m,在风浪条件较好的时间段,声呐图像比较清晰,在最高潮时间点的前后 1 小时内,可以正常进行第 10、11 层(编号 37—44)安装。该区域第 10、11 层安装完成后,可到下一个区域第 10、11 层进行安装。低潮时选择肉眼判断安装第 12 层,第 12 层护面块体中心位置标高为 −0.37 m,以平均低潮 +0.2 m 计算,护面块体中心位置至水面水深约为 0.57 m。本项目采用的护面块体安装在坡面上垂直高度为 1.71 m,理论上安装完成后还有约 30 cm 块体暴露在水面以上,可根据第 11 层安装软件模拟的 3D 块体姿态选择第 12 层的安装姿态,当风浪较大时,在一个波浪周期的波谷点,可以较清楚地看到第 12 层与第 11 层的连锁情况,或当风浪较小时,海水可视性比较高,可以用肉眼判断下面第 12 层与第 11 层的连锁情况,判断是否符合安装标准,因此第 12 层可在白天最低潮时间点的前后半小时进行安装。

图 7 为某年 4 月 5 日潮汐表,7:00 和 18:59 为高潮,潮位 1.4 m。根据风浪预报,这一天浪高 1.1 m,周期 12 s 左右,风浪条件较好,可以进行水位变动区安装。因此施工组

织安排上，可选择在这一天 6:00 至 8:00，18:00 至 20:00 之间进行第 10、11 层安装，中午 12:00 至 13:00 之间进行第 12 层安装。

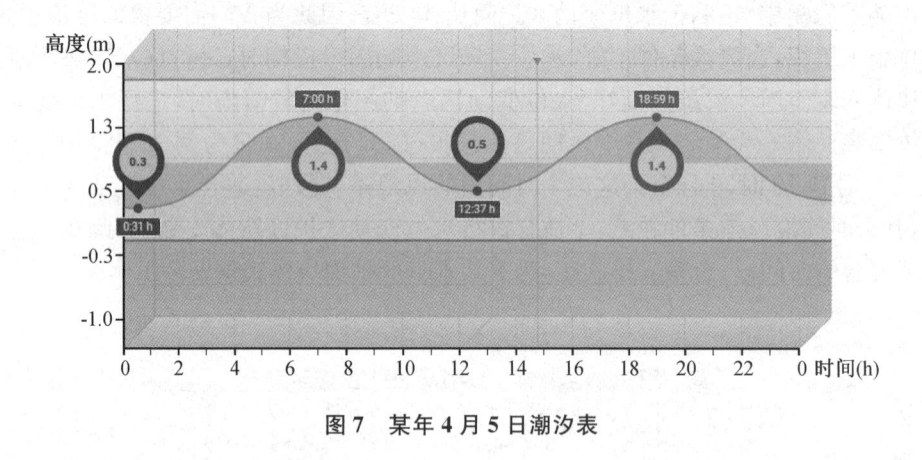

图 7　某年 4 月 5 日潮汐表

5.3　根据安装软件多种参数安装

5.3.1　根据 2D 和 3D 模拟图像进行对比

Echoscope 安装 CMS 系统安装界面如图 8 所示，主要由 2D 图像窗口、3D 图像窗口、坐标窗口三部分组成。2D 窗口真实反映护面块体在水中的实时状态，在安装过程中，机手和技术人员根据 2D 窗口图像进行安装，从 2D 窗口判断安装的块体是否与相邻块体连锁。安装完成后，技术人员在 3D 窗口根据气泡进行 3D 块体模拟，为了保证 3D 模型能够如实反映真实护面块体安装情况，需要做到 3D 模型的块体与图中的气泡基本吻合。在根据 2D 窗口安装完成后，可观察判断是否连锁。模拟完成后，再从模拟的 3D 块体各个角度去观察和判断块体之间的连锁情况。

在水位变动区护面块体安装过程中，护面块体轮廓只是相对清晰，有时护面块体轮廓是不完整的、处于一种破碎的状态。在安装前，需要组织机手和技术人员通过学习和培训，对护面块体的安装规则、轮廓相对熟悉，当只看到护面块体的一部分轮廓时，根据这部分护面块体来判定整个护面块体的姿态，在标记完成后，根据模拟的块体模型判断是否连锁。如图 8 所示，从 2D 窗口中发现该区域上部气泡多而杂，在 3D 窗口中无法看到完整的护面块，但可以清晰地看到护面块体两只脚的轮廓。在用白色块模拟实际块体时，通过 2D 可以比较容易判断该护面块的安装姿态，将白色模拟的块体两只脚尺寸和方向调整到与气泡中的两只脚的尺寸和方向吻合，使之可以代表该护面块在水中的位置及姿态。

图 8　Echoscope 安装系统界面

5.3.2 根据坐标偏差进行判断

在安装前,导入 CLI 专利公司提供的安装区域编号的坐标。在安装时,选择安装的区域和编号,3D 块体标记完成后,系统会自动记录块体安装位置及护面块体中心位置的坐标,自动计算实际安装坐标和设计坐标的偏差。如图 9 所示,在该图中可以看到护面块体安装坐标与设计坐标的偏差,X、Y 坐标偏差值代表左右前后方向的偏差值,误差范围一般控制在 0.5 m 以内,最大不能超过 0.7 m,否则将会影响左右其他护面块体的安装,高度偏差也控制在 0.5 m 以内,最大不能超过 0.7 m,高度偏差过大会影响上面一层护面块体的安装,会导致安装密度值降低。当在水位变动区安装护面块体时,标记模拟完 3D 块体后,进行坐标偏差值的判断。通过判断坐标偏差值是否符合范围要求来判断该块体安装是否影响后续其他块体的安装。

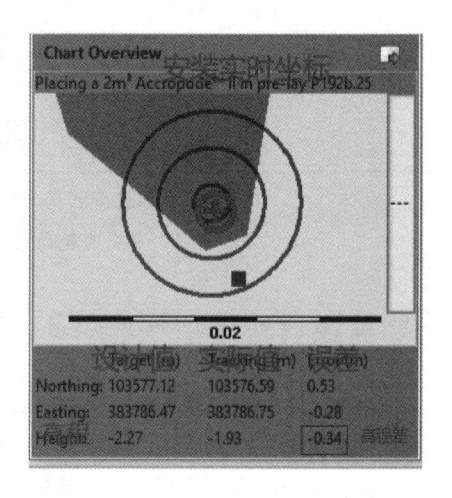

图 9 护面块体安装坐标偏差值

6 总结

ACCROPODE™ Ⅱ 型是迄今为止全球最为流行的人工护面块体,安装标准严格。采用 Echoscope 系统进行辅助安装,具有三维可视化、图像显示实时化、3D 块体模拟化,可记录安装坐标、自动计算安装坐标偏差等优点,但水位变动区安装比较困难。通过项目实际安装经验的积累和总结,划分护面块体水位变动区,利用风浪预报、潮位差、软件多种参数对比进行水位变动区护面块体安装,提高了水位变动区护面块体安装效率,给水上区护面块体安装提供工作面,提高了护面块体安装的总体效率,安装初期的单台挖掘机平均日安装工效由 40 件提高到 60 件,成功地扭转了工程护面块体安装进度一度滞后的局面,也保证了防波堤有效抗风浪能力的形成,提高了本工程按时履约的能力,增强了防波堤迎接风浪挑战的信心。

随着港口工程的发展,越来越多的港口需要建设深水大型防波堤以面对恶劣的海况,对防波堤的护面块体安装质量要求也越来越高。无掩护海域水位变动区 ACCROPODE™ Ⅱ 护面块体安装技术研究、总结和提高对提高护面块体安装效率具有重要的意义,本项目水位变动区护面块体的研究和总结对处于几内亚海域的类似深水防波堤工程具有借鉴意义。

参考文献

[1] CLI COMPANY. CLI guide in ACCROPODE™ Ⅱ[P]. France:[s. n.],2015.
[2] CLI COMPANY. ACCROPODE TECHNICAL INFORMATION DOCUMENT. Concrete Layer Innovations[P]. France:[s. n.],2015.

护面块体创新型移除装置在深水防波堤中的应用

周环宇[1,2]，吴多贵[1,2]

(1. 中国港湾西部非洲区域公司,科特迪瓦阿比让 06BP6687；
2. 中交四航局第三工程有限公司,广东湛江 524005)

摘　要：护面块体广泛应用在各种海岸防护工程中,随着技术的发展和质量水平的不断提高,护面块体安装标准越来越严格。本文以加纳特码新集装箱码头工程为例,论述了ACCROPODE™Ⅱ护面块体出错的原因、传统潜水员移除水下错误块体的缺点、创新发明护面块体移除装置的结构、借助3D水下可视化安装系统Echoscope移除块体的使用过程及在效率、经济、安全等方面的优势。

关键词：ACCROPODE™Ⅱ；护面块体安装；Echoscope系统；移除装置

1　前言

预制护面块体主要用在护岸及防波堤工程中,起消浪作用,护面块体种类很多,在中国,常用的人工护面块体有四角锥型、扭工字块、扭王字块和栅栏板等,近年来以扭王字块应用较多。扭王字块是中国学者在20世纪80年代学习消化国外的ACCROPODE™Ⅱ型后进行了部分修改优化,经过三十多年的发展,已经成为我国最流行的人工护面块体之一。在海外,人工块体的研究和应用非常广泛,目前以ACCROPODE™Ⅱ型、Core-Loc™Ⅰ型、Core-Loc™Ⅱ型、Xbloc@为主的钩联型块体为主,此类块体强健性好、消浪性好、稳定性强,并可单层施工,应用非常广泛,其中ACCROPODE™Ⅱ型是迄今为止全球最为流行的人工护面块体。

钩联型护面块体连锁性要求较高,安装标准严格,在护面块体安装过程中,块体可能会因为脱钩器、钢丝绳、恶劣海况、操作原因等问题导致非意愿性脱钩或位移,需要被吊起移除重新安装,或者安装完成后发现已安装的块体不满足安装标准和要求,需要被吊起移除重新安装。目前水下移除块体常用的办法是潜水员下水挂钩移除,存在对海况要求高、效率低、成本高、安全风险大、程序复杂等缺点。而防波堤护面块体创新型移除装置的发明,有效解决了必须依靠潜水员移除块体的缺点,从而降低对海况的要求,并在效率的提高、成本控制、安全控制等方面效果显著。

创新型移除装置通过利用挖机旋转头、创新发明钢丝绳套索方式以及借助3D水下可视化安装系统Echoscope等,实现及时、高效、经济、安全移除水下错误块体。

2　工程概况

加纳特码新集装箱码头工程位于非洲最大的人造海港加纳特码港西侧。该工程防波堤全长3 558 m,为斜坡式抛石堤结构,最大水深16 m,设计高水位+1.50 m,设计低水位+0.20 m。防波堤采用1～1 000 kg块石作为堤心,内侧坡面依次为300～500 kg垫层块石及2～5 t护面块石；外侧斜坡面依次为1～2 t垫层块石、2～5 t护面块石和

$2 m^3$ 护面块体,护面块总工程量为 3.7 万件(见图 1)。

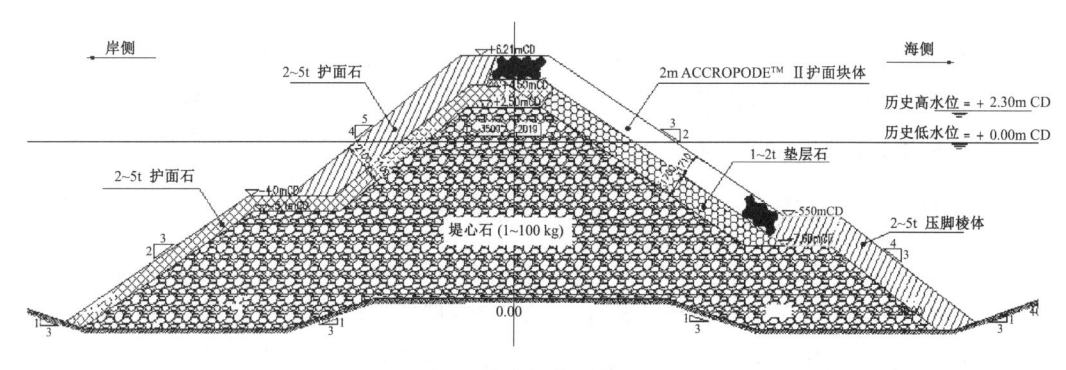

图 1 防波堤典型断面图

工程所用护面块体为 CLI 公司的 ACCROPODE™ Ⅱ 型护面块体,采用 Echoscope 实时声呐成像和天宝 GPS 实时定位结合的监测安装技术,该型护面块体对防波堤理坡精度要求很高,根据 CLI 技术规格书要求,$2 m^3$ 护面块体下的垫层石理坡整体误差小于 18 cm,局部误差小于 32 cm,坡角线偏差小于 32 cm。对护面块体之间的相互连锁、相邻块体之间不同的安装姿态的严格要求给该分项工程施工带来了巨大的挑战。

此外,特码港常年受长周期波影响,近岸波浪大,每年 5—10 月的雨季期间海况恶劣,防波堤外侧涌浪较大,制约护面块体安装进度和安装质量。

3 工艺原理

新型防波堤护面块体移除装置结构由挖机旋转头、伸缩油缸和加工的带环钢丝绳三部分组成,将加工好的带环钢丝绳无挂钩环的一头从挂钩环中穿进去之后与旋转头中心位置的挂钩点连接,有挂钩环的一头与伸缩油缸连接,再通过电工扎带将钢丝绳与旋转头底板边上另一个挂钩点连接,形成套索结构(见图 2)。

设计原理是将钢丝绳上的三点与挖机连接,形成较大的环状结构,水下通过 Echoscope 实时可视化声呐系统、水上通过肉眼去判断,进而通过挖机操作将钢丝绳套索移到需要移除的块体上。确定钢丝绳已经套到护面块体的肢腿后,先拉紧钢丝绳使之与块体充分接触,再操作挖机液压油缸命令,挂钩环掉落在钢丝绳上滑动。再将旋转头往一边移动,使钢丝绳在挂钩环中继续滑动,直到与块体接触、拉紧、出水,从而解除钢丝绳。

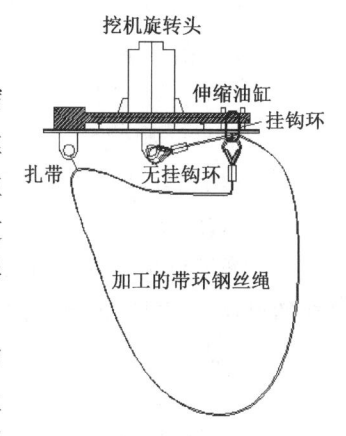

图 2 移除装置套索结构

新型防波堤护面块体移除装置结构中钢丝绳、挂钩环及旋转头的选型应根据不同护面块体重量的要求,选用力学性能满足荷载要求的材料,以本项目 $2 m^3$ 护面块体规格为例,选取直径 22 cm、长度 6 m 的钢丝绳,直径 20 cm,20 cm×30 cm 的挂钩环,旋转头采用回旋式吊具。

4 方案对比

为解决安装防波堤护面块体时可能由于安装坡面不平整、脱钩器、钢丝绳故障、恶劣海况、操作不当等原因导致的非意愿性脱钩或位移问题，或安装完成后验收不合格，需要被吊起移除重新安装的情况，结合本项目护面块体安装的施工经验，进行了方案对比。

4.1 传统潜水员方案

潜水员下水确定块体编号后绑住块体，完成出水后再将块体吊起。该方法因为本项目施工地点涌浪较大，潜水员直接从岸上下水安装风险较大，使用交通船可能会因为涌浪较大碰到挖机，故采用吊机通过吊铁笼将潜水员吊到水面后再入水。

为了安全起见，确保意外情况发生时能及时应急处理，当潜水员下水作业时，需要交通船在外侧待命。该方法对风浪情况要求高，当大风、下雨、涌浪大时无法进行潜水作业；安全风险高，潜水员水下作业可能会碰到护面块体或者架子；时效性不强，在安装过程中，出现块体错误影响安装需要移除时，需要等待潜水员或者停止该区域的安装，影响工作面安装连续性；工效低，潜水员下水确定块体编号、绑块、出水、起吊，整个过程平均功效 30 min/块；成本较高，需要潜水员一组、吊机一台、交通船一艘、空压机一台，以及潜水装备配合使用。

4.2 采用创新型移除装置方案

创新型护面块体移除装置，具有以下几个特点：

（1）时效性高

在安装的过程中，当发现错误块体需要移除时，可立即移除，无需等待。

（2）无安全风险

在移除的过程中，无需潜水员下水，无安全风险。

（3）效率高

在涌浪情况较好，Echoscope 安装软件 2D 图像清晰的条件下，平均 5～10 min/块；在涌浪较大，2D 图像不太清晰的条件下，平均 10～15 min/块，工作效率高。

（4）成本低

无需吊机、交通船、空压机等设备，无须潜水员、急救员等人员，大大降低成本。

（5）适用性强

不受风浪条件影响，在任何风浪条件下都可用；不受水位线影响，水下都可适用。

4.3 效益对比

该移除装置具有以下技术优点：

（1）工作效率更高，采用潜水员移除每块护面块体平均需要 30～40 min，而采用本技术移除水下块体平均 5～10 min/块；

（2）对海况环境适应程度高，采用潜水员移除护面块体需等待良好海况方可进行，而采用本专利技术对海况的适用性得到极大提高；

（3）节约成本，不需其他起重机械设备及潜水员的配合，大大节约成本；

（4）安全性高，不涉及潜水员水下作业，彻底将水下作业转换为陆上作业，大大降低安全风险；

（5）时效性强，当安装过程中发现问题时，可立即进行移除，无需暂停该区域的施工以等待潜水员移除护面块体。

传统潜水员方案和创新型移除装置方案的对比详见表1。

表1　两种方案对比

选项	方案	
	传统潜水员方案	创新型移除装置
时效性	潜水员准备潜水时间1 h以上	可立即移除
安全性	潜水安全风险大	无风险
成本	平均移除成本500～1 000元/块	几乎零成本
效率	平均30～40 min/块	平均5～10 min/块
适用性	只适用于水下	可适用于任何安装区域

5　工艺流程及实施要点

5.1　施工工艺流程图

新型防波堤护面块体移除装置移除错误块体的施工工艺流程如图3所示：

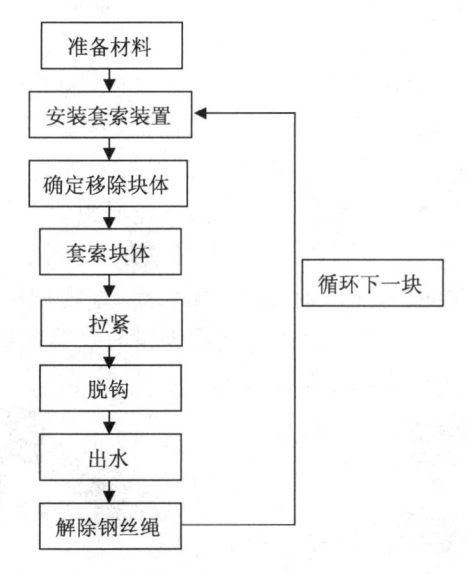

图3　施工工艺流程图

5.2　施工实施要点

（1）准备材料：加工的带环钢丝绳一根（根据护面块体的大小不同，选择合适长度的钢丝绳，以本项目2 m³护面块体规格为例，选取直径22 cm、长度6 m的钢丝绳）；直径20 cm，20 cm×30 cm的挂钩环；扎带一包。

（2）安装套索装置：新型防波堤护面块体移除装置结构由挖机旋转头、伸缩油缸和加工的带环钢丝绳三部分组成，将加工好的带环钢丝绳无挂钩环的一头从挂钩铁环中穿进去之后与旋转头中心位置的挂钩点连接，有挂钩环的一头与伸缩油缸连接，再通过电工扎带将钢丝绳与旋转头底板边上另一个挂钩点连接，形成套索结构（见图4）。

（3）确定移除块体：通过三维可视化实时安装系统Echoscope确定水下需要移除的块体（见图5），水上块体可肉眼直接确定（打开CMS安装系统、选择CLI专利公司提供的安装区域、根据3D安装模拟图确定需要移除的块体、通过Echoscope声呐成像在3D图上的位置判断、将套索系统移动到需要移除的块体上、通过2D实际成像和声呐成像在3D图上的对比，再次确认）。

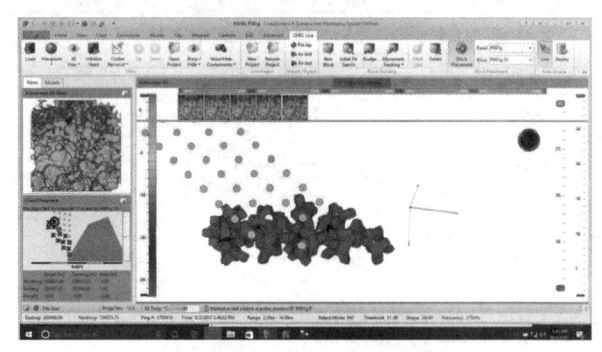

图4　安装套索装置　　　　图5　Echoscope软件安装界面

（4）套索块体：水下借助Echoscope可视化实时安装系统2D实际图像，水上通过肉眼判断，将钢丝绳套住块体有棱角的肢腿（见图6）。

（5）拉紧：根据套住块体的棱角肢腿情况，挖机臂向上抬起的同时向钢丝绳更容易拉紧块体的方向移动，在钢丝绳拉紧的过程中扎带会被拉断，继续拉紧到钢丝绳绷紧受力（见图7）。

（6）脱钩：拉紧后，确定已经套住能吊起块体的肢腿，通过操作挖机旋转头液压油缸命令实现挂钩环脱钩，挖机臂向上抬起的同时向钢丝绳更容易拉紧块体的方向移动，使挂钩环在钢丝绳上滑动，继续拉紧到挂钩环与块体接触（见图8）。

（7）出水：在拉紧钢丝绳后，保持钢丝绳拉紧状态，移动挖机臂使其回到块体正中心之后缓缓提起出水到陆上，为了防止块体可能因为没有套紧而脱落，可将块体在水里浮动到靠陆上最近的点后再出水（见图9）。

图6　水上模拟套索块体　　　　图7　水上模拟拉紧块体

图 8　水上模拟脱钩再拉紧块体　　　　图 9　吊起出水

（8）解除钢丝绳：在出水完成块体在陆上放稳之后,解除钢丝绳（循环至下一块）。

6　结语

随着护面块体在深水防波堤的广泛应用和安装技术、质量要求的不断提高,为了保证护面块体的安装质量,错误块体需要移除重新安装,针对传统水下移除块体需要利用潜水员存在对风浪情况要求高、安全风险大、时效性不强、功效低、成本较高等缺点,创新发明了新型护面块体移除装置,有效解决了以上缺点,在安全、质量、效率、成本上成效显著,具有重要的工程意义。

该装置可适用于深水防波堤护面块体安装,水下移除错误块体需要借助 Echoscope 水下可视化安装系统,水上可直接用肉眼判断移除水上错误块体,随着港口工程的发展,越来越多的港口需要建设深水大型防波堤以面对恶劣的海况,对防波堤的护面块体安装质量要求也越来越高,该技术具有广泛的应用前景。

参考文献

[1] CLI COMPANY. CLI Guide in ACCROPODE™ Ⅱ[P]. France：[s. n.],2015.
[2] Accropode Technical Information Document. Concrete Layer Innovations[P]. France:[s. n.],2015.

港口工程吹填砂陆域地基处理质量控制及沉降分析

陶晓霞[1,2],周环宇[1,2]

(1. 中国港湾西部非洲区域公司,科特迪瓦阿比让 06BP6687;
2. 中交四航局第三工程有限公司,广东湛江 524005)

摘 要:结合加纳特码新集装箱码头工程实例,介绍了项目码头后方陆域地基处理方法及质量控制措施,并通过活载试验模拟地基处理工后沉降值,并与理论计算结果进行对比分析,评估实际施工的质量控制效果。

关键词:吹填陆域;地基处理;质量控制;沉降分析

1 前言

本项目码头后方采用吹填中粗砂形成陆域,其地基处理采用常规的强夯法和振冲法。目前世界范围内,对地基处理的方法研究较多。而针对陆域地基处理质量控制的研究相对较少。结合本项目地基处理设计要求,施工工艺控制及工后试验检测的结果,分析码头陆域地基处理施工后质量控制的方法,确保陆域地基承载力和沉降等指标满足使用要求,为类似项目提供借鉴。

1.1 工程简介

加纳特码新集装箱码头工程主要包含 3 558 m 的防波堤、总长为 1 400 m 的深水码头泊位以及后方陆域回填及地基处理、航道疏浚等施工内容。其中陆域回填采用吹填冲粗砂,陆域地基处理采用强夯和振冲相结合的方法,地基处理总面积约 121 hm²。

1.2 地层特征

回填区域原海床表面覆盖了 0.2～1.8 m 不等的松散砂,下层为强风化片麻岩,回填材料为中粗砂。按照设计要求,中粗砂细颗粒含量要求小于 15%,从码头后方陆域回填起点位置往陆域方向(即陆域回填北侧边界线终点)按 0.54% 的坡度进行放坡回填,陆域回填标高为 +3.0 m CD 至 +7 m CD,同时按设计要求以超高吹填 1 m 作为压载后,陆域回填标高为 +4.0 m CD 至 +8 m CD。

2 地基处理工艺

根据不同的回填厚度及地基处理工艺对周边建筑物的影响情况,不同区域分别采取振冲、强夯、堆载和振动碾压等方法进行施工。

(1)振冲:为了避免对防波堤、护岸和码头后方构筑物造成破坏,距离防波堤、护岸内侧边线 40 m 范围及距离码头前沿 65 m 范围均采用振冲进行地基处理。

(2) 强夯：按照设计计算强夯夯击能 3 000 kN·m 的有效处理深度为 8.7～13.8 m，4 000 kN·m 的有效处理深度为 10～16 m。后方陆域回填从岸侧往海侧方向不断加厚，最厚的回填区域约为 11 m。根据回填厚度及不同夯击能的影响深度，计划回填厚度在 6～7 m 的范围内采用夯击能为 3 000 kN·m 的点夯＋1 000 kN·m 普夯；而回填厚度在 7～11 m 之间的采用夯击能为 4 000 kN·m 的点夯＋1 000 kN·m 普夯的施工方法，最终夯击能根据典型试验确定。

(3) 堆载：堆载高度为 1 m，堆载需在地基处理前完成。固结度为 95% 时堆载时间要求约 8 天。

(4) 振动碾压：地基处理完成后，表层进行振动碾压。

3 施工质量控制

3.1 地基处理质量控制要求

陆域回填及地基处理的要求和设计标准需满足以下要求：

(1) 静力触探 CPT 试验及相对密实度要求

高于平均海平面：最小相对密实度≥70%；低于平均海平面：最小相对密实度≥60%，CPT 试验要求 90% 的检测数据满足要求，则判定合格。

(2) 平板载荷 PLT 及加州承载比 CBR 试验要求

PLT 平板载荷试验要求 E_{v_2} 值≥80 MPa，加州承载比 CBR 检测值＞10%。

(3) 工后沉降

陆域地基在竣工一年内（含一年内的施工荷载或运营荷载）累计残余沉降不超过 10 mm，若采用预压堆载工艺，要求为交工一年内沉降不大于 50 mm。现场实际以超高吹填 1 m 作为压载，以响应合同中采用预压堆载工艺的施工标准。

3.2 施工质量影响因素

3.2.1 砂源质量影响

根据砂源分析报告，计划采砂区的砂源质量不均，部分区砂的细颗粒含量达到 20%，此外其他检测项目如均匀系数、含硫量、有机物含量也有不同程度的偏差。

3.2.2 吹填质量影响

吹填区面积大，且吹填砂料含有一定的淤泥，如吹填施工组织不合理，单一地从某个方向一次性吹填到设计标高，淤泥可能被挤压到一定的区域后出现冒淤或拱淤，影响后续地基处理质量。

3.2.3 人员素质影响

地基处理施工班组中操作手有一半为当地劳工，一般工人中当地劳工占 80%，海外劳工人员技能水平参差不齐，影响方案执行力。

3.2.4 施工工艺参数及设备选型合理性

根据典型试验及试验后检测进行施工参数的制定和设计型号合理性验证。

3.3 质量控制措施

3.3.1 严格控制砂源质量

为控制砂源质量,对吹填砂严格采取"三控"标准,分别是吹填前在取砂区钻孔取样,吹填过程中在取砂船或吹填管口进行抽样检验,以及吹填完成后按陆域分区钻孔取样检验,每个环节检验均要满足设计要求方能进行下道工序施工。

施工中在砂源地砂源质量满足设计要求的情况下,可进行取砂。在划定的取砂区域取砂时,加强观察土质变化情况,做好相关土质情况记录,一旦发现所在取砂段的砂含泥量较多,且与钻探资料不符时,立即避开该区段,根据现场情况调整到砂源质量较好的区段取砂,确保吹填区的砂料质量,取砂后在所取砂质满足设计要求的情况下允许吹填,吹填过程中咨询工程师现场见证每吹一舱取一个砂样进行检验确认,吹填后现场根据50 m×50 m分区再次进行钻孔取样分析验证,以保证吹填砂质量满足设计要求。

3.3.2 严格控制吹填施工质量

合理安排吹填施工顺序,现场布管吹填时,根据实际施工条件修建隔堰,将吹填区分隔成小区域后再吹填,促使吹填料中的淤泥均匀地分布保留到每块区域中,避免一次吹填出现冒淤或拱淤的情况。吹填施工过程中加强检查,发现有淤泥沉积时及时进行清理,防止形成软弱夹层影响地基处理质量。

3.3.3 加强技术交底和人员培训

海外工程现场施工人员中有较大比例为当地劳工,在对一线施工人员进行技术交底时编制详细的中英文版交底书,确保所有人员清楚知道施工方法及过程控制参数标准。针对技术经验能力参差不齐的当地劳工,施工中适时组织专项培训,操作手需在上岗前培训且持证上岗,同时制定一定的激励措施,以此促进施工工艺落实到位。

3.3.4 重视试验与检测工作

地基处理各项工艺在全面实施前,均在现场进行试验施工、参数调整及检测,以验证该工艺的地基处理效果能否满足设计要求,同时获取有效的施工工艺参数指导大面积施工。如强夯处理,现场按照夯击能不同,分别选取两块区域进行3 000 kN·m点夯＋1 000 kN·m普夯和4 000 kN·m点夯＋1 000 kN·m普夯试验,基于试验段的试夯及检测结果对相关夯击参数如夯锤重量、跌落高度、单点夯击能量、夯击次数、单次夯沉量、夯点间距和夯实遍数等进行了验证和调整,最终获得满足设计要求且经咨工认可的强夯施工工艺参数。振冲施工也通过试验对振冲点的间距、回填量、水压力、振冲电流、时间、设备功率等参数进行了验证及调整,确保各项工艺处理效果满足设计要求。

3.3.5 合理利用科学仪器,加强过程监控

巡查监测是现场质量控制的主要手段,施工过程中技术及质量人员需严格对照施工工艺流程要求进行质量巡查,如在强夯作业中,采用GPS复查夯点位置,采用全站仪监测记录每击夯沉量等,作业人员需详细记录各项施工参数、施工过程实施情况,通过检查对比抽查数据、现场过程记录数据和试验区确定的参数数据,可及时发现异常现象并采取

对策进行处理,确保地基处理效果。

4 地基处理质量效果检查

对地基处理完成区域的质量效果检查,强夯及振冲处理效果通过静力触探试验 CPT 进行检测,表层振动碾压的夯实效果通过平板载荷试验 PLT 及加州承载比 CBR 试验进行验证,最后使用三种试验的结果综合检验评判吹填区的地基处理质量。在所有检测结果满足要求的前提下,现场进行地基沉降活载试验,验证计算沉降量。

4.1 CPT/PLT/CBR 检测

4.1.1 检测要求

按照合同及地基处理技术规格书的要求,相关试验的检测频率规定如表1所示。

表 1 地基处理试验检测项目及要求

序号	检测项目	检测频率	检测要求
1	CPT & Relative Density	试验区:每个区 4 个点;正常施工区:1 个点/2 500 m²	高于平均海平面:最小相对密实度≥70%;低于平均海平面:最小相对密实度≥60%,CPT 试验要求 90%的检测数据满足要求则判定合格
2	CBR	试验区:每个区 1 个点;正常施工区:1 个点/10 000 m²	CBR 值≥10%
3	PLT	试验区:每个区 2 个点;正常施工区:2 个点/2 500 m²	E_{V2}值≥80 MPa

4.1.2 检测结果

根据已完成区域(Section 1)的检测情况统计,地基处理已完成区域 183 个,总面积 45.75 hm²,均按技术规格书要求的检测频率进行了相关试验,CPT、PLT、CBR 试验结果均能满足合同和规范要求,地基处理效果良好。

4.2 地基沉降活载试验

4.2.1 试验原理

通过在基础上施加与使用期相同的荷载来模拟使用期的工作状态,进行通过基础的沉降量分析其沉降变形特性,得出基础工作状态下的实际总沉降量(见图1)。

4.2.2 试验方法

根据后期使用荷载 60 kPa 及 1.0 m 厚堆场面层的自重 23 kPa,确定加载荷载为不小于 83 kPa。现场采用预制混凝土压载块体进行压载试验。底层混凝土块体四边预埋螺栓用于后期沉降观测读数。

图 1 地基沉降活载试验

4.2.3 试验结果

根据现场对块体进行的沉降观测显示,连续观测 43 天,沉降趋于稳定,平均沉降为 8.675 mm。

4.3 地基理论沉降量计算方法及结果

4.3.1 计算依据

地基处理工后沉降值由瞬时沉降和蠕变组成。

4.3.2 计算方法

(1) 瞬时沉降

加载或堆载后的地基沉降 ρ_i 可由下式计算(Joseph E., J.E., Foundation Analysis and Design):

$$\rho_i = H(\Delta\sigma_v)/E_s$$

式中：$\Delta\sigma_v$ 为由回填、压载和将来出现在回填材料上的外加荷载而产生的荷载。残余瞬时沉降可由使用期外加荷载(面层荷载：1 m 后面层荷载 23 kN/m² 和设计使用荷载：60 kPa)引起的瞬时沉降减去堆载产生的瞬时沉降。H 为土层厚度；E_s 为弹性模量，$E_s = 4q_c$。

(2) 蠕变

$$\rho_s = \rho_t - \rho_i$$

式中：ρ_s 为时刻的蠕变量；ρ_t 为时刻总的沉降值；ρ_i 为瞬时沉降值。

根据欧标 Eurocode 7 Annex F,对于某一时刻的沉降量可采用 Burland 和 Burbridge (1985)提出修正系数如下：

$$\rho_t = \rho_i \cdot f_t$$

$$f_t = (1 + R_3 + R_t \lg t/3)$$

式中：f_t 为修正系数，$t \geqslant 3$ 年；R_3 为开始三年的沉降值；R_t 为每三年周期的沉降值。

4.3.3 计算结果

计算 3 年的沉降值为 8.7 mm,略小于地基总沉降值,与实际监测沉降值偏差为 0%。同时对地基处理 20 个典型区域进行沉降计算,工后 1 年内地基沉降值介于 5.2~36.9 mm,均小于 50 mm,满足业主及设计要求。

5 结论

地基处理是港口工程施工中非常重要的一道工序,码头后方回填陆域的上部结构建造和使用年限很大程度上取决于地基处理的好坏,这使得地基处理的施工质量控制变得尤为重要。在加纳特码新集装箱码头工程的施工实践中,项目部结合工程实际采用多种施工工艺相结合的方法进行地基处理,施工中认真落实各项质量管理措施,如严格控制砂源质量，合理安排施工顺序，积极开展典型施工，加强技术交底和培训，严格进行过程测量等，有效保证了吹填砂区域的地基处理质量，并运用活载试验及沉降量计算分析，进一步验证了地基处理效果。

参考文献

[1] Klaus Kirsch, Alan Bell. Ground Improvement[M]. Boca Raton: Taylor & Francis Group, 2013.
[2] Joseph E, Bowles PE. Foundation Analysis and Design[M]. Singapore: The McGraw-Hill Companies, Inc., 1997.
[3] Eurocode 7-Geotechnical design-Part 2: Ground investigation and testing[S]. BS EN 1997—2:2007.

无掩护海域水下护面块体安装质量控制方法

吴多贵[1,2]，陈 新[1,2]

(1. 中国港湾西部非洲区域公司，科特迪瓦阿比让 06BP6687；
2. 中交四航局第三工程有限公司，广东湛江 524005)

摘 要：结合加纳特码新集装箱码头工程ACCROPODE™ Ⅱ型护面块体安装实例，介绍了在无掩护海域条件下护面块体安装的质量控制措施。通过Trimble可视化理坡系统、Echoscope实时声呐成像安装系统、Echoscope控制测量验收系统及水下无人移除错位护面块体装置等先进技术的运用，解决了无掩护海域护面块体水下安装质量控制难题，达到了CLI专利公司对护面块体安装的特殊要求。

关键词：ACCROPODE™ Ⅱ；Trimble系统；Echoscope系统；水下无人移除装置；质量控制

1 前言

加纳特码新集装箱码头工程主要含3 558 m的防波堤、4个总长为1 400 m的深水码头泊位以及127 hm² 的集装箱堆场等，是一项旨在未来一百年内为西非几内亚湾提供世界级港口基础设施和服务的项目。项目投资方为世界航运业巨头马士基集团以及港口顶级运营公司法国波洛莱集团，具有丰富港口运营经验的他们在合同中指定使用诸多世界知名的专利产品或工程结构，因此该工程实施过程中除了沿用英标、欧标、美标等国际标准之外，一些要求比较高，且相对陌生的企业标准也被引进和执行。防波堤上的ACCROPODE™ Ⅱ人工护面块体(法国CLI公司专利)结构就是其中一个典型代表。ACCROPODE™ Ⅱ是CLI公司经过不断研究和优化的产品，能够实现在单个重量比较轻的情况下，通过块体之间的充分连锁达到良好的消浪和抗冲击效果，但它对块体安装质量的要求非常严苛，CLI企业标准针对护面块体安装提出如下要求：

(1) 安装密度必须达到95%～105%；

(2) 需单层安装，块体安装后超出设计轮廓线部分不得超过块体厚度的1/3，且每块块体需与垫层接触；

(3) 块体与块体之间需连锁且不能自由活动；

(4) 任何块体周围的四块需形成"钻石形状"；

(5) 块体之间的空隙以垫层块石不能在外力作用下逃离为控制标准；

(6) 相邻位置的块体安装需采用不同的姿态。

在现有的安装技术水平下，要在无掩护水域实现如此高要求的块体安装质量，难度非常大。经过研究分析，需要同时从多个方面着手，首先，保证用于块体安装的垫层理坡精度满足要求；其次，水下安装的过程能够实时可视，安装质量能够及时有效地验证；最后，发现问题时能精准地纠偏，这样才能够确保块体安装质量满足CLI专利公司的标准要求。

2 护面块体安装质量控制

基于上述对 CLI 专利公司护面块体安装标准的研究,以及对现场实际施工工况的分析,确定通过引进 Trimble 可视化理坡系统、Echoscope 实时声呐成像安装及控制测量验收系统解决块体安装质量控制的问题。针对错位块体纠偏,研究制作出了水下无人移除错位块体装置,高效准确地实施纠偏,从而确保安装的每块护面块体均满足专利公司要求。

2.1 应用 Trimble 可视化系统控制理坡质量

防波堤垫层石的理坡质量是确保护面块体安装质量的重要前提,CLI 企业标准要求护面块安装垫层整体偏差不大于 18 cm,理坡精度要求高。项目部积极应用 Trimble 可视化系统控制现场理坡施工,以确保理坡精度满足标准要求。

(1) Trimble 理坡系统简介及运用方法

Trimble GCS900 系统主要由感应、定位、信号中转传输、中央控制和供电五个子系统组成。除 GPS 基准站单独架设外,其余部分均安装在挖掘机上,包括一个航向传感器,一套 GPS - RTK 系统以及四个角度传感器,四个角度传感器分别安装在挖机机身、机臂的摇杆中部、斗杆及动臂根部(见图 1)。

该系统主要依靠感应系统和定位系统获取数据。工作时,系统根据卫星接收器接收的 GNSS 信号及机载电台接收的来自基准站的位置修正信号,使用载波相位动态实时差分法(RTK)计算出厘米级精度的定位坐标。同时,系统从固态传感器感知挖机摇杆、斗杆、动臂及机身的转动角度,航向传感器感知挖机臂相对坐标系的航向角,从而得到当前挖掘机的工作姿态信息。以上信息由网关收集并传输至控制器后,系统根据软件的预设参数(挖机型号、预先输入的三维设计断面信息等)计算出挖机斗齿的三维坐标、挖机斗齿当前位置距离设计坡面的偏差值等信息并在显示屏上形成施工的模拟图像。

图 1 Trimble 可视化理坡系统

理坡时,挖机操作手将斗齿放在坡面上,根据驾驶室内的操作屏幕上显示的模拟图像和偏差值的提示,对坡面进行抛理,对不足的位置进行补料理坡,对高出的坡面进行挖除理坡,可以实现对理坡精度的有效控制。

(2) 系统应用效果

Trimble 可视化系统能够满足厘米级的水下测量任务,通过该系统的应用,现场垫层施工理坡精度得到有效控制,断面验收时偏差均满足 CLI 护面块安装垫层整体偏差不大于 18 cm 的要求,各个断面验收一次性合格率可达 100%,质量控制效果显著。此外应用该系统进行水下理坡不受潮水影响、施工无需测量员配合,能在保证施工质量的同时提高理坡工效。

2.2 应用 Echoscope 实时声呐成像系统控制块体安装质量

CLI 企业标准对护面块体安装的点位、姿态、连锁及密度等都提出了非常具体的规则要求,为了实现这一系列的标准要求,项目结合采用了 Echoscope 实时声呐成像系统和 Trimble GPS 实时定位监测技术辅助现场安装,Echoscope 提供安装图像信息,Trimble GPS 提供安装坐标信息,确保块体安装质量。

（1）Echoscope 系统简介

Echoscope 系统是利用水中声波对水下目标进行探测和定位,能从实时的三维和二维声呐图像上观察和区分不同的物体,能够满足厘米级的水下观察和测量任务,是目前世界上为数不多的水下三维实时高分辨率观察声呐系统。

（2）Echoscope 安装系统应用

块体安装前,CLI 专利公司根据项目提供的防波堤护面块体结构的平面图和立面图绘制系统专用的块体安装图(包含每个块体设计的安装坐标),将相关区域的块体安装图导入 Echoscope 安装系统后,即可借助该系统的实时三维成像功能进行定点可视安装。

Echoscope 安装系统界面上包含 2D 和 3D 窗口,当护面块体吊入水中,声呐头感应器入水开始工作,此时可在 2D 窗口(见图 2 左上)看到护面块体的实时状态,同时 3D 窗口(见图 2 右侧)多视角显示模拟安装的块体状态,操作手通过对比观察两个窗口的块体姿态,以及实时坐标与设计坐标的偏差值进行判断(见图 2 右下),确认块体姿态、位置等均符合安装规则时脱钩安装。判断偏差过大,可能影响后续块体安装时,则吊起块体,重新进行调整,直至满足 CLI 企业标准的安装规则。

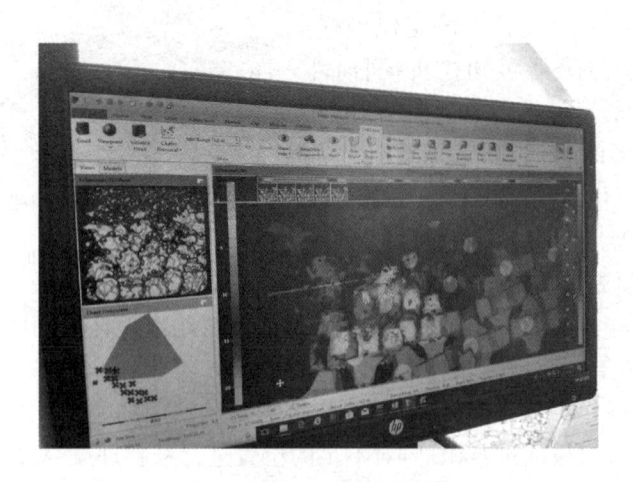

图 2 Echoscope 可视化界面

（3）Echoscope 测量系统应用

在 Echoscope 硬件配置相同的情况下,软件系统除了 CMS 安装系统,还有水下测量系统。在现场安装施工完成后,使用 Echoscope 测量系统对护面块体安装区域的水下实际安装情况进行扫描测量,全断面全方位地检查块体安装情况。扫描完成后,通过 Echoscope 图像处理软件进行处理,去除水泡等影响块体辨识的杂色,即可清晰看到已经安装在水下的护面块体的实际状态,进而对照 CLI 企业标准逐层检查验证块体安装是否满足要求(见图 3)。

图 3　Echoscope 水下测量软件扫描处理后图像

(4) 系统应用效果

采用 Echoscope 系统辅助现场安装,通过声呐成像技术生成 2D 及 3D 画面,可实时显示已安装和正在安装的护面块体姿态,利于姿态控制。同时在加装 Trimble GPS 系统的情况下,可以获得安装块体的实时坐标,做到定点安装。现场技术人员从 2D 视觉、3D 三维模拟图和坐标偏差值三个方面综合判断块体的安装状态,确保了每个块体安装的精准性。块体安装的实际质量通过 Echoscope 测量系统进行扫描测量,提取块体坐标并计算安装密度,确保安装质量的二次验证。本工程已安装的护面块体,经过扫描测量验收,块体的点位、姿态、连锁、密度等均能满足 CLI 企业标准的安装要求,平均安装密度达到了 98.5%,满足安装密度必须达到 95%~105% 的要求,安装质量控制良好。

2.3　应用水下无人移除错位块体装置及时有效纠偏

在护面块体安装过程中,脱钩器故障、钢丝绳故障、恶劣海况、操作原因等各种因素都会导致个别护面块体非意愿性脱钩、位移、安装姿态不满足要求等情况发生,这些块体对整个护面结构的安装质量产生影响,必须及时采取纠偏措施,吊起移除块体并重新安装。

水下移除块体传统的方法是潜水员下水挂钩移除,对海况要求高、效率低、成本高、安全风险大、时效性差。本工程创造性地研究制作了一个专用于防波堤护面块体的水下无人移除装置,有效解决了必须依靠潜水员下水移除错位块体的难题,能及时有效地进行纠偏,确保块体安装质量。

(1) 水下无人移除错位块体装置简介

水下无人移除错位块体装置由挖机旋转头、伸缩油缸和套索结构三部分组成,套索结构是该装置的关键点,是由一段自行设计加工的带环钢丝绳组合安装形成。

移除块体的具体方法为:确定移除块体位置—套索块体—拉紧及脱钩—起吊出水—

解除套索。在现场通过 Echoscope 系统确定了水下需要移除的块体后,即将套索系统移到相应的坐标位置,借助 Echoscope 水下可视化界面将钢丝绳套在块体有棱角的肢腿上,随后一边向上抬起挖机臂,一边向钢丝绳更容易拉紧块体的方向移动,直至钢丝绳绷紧受力,再操作挖机旋转头液压油缸命令使挂钩环脱钩,挖机臂向上抬起,挂钩环在钢丝绳上向下滑动至与块体接触,至此块体完全被套住,保持钢丝绳拉紧状态,移动挖机臂使其回到块体正中心,之后缓缓提起块体,使之出水即可(见图 4、图 5)。

图 4　套索结构　　　　图 5　套索块体并拉紧

(2) 系统应用效果

使用水下无人移除装置移除错位块体,不受海况条件限制,无需其他起重机械设备及潜水员的配合,工作效率高,平均 5～10 min/块,效率远高于采用潜水方法移除时的 30 min/块。当安装过程中发现问题块体时,可立即安排移除,无需等待潜水员,可极大程度降低移除作业对现场安装施工进度的影响,纠偏及时,可有效保证各个断面的块体安装质量。

3　结论

在无掩护海域条件下,受波浪及水下能见度低的限制,增加了护面块体安装质量控制难度。该工程通过引进使用多项先进技术:包含采用 Trimble 可视化系统控制水下理坡精度,应用 Echoscope 实时声呐成像安装系统控制块体实时安装质量,同时研究制造了水下无人移除错位护面块体的新装置,成功解决了护面块体水下安装质量的控制难题,现场的块体安装质量达到了 CLI 专利公司对护面块体安装的高标准、严要求。

参考文献

[1] Accropode Technical Information Document. Concrete Layer Innovations[P]. France:[s. n.],2015.

抗浪垫层块石的设计及施工可行性分析

杨建冲[1,2]，唐明刚[1,2]，尹春辉[1,3]

(1. 中国港湾西部非洲区域公司，科特迪瓦阿比让　06BP6687；
2. 中交四航局第三工程有限公司，广东湛江　524000；
3. 中交四航局港湾工程设计院有限公司，广东广州　510290)

摘　要：描述在符合倒滤规则的前提下实现垫层块石实体结构与临时防护统一的可行性分析和施工方法，即通过提高垫层块石粒径规格使其具备临时防护的作用，并且采用高精度理坡设备辅助施工，使其同时满足护面块体安装的垫层精度要求。

关键词：垫层块石平整度；长周期波；临时防护

1　项目简介

加纳某新集装箱码头工程位于非洲西部，加纳南部沿海，濒临几内亚湾的北侧。属于长周期涌浪影响为主的海湾。几内亚湾只存在"飑线"这样的极端天气现象，而没有台风，在开阔海域由"飑线"产生的小区风浪100年一遇有效波高 H_S 约为1.5～2.0 m。

根据 ARTELIA Eau & Environnement 的波浪数模试验报告，工程所在区域防波堤区域的监测点如图1所示，1年一遇和10年一遇有效波高统计见表1。

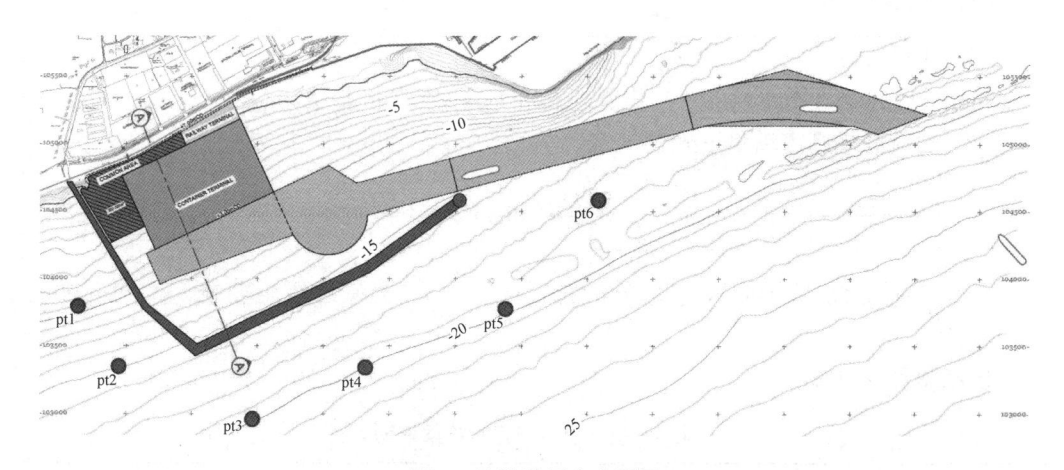

图 1　波浪监测点布置图

表 1　监测点有效波高 H_{m_0}（重现期:10 年）　　　　单位:m

项目	重现期	PT1	PT2	PT3	PT4	PT5	PT6
H_{m_0}	1 年	2.2	2.1	2.1	2.1	2.1	2.1
H_{m_0}	10 年	2.5	2.4	2.4	2.4	2.5	2.4

2　按规范和手册确定的垫层块石规格

本项目根据 *The Rock Manual*（2007）和 BS6349 Part 7，设计护面块体采用 CLI（Concrete Layer Innovations）专利公司的 ACCROPODE™ Ⅱ 专利产品，单个体积 2 m³，质量 4.9 t（密度按 2.45 t/m³）。

垫层块石规格确定的原则：

（1）重量规则：

根据 *The Rock Manual*（2007）推荐混凝土护面块体垫层块石的质量，对连锁型护面块体，其垫层块石质量应满足下列公式：

$$M_{50u} = 0.1 M_a$$
$$M_{min,u} \geqslant 0.07 M_a$$
$$M_{max,u} \leqslant 0.14 M_a$$

式中：$M_{min,u}$ 为垫层块石最小质量（kg）；$M_{max,u}$ 为垫层块石最大质量（kg）；M_a 为单块护面块体质量（kg）。

计算结果见表 2。

表 2　垫层块石规格计算结果汇总表

位置	计算垫层块石重量推荐值	设计取值（t）	设计厚度 t_d（m）
海侧	$M_{min}=0.33$ t，$M_{max}=0.66$ t	0.3～0.5	1.10

注：垫层块石设计按两层。

（2）倒滤规则

根据 *The Rock Manual*（2007），垫层块石和基层（本项目基层为堤心石，其规格为 1～1 000 kg）的倒滤规则需满足下式的规定：

$$\frac{D_{15f}}{D_{85b}} \leqslant 5$$

式中：D_{15f} 为倒滤层级配曲线 15％处的粒径（m）；D_{85b} 为基层级配曲线 85％处的粒径（m）。

倒滤验算详见表 3。

表 3　垫层块石倒滤验算结果表

倒滤材料	基层材料	D_{15f}/D_{85b}	结论
0.3～0.5 t	堤心石（1～1 000 kg）	0.698	<5，满足

（3）按专利厂家设计手册确定的垫层块石规格

根据专利厂家提供的 *ACCROPODE™ Ⅱ Design Guideline* 的设计表格，2 m³ 的护面块体的垫层块石取值为 0.3～0.7 t，其取值接近 *The Rock Manual*（2007）的推荐值。

设计结合水上水下理坡精度控制要求综合考虑，本项目垫层块石规格取值为 0.3～0.5 t。

3 垫层块石理坡精度

采用 ACCROPODE™ Ⅱ 作为护面块体的防波堤,其垫层块石理坡精度要求高,根据 ACCROPODE™ Ⅱ *Technical Specification* 的规定,其垫层块石理坡的允许偏差值见表4。

表4 垫层块石理坡允许偏差值

项目	CLI 允许偏差值	国标允许偏差值(《防波堤设计与施工规范》(JTS 154—1—2011))
局部偏差	±32 cm (±H/6)	±50 cm
整体偏差	±19 cm (±H/10)	

由上表对比可知,使用 ACCROPODE™ Ⅱ 作为护面块体的项目,其垫层块石理坡精度要求高。使用国内传统的理坡方法已经很难在精度和效率上满足本项目的要求。因此本项目引进天宝(Trimble)可视化理坡系统进行水上和水下理坡,其理坡精度为±2 cm,且其精度不受石料大小的影响。

4 垫层块石规格变更背景

根据施工期2D物理模型试验验证结果,在施工过程中,0.3~0.5 t的垫层块石在其上没有安装 ACCROPODE™ Ⅱ 之前,可以抵抗 H_s 为1.5 m的波浪,小于1年一遇的有效波高值。在此情况下,如果遭遇大浪或风暴潮,防波堤将遭受较大破坏。采用较大块石进行临时防护的措施又存在增加施工工序和增加工作时间的弊端。因此,本项目提出将垫层块石规格加大,以抵抗10年一遇波高值。这样就化解了防波堤施工中由于暴露长度问题而遭受破坏的风险(见表5)。

表5 垫层块石原方案和替代方案的对比分析

垫层块石	优点	缺点	技术可行性
原方案 0.3~0.5 t	规格石用料少	抗浪性差	1. 技术可行性:满足倒滤规则; 2. 施工可行性:采用天宝(Trimble)可视化理坡系统,精度和效率均满足要求
替代方案 1~2 t	可抵抗10年一遇波浪	1. 规格石用量多(堤心石量减少,石料总放量不变); 2. 理坡效率较0.3~0.5 t 垫层块石低	1. 技术可行性:满足倒滤规则; 2. 施工可行性:采用天宝(Trimble)可视化理坡系统,精度和效率均满足要求

综上,为解决季风期防波堤安全顺利高效地施工,拟采用1~2 t的块石作为防波堤外侧垫层块石。

5 垫层块石技术可行性分析

(1) 垫层块石重量符合性分析

采用1~2 t的垫层块石已经超出手册和专利厂家对垫层块石的推荐值,垫层块石较小的原因是保证理坡的精度能满足 ACCROPODE™ Ⅱ 的安装要求。由于科技的进步，本项目引进的可视化理坡系统理坡精度能达到 2 cm，因此可适用于块石规格加大的情况，且不影响其上护面块体的安装精度。

（2）倒滤规则符合性分析

倒滤验算结果详见表 6。

表 6　垫层块石倒滤验算结果表

倒滤材料	基层材料	D_{15f}/D_{85b}	结论
1～2 t	堤心石(1～1 000 kg)	1.171	<5，满足

（3）垫层块石稳定性计算

根据 *The Rock Manual*（2007）中 Van der Meer 公式（1988）和修正过的 Van Gent el al 公式（2004）对垫层块石的稳定性进行计算，计算结果见表 7。

表 7　垫层块石稳定性计算结果表（波浪 10 年一遇）

项目		参数	单位	工况 1	工况 2	工况 3	工况 4
波浪参数	有效波高	H_s	m	2.5	2.5	2.5	2.5
	周期	T_p	s	15	16	17	18
计算结果		M_{50}	kg	1 322.25	1 200.24	1 095.91	1 005.87
设计取值		M_{50}	kg	1 500	1 500	1 500	1 500
		M	kg	1 000～2 000	1 000～2 000	1 000～2 000	1 000～2 000
		t_d	m	1.7	1.7	1.7	1.7

6　垫层块石理坡的施工方法

6.1　施工精度要求

工程所用护面块体为 CLI 专利的 ACCROPODE™ Ⅱ 型护面块体，根据 CLI 技术规格书要求，2 m³ 护面块体下的垫层石理坡整体误差小于 18 cm，局部误差小于 31 cm，坡角线偏差小于 31 cm。

6.2　施工设备技术

天宝理坡系统通过在理坡机械——挖掘机上安装精密的固态传感器和 GPS 卫星定位系统，实现挖掘机的物理模型和空间位置的图形化输出，与防波堤的断面图像输出合并，实现了挖掘机实时工作物理位置的图像化模拟的可视化操作界面，挖掘机操作手可以通过屏幕上的实时模拟图像对实际坡面进行削平或填充石料操作。天宝系统标定后模型的位置精度为 2 cm，能够满足整体 18 cm、局部 31 cm 的平整度要求。

理坡过程中可以使用控制器切换显示整个坡面的平面图，在已经理过的坡面会有不同的颜色区域标识：红色区域表示实际坡面未开挖到位且超出误差范围；蓝色区域表示实际坡面开挖过度且超出误差范围;淡红色和淡蓝色表示坡面偏差在误差范围内;绿色表示与设计坡面吻合。颜色对应的误差范围和CUT(削平)/FILL(填充)提示会在界面旁显示(见图2)。

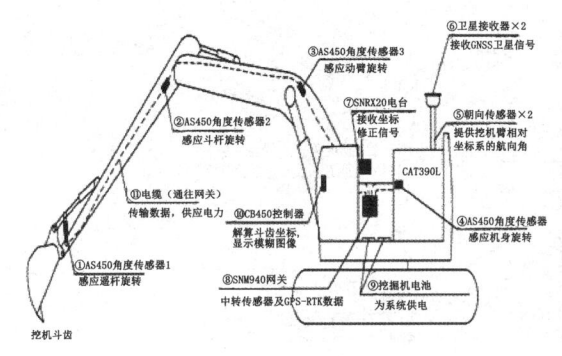

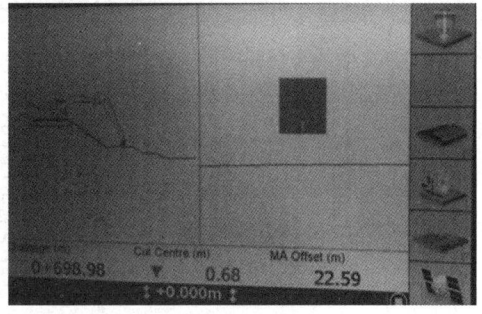

图2 天宝理坡系统硬件及可视化界面示意图

6.3 抛理顺序

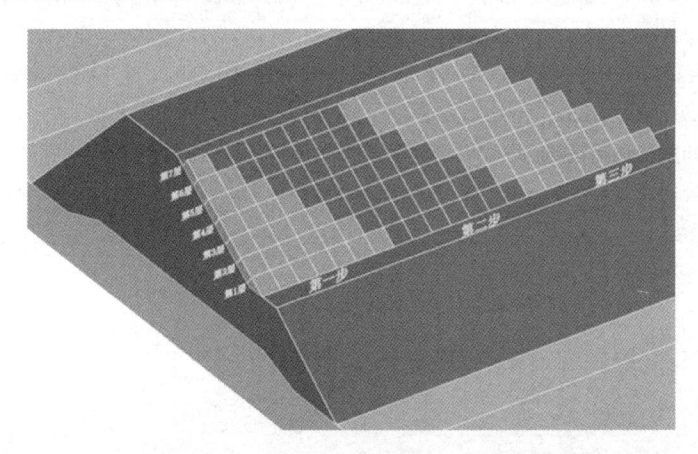

垫层块石抛理采用阶梯顺序安放,阶梯底层步距约为21 m,可大致分为7个单元格,每个单元格尺寸约为3 m×3 m×1.7 m(长×宽×高),如图3所示。1~2 t垫层块石的中值粒径M_{50}=850 mm,考虑石料的不规则性,单元格平面长宽方向石料块石约为3×3块,两层约18块。使用挖机斗挑选合适大小及形状的垫层石,在系统的指引下找到坡脚底层单元,安下大约18块左右的垫层石并堆砌大致成方形,通过挖机斗触碰坡面时的读数可以确认抛理单元格的顶面与设计坡面的拟合度,超出允许标高的部位可用挖机斗适当拍压或往两侧挤压降低,低于允许值的地方采取补充石料或者重新挖起抛理的方法处理。每个单元格完成抛理后由程序自动记录且为下一单元格的块石安放提供位置参照。以上方法可以保证在抛理过程中被抛理的块石单元至少拥有2个自由面,易于实现不合格块石的调整。每一步距垫层块石安装完成后需要对该步距内的垫层块石进行复核,剔除可能滚落在抛理好的坡面上的孤石。

图3 垫层块石抛理顺序图

由于石料模型存在一定的不规则性,在设计底基面上堆砌安放的垫层块石往往普遍超高,影响验收通过率,因此在底基面(堤心石坡面)抛理过程中往往采用降低 30~40 cm 的处理方法,如图 4 所示。

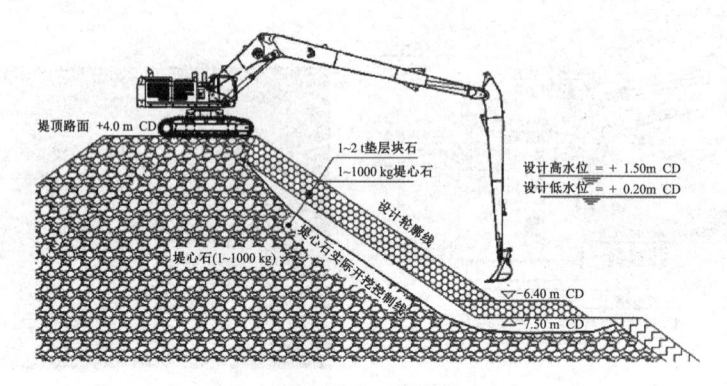

图 4　垫层块石抛理断面示意图

7　结语

综上所述,采用 1~2 t 的垫层块石在技术和施工上都是可行的。且已经历过三次较大风暴潮(最大有效波高为 2.4 m)的考验。因此,高平整度要求下的垫层块石作为季风期临时防护,对于施工期会遭受季风期风暴潮和大浪的防波堤来说是解决防波堤施工期临时防护最彻底、最经济、最直接且最有效的方法。本工程地处几内亚湾北侧,对于开敞式几内亚湾海域环境条件下的防波堤施工而言,本工程具有很好的典型性和代表性,相信能为几内亚湾区域内的防波堤设计和建造提供参考。

参考文献

[1] CIRIA. The Rock Manual. The Use of Rock in Hydraulie Engineering(2nd edition)[M]. [S. l.]: Ciria,2006.

[2] Development of a Port and Container Terminal in Tema(Ghana) Wave Study Report(Version 3) [R]. France: Artelia Eau & Environnement,2015.

[3] Hohai University. CHEC‐AECOM‐4.4.5B 2D physical models of BW‐600‐1600m section (VERSION D)[R]. China: [s. n.],2017.

[4] 中华人民共和国交通运输部. 防波堤设计及施工规范:JTS154—1—2011[S]. 北京:人民交通出版社股份有限公司,2011.

信息系统在国际工程交工验收中的应用

陶晓霞[1,2]，陈 新[1,2]

(1. 中国港湾西部非洲区域公司，科特迪瓦阿比让 06BP6687；
2. 中交四航局第三工程有限公司，广东湛江 524005)

摘 要：结合加纳特码新集装箱码头工程实例，介绍了一种基于网站平台的项目管理信息系统(PMWEB)在国际工程交工验收及竣工资料移交中的应用。通过系统的应用，实现了建设项目验收和竣工资料移交同步完成，一方面有效保证了国际工程的合同履约，另一方面极大节约了项目管理成本，提高了项目管理水平。

关键词：信息系统；国际工程；交工验收；信息化

1 前言

传统的项目信息管理以纸质资料为载体，多采用金字塔式的纵向沟通方式，文件资料管理体系庞大。竣工资料具有涉及面广、影响因素多、时间性强且收集时间长的特点，这些特点导致较多项目出现资料缺失、资料不准确、过程收集不及时等问题，最终在项目交工验收时，竣工资料整理的工作量大、效率低、费用高，资料移交周期长，影响项目交工验收及竣工结算进度。

国际工程总承包项目的一般特点是项目规模大、参建单位多，且涉及不同国家和地区，项目实施包含设计、施工等各个阶段，周期长，涉及专业多。项目管理中形成的建设工程文件也呈现了内容多、来源广泛、信息量大、交验标准不一等特点，因此如何保证在交工验收时高效提交一套系统完整的竣工资料是每一个参与国际工程管理人员需要认真思考的问题。

1.1 工程背景

加纳特码新集装箱码头工程为设计施工总承包工程，主要包含 3 558 m 的防波堤、岸线总长 1 400 m 的深水码头泊位、127 hm^2 的陆域形成及地基处理以及疏浚、护岸结构等施工内容，是一项旨在未来一百年内为西非几内亚湾提供世界级港口基础设施和服务的项目。

加纳特码新集装箱码头工程合同采用修改的 FIDIC 合同条件下的 DB 合同，整个项目设计了 7 个工期节点，每个节点工期延误都有按天计算的大额罚款，每天最大罚款额度为 15.35 万美元，合同节点工期要求十分严苛，这对项目交工验收相关工作的及时性提出了非常高的要求。

1.2 FIDIC 合同交工验收要求

根据 FIDIC 合同条款，该项目的交工验收分为部分提前交工(主要指节点)和最后整体交工，实施交工验收前需要提交一份交工验收计划，明确拟交工区域的交工验收流程及需要提交的工程相关竣工验收资料，报经咨询工程师（以下简称咨工）批准后实施。

所以顺利实施交工验收的前提是满足以下三个条件：

（1）现场施工完成，涉及检测工作完成，且结果满足合同要求；

（2）拟交工区域的交工验收计划及验收程序已获批准；

（3）交工验收计划中要求提交的工程相关资料已通过审批并进行了整理归集。

当以上三个条件均满足要求后方可发送交工验收申请，经联合验收通过后，咨工颁发交工证书。

1.3 项目交工验收特点及难点

根据上述工程背景及合同条款分析，项目部的交工验收工作存在以下特点及难点：

（1）时间紧，该项目七个节点工期都很紧张，在按计划工期完成现场施工后，留给质量管理部门准备交工验收申请相关资料的时间非常有限。

（2）资料清单的不确定性，合同中给出的移交文件清单不够详细，实际在每个节点分项交工前都需要准备一份专属的移交文件清单，交工前所有的资料整理以咨工批复的清单为准，过程中各分项的管理资料会随着结构不同及咨工管理要求而有较大差别，导致交工资料清单不确定。

（3）资料闭合并且完整移交是交工验收的必要条件，若采用传统的档案资料管理方法，现场施工完成后，可能存在工程相关档案资料不能及时跟进、有缺漏的问题，或者即使完成了过程资料收集，最终组卷成可以移交的文件也需要较长的时间，在节点工期如此紧张的情况下，势必会影响交工及时性。

对此项目部认真进行筹划：第一、在施工过程中尽早与咨工沟通交工验收流程，提前确定交工验收程序及资料清单；第二、结合交工验收资料清单要求，在系统中对过程验收资料进行分类归档，系统管理工程资料；第三、充分发挥PMWEB项目信息管理系统的优势，通过传送原文件的链接代替文件的重复上传工作；第四、利用项目信息系统的检索功能，快速发现缺漏文件或未关闭文件，确保资料的完整性及有效性，以实现在实际节点交工验收时能做到现场交工与资料移交同步完成，从而保证节点工期按时履约。

2 PMWEB项目信息系统应用

2.1 项目信息系统简介

PMWEB项目信息系统是一种基于网站平台的信息管理系统，通过建立数据库和网络链接，实现文件网上审批、网上查询、网上资料归集等功能。通过PMWEB项目信息系统的应用，将纵向信息交流方式变为平行交流方式，以网站为平台，项目技术管理人员可以在任何时候、任何地点与相关的工程师交换资料信息，提交审核文件，保证了文件处理效率和文件准确性。在系统使用时，可以根据不同岗位对系统账户进行使用权限设置，能实现信息资源的实时共享，同时项目管理的流程能在系统中清晰地反映出来，利于信息追溯，在竣工验收阶段，各类竣工资料根据质量记录自动生成的信息管理（见图1）。

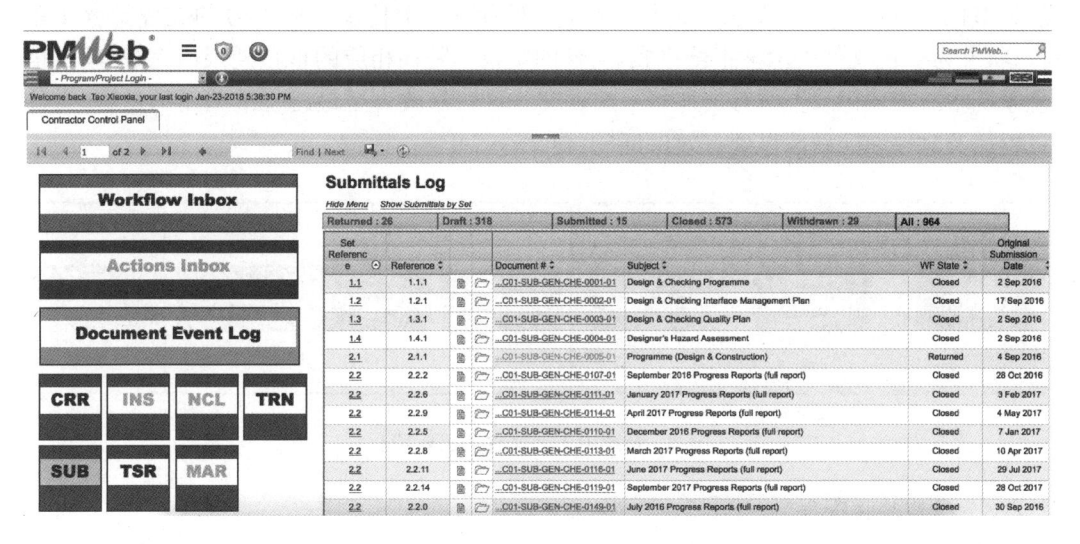

图 1 项目信息系统 PMWEB 管理界面

2.2 PMWEB 项目信息系统应用

2.2.1 项目初始阶段

项目信息系统的应用离不开项目管理人员的共同维护，为保证系统有效运行，首先需建立有效的管理机制，设置独立的管理机构，建立管理相关的运行控制程序，同时加强人员培训和学习，以指导项目全体人员正确使用和维护信息系统。加纳项目部针对质保体系中文件控制这一管理程序设置了独立的文控管理岗，并将 PMWEB 系统的使用维护放在了文控管理岗位职责中。文控管理岗隶属于 QA/QC 部，在某种程度上为工程竣工资料整理相关工作打好了基础。在构建项目部的文件编码体系时，文件体系的主框架依据合同附件中的基本移交清单设立，共设置了七个主要类目，相应的文件编码原则为：文件发出单位代码—文件接收单位代码—文件类—文件编号—文件版本号，依据这个原则，项目部每个文件均有唯一的文件识别号码，在施工过程中可根据管理现状逐步增减条目，可以随时随地查询检索出需要的文件，文件管理更加系统和规范。

2.2.2 项目施工阶段

项目信息系统在项目施工阶段的应用重点是按照拟定的收集资料清单，做好每个文件类目体系内的资料收集、规范提交和及时跟踪处理。项目主要职能部门的相关管理人员均在系统内开通了相应使用权限的账号，负责文件编制和审核，并在系统中创建提交，文控管理人员负责在系统中审核确认各部门提交的文件，检查文件是否经审核批准、相关的表格格式、文件编号是否满足项目部文件控制程序的要求，文件提交的区域是否正确，检查无误后确认文件提交至最终步骤，即 APM 审核和发送，系统中仅有项目经理的账号具备 APM 的最高权限，所有文件的发出和接收均需要项目经理批准和确认。

所有文件投递到咨工处后，会由相应的工程师进行审核，咨工给出意见和批复状态后从系统中返回至项目部，如果文件审核状态为 A，即表示文件已获批准，可以关闭；状态为 B 的文件需要按审核意见进行修改，更新后重新上传新一版本号的文件给咨工审核；状态为 C 的文件表示被拒绝接收，文件的审批均须在相应的审核期限内完成，项目信息系统中清楚地记录了所有文件每一次提交、审核、修改直至最终批准关闭的过程，文件资料的及时性和准确性得到有效保证（见图 2）。

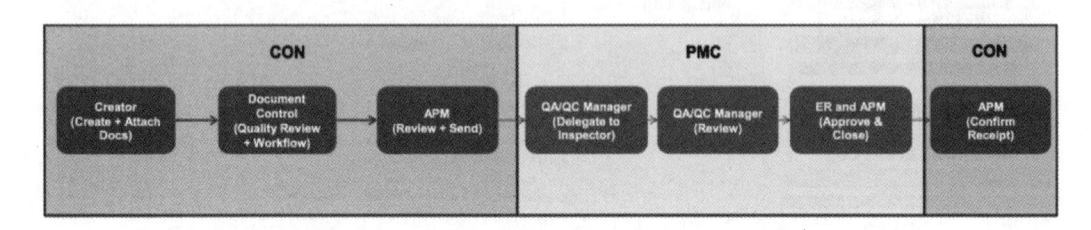

图 2　系统中主要文件的流转流程

2.2.3　项目验收阶段

在构建文件体系时，项目部在信息系统中设置了专门的工程移交资料区（Hand Over & Commissioning），用于交工验收时进行相关竣工资料的归集和整理。拟进行项目交工验收或局部交工验收前，需在系统中提交验收计划程序，经咨工批准后即可根据验收程序在该文件管理区域中创建相应竣工资料的归集文件条目，再利用 PMWEB 系统的文件链接功能，将系统中此前已获批复的相关文件一键链接到新创建的竣工资料目录中，即通常项目竣工资料整理中形成的组卷（见图 3）。

采用这种方式进行组卷，资料整理人员可以在任意时间任意地点完成，高效便捷，组卷链接前需确认文件审批状态，保证了竣工文件的准确性，文件链接时包含了文件主体及所有的审核记录和意见，信息更完整，同时如果项目移交时有遗留项，咨工相应人员可以按照授权在系统中重新开启已审核的竣工文件条目，项目部可再次上传增补的文件并重新提交审核，而不会出现二次组卷的问题。相比于传统的竣工资料整理，应用项目信息系统极大提高了竣工资料整理的工作效率和工作质量，确保了交工验收的及时性和准确性。

图 3　系统中竣工资料组卷明细

2.2.4 PMWEB信息系统的应用成效

PMWEB信息系统的应用实效在加纳项目部已完成的两次中间交工验收中得到有力地验证。其中按照业主要求首次移交合同第一个节点的部分陆域(6万 m^2)时,从现场施工检测完成到项目部完成资料提交、审核、移交并获得移交证书,前后仅用了一周时间,而第二个节点陆域(39.67万 m^2)整体移交时也同样高效,在圣诞和元旦双节的影响下,移交工作不但没有超期,还比节点工期的要求提前了一周,获得业主等相关方的高度认可。

通过信息系统的应用,项目部能在较短时间内完成高质量的符合业主合同要求的竣工资料,有效保障了合同履约,适应了国际工程高效的管理要求。

3 结论

国际工程交工验收有一定的特殊性,其验收程序及竣工资料的整理提交均与国内一般项目不同,多数项目都将竣工资料的移交作为交工验收的前提和必要条件,即使是中间部分工程交工,也是相同的标准条件,这对项目的工程资料管理提出了非常高的要求。

在加纳特码项目工程实践中总结经验发现,通过应用PMWEB项目信息系统,全面实现了项目竣工档案全数字化管理,有效保证了档案资料的及时性和完整性,在交工验收阶段,信息系统中便利的链接功能大大缩短了竣工档案编制时间,一方面有效保证了国际工程的合同履约,另一方面极大节约了项目管理成本,提高了项目管理水平。

参考文献

[1] 宋建良.工程建设申请竣工验收时存在的问题及对策[J].山西建筑,2012,35(30):208-209.
[2] 郭子杰.海外设计施工总承包项目资料特点与竣工资料编制探究[J].城建档案,2013(10):59-61.

水下液压整平机的工艺原理及在加纳特码项目的应用

陈 新[1,2]，吴多贵[1,2]

(1. 中国港湾西部非洲区域公司，科特迪瓦阿比让 06BP6687；
2. 中交四航局第三工程有限公司，广东湛江 524005)

摘 要：结合加纳特码新集装箱码头工程采用水下液压整平机进行抛石基床整平为实例，介绍水下液压整平机的工作原理、应用过程、功效分析、整平效果及思考建议。

关键词：水下液压整平机；基床整平；工作原理

1 前言

水下抛石基床整平是水工工程中非常重要的施工环节，抛石基床的整平精度直接影响着预制构件着床的最终成型精度。抛石基床整平的传统施工工艺主要采用导轨刮道法，在基床的整平范围内安设导轨，潜水员于水下用铁轨作刮道，推动刮道在导轨顶面滑动，以刮道底为准进行整平。随着水深加大和港口工程向外海深水发展，深水重力式码头、深水水工构筑物的抛石基床底高程越来越低，传统的潜水员人工整平方法已不适用于抛石基床整平，由于潜水员在深水下作业时间短、效率低、安全风险大，难以满足施工工期的要求。因此，需对传统水下抛石基床整平施工工艺进行改进。

根据加纳项目业主设计规格书要求，沉箱基床整平误差为±5 cm，整平面倒坡大小为0.3%。基床整平质量要求较高。按照项目合同节点工期要求及现场进度计划，需在5个月内完成前350 m码头全部建造工作，节点工期压力非常大。当采用传统潜水员方法进行水下基床整平时，整平的质量无法保证，无法满足基床整平误差±5 cm要求。采用人工水下整平时，由于潜水员在−20 m左右水深作业时间很短，仅为半小时左右，易受到天气、海况的影响，整平效率低，安全风险大，无法满足施工进度要求。为此，机械化整平应运而生。水下液压整平机的主要优点是整平精度和效率高，受施工条件影响较小，本项目水下整平机的应用，解决了人工整平的缺点和不足，在精度、效率、成本、安全性上优势显著。本项目采用的水下液压整平机产自希腊，外边框长23.05 m，宽11.6 m，内侧实际整平长度20.5 m，宽度9.5 m，每个机位可整平面积约194.8 m²，自重33 t。整平机示意图如图1所示。

2 工程概况

加纳特码新集装箱码头项目位于非洲西部，加纳南部沿海，濒临几内亚(GUINEA)湾的北侧，位于特码港现有泊位西侧。本项目第1期设计3个15万t级集装箱码头泊位，码头岸线总长为1 000 m；基床抛石厚度为0.5 m、1 m和2 m三种，约为24 000 m³。基床厚度大于等于1 m采用10~100 kg规格块石抛填，基床厚度小于1 m采用45~

125 mm 二片石抛填。基床打夯完成后,采用二片石和 10～31.5 mm 级配碎石进行细平,1 期基床整平面积约为 1.7 万 m²。

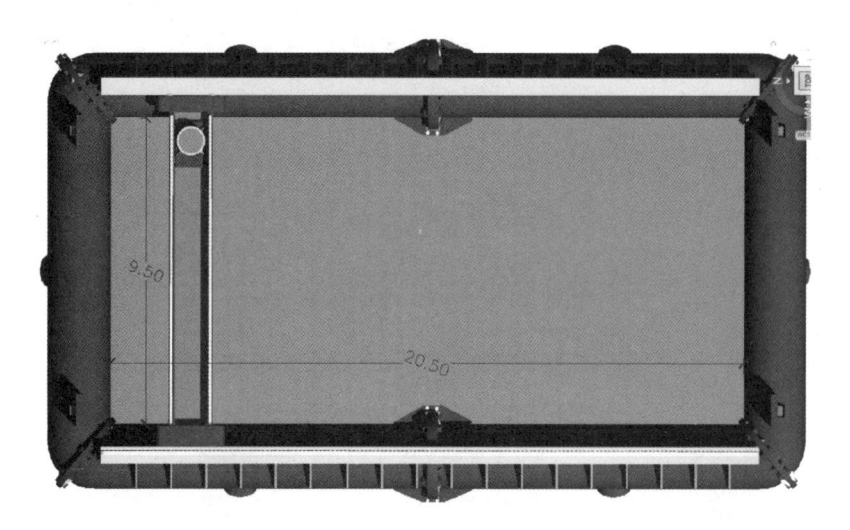

图1 整平机示意图

3 工作原理和应用过程

水下液压整平机由两台电动马达、传动轴、齿轮轨道、布料管、喂料斗、4 条液压支腿、6 条空心钢管、电缆线、液压油管、控制台、浮鼓等组成。

整平机上有 6 条管,短边 2 条,长边 4 条,每条直径 1 m,长度约 10 m。每条管在没有水的情况下理论上可以提供 7.85 t 浮力(仅考虑管内空气,不考虑整平机自身排水),6 条管可以提供约 47 t 的浮力,整平机重约 33 t。下水后,短边 1 号、2 号管进水,长边 4 条管理论上可以提供 7.85×4＝31.4 t 浮力(仅考虑管内空气,不考虑整平机自身排水),然后由驳船上的 150 t 吊机和驳船移到整平位置定位。打开整平机 3、4、5、6 号管上气阀,使水逐渐进入管内,增加整平机重量,整平机下沉,进水过程中注意整平机整体需保持平衡,缓慢下沉。

整平定位分为粗定位和精定位。粗定位时,根据需要整平基床的位置、驳船的位置、吊机的跨距,采用 GPS 仪器进行定位。同时采用挂在整平机钢丝绳上的尼龙绳进行辅助,使整平机平稳落在需要整平的基床上。4 个浮鼓用合适长度的绳子绑在整平机的四个角点,整平机下水后,使浮鼓浮出水面,绳子处于吃力状态,此时 4 个浮鼓漂浮的位置为整平机四个角点落在基床上的位置。再通过用 GPS 仪器去测量浮鼓的位置,判断整平机的位置与需要整平的位置是否一致,如果不一致可进行数据对比后,再将整平机轻微吊起进行调整。

粗定位完成后,潜水员下水解掉钢丝绳,再将喂料斗装到布料管上。在喂料管露出水面的位置安装用于全站仪测量的棱镜。精定位时,整平机布料管移动至整平机四个支腿处进行标高调整。测量员在岸上架设全站仪,测出卸料管顶部刻度线的标高(管底标高＝实测标高－刻度高)及布料管坐标,不断通过控制台调整液压支腿的高度,从而达到施工的控制标高,校核无误后可进行喂料整平(见图 2)。

图 2　采用全站仪进行控制测量整平

整平时,安装在整平机布料管底部的两台电动马达通过传动轴带动整平机的布料管在轨道上移动,一台控制前后移动,一台控制左右移动。石料从布料管到达基床后,操作人员使用控制台控制布料管左右前后移动,使石料洒布在基床面并刮平。在整平过程中要保证导管中始终有料,控制装料速度和数量,避免石料从料斗外溢,必要时可进行打水确定布料管中的余料情况;并根据多波束扫海情况估算整平区域所需碎石量的分部,控制碎石料管在整平区域内有序地纵横移动,直至下料均匀覆盖整个整平区域(见图 3、见图 4)。

图 3　整平机陆上工作效果图

图 4 整平机控制台

基床抛石打夯完成后,整平前需要使用多波束扫海确定需要整平的基床厚度,为了保证整平质量和整平机的安全,当基床厚度为 40～60 cm 时,采用二片石进行整平,当基床整平厚度为 20～40 cm,可采用碎石和二片石混合进行整平,当基床整平厚度为 0～20 cm 时需采用碎石进行整平。当抛石打夯完的标高高于整平标高时,需要挖除多余的石头再进行整平,否则将会影响整平机的安全使用。

4 功效分析

4.1 设备和人员需求

当使用水下液压整平机进行整平时,所需的设备数量、用途和人员情况如表 1、表 2 所示。

表 1 整平设备数量表

序号	设备名称	型号	数量	用途
1	履带吊	150 t	1	起吊整平机,存料
2	挖掘机		2	装料
3	平板驳	2 000 t 方驳	1	定位、堆存石料
4	自卸车	25 m³	4	运输石料
5	GPS	中海达 V60	1	粗定位
6	全站仪	Leica TS—11	1	精定位和控制标高
7	整平机		1	整平
8	喂料船	运 8	1	给方驳补料

表2 一个台班整平人员需求情况

序号	工种	数量	备注
1	技术员	1	
2	施工员	1	
3	测量员	1	
4	整平机操作手	1	机手
5	安全员	1	
6	质检员	1	
7	起重工	3	
8	潜水员	5	
9	杂工	4	
10	船员	5	
11	吊机操作手	1	
12	挖掘机操作手	2	
13	自卸车司机	4	

4.2 正常工作工效

以整平一个机位完成后为开始计算周期，潜水员下水挂钩完成后，吊机将整平机吊起，方驳通过锚机控制钢丝缆绳和GPS配合移船到下一个整平机位，完成粗定位后，潜水员再次下水解除钢丝绳，吊机再将喂料斗安装到整平机补料管上。通过安装在岸上的全站仪测量安装在布料管上的棱镜进行四个角点的精定位，整个移机位的时候大约需要3 h。

整平机一个机位有效整平面积为20.5 m×9.5 m，布料管直径为80 cm，每一道的搭接长度为5～10 cm，因此每一道的整平长度约为70～75 cm，纵向整平时，整平宽度为9.5 m，需要走12～13道。以整平层平均整平厚度为20～50 cm为例，平均每一道的整平时间为20～25 min，正常布料整平完一个机位需要4～5 h。

因此整平完一个机位需要8～9 h，如果一天分两个台班进行整平，可整平两个机位，理论上可整平面积389 m²，考虑本项目沉箱的尺寸长19.4 m，宽15.14 m，一个沉箱基床需要分两个机位进行整平，即一天可以整平一个沉箱基床。

4.3 影响因素

在水下液压整平机整平过程中，可能会受到天气、设备故障、抛石基床等影响，影响整平进度。

4.3.1 风浪影响

当出现6级以上大风时，驳船上的吊机无法作业，不能给整平机喂料，无法整平；当涌浪较大时(约大于1.2 m时),驳船晃动严重,吊机摆动幅度大,无法正常给整平机喂料,无法整平。

4.3.2 整平机故障

整平机在工作过程中,可能会遇到液压油管漏油,旋转马达故障,传动轴断裂,齿轮错位、支腿无法正常伸缩等故障,当以上故障发生时,需要将整平机吊出水面到岸上进行维修,从回岸上维修完成到回到整平定位完成至少需要1天时间。

4.3.3 整平厚度超高或超低

当抛石标高高于整平标高时,需要使用吊机和抓斗配合将高于整平标高的石料进行挖除,否则将会阻止布料管前进,当布料管受到的阻力大于电机带给传动轴的传动力时,布料管将无法前行,严重的将会损坏传动轴,因此整平前需要扫海确定抛石基床标高,当出现浅点时,在整平前需要处理完成,才能整平。

整平机的液压支腿高度只有1 m,当局部整平厚度超过1 m时,整平机整平高度无法到达设计整平标高,无法整平,需要将布料管移至对角,再将其余三个支腿抬高,潜水员下水采用预制混凝土垫块或碎石袋放在支腿正下方,潜水员出水完成后,再调整四个支腿进行精定位,垫一个支腿需要花费约1 h。

5 整平效果

整平完成后,采用多波束进行扫海,多波速扫描验收的误差为水深的0.1%,本项目水深约为20 m,扫描验收仪器误差为2 cm,验收测量精度高,可进行整个基床测量验收,验收范围广,全覆盖。通过对整个基床扫描效果和横断面图进行分析验收,验收测量标准和精度高,对整个基床的情况有准确的把握。整平完成后,基床验收通过率达到100%,后续沉箱安装无需潜水员再去处理基床,同时提高了沉箱安装的效率和精度。

5.1 整个基床效果

整平完成后,采用多波束进行扫海后,软件处理生成的基床CH180—200扫海图,扫海数据显示95%以上的点在设计范围误差±5 cm内,整体满足验收规范要求。

5.2 断面图

下图为整平完成后,多波速扫海完成生成的横断面图,图中实线为倒度0.3%的设计断面整平线,上下两条虚线为±5 cm允许误差线。在基床范围内,该断面所有的点都在设计允许误差范围内,平整度、倒坡均满足验收要求(见图5)。

应用水下液压整平机进行基床整平完成后,采用多波束通过对整个基床扫描效果和横断面图进行分析验收,验收测量标准和精度高,对整个基床的情况有准确的把握。整平完成后,基床整平误差在±5 cm,验收通过率达到100%,后续沉箱安装无需潜水员再去处理基床,同时提高了沉箱安装的效率和精度。

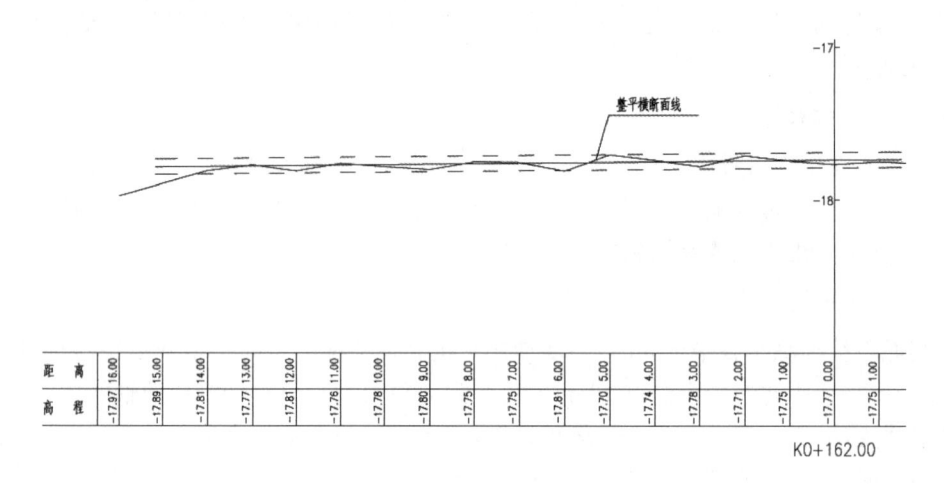

图 5　整平断面图

6　思考与建议

根据水下液压整平机在加纳特码新集装箱码头的施工及运用情况,在技术、进度、质量及成本方面思考建议如下:

在技术方面:可考虑适当增长整平机液压肢腿,使整平机适用于抛石基床更深的区域进行整平,减少因为局部抛石标高较低而需要垫腿的概率,加快整平效率;采用功率更高的电机,使整平机的布料管刮平能力更强,具有超高石料刮平的能力;可考虑创新和研发水下钢丝绳自动脱钩装置,取代传统人工水下解钩方式,节省水下解钩时间,加快整平效率;可考虑增加水下声呐仪系统或水下摄像机,实现水下可视化整平,便于实时可视化监控整平效果和整平机工作状态。

在进度方面:当抛石打夯基床工作面充足时,可考虑24 h进行整平,一天可整平三个机位,整平效率大大提升。

在质量方面:该整平机的整平误差控制在±5cm,可通过在整平过程中,加强全站仪实时测量的频率,保证整平机刮平的区域标高与设计整平标高吻合,提高整平质量。

在成本方面:本工程所采用的希腊水下整平机的租赁成本相对较高,可考虑自主研发水下整平机,广泛应用于国内外项目水下基床整平,降低成本。

7　结论

随着经济的不断发展,建设大型深水港口的需求不断扩大,对码头基床整平的进度、质量的要求不断提高,采用传统水下人工整平的办法存在着深水作业时间有限、成本高、效率低、危险性大、受天气影响大等缺点。随着水下基床整平机械化的不断发展,水下液压式整平机的发明和应用,克服了传统人工整平的缺点,实现了经济、高效、安全的目标。本项目成功采用了水下液压整平机,为今后类似大型深水码头基床整平提供经验和借鉴。

参考文献

[1] 张楚才. 液压式水下整平机[J]. 水运工程,1989(9):51-53.
[2] 程茂林,王建平,夏昊,等.浮式智能控制水下基床整平施工工法[J].水运工程,2018(4):8-13+83.
[3] 邵海荣,曹根祥.步履式水下基床整平机及施工工艺的开发[J].水运工程,2006(S2):110-112
　　+133.

一种新型高效打夯设备在港口项目的应用

白　俊[1,2]，邹其高[1,2]

(1. 中国港湾西部非洲区域公司，科特迪瓦阿比让　06BP6687；
2. 中交四航局第三工程有限责任公司，广东湛江　524000)

摘　要：结合加纳特码新集装箱码头工程项目，介绍了移动式水下重锤夯实机的组成及基本原理，并且根据本工程采用移动式水下重锤夯实机的应用，介绍该设备的三大优势：较传统水下夯实设备效率显著提升；该设备作业受天气条件影响很小；对于操作人员素质要求不高，利于推广。

关键字：冲孔桩机；移动式打夯机；夯实质量

1　工程概况

加纳特码新集装箱码头项目第1期设计3个15万t级集装箱码头泊位，码头岸线总长为1 000 m；第2期在第1期的基础上延长400 m，1＋2期共1 400 m码头岸线。根据业主合同2018年9月3日需移交前350 m主码头，2018年3月31日完成前350 m码头基槽。5个月之内需组织完成所有码头建造工作，节点压力相当大。

码头基槽设计标高为－18.3～－19.8 m CD，土质主要为中松散密实砂、钙质胶结岩、中风化片麻岩、强风化片麻岩，设计工程量约44.1万 m^3。本工程基槽开挖由施工二部(中交广州航道局有限公司)实施。

根据技术规格书要求，基床深度超过1 m需要进行打夯施工。本项目基床厚度分3种，其中0～300 m、700～1 300 m基床厚度为500 mm，不需要进行打夯；300～500 m、1 300～1 400 m基床厚度为2 000 mm，需要打夯；500～700 m基床厚度为1 000 mm，考虑到当前疏浚工艺下基床开挖普遍存在较大超深，扣除整平层后实际抛石厚度仍大于1 000 mm，为质量控制需要，需要打夯。

本项目基床验收标准为夯后标高控制在－17.85～－18.10 m，采用多波束扫海验收，验收结果80%的点应落在－17.85～18.05 m。但为保证基床夯实质量，需在已夯实的全断面基床上任选不小于5 m一段复打一夯次，其平均沉降量不大于30 mm。

2　方案对比

采取1艘2 000 t方驳作打夯工作船，船位按船龙骨线垂直基床轴线方向布置，船艏抛八字锚，船艉视风浪及海域情况抛八字锚或交叉锚，主要沿基床轴线移动。

打夯设备有两种方案：

方案一：在2 000 t方驳上布置1台冲孔桩机配8 t夯锤夯击密实，夯锤底部直径1.5 m(见图1、图2)。

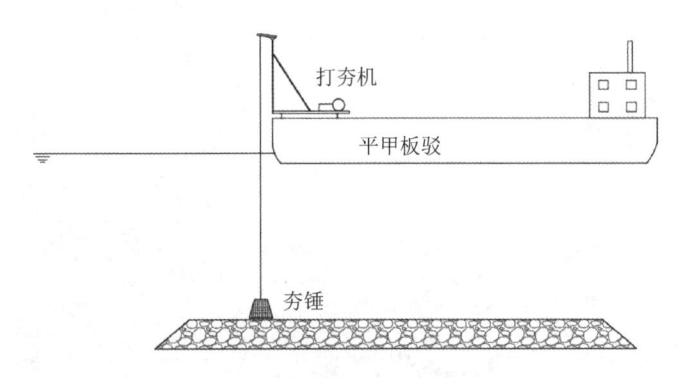

图1 冲孔桩机打夯示意图

图2 冲孔桩机示意图

冲孔桩机布置在方驳侧面,朝向与方驳轴线方向垂直。为加固冲孔桩机同时保证其能根据打夯需要移动,方驳一侧使用工字钢和槽钢制作了供桩机滑动的轨道,轨道两侧设置车挡,同时在船头侧设置定滑轮组,使用船上的锚机和钢丝绳牵引桩机沿轨道运动。为保证桩机沿着轨道滑动,在桩机与两侧轨道相接处均焊接夹轨。

方案二:在2 000 t方驳上布置1台85 t履带吊配5 t夯锤夯击密实。

打夯定位通过船上GPS-RTK定位,短距离船位校正通过锚缆伸拉进行调整。分区段进行作业,抛石打夯完成一个区段后,绞锚或起锚移船到下一船位继续进行(见图3、图4)。

基床夯实采用纵横向相邻接压半夯实的方法进行施工。根据设计规格书的要求,打夯时需保证,不计水的浮托力、阻力影响,夯实的能量必须达到150 kJ/m²。

本项目夯锤重为8 t,由能量守恒,夯锤落距的计算公式为:

$H = \dfrac{E_a A + E_c}{Mg}$,其中$E_a$为单次夯击的夯击能密度,$E_c$为耗散的能量,$A$为夯锤底面积,$M$为锤的质量,$g$为重力加速度,取9.8 m/s²。其中,$E_a A + E_c = E_r A$,$E_r$为设计规格书要求的不计水的浮托力、阻力影响的夯实能量密度150 kJ/m²。

图 3　85 t 吊机配合驳船示意图

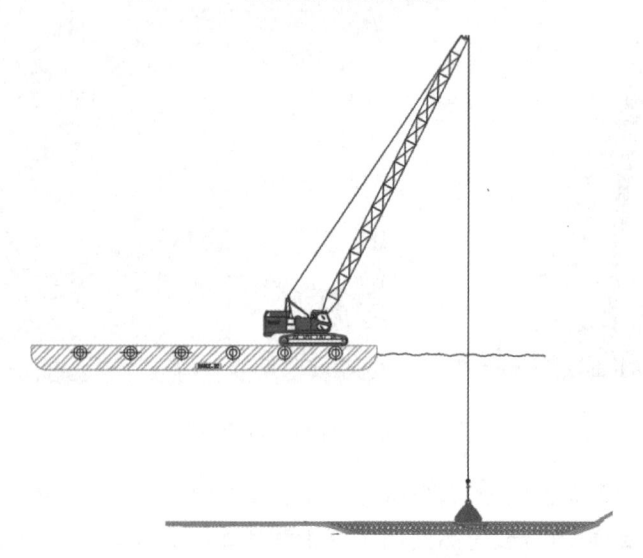

图 4　85 t 吊机配合驳船示意图

以 8 t 夯锤为例，$A = \pi(R)^2 - 4r^2 = \pi(0.6^2 - 4 \times 0.05^2) = 1.01 \text{ m}^2$；锤的落距 $h = \dfrac{E_r A}{Mg} = \dfrac{150\,000 \times 1.01}{8\,000 \times 9.8} = 1.93 \text{ m}$。施工中按照 2 m 控制。

3　工艺介绍

改造后冲孔桩机打夯设备主要由 4 部分构成：1. 工作船舶为 2 000 t 非自航平板驳船；2. 改造后冲孔桩机；3. 行走轨道及牵引卷扬机；4. 吊臂变幅装置（具体见图 6）。

在驳船甲板面上顺船舷方向安装两条轨道，采用滑动方式，由两侧行走卷扬机提供滑动牵引力。启动两侧卷扬机，带动主机在轨道上滑动，并依靠主机自身摩擦力实现制动，从而实现边走边夯。

轨道长度根据船舶甲板长度和基床打夯宽度确定，就本项目而言，基床宽度为 17.7 m，轨道行走长度设计为 18 m。轨道越长，打夯覆盖的面积越大，效率越高。驳船垂直于基槽定位，每行走一次可完成整个基槽宽度夯实。在轨道上按夯锤半径的间距标

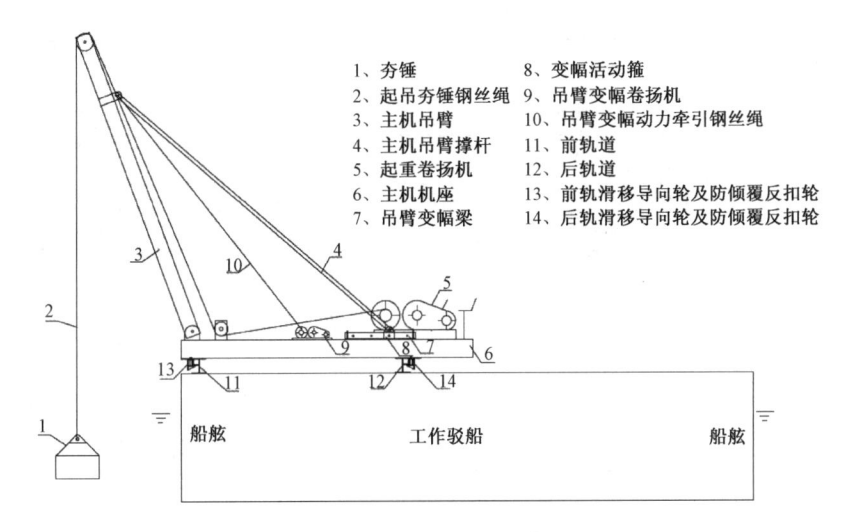

图 6　改造冲孔桩机构造图

记刻度,每当主机行走到刻度线时夯1锤,实现相邻落锤重叠半夯。

在机座主梁上安装一根方型钢梁作为变幅梁,钢梁外设有活动抱箍,钢梁上设有插销孔,抱箍连接变幅梁。从而通过更改抱箍插销孔实现变幅,进而减少移船次数,提高打夯效率。每级变幅幅度为夯锤的半径,从而实现每次变幅达到相邻落锤重叠半夯。

4　问题解决

本项目基床宽度最宽为 17.7 m,夯机轨道活动范围设置为 18 m。8 t 夯锤底部直径为 1.5 m,则行走一次完成夯实面积为 13.5 m²。根据落锤高度调整行走卷扬机速度,保证刚好实现相邻落锤重叠半夯,并且在不浪费时间的情况下,每行走一次所用时间为 12 min,根据方案两遍八夯次要求,25 min 完成打夯面积 13.5 m²。根据本项目经验,考虑机械长时间作业离合过热、人员疲劳等因素,实际作业效率为每 10 h 270 m²。

若采用 5 t 夯锤,底部直径为 1.2 m,行走一次完成夯实面积为 10.8 m²,落锤高度由 2 m 调整至 3.1 m,调节好卷扬机行走速度实现相邻落锤重叠半夯,单边夯次由 24 提升至 30,耗时提升至 15 min,面积减少 10.8 m²,故采用 5 t 夯锤效率为采用 8 t 夯锤的 0.64 倍。

采用 85 t 吊机配合夯锤击实作业效率为每 10 h 160 m²,远低于采用冲孔桩机配合夯锤打夯。单就本项目前 350 m 基槽夯实作业,冲孔桩机配合夯锤夯实较吊机配合夯锤夯实节省约 70% 的时间。为码头后续工作的开展尽早开创了工作面,节省了宝贵的时间,一定程度上缓解了后续工作的进度压力。

5　成果对比

经过现场实际典型施工对比两种打夯方法,结果如表 1 工艺对比表所示。

根据现场实际操作记录,采用冲孔桩机打夯每班次可夯实面积为 270 m²,远高于采用吊机打夯面积每班次 160 m²。

表 1 工艺对比表

比对指标	工艺	
	冲孔桩机打夯	吊机打夯
功效	270 m²/10 h	160 m²/10 h
质量	基床标高−17.85～−18.10 mCD	基床标高−17.85～−18.10 mCD
安全	钢丝绳隐患	起重设备限制隐患
操作人员要求	普通施工员	专业吊机手
移船定位次数	每 54 m² 移船一次	每 20 m² 移船一次
天气限制	六级大风天气仍可施工	六级及以上大风天气不可施工
时间限制	不受时间限制	晚上效率降低

夯后扫海结果显示,吊机打夯可实现质量控制要求,冲孔桩机打夯一样实现了打夯至设计要求标高,且整体标高极差值不大于 20 cm。满足本项目验收标准:夯后基床标高应在 −17.85～−18.10 mCD 之间,且不少于 80% 的点应落在 −17.85～−18.05 mCD 之间。

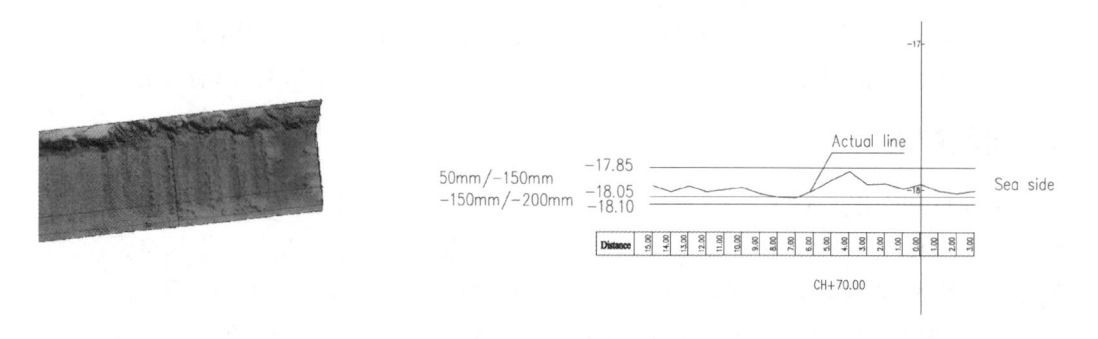

图 7 夯后多波束扫海渲染图与断面图

冲孔桩机行走至两侧边缘时制动存在一定的安全风险。若操作手把握不好则可能导致桩机行走过多进而破坏行走动滑轮,更严重可致桩机滑出轨道。现场通过在轨道两侧设置限位自动断电器,规避这个风险。而吊机打夯虽不存在以上风险,但遇大风天气即风速超过 13.8 m/s 天气时对特种起重设备有限制,则需即刻停止作业。

吊机打夯需专业吊机操作手方可进行作业,且受人员约束大,难匹配多班次人员,成本高;冲孔桩机设备操作人员进行简单培训后即可进行操作,对操作人员素质要求不高,可进行人员储备,受人员约束小,可匹配多班次人员施工,便于赶工,成本低。

6 经验总结及改进

采用此冲孔桩机打夯相较传统用吊机打夯方法在保证质量的情况下,效率显著提升,且受天气条件制约较小。根据本项目实际操作过程中遇到的各种情况,发现该套设备仍有改进空间(见表2)。

(1) 在桩机两侧边缘设置限位自动断电器,确保设备不会超限,以保证设备人员安全。

(2) 手动提锤带动卷扬机改成气动或自动控制,把操作手安排在安全区域,减少操作手体力损耗和振动与噪声对身体的影响,同时提高工效。

(3) 变幅装置改为电动控制,以缩短变幅时间,提高效率。

(4) 对运用于打夯的冲孔桩机进行必要的改造,减少振动,增加一套线控或遥控装置,增加桩机防倾行程开关和行走限位开关、轨挡、缓冲器、信号灯等安全装置。

(5) 强夯采用冲孔桩机时,驳船的吨位级别可以降低,主要取决于驳船的宽度。在该项目实践中 2 000 t 驳船宽度为 18 m,夯锤下落前,其重力力矩与增加的浮力力矩保持平衡,增加的浮力作用点约在 1/3 船宽位置,通过现场观测,夯锤下落的前后,2 000 t 驳船船舷摆幅约 7 cm,若使用 1 000 t 驳船(船宽 15 m),摆幅会有所增加,但仍应在作业可接受范围内。

表 2　遇到问题及改进措施

改进项	改进措施	效率提升	成本降低
行走超限脱轨	两侧增加限位器	修复轨道费时 5 h,根据以往损坏频率计算,提升效率 7%	降低油耗、设备人员摊销费成本 7%
提锤体力耗费	改为气动或自动控制		预计降低人员成本 50%
变幅装置改进	改为电动变幅	预计提升效率 20%	预计降低油耗、设备人员摊销费成本 20%

7　结语

根据本项目实际经验,移动式夯机每班次可完成 270 m^2 基床夯实,传统履带式吊机每班次打夯面积为 160 m^2。改造冲孔桩机打夯设备较传统吊机打夯效率提升 52% 左右,为开展后续工作节省宝贵的时间。由于该设备可变幅,可实现单次移船完成夯实面积 54 m^2。该设备简单易操作,同时对操作手要求较低。不会受天气条件限制,也使得该设备能持续作业。由于该设备按照基槽宽度进行夯实,因而对于宽度较大的码头基槽而言,效率提升更为明显。为以后类似项目缩短打夯时间提供了新的思路。

参考文献

[1] 中华人民共和国交通运输部. 港口及航道护岸工程设计与施工规范:JTJ300—2000[S]. 北京:人民交通出版社股份有限公司,2009.

[2] The British Standards Institution. Maritime Works (BS 6349—1)[S]. [S. l.]:BSI Standards Limited,2016.

[3] The British Standards Institution. Maritime Structures (BS 6349—5)[S]. [S. l.]:BSI Standards Limited,1991.

[4] 赵建虎. 多波束测深及图像数据处理[D]. 武汉:武汉大学,2008.

水下整平机在重力式码头基床整平中的应用

吕雷雷[1,2],王 导[1,2]

(1. 中国港湾西部非洲区域公司,科特迪瓦阿比让 06BP6687;
2. 中交四航局第三工程有限公司,广东湛江 524005)

摘 要:基床整平作为重力式码头施工中关键的一道工序,直接决定了整个码头施工的质量和进度是否满足要求。目前应用较多的是传统的潜水员人工整平方式,本文结合加纳特码新集装箱码头工程沉箱基床整平采用水下整平机施工,对水下整平机的工作流程进行了介绍并提出改进方向。工程应用结果表明:水下整平机施工效率高,质量满足技术要求,大大减少了潜水作业时间和安全风险,是一种值得推广的重力式码头基床整平方法。

关键词:基床整平;重力式码头;人工整平;水下整平机

1 前言

目前国内重力式码头沉箱基床整平普遍采用水下安装导轨,整平船挖机下料,潜水员推动刮耙人工整平的方式,这种方法对于工程量小,工程进度和精度要求不高,施工条件理想的工程还能适用,如遇到施工工况恶劣,施工条件差和深水沉箱式码头的整平工程,难度就很大。本文结合加纳特码新集装箱码头项目,沉箱基床整平采用水下整平机的施工案例,对水下整平机的操作过程进行介绍,分析并提出了改进方向,希望能对今后类似工程的基床整平施工有所借鉴和帮助。

2 工程背景

加纳特码新集装箱码头项目位于非洲西部,加纳南部沿海,濒临几内亚(GUINEA)湾的北侧,位于特码港现有泊位西侧。本项目设计3个15万t级集装箱码头泊位,码头岸线设计总长为1 400 m,水工主体采用沉箱重力式结构,沉箱尺寸:长×宽×高=19.41 m×15.18 m×19.30 m。

码头基槽设计标高为-18.3~-19.8 mCD,沉箱基床分10~100 kg和45~125 mm块石两种规格抛石层,顶部预留整平层标高为-17.8 mCD,厚度10 cm,倒坡设置0.3%。沉箱基床典型断面图如图1所示。

3 水下整平机构造及工作原理

本项目采用产自希腊的水下液压整平机,主要参数见表1。该整平机由4根直径1 m的钢管组成底部框架,框架内部长20.5 m,宽9.5 m(有效整平范围),沿框架宽度方向布置一条带有导轨的横梁,其上安装一根直径0.8 m的钢管作为布料管。整平机概念图和实体图分别见图2、图3。

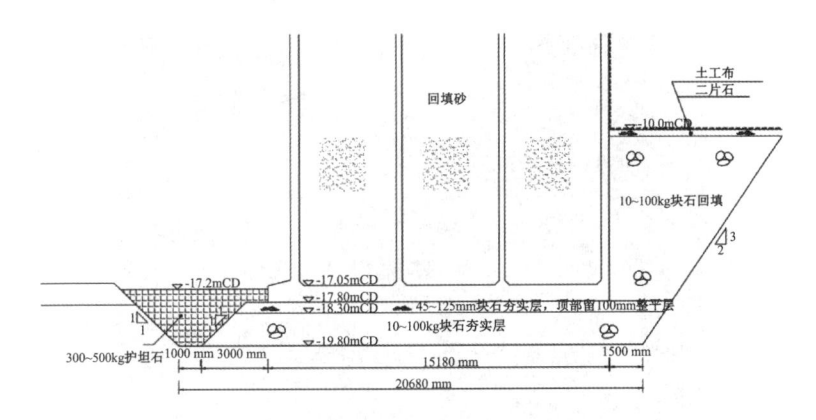

图 1 沉箱基床典型断面图

表 1 整平机技术参数表

整平机技术参数	
类型	水下液压整平机
制造商	New Hellenic ShipyardsS. A
制造年份	2016 年/希腊
工作面积	20.5 m×9.5 m
千斤顶数量	4 个
重量	33 t
测量点	4 个
喂料管	φ800 钢管

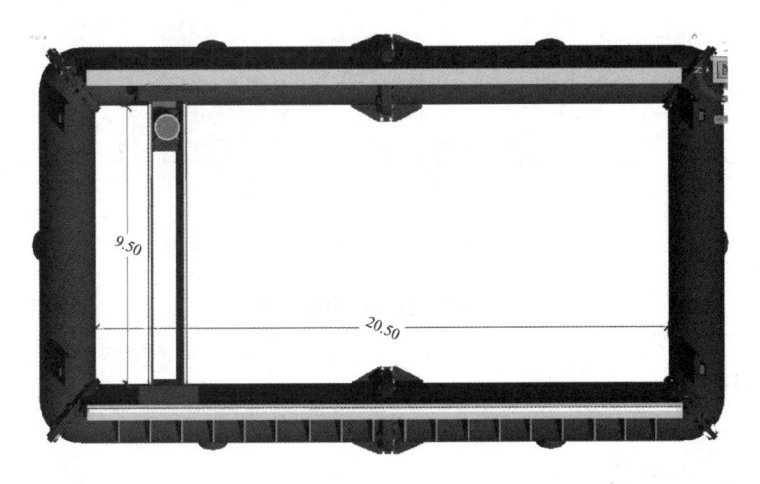

图 2 整平机概念图

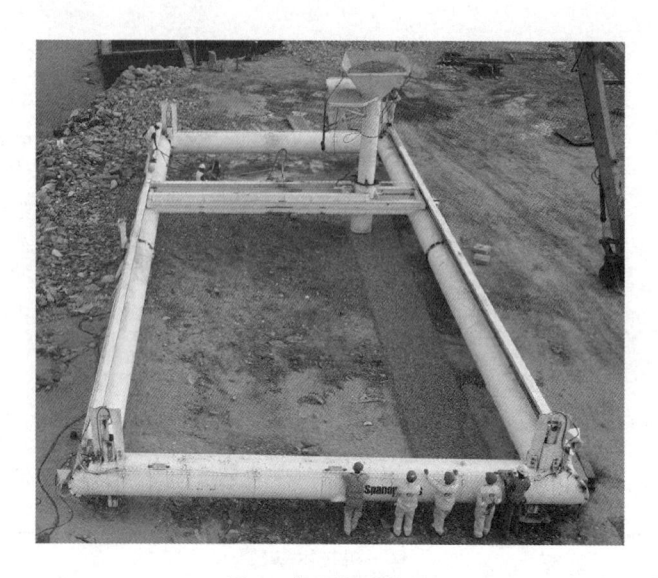

图3 整平机实体图

水下整平机的工作原理：操作手在整平船上操控一台电控液压泵，控制整平机底部框架四个角的液压支腿升降，直至布料管底部达到设计整平标高，然后用整平船上的履带吊通过布料管装料，操作手控制液压泵使布料管沿着整平机框架分道移动布料，在布料过程中岸侧安排测量员进行标高实时测量，按照设计要求的基床标高和倒坡进行液压支腿高度调整。整平机构造见图4。

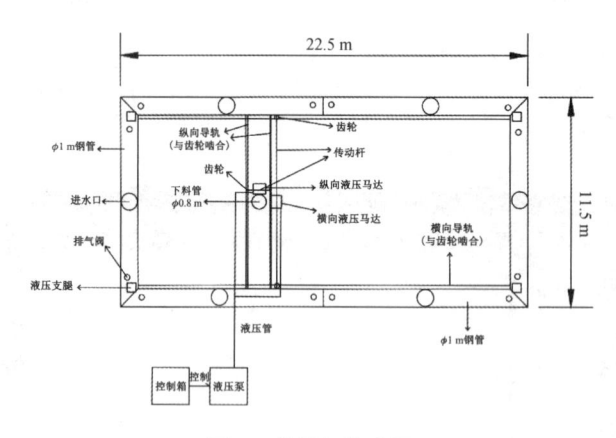

图4 整平机构造图

4 工程应用

4.1 整平机下水就位

整平机在陆地上拼装完成后，由一台150 t履带吊在沉箱出运码头吊放下水。整平机自重约33 t，长边2条管入水后理论上可以提供31.4 t浮力（仅考虑管内空气，不考虑整平机自身排水），下水过程中，短边2条管不断通过进水口进水，增加整平机重量使其缓慢下沉。平稳触底后换由驳船上的 150 t 履带吊吊起整平机，缓慢移船至基床整平区域准备定位。驳船拖带整平机见图 5。

图 5　驳船拖带整平机图

4.2　整平机定位

4.2.1　粗定位

驳船配合 150 t 履带吊拖带整平机至基床整平区域附近后，由驳船上测量员用手持 GPS 控制甲板边线并测算出履带吊中心至码头前沿线的距离 a，履带吊中心至吊点的距离 b 通过设备读数，吊点至码头后沿整平机框架的距离 c 已知，则整平机整平区域后沿至码头前沿线的距离 $d = b + c - a$，驳船不断调整船位，直至 $d \geqslant 15.68$ m 时履带吊开始下钩。

整平机入水触底后由操作手调整四条液压支腿的高度，使四个浮鼓露出水面高度基本一致。测量员乘坐浮排，利用手持 GPS 分别测算浮鼓 2 和浮鼓 4 距码头前沿线的距离 e 和 f，若两者相差小于 20 cm，则粗定位完成，可以安排潜水员下水解除起重钢丝绳。若相差较大，需要重新起吊整平机重复上述过程。整平机粗定位示意图和测量员检查浮鼓图见图 6、图 7。

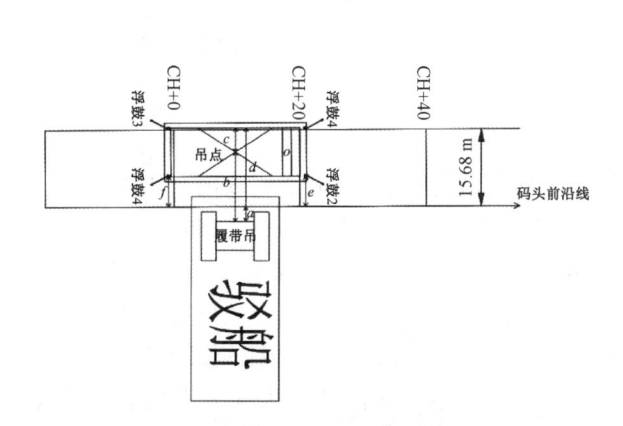

图 6　整平机粗定位示意图　　　　**图 7　测量员检查浮鼓图**

4.2.2 精定位,调整标高

整平机粗定位完成后,岸上测量员摆好全站仪开始精定位,整平机下水前已经在布料管上做好了测量标记,待操作手控制液压泵使布料管依次移动至整平机框架四个角点时,测量员记录好每个位置的坐标并指引操作手调整支腿,确保布料管四个角点达到设计标高。本项目基床整平宽度 16.68 m,前沿超宽 1 m,后沿超宽 0.5 m,预留沉降量 4 cm,设计标高 −17.8 m。按照倒坡 0.3% 计算,基床前沿整平标高 −17.734 m CD,后沿整平标高 −17.784 m CD,如图 8 所示进行控制,布料管上安装棱镜图和全站仪测量图见图 9、图 10。

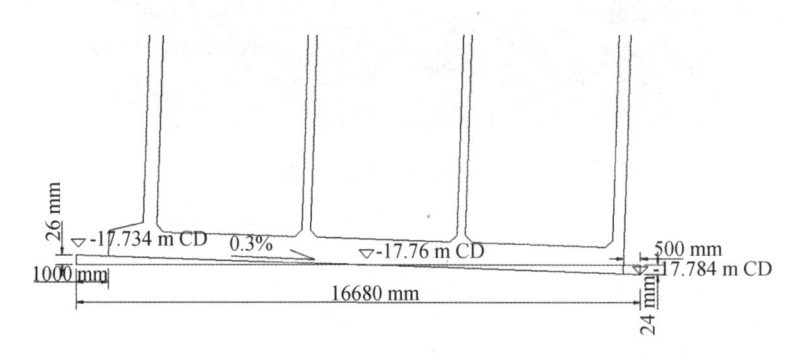

图 8 基床整平标高及倒坡图

图 9 布料管上安装棱镜图

图 10 岸上全站仪测量图

4.3 布料整平

基床整平石料采用履带吊配合方斗进行装料,石料储存在驳船料仓内。操作手控制液压泵使布料管沿长边方向分道移动,石料连续洒布在基床面并刮平。布料过程中应安排专人乘坐浮排至布料管顶部工作平台检查料管内石料余量,保证管中始终有料,同时需控制装料速度,避免石料从料斗溢出。整个过程需要测量员利用全站仪定期观测布料管标高变化,每当整平结束后布料管纵移至下一道时,测量员应测算纵移距离是否大于等于 0.8 m,保证石料均匀覆盖所有整平区域。方斗装料图和专人检查布料管图见图 11、图 12。

图 11　方斗装料图　　　　　　　　图 12　专人检查布料管图

4.4　实施效果

按照本项目码头基床施工方案和技术规格书的要求,基床整平标高允许误差为±5 cm,倒坡设置 0.3%,前后沿高差为 5 cm。经多波束测量分析数据后发现,水下整平机的基床整平施工质量完全满足上述要求,实际后续沉箱安装过程中沉箱顶部标高和前后沿高差也验证了码头基床整平的质量合格,得到了项目咨询工程师和业主的认可。

4.5　优缺点及改进方向

4.5.1　水下整平机的优点

(1) 适用于深水沉箱式码头基床整平,减少了人工整平潜水员长时间深水作业的安全风险。

(2) 整平工效远远高于人工整平,一个台班(8 h)可以完成大约 190 m² 的基床整平。

(3) 可以连续 24 h 作业,对施工进度要求有利。

(4) 整平质量不受潜水员人为状态不佳的影响,可控性高。

(5) 具有良好的推广应用前景。

4.5.2　水下整平机的缺点

(1) 定位过程比较繁琐,粗定位的成功率有待提高。

(2) 布料管与横梁之间的齿轮连接受外力影响容易变形脱落。

(3) 整平机出现故障后维修比较困难,需吊上岸检修。

4.5.3　水下整平机的改进方向

(1) 四条支腿可以加高至水面附近,或者增加自身 GPS 定位功能,方便定位。

(2) 布料管内石料余量监测可以自动化,便于控制石料。

(3) 起吊钢丝绳可以换成新型高分子材料制成的缆绳,降低潜水员水下挂钩解钩的难度。

5 结语

当前人工整平依然是重力式码头基床整平的主流方式,其整平质量和进度受人的情绪和身体健康状态影响很大,且安全风险较高。本项目采用水下液压整平机进行基床整平,无论在施工安全还是在质量和进度等方面都展现出了优秀的施工能力,最终确保了后续沉箱安装和上部结构施工顺利按要求完成,取得了良好的经济效益,为今后同类项目基床整平施工提供了新的思路和方向。

参考文献

[1] 贺永康. 水下抛石基床整平机研制[D]. 上海:上海海运学院,2003.

季风期防波堤施工临时防护措施

康琛源[1,2]，张 芮[1,2]

(1. 中国港湾西部非洲区域公司，科特迪瓦阿比让 06BP6687；
2. 中交四航局第三工程有限公司，广东湛江 524009)

摘 要：防波堤工程的施工工期相对较长且易受风浪条件影响，施工过程中未形成掩护的防波堤易被海浪破坏，给工程带来了巨大损失。根据加纳特码新集装箱码头项目防波堤工程的施工，通过数值计算及工程实体分析结构物稳定情况，总结出防波堤施工中的防浪措施。

关键词：大块石临时防护；防海浪破坏

1 项目背景

加纳特码项目位于非洲西部，加纳南部沿海，濒临几内亚湾的北侧，与首都阿克拉相距约 26 km。业主要求在 18 个月内完成码头后方及陆域形成面积 34.68 万 m^2，对于 3 558 m 长的防波堤抛填与防护要求 38 个月内完成，节点工期压力特别大。

防波堤共长 3 558 m，堤心石顶部标高为 +2.5 m(里程 900～3 558 m)，设计高水位 +2.3 m，设计低水位 +0.0 m。施工水域风浪大，根据当地相关波浪观测数据反映年度 5—10 月海上波高较高，波高常超过 1.5 m，月最大波高超过 2 m，且波浪周期较长，极不利于防波堤堤心石推填，防波堤推填过程中，材料损耗率较大，易受波浪破坏。

目前考虑在波高超过 1.5 m 的时段，防波堤需边防护边推进，以降低施工风险，并做好施工期间的临时防护措施；对于超大浪情况，将停止陆上推填作业，同时做好堤头堤心石用护面块石(1～2 t)进行防护，以免发生波浪摧毁堤头的现象。

由于受到季风的影响，前期防波堤先后遭受了数次大浪(浪高 1.7 m)的袭击，冲毁了部分防波堤，在经济上、工期上带来了一定损失，制定防波堤防浪措施势在必行(图 1)。

图 1 防波堤波浪越顶后

防波堤是疏浚和码头施工的前提,是保证项目节点的基础,通过对防波堤掩护效果进行推算,推算依据采用的是 DHI 波浪数模报告中基于 37 年波浪要素统计的中心估计极值波高 $H_{\frac{1}{3}}$ 进行计算,并从 DHI 波浪数模研究报告中可以得出,防波堤 CH1600、CH1800、CH2000、CH2200、CH2400 处波浪的波向为 168 N,极值有效波高为 2.4 m,波长为 121.6 m。根据以上基础数据,将波浪测点布置码头前沿线、西护岸位置及疏浚位置。以上推算方法是以 The Rock Manual 为依据,推算结果显示:

(1)当防波堤堤心石推填至 1 600 m 时,可对西护岸约 200 m 区域形成有效掩护(有效掩护指的是波高小于 1 m,下同)。

(2)当防波堤堤心石推填至 1 800 m 时,可对码头前 100 m 区域形成有效掩护。

(3)当防波堤堤心石推填至 2 000 m 时,可对码头前 300 m 区域形成有效掩护。

(4)当防波堤堤心石推填至 2 200 m 时,可对码头前 500 m 区域形成有效掩护。

(5)当防波堤堤心石推填至 2 900 m 时,可对全部码头 1 400 m 区域形成有效掩护,如图 2 所示。

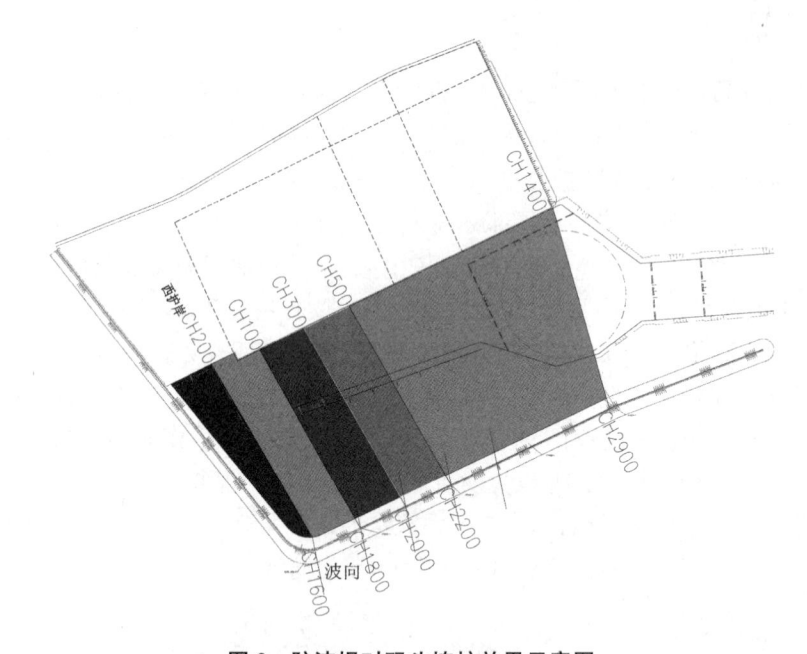

图 2　防波堤对码头掩护效果示意图

2　破坏防波堤成因分析及其防浪措施

2.1　自然条件

(1)潮位

加纳特码项目所在地海域平均潮差约为 1.3 m。潮位大致情况如表 1 所示。

表 1 项目设计潮位取值

设计高水位	+2.30 m CD
平均高潮位	+1.50 m CD
平均低潮位	+0.20 m CD
设计低水位	+0.00 m CD

（2）风浪情况

加纳特码项目所在地海域在当地雨季(5—10月)期间风浪较大，旱季(11月至次年4月)风浪相对较小。波向以 S~SW 为主，风浪波高在 1~2 m，周期在 6 s 以内；涌浪来自西南的大西洋，波高往往低于 1 m，但周期都较长，在 10~21 s 不等，见表 2。

表 2 波浪频率统计表

浪高(m)	N	NE	E	SE	S	SW	W	NW	总计(%)
0.0~1.0	2.45	2	1.84	4.38	10.55	10.3	7.48	3.98	42.98
1.0~2.0	1.69	0.84	0.92	5.04	19.85	7.82	2.98	2.84	41.98
2.0~3.0	0.24	0.17	0.19	1.36	6.93	2.15	0.6	0.62	12.26
3.0~4.0	0.07	0.02	0.03	0.22	1.36	0.41	0.08	0.09	2.28
4.0~5.0	0	0	0	0.02	0.19	0.04	0.01	0.01	0.27
5.0~6.0	0	0	0	0	0.04	0	0	0	0.04
总计	4.45	3.03	2.98	11.02	38.92	20.72	11.15	7.54	99.81*

注：由于计算时需保留两位小数，结果可能会产生偏差。

加纳特码项目所在地 2014 年度海域波浪情况统计如表 3。

表 3 波浪情况(2014 年)

2014 年波浪情况统计	
$H_{m_0} \geq 1$ m	70.4%
$H_{m_0} \geq 1.2$ m	40.8%
$Tp \geq 6$ s	98.6%
$Tp \geq 10$ s	81.7%
$T_{m_0^2} \geq 6$ s	40.4%
$T_{m_0^2} \geq 10$ s	0.1%

加纳特码项目现场常年主要风向为西南风，风玫瑰图如图 3 所示。

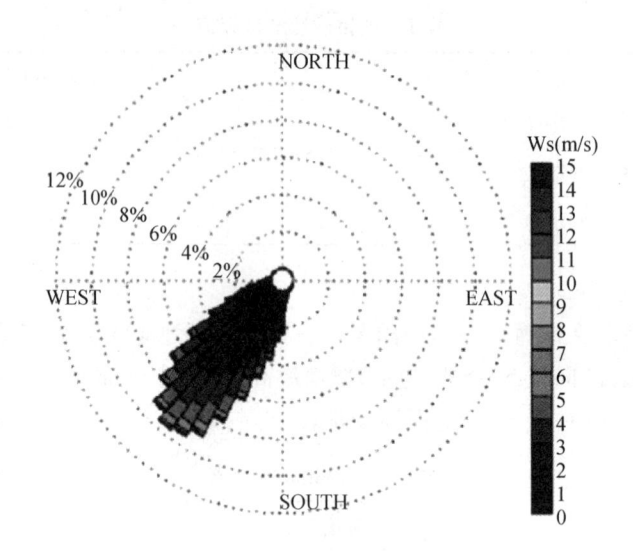

图 3　加纳特码项目风玫瑰图

2.2　防波堤破坏成因分析

防波堤设计堤心石采用 1～1 000 kg 块石，垫层块石为双层 300～500 kg 块石，护面块体重量为 5 t。受到护面块体模板到场日期及关键设备长臂挖掘机到场时间滞后的影响，无护面块体掩护的条件下防波堤堤心暴露长度较长。通过防波堤破坏现象表明：

（1）及时采用 1～2 t 护面块石防护的防波堤受破坏程度明显小于未采取任何防护措施的防波堤。

（2）当波浪来临时，重量较轻、体积较小的块石被海浪冲刷带走，较大的块石因为没有支撑也滚落到海中。同时大块石在持续海浪作用下，周围将会形成强大的绕流，周围的小块石将被陆续冲走，大块体失去原有的力平衡而产生位移，海浪的推力作用会加速块石的位移。

（3）潮水越顶时，顶部较小的块石被海浪带走，防波堤从顶部开始，堤顶两侧从上到下逐步滑移破坏，直到水面以上被全部冲刷到海中。

（4）防波堤推填过程中，堤头不能有效防护，潮水较大时，防波堤极易从堤头开始破坏。

（5）波高较高，周期较大且恒定时，波浪的能量较大，易发生越顶，如图 4 所示。

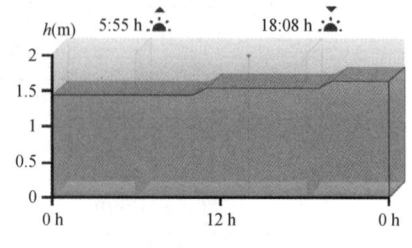

图 4　能量较大的波浪

2.3　针对性制定防浪措施

（1）尽量减小防波堤的暴露长度，及时对其进行理坡安装双层垫层块石以及护面块体。

（2）防波堤外侧堤心石采用 1.7 m 厚的 1～2 t 大块石进行临时防护，且 1～2 t 大块石采用双层安放。

（3）加强水文观测，了解海浪活动情况，及时对防波堤进行防护，将损失降到最低。

（4）推填防波堤时，应选择含泥量低、级配良好的填料。大块石具有强大的防冲刷能力，可以有效防止底部小块石被冲走，小块石会增加大块石的摩擦力，增加其稳定性。

（5）及时对防波堤坡脚进行抛填，防止暗流对防波堤坡脚进行破坏，引起堤身防护块体失去稳定。

（6）根据当地水文条件，加高防波堤堤顶高度，有效防止越浪的发生，减少越浪破坏的概率。

（7）了解海浪情况，极端潮水来临前，堤头采用1～2大块石做圆形防护，防止防波堤从堤头开始破坏。

（8）外侧坡面1～2 t临时防护理坡时表面应为粗糙面，可明显增强破面的消能能力，减小波浪的爬坡能力。

2.4 1～2 t大块石临时防护

季风期在2 m浪高的情况下，暴露的堤心石存在被冲毁的较大风险，为了保证防波堤800 m石料出运码头的按时施工及对码头施工及时形成掩护，防波堤堤心外侧，标高-4.0 m CD以上采用1～2 t大块石代替堤心石，厚度为1.7 m，典型断面图如图5所示。

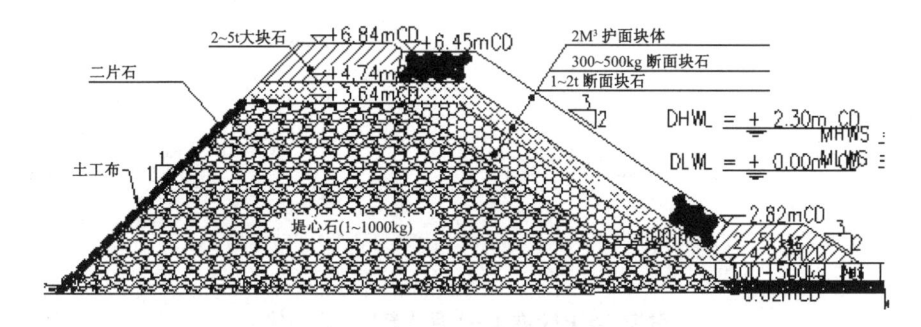

图5 1～2 t大块石临时防护典型断面

根据1个23年（1992—2004年）的波浪数值模型，得到1个施工现场的极端波浪条件，表4、图6至图10显示了1—3月、4—6月极端波浪的条件。

表4 设计波浪条件

重现期(年)	1—3月		4—6月	
	有效波高(m)	频率(s)	有效波高(m)	频率(s)
2	1.62	5～20	1.95	12～20
5	1.79	12～18	2.14	12～20
10	1.91	12～18	2.25	12～20

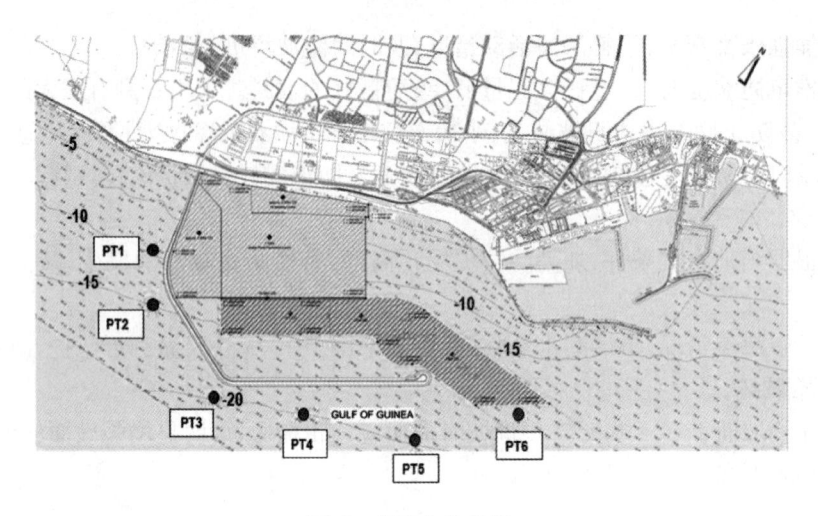

图 6　参考点的位置

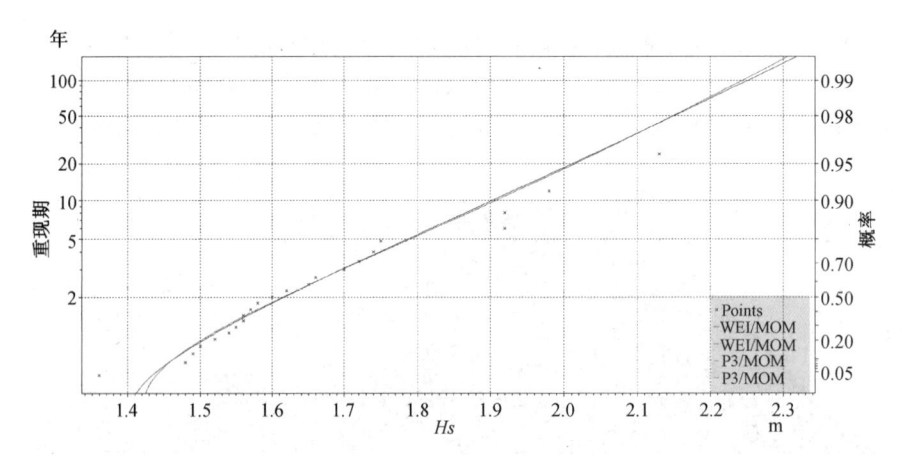

图 7　点 PT1 在 1—3 月波高的拟合曲线

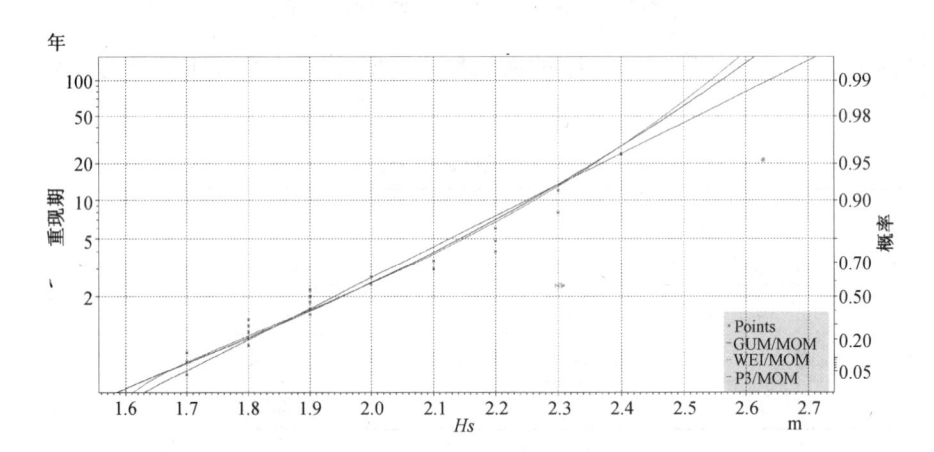

图 8　点 PT1 在 4—6 月波高的拟合曲线

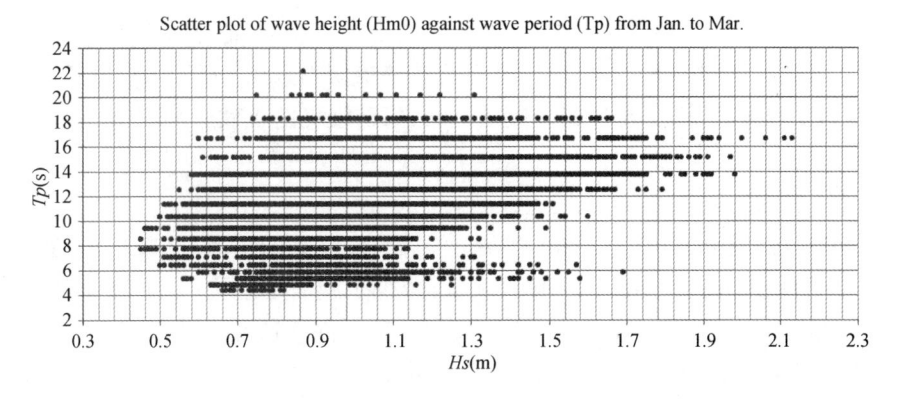

图 9 1—3 月波高与周期的散布图

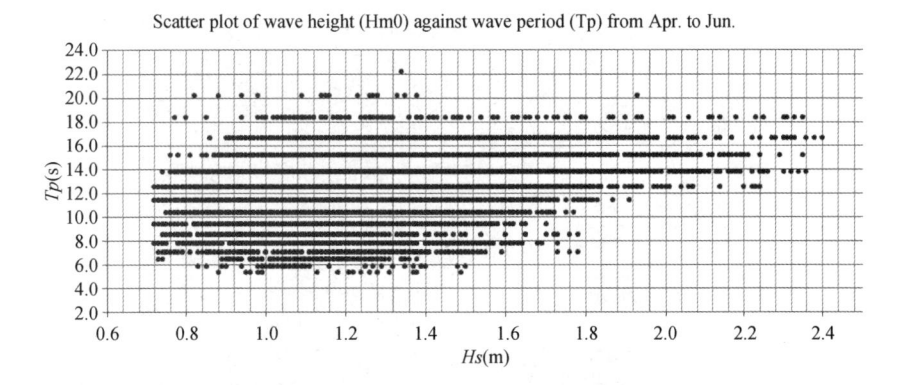

图 10 4—6 月波高与周期的散布图

根据以上数据的分析,在 1—3 月,波高基本上不超 2 m,且波峰周期为 4~20 s。在 4—6 月,周期 4~12 s 的总体波高小于 2 m,周期 12~20 s 的总体波高小于 2.4 m。因此,下列波浪条件对临时防护进行验证见表 5。

表 5 设计波浪条件

水深	周期(s)	波高(m)
−9 m CD	6	2
	7	2
	8	2
	9	2
	10	2
	11	2
	12	2.4
	13	2.4
	14	2.4

通过试验验证，1.7 m 厚、双层 1～2 t 大块石可有效抵抗季风期的重现期为 5 年 2.4 m 高的波浪。同时，1～2 t 块石与堤心石及垫层块石（300～500 kg）可较好地结合，理坡完成后，不需要挖除，可直接安装垫层块石，对防波堤的工效影响较小。

3　防浪效果

2017 年 4 月，经历了 3 次 1.7 m 潮高，约 1.5 m 浪高的情况，防波堤未造成明显破坏。1～2 t 粗糙破面有效削减了波浪的能量，减少了爬坡的能力，从而减小波浪越顶的概率，同时加高了防波堤堤顶高度，减小了极端波浪条件下越顶的概率。

4 月份随着雨季的到来，3 次较大的暴雨威胁较大，未发生明显损坏。现场施工人员及时巡查边坡，使用挖机及时防护堤顶，防止防波堤从堤顶开始破坏，同时暴雨时期，风速较大，波浪能量较大，易局部越浪，需及时检查防护（图 11）。

图 11　1～2 t 临时糙面防护

4　结语

防波堤进度是整个项目进度的关键线路，在有限的条件下加快防波堤施工进度，同时采用有效的保护施工措施，是保证项目按时或者提前完成的重要保证。防波堤施工中应及时查看水文预报，掌握海浪信息，护面块体需要及时安装防护，尽量缩短无防护暴露长度，减小临时防护的时间。防波堤靠海侧暴露的破面，应挑选较大的块石，减小海浪对防波堤的破坏。

参考文献

[1] 中华人民共和国交通运输部.防波堤设计与施工规范：JTS 154—1—2011[S].北京：人民交通出版社股份有限公司，2011.
[2] 中华人民共和国交通运输部.信息与文献海港水文规范：JTS 145—2—2013[S].北京：人民交通出版社股份有限公司，2011.

新型快速掏除桩芯砂装置制作及应用

张 攀[1,2],付 飞[1,2]

(1. 中国港湾西部非洲区域公司,科特迪瓦阿比让 06BP6687;
(2. 中交四航局第三工程有限公司,广东湛江 524005)

摘 要:本文以加纳特码新集装箱码头工程项目后轨道梁分项施工为背景,着重对钢管桩砂掏除装置制作与施工进行介绍,确保优质、快速、高效地完成钢管桩芯砂掏除,经过与传统的人工掏除钢管桩芯砂作对比,对新型快速掏除桩芯砂装置的设计、制作及应用进行简单概述,总结施工中需注意的事项和要点,为类似的施工提供借鉴。

关键词:轨道梁;钢管桩;桩芯砂掏除

1 前言

钢管桩基础具有造价低、施工方便等优点,在水工建筑、工业建筑、民用建筑和桥梁基础工程中得到了广泛应用,钢管桩基础设计中经常需要进行桩芯砂掏出和桩芯混凝土浇筑。管桩桩芯混凝土除了可以改善桩顶的受力条件外,对抗剪也能起到一定作用。传统的桩芯掏砂工作由人工完成,由于钢管桩内空间狭小,动作不便,且空气流通差,有坠物风险,导致施工困难,效率低下,安全隐患较大,平均成本高。如何做到安全、高效、低成本掏除桩芯砂是值得工程技术人员思考的问题。

2 工程概况

加纳特码新集装箱码头工程主要分为防波堤、重力式沉箱码头、陆域形成及地基处理、港池及基槽疏浚、护岸工程、其他附属设施等六个分项。在重力式码头分项工程中,后轨道梁采用钢管桩沉桩施工,钢管桩顶标高为+1.6 m CD,设计底标高为−16.4 m CD,桩芯混凝土标高为−2.5 m CD。共计钢管桩336根。布置图如图1。

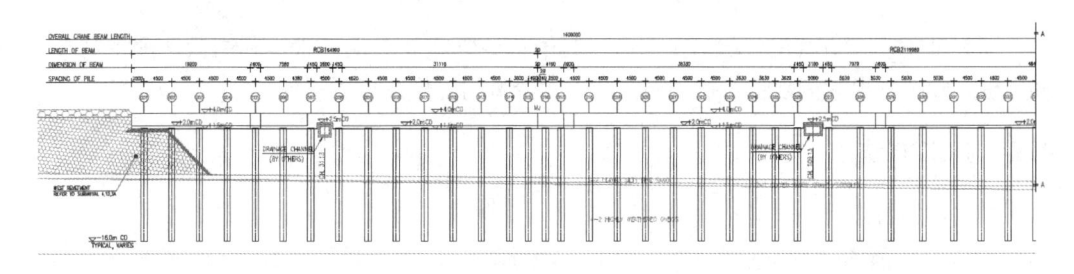

图 1 钢管桩设计布置图

3 新型钢管桩桩芯掏砂装置结构、材质及性能要求

3.1 结构组成

掏砂管由一根钢管以及一个置于钢管内部的可自动进砂、半自动卸砂的半圆合页门组成。掏砂时利用振动锤将掏砂管插至桩芯砂一定深度,合页门由于砂料向上的压力,张角变小,砂料进入钢管内;提起掏砂管时,由于掏砂管内砂料向下的压力,合页门张角变大,直至最大限位(即钢管卸料口闭合状态);完全提出掏砂管后,人工解除开门限位,合页门向外开启,完成卸砂(图2)。

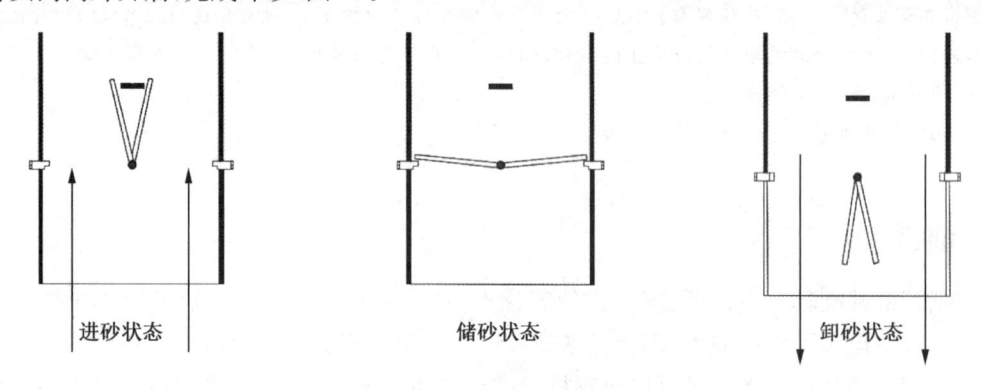

图 2 掏砂管设计图

3.2 材质及性能要求

钢管桩内的砂为经过夯实之后的砂料,将掏砂管插入对钢管的强度有一定的要求。第一,需确保钢管插入砂中不变形;第二,合页门的销轴可以承受插入砂中时的压力不变形;第三,提起钢管时,合页门板及限位能承受管中砂土的压力不变形。

4 新型桩芯掏砂装置结构在钢管桩施工中的应用

4.1 施工顺序

材料准备—设备就位—起吊振动锤—起吊掏砂管—装夹掏砂管—利用振动锤将掏砂管插入桩芯砂中—提起掏砂管—扭动限位卸砂—合页门复位重复下一轮

4.2 施工方法

(1) 材料准备

准备施工所需材料:选用直径 800 mm,壁厚 8 mm 的钢管,直径 60 mm,长 850 mm 的销轴以及直径 36 mm 的限位开关,单次掏深度为 1~1.5 m,扭动限位开关的 ϕ30 mm 的扳手一把。

(2) 设备就位

考虑现场施工设备,掏砂所需设备除自制的掏砂装置之外,选取一台 85 t 履带吊和

一套振动锤设备配合施工,履带吊及振动锤为前序沉桩设备,无需另行配置。

(3) 起吊振动锤

使用履带吊大钩吊起振动锤。

(4) 起吊掏砂管

使用履带吊小钩吊起掏砂管。

(5) 装夹掏砂管

操作履带吊及振动锤,完成掏沙管的装夹工作,收回小钩及起吊掏砂管的钢丝绳。

(6) 插管

操作履带吊及振动锤,使掏砂管插入钢管桩芯的沙土中(图3)。

图 3　插入掏砂管示意图

(7) 提起掏砂管并卸砂

操作履带吊提出振动锤及掏砂管,人工扭动限位开关进行卸砂(图4)。

图 4　卸砂示意图

(8) 重复步骤(6)～(8)两次,完成一根钢管桩2.5 m桩芯砂的掏除
(9) 设备移位,进行下一根钢管桩的掏砂工作

5　总结

钢管桩存在内部空间狭小、空气流通差等特点,利用传统人工方式进行钢管桩芯掏砂,主要存在安全风险高,劳动力强度大及工作效率低等缺点,本次掏砂装置设计制作及应用改进了很多工艺,为今后同类型的项目施工提供了宝贵的经验,通过本次施工实践,总结了以下几点经验以供借鉴:

(1) 降低安全风险,钢管桩内部空间狭小,空气流通差,且人工在钢管桩内掏砂工作强度大,易造成中暑甚至窒息;并且人工提砂的过程中也存在高处坠物风险,利用此装置进行桩芯砂的掏除,无需工人进入钢管桩内,提高了施工的安全性,降低了安全风险。

(2) 工作效率高,人工掏砂主要依赖人力,对工人的技术水平及身体素质都有很高的要求,施工程序繁琐,所以掏砂进度慢,2.5延米桩芯砂需要3个台班,效率低;本装置掏砂原理简单,操作方便,施工效率高,2.5延米桩芯砂仅需20 min。

(3) 施工环境要求较低,考虑到人在钢管桩内,在天气炎热或者下雨时会对施工造成较大不便,采用本装置进行作业可持续性更好,对施工环境依赖低,施工连续性好。

(4) 成本较低,钢管桩的插桩工作是由履带吊配合振动锤完成的,使用这两种设备配合掏砂管完成掏砂工作,更好地利用了现场已有沉桩设备,可减少资源投入,施工成本较低。

参考文献

[1] 柴昶,宋曼华.钢结构设计与计算(第2版)[M].北京:机械工业出版社,2006.
[2] 李春胜,黄德彬.金属材料手册[M].北京:化学工业出版社,2005.

深水防波堤船抛工艺控制措施

王 导[1,2], 曾和余[1,2]

(1. 中国港湾西部非洲区域公司,科特迪瓦阿比让 06BP6687;
2. 中交四航局第三工程有限公司,广东湛江 524009)

摘 要:随着世界经济的高速发展,世界各国对港口需求越来越多,尤其是经济较为落后的非洲国家。西部非洲国家的港口天然良港基本已完成,新建港口需要先修筑防波堤作为码头掩护工程。防波堤施工中船抛施工的定位直接影响后续的陆推作业和边坡防护施工。以加纳特码新集装箱码头项目防波堤为例,介绍深水防波堤船抛的测量定位的施工工艺和有效的控制手段。

关键词:深水防波堤;船抛;测量定位

1 工程概况

加纳特码新集装箱码头工程防波堤长度为3 558 m,防波堤为斜坡式。斜坡部分港池外侧采用2 m³ ACCROPODE™ Ⅱ型护面块体护面,港池内侧采用4～6 t大块石护面,典型结构图见图1。

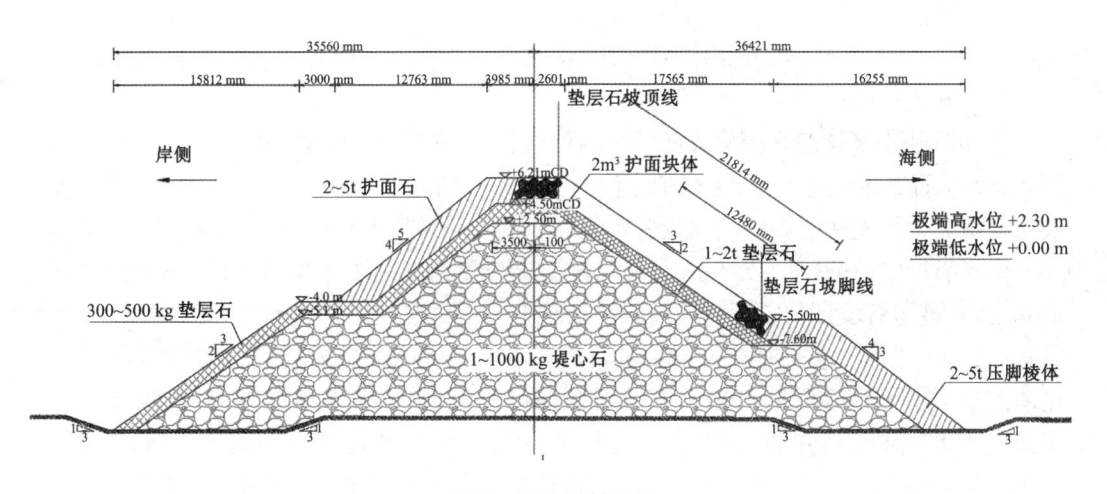

图1 防波堤断面图

施工水域原泥面在-2.5～-14.03 m之间,0～900 m段堤顶标高从+8.1 m降到+6.21 m,堤顶标高为+6.21 m,0～900 m段堤心石顶标高从+7.0 m降到+2.5 m,堤心石顶标高为+2.5 m。斜坡式抛石堤结构内、外边坡坡度分别为1∶1.5、1∶1.33、1∶1.25(陆域回填部位1∶1)。防波堤由陆侧堤根往海侧推进,分为陆上推填及水上抛填两种方式进行施工。

本工程为加纳地区首个深水防波堤。施工现场无掩护,海上有效作业天数少。加纳地区每年4—9月为雨季,11月至翌年4月为旱季。各地降雨量差别很大,西南部平均年降雨量 2 180 mm。加纳特码项目所在地海域在当地雨季(5—10 月)期间风浪较大,旱季(11 月至次年 4 月)风浪相对较小。波向以 S~SW 为主,风浪波高在 1~2 m,周期在 6 s 以内;涌浪来自西南的大西洋,波高往往低于 1 m,但周期都较长,在 10~16 s 左右。季风期涌浪对施工船舶作业影响大,设备利用率低。为了确保施工工期堤身安全及如期完成工程,参考类似工程的使用经验,最终确定了由陆侧堤根往海侧推进,深水区采用陆上推填加水上抛填两种工艺进行施工。

2 施工工艺

据初步统计,本工程堤心石水上抛填共计为 146 万 m^3,接近堤心石总量的 60%。根据水深条件及船舶吃水条件(1 500 m^3 开体驳满载吃水为 5 m),水陆抛填分界线为 −7 m,水下抛填部分按照设计断面进行粗抛控制,待粗抛完成后再进行细抛施工。结合当地的水位情况,趁高潮时可进行 −7~−5 m 区域补抛施工,加快防波堤施工进度。综合考虑后,800 m 以后 −7 m 以下部分就全部采用大方量水上抛填施工,水上抛填每层按照 4 m 来控制。防波堤堤心石水上抛填采用 2 艘 1 500 m^3 开体驳实施粗抛,再由 2 艘 40 m^3 开体驳配一艘 2 000 t 定位驳实施补抛。

防波堤水上抛填具体的施工方法如下:

(1)抛前测量:采用水上测深仪对抛填区域进行测量,以提供可靠的数据和图形计算该区域的抛填量。

(2)船舶装石:

① 1 500 m^3 大开体驳采用停靠石料临时出运码头,由自卸车直接向卸料槽卸料,直接装驳的施工方法;

② 40 m^3 小开体驳采用停靠防波堤内侧边坡,由钩机直接装船。

(3)抛石船定位抛填:为了减少主浪向对定位驳的影响,采取定位船垂直于防波堤轴线方向摆放。预先在需要抛填的位置定位好 2 000 t 驳船,由 GPS 定位系统定位。40 m^3 小开体驳靠近定位驳船后,定位人员确认抛石船位置无误后下令抛石。打水砣测量抛石的高度,在该抛石填到预定标高后及时移动至下一个位置定位。

(4)抛后测量:水上堤心石抛填主要负责水面以下的大部分堤心石的抛填,由于在抛填完成后上部还涉及陆上推填部分,因此抛填顶部的平整度没有要求,但尽量水上多抛。水上抛填完一定长度后,采用无验潮 GPS 测深系统进行水深测量,按每 5 m 一个测量断面,每 2 m 一个测深点生成断面图,复核水上抛填效果,对后面的抛填工作进行指导。堤心石主体抛填时选择平行于轴线方向定位方式进行抛填。堤心石主体断面成型控制可分为断面成型厚度控制和断面边坡成型控制。为保证堤心石主体的断面成型控制,堤心石主体抛填采取从断面中间向两侧,由底部向上逐层加高的方式进行抛填施工。

3 船抛施工控制措施

采用 2 条 1 700M 自航式开体驳船粤工抛 5 和粤工抛 6,从卡车自卸码头进行装填,数字化软件利用双 GPS 实时监控开体驳位置进行定位,见表 1。

表 1 船舶参数

自航式开体驳粤工抛 5 和粤工抛 6 船体	总长	67 m
	水线长	65.65 m
	型宽	15 m
	型深	5 m
	吃水设计	4 m
	船员	10 人
	仓宽	11 m
	仓长	45 m

3.1 船抛位置的划定

粗抛由方格法进行定位抛填,第一遍为粗抛,先对防坡堤两边基槽进行抛填一遍,然后从防坡堤内侧往外侧进行抛填一遍,在格子内编辑好编号,每抛一格进行记录,以免格子抛填不均匀。

船舱长 45 m,宽 11 m,但是卸料码头的宽度有限,石料主要集中在中间 30 m,综合考虑后方格的尺寸为 31 m×11 m(见图 2)。

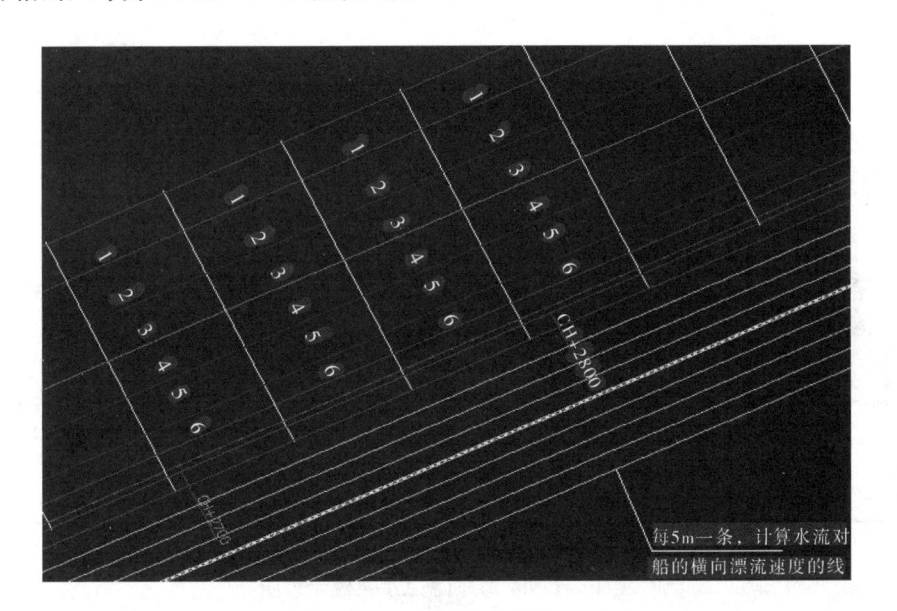

图 2 方格划分示意图

此外,在第一层抛填时,由于船只跟随潮水上涨且卸料码头卸料板是固定死的,造成在高潮时船只装不到满载吃水线就倾斜严重。为了船只安全,必须让船只离开码头进行抛填。所以就算分格抛填也会有些格抛多有些格抛少,所以第二遍抛填时就需要根据水深测量图使用 CASS 9.1 观察抛填区的抛填情况(见图 3),需要补抛时再进行断面绘制,计算断面方量,控制船只装载进行抛填。

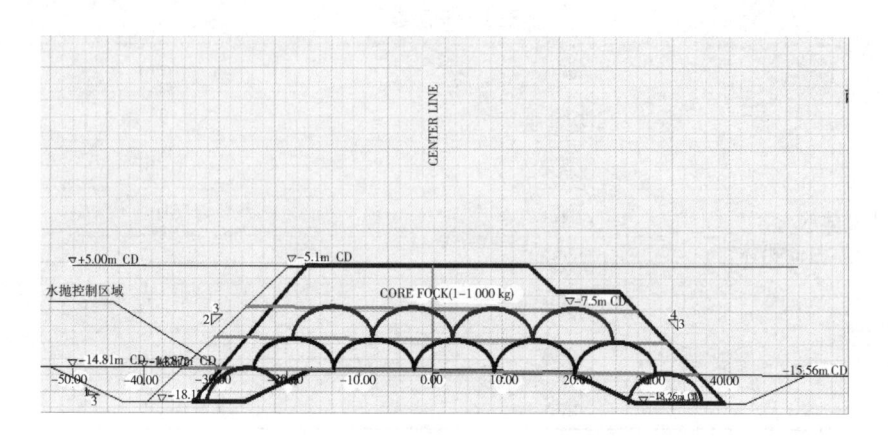

图 3　分层抛填方格理论示意图

3.2　船舶定位

由于加纳海面涌浪较大，自航式开体驳无法使用另外的驳船对其进行定位，所以采用HyNav海洋（施工）GPS定位系统帮助自航式开体驳实时监控船只动态信息。HyNav海洋（施工）系统主要是由设置在岸上的GPS基准站、安装在船上的2台GPS移动站、1台连接移动站实时显示船只动态位置的电脑组成（如图4所示）。

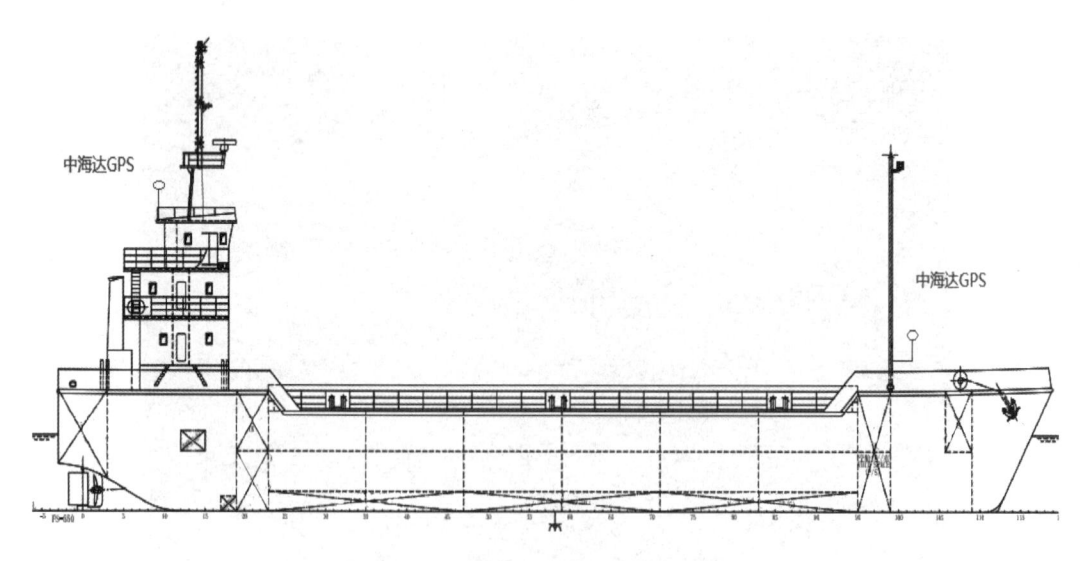

图 4　HyNav 海洋（施工）系统示意图

打开HyNav海上施工软件，先对软件坐标系统进行参数设置—船型大小设置（见图5）—作图模式—点击作图—导入自己需要抛填区域的DXF格式文件（见图6）。

绘制完成后点击测量模式，位置GPS和定向GPS的精度达到RTKInt模式，精度达到2 cm范围内，在船只移动时，HyNav软件中模拟船只也实时跟着移动（见图7）。

点击工具，点击距离实时对需抛填位置和船只的距离监控（见图8），并且查看船只航速是否过快。

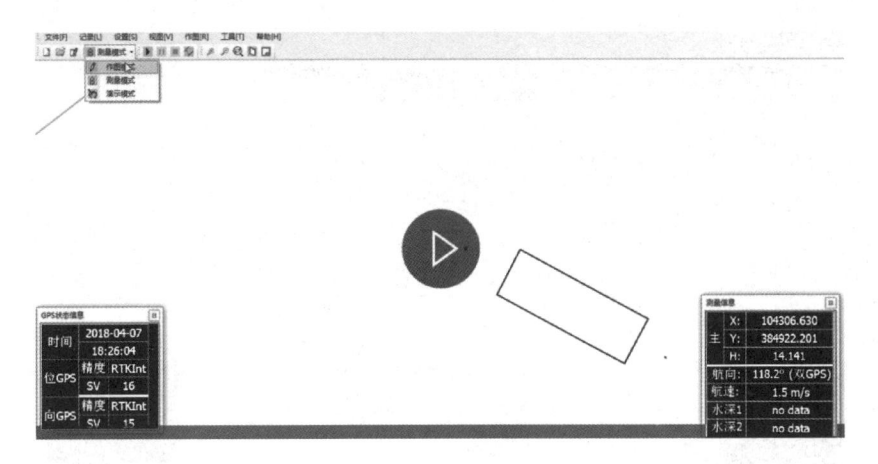

图 5　船型大小的设置

图 6　导入 DXF 格式文件

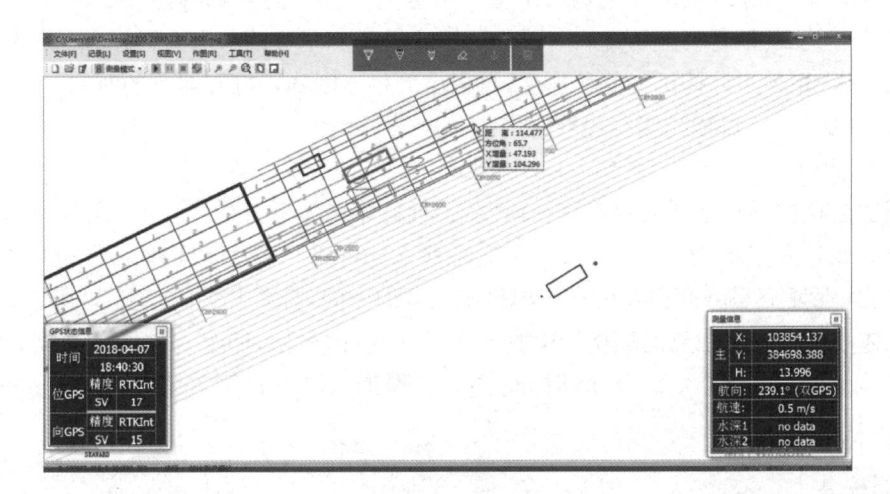

图 7　移动船舶

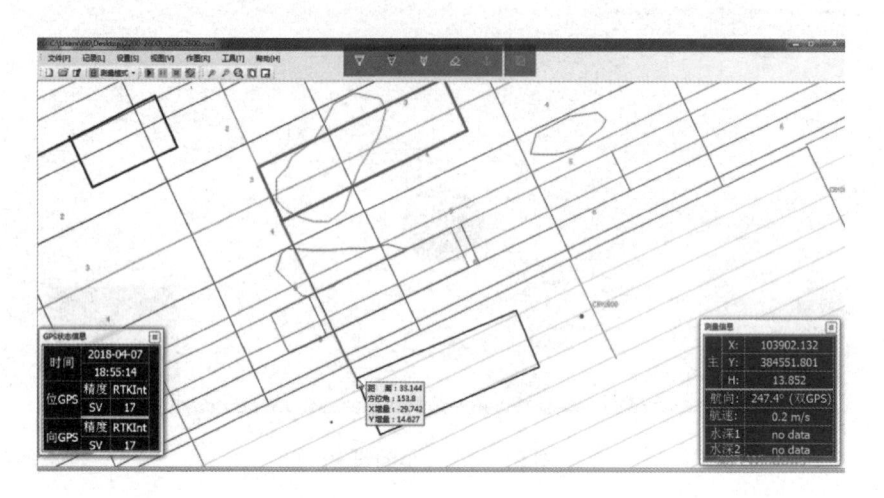

图 8　精确定位抛填位置

抛 5 抛 6 船头没有侧推动力系统,主要动力靠船尾 2 台 600 P 马力发动机进行动力控制,很难靠自身动力在风浪大的海面上进行精确定位,所以利用西南涌浪对船体的推动进行定位。船头驾驶至与需要抛填的位置平行时,告诉船长驾驶船只停止前进并且控制船只与抛填位置持续平行,右侧离抛填区域大于 50 m 的位置时,HyNav 施工软件中显示航速,还需要利用秒表观察每 5 m 侧移需要多长时间进行复合,在加纳项目部一般情况下早上在 0.1~0.3 m 每秒之间,下午涌浪较大时会达到 0.6 m 每秒。在侧飘过程中时刻观察船仓是否平行于抛填区域,一般情况下,船头会比船尾侧移速度快,时刻需要调整船尾,船体保持对抛填区域的平行侧移。

3.3　确定堤心石的具体开底时间

抛 5 抛 6 是液压式油缸开体的,开体的速度比较缓慢,在按下开体卸石头的开关后,还需缓冲时间,石头才会缓慢地进行下落。根据抛 5 抛 6 的船舶性能,满载吃水 4 m 时按下开体开关 20 秒后会开始卸料,按下开关 45 秒后卸货完成,所以需要提前开体,每条线间距 5 米,用秒表计算每秒侧移速度,再根据侧移速度确定打开船舱的时间。

比如以 0.3 m 每秒的侧移速度为例:

0.3×20=6 m　　0.3×45=13.5 m

船舶会在按下开体开关后漂移 6 m,之后石料才会缓慢开始往下卸,在飘至 13.5 m 时卸料完成。方格的宽度为 11 m,船舶侧移 25 m 后卸料完成,理论的卸料宽度为 7.5 m。为保证 7.5 m 卸料宽度在抛填格子位置的中间,打开开关的位置为 4.25 m。

船体北侧边飘至距离抛填格子南侧还有 4.25 m 的时候,船上驾驶人员开体,船向北飘流 6 m 后卸石头,进入 13.5 m 时卸料完成,理论上刚好卸料在宽度为 11 m 的中间部分。

4　结语

该工程的水抛施工于 2017 年 4 月开工,采用此工艺,用时 16 个月时间抛填 140 多万 m³ 石料，并及时地对边坡进行了防护。施工过程中陆上部分多次受到季风期涌浪的破坏，但是水抛抛填质量基本不受涌浪的影响，通过开底驳及开底驳抛填数据的分析，充分利用 40 m³ 小开底驳的机动灵活的特点，定期进行扫海测深与断面图绘制，有效地控制了水抛的质量。实践证明该工艺适合于加纳海域的深水防波堤，为西非区域的水抛施工提供了可借鉴经验。

参考文献

[1] 任宁,樊湘伟. 深水防波堤抛填工艺[J]. 中国港湾建设，2013(1):60-64.
[2] 中华人民共和国交通运输部. 水运工程测量规范:JTJ131—2012[S]. 北京:人民交通出版社股份有限公司,2013.

高效修补技术在沉箱孔洞修补工程中的应用

邹其高[1,2]，吕雷雷[1,2]

(1. 中国港湾西部非洲区域公司，科特迪瓦阿比让　06BP6687；
2. 中交四航局第三工程有限公司，广东湛江　524005)

摘　要：本文结合加纳特码新集装箱码头沉箱预制工程中的沉箱表面圆台螺母拆除后孔洞修补工程，对沉箱表面孔洞等缺陷修补工程采用的材料和方法进行了介绍，给出了孔洞修补体系与混凝土黏结性能和修补效果验证性试验的测试方法，即拉拔试验和墨水渗透试验，并结合工程实际，对沉箱表面孔洞修补工程的施工作业平台和工艺流程进行了描述和总结。工程应用结果表明：选取适宜的修补材料，采用涂刷界面剂、填充聚合物砂浆、聚氨酯涂料封闭的成套高效混凝土缺陷修补技术，结合合理的工作平台，可以保证沉箱孔洞修补工程的质量和进度要求。

关键词：孔洞；界面剂；修补；聚合物砂浆

1　引言

在土木工程中处理混凝土构件的预留孔洞、接缝以及后浇带等较为普遍。在预留孔洞或接缝修补的过程中，修补材料与已有混凝土的黏结至关重要，能否有良好的共同作用，也取决于它们接合处黏结性能的高低，否则会导致新旧混凝土间的分离[1,2]。

另一方面，处理预留孔洞或接缝等局部缺陷，通常需选用流动性较好的砂浆。但是，由于普通砂浆的干缩变形程度往往很大，当这种收缩受到基体约束时，砂浆内部就会产生收缩应力，导致砂浆出现裂纹，影响结构的耐久性以及修补效果[3]。

因此，为了使孔洞或接缝修补达到满意的效果，需着重考虑修补材料的性能和工艺，确保修补材料与孔洞表面的黏结力，避免出现修补材料开裂等问题。

加纳特码新集装箱码头沉箱预制工程中，沉箱表面在圆台螺母拆除后有大量的孔洞，如不选取正确的修补材料和工艺会对工程质量造成不利的影响。现场经过拉拔试验和墨水渗透试验后，选取适宜的环氧树脂界面剂和聚合物砂浆等修补材料，采用涂刷界面剂、填充聚合物砂浆、聚氨酯涂料封闭的成套高效混凝土缺陷修补技术，最终取得满意的修补效果，修补外观质量和效果均符合现场业主和咨工的要求。本文通过对该项目实施过程中的试验和工艺进行总结，为类似孔洞类的局部缺陷修补项目提供很好的参考。另外，孔洞修补效果整体验证性试验的合理性，也是确保修补工程质量的关键，本文提及的孔洞修补效果验证性测试方法，即墨水渗透试验，在国内鲜有应用。该验证方法能直观有效地验证修补材料是否能完全填充缺陷，与待修补孔洞表面结合完整，可以为类似项目提供试验依据。

2　工程背景

加纳特码新集装箱码头工程项目设计3个15万t级集装箱码头泊位，码头岸线总长为1 400 m;水工主体采用沉箱重力式结构,共预制沉箱74件。沉箱尺寸:长×宽×高=19.41 m×15.18 m×19.30 m,混凝土设计强度均为C45,单件重约2 800 t。

结合本工程沉箱具有高度高、钢筋密度大、混凝土方量大等特点,采用水平分层的方式进行预制,为保证沉箱外观质量及止水要求,所有预制沉箱均不使用穿墙螺杆,在下层沉箱浇筑混凝土前在模板顶部预埋圆台螺母,如图1所示,以便上层沉箱预制时模板及施工平台安装过程中作为支撑使用。沉箱预制完成之后,将施工工作平台和模板进行拆除,预留下来的圆台螺母采用螺杆反转进行拆除,重复周转利用,以便后续的沉箱预制。圆台螺母拆除之后的大量孔洞如图2所示,需及时进行有效的修补。

图1 圆台螺母示例图　　图2 圆台螺母拆除后沉箱表面孔洞

3 拉拔试验与修补效果验证性试验

在沉箱表面孔洞修补工程正式施工前,对选取的修补材料和工艺进行验证性试验,包括拉拔试验以及墨水渗透试验,以验证修补体系和修补效果是否符合要求。

3.1 修补材料及性能

3.1.1 环氧树脂界面剂

为增加修补材料与已有孔洞表面的黏结性,选取Nitobond EP环氧树脂界面剂,修补前涂刷在已有混凝土表面,该产品的黏合力强度大,可以增强新旧混凝土间的黏结力,其产品性能指标如表1所示。

表1 环氧树脂界面剂性能

序号	项目	指标
1	抗压强度	70 MPa
2	抗拉强度	30 MPa
3	侧倾剪切强度	36 MPa
4	吸水率	0.05%

3.1.2 聚合物砂浆

Renderoc HSXtra 聚合物砂浆为本工程的主要修补材料,该材料具有与主体混凝土很好的兼容性,其产品性能指标如表 2 所示。

表 2 聚合物砂浆性能

序号	项目	指标
1	7 天干燥收缩率	<300 微应变
2	28 天干燥收缩率	<500 微应变
3	渗透性	<5 mm
4	28 天抗弯强度	>13 MPa
5	28 天抗拉强度	>6 MPa

3.1.3 聚氨酯涂料

Dekguard PU 是一种高品质的聚氨酯涂料,可用于各种材料表面,包括钢材和混凝土面。主要作用是为暴露在恶劣环境中的各种构件提供保护,本产品应用在修补后的区域进行涂刷密封,以确保结构的整体耐久性,其产品性能指标如表 3 所示。

表 3 聚氨酯涂料性能

序号	项目	指标
1	二氧化碳扩散	1.0×10^{-7} cm^2/s
2	适用期	23℃时,3 h
		30℃时,1.5 h
3	耐酸碱性	优秀

3.2 试验过程与结果

3.2.1 拉拔实验

BS EN1504—3 混凝土与修补材料的黏结力应大于 2 MPa,该参数也是确保修补质量的关键。因此在材料进场后立即进行孔洞表面与修补材料的黏结力测试,测试方法按照 BS EN1542—1999 进行。

(1) 试验试件制备

制备 300 mm×300 mm×100 mm 的混凝土试块,然后按图 3 所示制备好拉拔试验测试所用的试件。

(2) 试验过程

在图 3 的拉拔试验试件中取芯,芯样直径为 50 mm,取芯深度为穿透混凝土试块基体 15±5 m,取芯数量为 5 块。

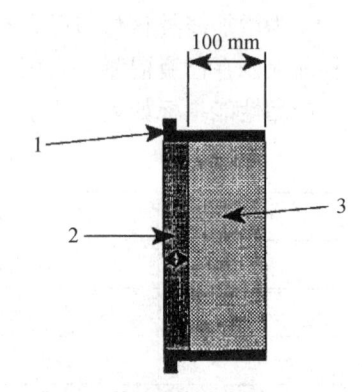

1. 模具;2. 修补砂浆(包括界面剂);3. 预制的混凝土试块

图 3 拉拔试验试件

将芯样的混凝土面打磨平整,按拉拔试验黏结直径为50 mm的铝钉,进行拉拔试验。拉拔试验的加载速度为0.05±0.01 MPa/s。

(3)拉拔试验结果

拉拔试验测试结果如表4所示。

表4 拉拔试验测试结果

试件编号	测试值(MPa)	拉拔断裂处描述
1	2.87	断裂处在混凝土基体
2	2.91	断裂处在混凝土基体
3	2.76	断裂处在混凝土基体
4	2.81	断裂处在混凝土基体
5	2.79	断裂处在混凝土基体

通过表4可以看出所选用的修补材料体系满足BS EN1504—3混凝土与修补材料的黏结力应大于2 MPa的要求。

3.2.2 墨水渗透试验

拉拔试验是验证修补材料与混凝土的黏结力。而墨水渗透试验可以很好地检测修补区域的修补效果,验证修补区域是否有裂纹以及与旧有混凝土的结合整体是否完整,即在现场直观验证修补材料的流动性以及收缩性等特性。

(1)试验试件的制备

在试验前首先制作一个小木盒,将圆台螺母预埋在小木盒中进行加固,然后浇筑与沉箱混凝土配合比相同的混凝土,待强度达到规范要求后取出圆台螺母,进行修补试验,试件及试件表面的孔洞如图4所示。

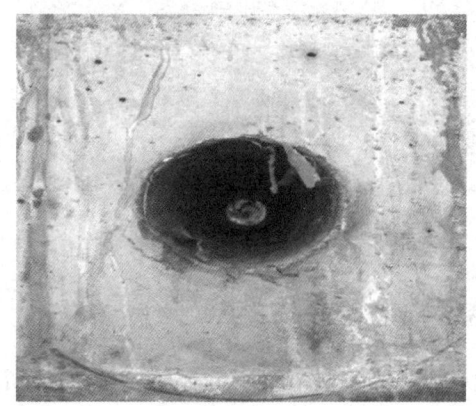

图4 试验试件

(2)试验过程

①孔洞表面清洁

在修补前,首先将孔洞表面清洗干净,确保孔洞表面和修补材料之间的良好黏结。

② 涂刷环氧树脂界面剂

清理干净后采用 NitoBond EP 环氧树脂界面剂以 1∶2 的比例进行调和,用毛刷将孔洞表面涂刷饱满。

③ 填充聚合物砂浆

将 Renderoc HSXtra 修补砂浆灌入孔洞中,用钢筋戳紧,确保所有孔洞填充良好。孔洞填充后如图 5 所示。

④ 表面封闭

在孔洞填充修补砂浆达到要求后,进行必要的表面处理,采用 Fosroc Dekguard 聚氨酯涂料对修补表面进行表面封闭。

图 5　孔洞填充

⑤ 墨水渗透试验

将试验试件放进墨水池浸泡 7 天后取出,用取芯机在修补砂浆边界中进行抽芯检测,检查是否有墨水渗透孔洞边界中。

(3) 墨水渗透试验结果

现场取芯结果照片如图 6、图 7 所示。钻芯取样结果显示,根据本修补方法,修补砂浆完全填充了预留孔。现有的混凝土和新鲜修补砂浆黏合良好,没有墨水可以渗透进入边界,效果满足要求。

图 6　样品显示孔已完全填满

图 7　样品表面未被墨水污染

3.3　试验结论

根据拉拔试验结果,验证了本项目所选取的修补材料体系满足规范对拉拔力的要求。根据墨水渗透法验证性试验检测结果,该施工工艺在圆台螺母孔洞修补过程中修补整体效果良好。

鉴于拉拔试验和验证性结果,咨工和业主批准,可将选取的修补材料体系正式用于沉箱圆台螺母孔洞修补,进而展开大面积修补工作。

4 工程应用

4.1 施工作业平台

结合本工程特点,为提高工作效率和节省成本,需设计适宜的作业平台。本工程根据施工高度不同,即 2 m 以下和 2 m 以上,设置两种平台进行作业。

4.1.1 2 m 以下施工作业平台

最底层孔洞高度小于 2 m,进行修补作业时可采用设置在沉箱底层墙边的施工平台进行作业,如图 8 所示。施工过程中,禁止站立在不牢固的平台上进行工作。

图 8 外工作施工平台

4.1.2 2 m 以上施工作业平台

孔洞高度在 2 m 以上为高处作业,由于每处孔洞修补工作量小,搭设脚手架修补过于浪费,因此采用移动式平台,如图 9 所示,即利用一台 50 t 汽车吊配合上人吊篮进行作业,吊篮需满足 2 名修补工人在上面作业。

施工前先制作一个满足施工需要和规范要求的载人吊篮,确保吊篮结构稳定合理,额定承载力满足工作要求。吊篮栏杆高度不低于 1.2 m,底板牢固无间隙,四周设置踢脚板,设置 4 个吊耳。吊篮底部设置两根溜绳,施工时由专人控制。经项目部确认合格的吊篮,应在吊篮上醒目位置悬挂铭牌,标注主要使用参数。

图 9 吊篮施工平台

在使用吊篮前应对汽车吊进行制动器、控制器、限位器、离合器、钢丝绳、滑轮组以及配电等进行检查,并用吊篮负荷 2 倍的重物进行上下吊运和定位试验,确认安全可靠后方可使用。

作业时不得超载使用,作业人员配套的安全带不得系挂在吊篮及钢丝绳上,可系挂在吊机的吊钩上。作业区域下方设置警戒标志和围栏,并设专人监护,吊篮升降由专人指挥,当吊篮处于 15 m 及以上作业时配备对讲机保障通信。作业人员携带的小型工具及材料放置在工具袋内,吊篮内不得同时装载其他物品。

4.2 施工工艺流程

本工程沉箱孔洞修补施工工艺流程如图 10 所示。

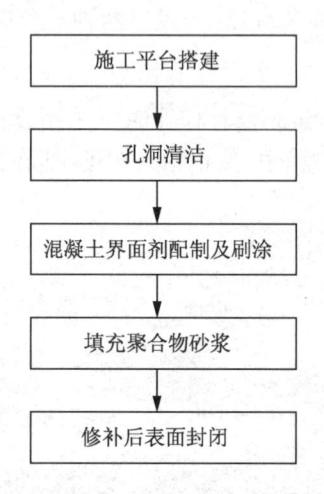

```
施工平台搭建
    ↓
孔洞清洁
    ↓
混凝土界面剂配制及刷涂
    ↓
填充聚合物砂浆
    ↓
修补后表面封闭
```

图 10 沉箱孔洞修补施工工艺流程图

4.3 操作要点及质量控制

4.3.1 孔洞清洁

(1) 修补实施前,为确保旧有混凝土和修补材料之间的良好黏合,所有的孔洞内应清理干净。

(2) 将孔洞里面的透明胶布用钢丝刷清除干净,必要时通过溶剂清洗,确保里面光滑,无油渍和杂质。

4.3.2 界面剂配制及刷涂

(1) 界面剂涂刷应在孔洞表面质量检验合格后进行。

(2) NitoBond EP 环氧树脂界面剂严格按照 A、B 组分,以 1∶2 的比例配制。

(3) 根据现场需要的量配制环氧树脂界面剂,配制完成后尽量在 1.5 h 内使用完。

(4) 界面剂涂刷时,应均匀,不得有漏涂、流淌。

(5) 界面剂涂刷在孔洞表面后,填充聚合物砂浆,且界面剂与填充砂浆的间隔时间需严格控制:25℃下不超过 16 h,35℃下不超过 12 h。

4.3.3 填充聚合物砂浆

(1) 聚合物砂浆的准备。按一包 Renderoc HSXTra 修补砂浆和 3.5 kg 水严格配制聚合物砂浆,需用电动搅拌器充分搅拌均匀。

(2) 采用刮板将聚合物砂浆灌入孔洞中。

(3) 确保所有孔都填充密实。采用钢筋戳进填充孔洞,使砂浆充分填充进孔洞中。

4.3.4 修补后表面封闭

（1）孔洞修补完成后，对修补表面进行必要的处理，以确保表面平滑。

（2）采用聚氨酯涂料在修补砂浆表面进行涂刷表面封闭，形成 10 cm×10 cm 封闭界面。

（3）刷涂聚氨酯涂料后，注意成品保护，避免涂料未固化而遭到破坏。

4.4 实施效果

本工程经过制定初步解决方案，选取适宜的修补材料，并通过拉拔试验和墨水渗透验证性试验验证方案的可行性。结合拉拔试验和墨水渗透验证性试验结果以及实际工况，分析了实际施工过程中需注意的操作要点和修补质量控制措施，制定了详细的施工方案，在确保安全生产前提下完成沉箱孔洞修补工作，取得了预期的效果，得到了业主和咨工的充分肯定。沉箱孔洞修补后效果图如图 11 所示。

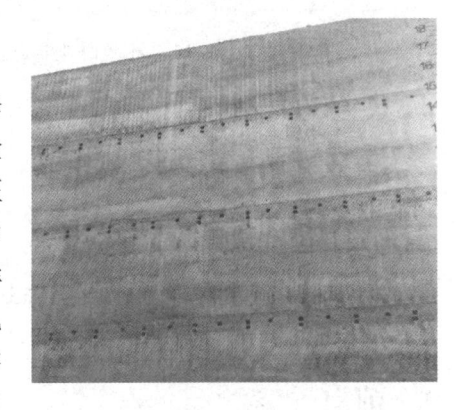

图 11 沉箱孔洞修补后效果图

5 结论与展望

在土木工程中处理混凝土构件的预留孔洞、接缝以及后浇带等较为普遍。为了使混凝土孔洞或接缝等缺陷修补达到满意的效果，需着重考虑修补材料的性能和工艺，避免与旧有混凝土黏合不好，以及修补材料开裂等问题。在加纳特码新集装箱码头沉箱表面孔洞修补工程中，通过前期拉拔试验和墨水渗透法验证性试验，选取适宜的修补材料体系，采用刷涂界面剂、填充聚合物砂浆、聚氨酯封闭的成套高效混凝土缺陷修补技术，结合合理经济的工作平台，最终确保了沉箱孔洞修补工程的质量和进度。

墨水渗透试验能在现场直观地验证孔洞修补的完整性，可以在类似的修补工程中进行推广。另外，本项目采用的修补材料均为进口材料，但是国内外类似的修补工程较多，可以在国内选取类似材料，并通过验证性试验，选取适宜的国产修补材料，以降低工程成本和推进国产技术的发展及应用。

参考文献

[1] 赵志方. 新老混凝土粘结机理和测试方法[D]. 大连：大连理工大学，1998.

[2] 于跃海. 分形及分数维理论在新老混凝土粘结机理研究中的应用[D]. 大连：大连理工大学，1998.

[3] 王政，李家和，董淑惠. 聚合物对砂浆性能的影响研究：全国水泥和混凝土化学及应用技术会议论文集[C]. 北京：2007.

浅谈 40 m 大跨度门机横移安全管理

严 发[1,2],张 攀[1,2]

(1. 中国港湾西部非洲区域公司,科特迪瓦阿比让 06BP6687;
2. 中交四航局第三工程有限公司,广东湛江 524005)

摘 要:本文以加纳特码新集装箱码头工程项目 30 t 门机横移施工为背景,对门机横移这项危险性比较大的施工作业进行分析。对门机横移过程中的安全管控做了以下总结,为以后类似门机横移安全管理作参考。

关键词:大体积方块;大跨度;横移;安全管控

1 前言

在大型工程预制构件施工过程中,门式起重机使用较为频繁,因为临时设施及场地的限制,门机横向移动在施工中较为普遍,本文依托加纳特码新集装箱码头工程项目两台 30 t 门机横跨 40 m 横移施工过程,根据其门机横移施工的特点,论述其安全管理的要点,重点把控安全因素,降低其安全风险。

2 工程概况

加纳特码新集装箱码头工程主要分为防波堤、重力式沉箱码头、陆域形成及地基处理、港池及基槽疏浚、护岸工程、其他附属设施等六个分项,在陆域形成及地基处理施工中,沉箱预制区需提前移交场地以供后续陆域施工,考虑后续施工还需预制沉箱及钢筋加工,现将两台 MD30/5－40/33 型门式起重机向南侧横移 40 m,以满足现场施工需求(见图 1)。门机横移位置与沉箱堆放区距离较近,场地狭窄,且门机轨道一侧是砂地,对门机横移造成了一定的困难。

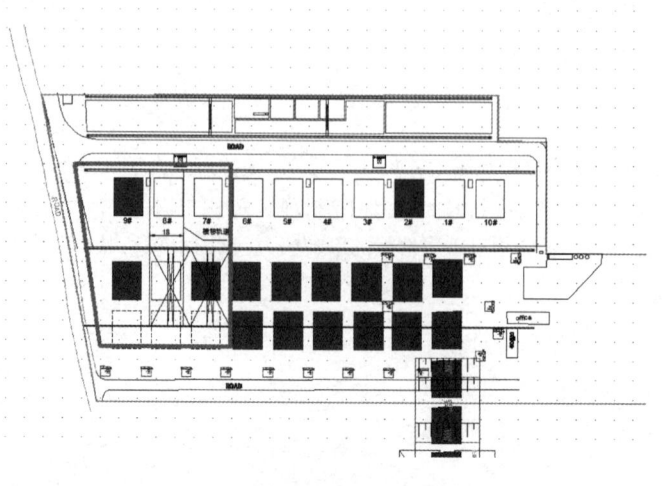

图 1 沉箱预制场平面布置图

门式起重机主要参数及门机图纸详见表1、图2。

表1 门式起重机主要参数

通用技术条件

项目	单位	数值
总体尺寸	m	45.64(长)×20.01(宽)×38.20(高)
跨度	m	40
提升高度	m	33
额定起重量	t	30 t
总重量	t	163.57
起升速度	m/min	0.8～8
行走速度	m/min	0.15～15
中点最大吊重	t	30
大车运行速度	m/min	0.2～20
工作时最大允许风压	N/m²	500
非工作时最大允许风压	N/m²	1 300
适应坡度	％	≤1%
适应弯道	％	无
大车最大轮压	kN	300
小车最大轮压	kN	130
大车运行轨道		P43

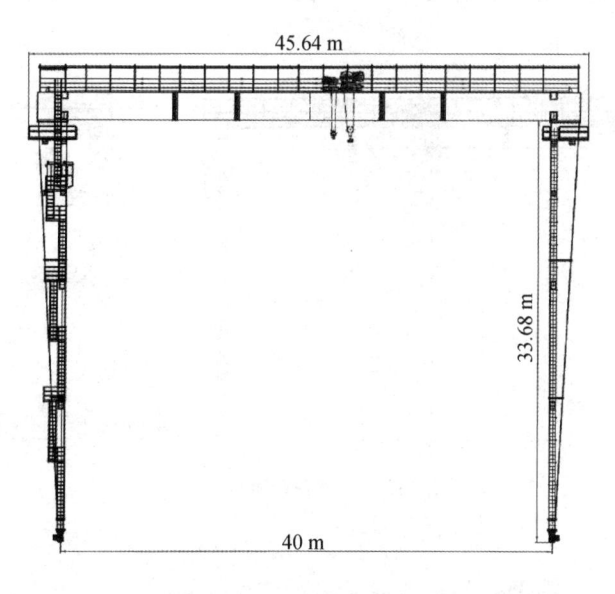

图2 门机图纸

3 门机横移施工流程

门机横移步骤:首先铺好轨道,其次将门机移动至指定位置(大车中心和横移轨道在同一轴线),天车固定在门机中央位置,并将天车做简单固定,防止滑移。同时将2个50 t千斤顶固定在一侧支腿的顶升位置。在分配梁下方用木方垫平,将千斤顶顶升240 mm,然后拆除大车和分配梁的连接螺丝,将大车旋转90°,安装大梁和大车之间的连接板,使大车和连接梁连接牢固。缓慢放下千斤顶,使大车缓慢降落在横移轨道上,取出千斤顶和枕木,同时将卷线盘电缆抽出80 m,盘列整齐,方便在门机横移时拖动,同样的操作,将另一侧支腿大车旋转90°,然后横移到指定轨道位置,再次将大车旋转90°,完成横移。

(1)将天车停在中间位置,做相应的固定,然后在左边支腿的分配梁下方放2个50 t的手动千斤顶,如图3所示。

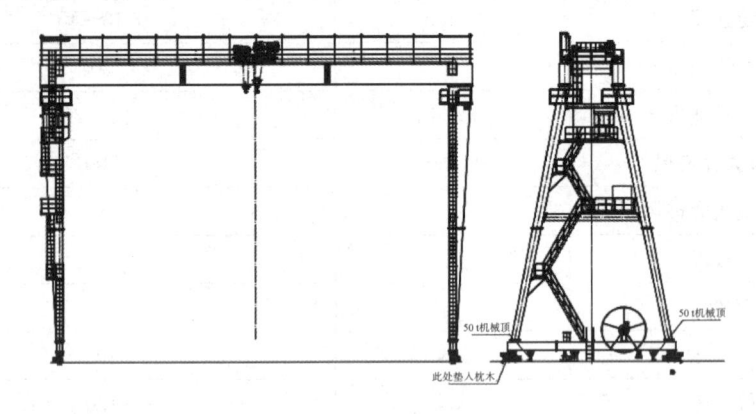

图3 顶升千斤顶布置示意图

(2)将大车的摆架用枕木垫死,再用千斤顶顶升24 cm,然后拆除大车和分配梁的连接,如图4所示。

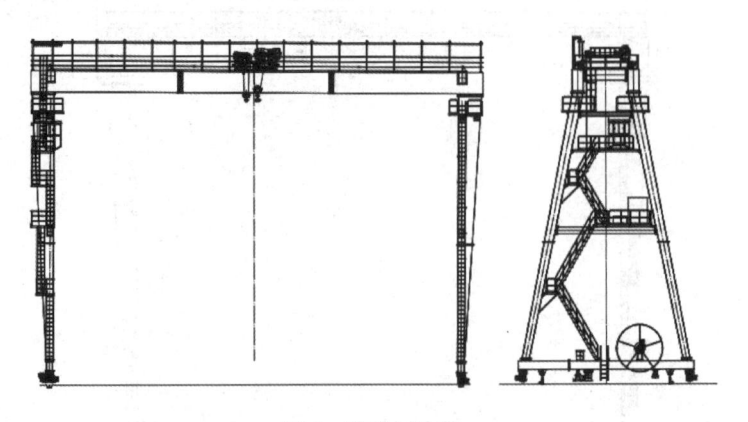

图4 顶升示意图

(3) 在大车下部放入 P38 轨道,轨道下部垫铜板,防止基础沉降,如图 5 所示。

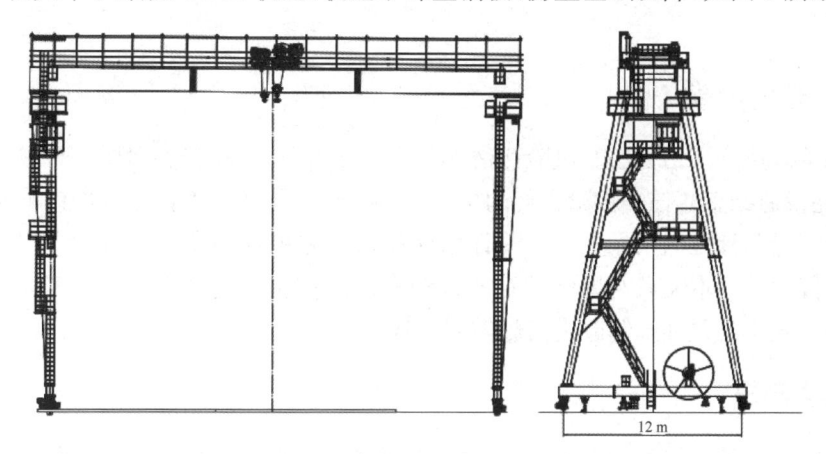

图 5　轨道放置示意图

(4) 收千斤顶,将大车落到轨道上,然后拿出垫在摆架中间的枕木和千斤顶,如图 6 所示。

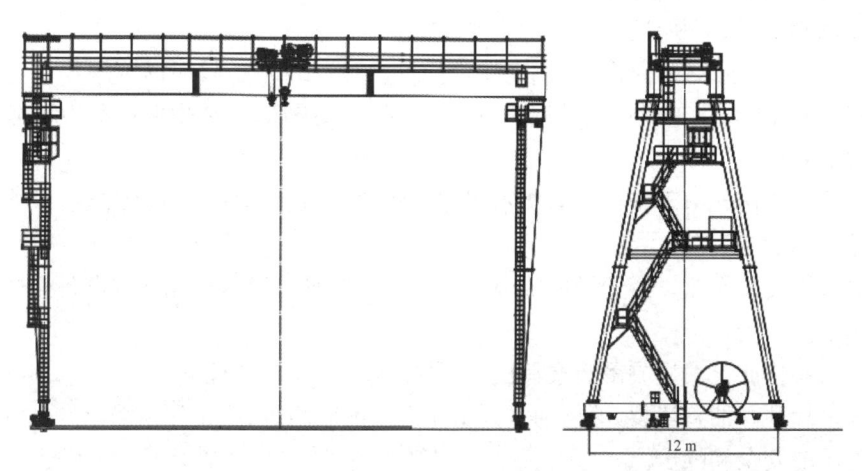

图 6　去除枕木和千斤顶示意图

(5) 采用点动式,将门机慢慢移动 40 m,如图 7 所示。

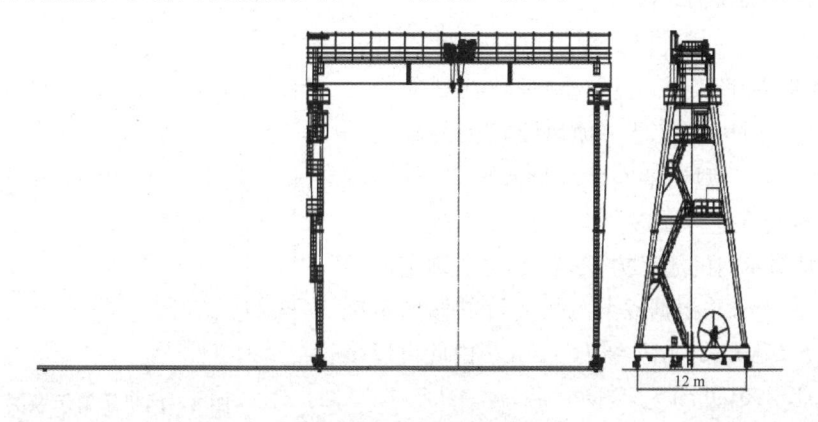

图 7　横移示意图

(6) 重复前面的步骤,将门机转换到纵移状态,松开小车的临时固定,移走轨道,转换完成。

4　施工安全因素

现场采取风险评估方法。风险评估(Risk Assessment)是指在风险事件发生之前或之后(但还没有结束),该事件给人们的生活、生命、财产等各个方面造成的影响和损失的可能性进行量化评估的工作。即风险评估就是量化测评某一事件或事物带来的影响或损失的可能程度。本文只对风险进行鉴别和采取的控制措施进行叙述。下面将工作过程中遇到的安全问题和控制改进措施做如下叙述。

4.1　安全隐患

(1) 高空坠落。在固定天车的过程中,需要登高作业。可能会发生人员坠落。

(2) 门机坍塌在顶升的过程中,千斤顶出现故障,门机支腿突然落下,或门机横移后试车过程中由于大车行驶方向不一致,导致两条腿向外并同时向外行驶,进而导致坍塌。

(3) 门机侧翻。顶升过程中,由于顶升过高,门机发生严重倾斜,导致门机侧翻。或门机滑出轨道,导致门机侧翻。

(4) 着火,气瓶爆炸,烫伤。由于现场需要进行焊接和气割,现场可能导致可燃材料着火,气瓶离动火点过近或连接处漏气,可能导致气瓶爆炸,动火作业过程中可能有火花飞溅,导致烫伤。

(5) 手工操作。由于需要搬运枕木或拧紧螺丝,以及其他一些手工作业,可能导致人员手受伤、背扭伤等。

(6) 人机交叉作业。由于场地狭小,或在此区域使用叉车,可能导致设备碰撞到现场人员。

(7) 吊装作业。吊机或吊装索具出现问题,无关人员未清理等。

(8) 千斤顶。油管爆裂,液压油溅到工作人员的眼睛里,或千斤顶蹦出。

(9) 用电安全和噪声。

(10) 环境污染。例如,液压油洒溅在地上,污染环境等。

4.2　安全隐患的控制

4.2.1　准备工作

(1) 由于门机横移是一项风险较大的施工作业,项目部按照大型设备安装和拆卸要求,任用有专业资质的人员进行横移。

(2) 编制专门的施工方案,在方案中确定的顶升高度为 20 cm,并根据双梁门机允许的倾斜范围垂直偏斜 $h \leqslant H/200$, $h = H \cdot \sin\alpha$,由此可以推出 $\sin\alpha \leqslant 1/200$,见图8。

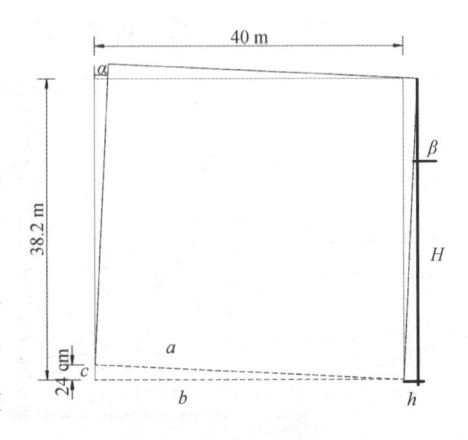

图 8　门机倾斜示意图

由直角三角关系得知，$\alpha = \beta$，$\cos\alpha = \cos\beta = (a_2 + b_2 - c_2)/2ab$，由于 $a = b = 40$，$\sin2\alpha + \cos2\alpha = 1$；综上所述，$\cos\alpha \geqslant 0.999\,975$，$c_2 \leqslant 2b_2 \cdot (1 - \cos\alpha)$，由此可以得出 $c \leqslant 0.283$ m $= 28.3$ cm，故顶升 24 cm 满足要求。

（3）对与此工作有关的人员进行安装程序和安全技术交底（见图 9），确保每个人熟知工作流程和工作中安全隐患以及预防措施，并进行明确分工，设置现场总指挥。并在每天开始工作之前让现场总指挥对现场工作人员进行班前会培训。提前准备好所用的工具和设备，并进行检查。

图 9　安全技术交底

在固定天车时，需要人员登高作业，在工作之前对人员进行体检并培训。在高处作业过程中，严格要求人员 100% 系挂安全带。

4.2.2　横移过程中的安全管控

根据工作过程中可能遇到的所有隐患，现将控制措施做以下阐述：

（1）手工操作，为了减少手工操作所带来的风险，现场尽可能减少手工搬运枕木，采取叉车搬运，并在搬运过程中，设置专门旗手进行指挥，以免发生碰撞和车速过快或叉车本身问题而发生侧翻。由于工作性质必须使用人工搬运枕木的，使用多个人进行搬运的方式。对于拧紧螺丝，现场采用气动扳手进行操作（见图 10），以减少手工操作带来的风险。

（2）在顶升过程中，要求电工把门机上的电源关闭，大车上电线拆除，以防在操作时，人员发生触电事故。为了防止千斤顶出现故障而发生坍塌、千斤顶油管爆裂等事件，首先，在底部焊接槽钢作为支撑，并随

图 10　使用气动扳手拧紧螺丝

着顶升的过程，在槽钢上垫 20 cm 的木板，同时在支撑旁用枕木设置井子架（见图 11），以防千斤顶出现故障，导致门机支腿突然下落。在焊接的过程中，要求焊工穿戴合适的劳保用品（见图 12），对周围的可燃物进行清除，并设置灭火器和看火人。在顶升过程中，千斤顶操作手时刻注意压力表，要求附近人远离千斤顶油管位置，佩戴安全眼镜，以防油爆裂，液压油溅到人眼睛里。并在旁边放置环保吸油毡纸，以防液压油泄漏，污染环境。并要求人员不断测量顶升高度，以防顶升过高，导致门机侧翻。

（3）在大车旋转 90°的过程中需要进行吊装作业，为了避免吊装事故的发生，使用持证且有经验的吊机手和起重指挥人员，并要求他们在吊装作业前对吊机、场地和吊装索具进行认真的检查，在吊装过程中，对无关人员进行清场，并检查大车方向是否安装一致。

（4）横移。在横移之前，首先用垫块垫在大车滑轮一侧（见图 13），以防未启动前，大车滑出轨道。其次用两根钢丝绳拉对拉支腿，以防门机大车方向装反，在横移过程中，大车同时向外移，导致门机坍塌。并在横移之前，要求总指挥在现场对操作手、指挥人员及

图 11　井子架和槽钢保护支架　　　　图 12　劳保用品穿戴

4个大车看护人进行再次交底(见图14)。交底包括各自的职责,及一定要听总指挥的指令,为了更好地沟通,给每个人配发对讲机,并调到统一频道。横移时,先要求操作手进行点动,来确定大车方向是否安装正确,然后进行横向移动,直至移动到指定的位置,再次按照同样的方法将大车旋转90°,横移完成。

图 13　在大车下放置垫块　　　　图 14　门机横移前再次交底

5　结论

大跨度门机横移是一项风险比较大的施工作业,需要系统化管理,全面监督,相互协调,严格遵守安全技术规程,并确保每项安全措施实施到位,才能安全有效地完成门机横移。本文对于大跨度门机横移具有一定借鉴意义。

参考文献

[1] 中国标准化管理委员会.通用门式起重机:GB/T 14406—2011[S].北京:中华人民共和国国家质量监督检验检疫总局,2011:12.

GPS系统在远程石料运输安全管理中的应用

何 湛[1,2]，严 发[1,2]

(1. 中国港湾西部非洲区域公司，科特迪瓦阿比让 06BP6687；
2. 中交四航局第三工程有限公司，广东湛江 524009)

摘 要：本文以加纳项目运用GPS系统监控远程石料运输的安全管理经验为参考，通过对GPS监控信息的数据分析总结，从石料运输源头、过程等方面采取相应的安全管控措施，提高远程石料运输过程中的安全性、可靠性，为其他类似项目的远程石料运输安全管理工作提供参考。

关键词：GPS系统监控；远程石料运输；数据分析

1 背景

前期石场从筹备建设到投入生产，周期很短，石料需求量370多万 m^3，石料运输压力大，120台自卸车24 h全天候运输，最高日运输量可达12 000 m^3，运输距离长达42 km，石料运输路线途径当地社区、集市、村庄、街道等人员密集的公共场所，而且场外石料运输交通路况复杂多变、部分路况条件不良，存在泥路、坑洼等状况，使得石料运输风险难以管控，安全风险很高，一旦发生交通事故，一方面造成人员伤亡，另一方面也会造成恶劣的社会影响，不利于施工安全生产，也不利于企业社会形象的树立。另外，车辆"带病"运行、运输司机违章不良驾驶行为、酒驾疲驾、超速等问题在前期频繁发生，因此，采取有效的安全监管措施来控制运输安全很关键，此时，也使得GPS系统在远程石料运输安全管控中优势得以体现(见图1)。

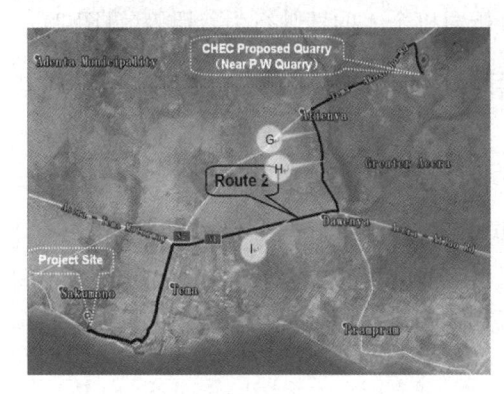

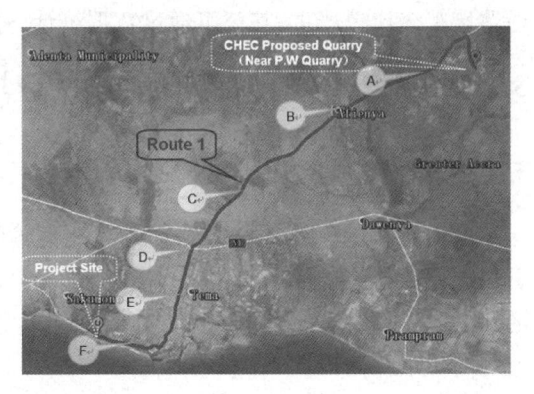

图1 石料运输线路图

2 GPS监控系统

本项目GPS监控结合了GPS技术、无线通信技术、远程监控技术等，用于对移动的车辆进行远程实时监控。主要有以下功能：

图 2　石料运输线路路况

(1) 即时查询

可在 GPS 终端上及时查询监控车辆的位置信息(包括经度、纬度、车牌号、车速等信息)及状态信息。

(2) 远程跟踪

可在监控软件上对 GPS 终端进行定时跟踪设置,可设置某一固定时间上传位置信息和状态信息,一旦设置成功,GPS 终端将根据监控中心所下发的指令请求及时上传监控中心所需要的信息。

(3) 回放功能

系统中可查看历史信息,即某天某车辆某时间段处于什么位置,走哪条线路,当时的车速等。

(4) 数据分析

在监控系统中,可查询某车辆当日的行驶速度数据,在哪一段道路上速度会较快,哪段路堵车会比较严重,甚至可通过数据统计,分析司机个人的驾驶行为习惯等(见图 2)。

3　GPS 系统在项目石料运输中的应用

3.1　GPS 实时监控

由于石料运输距离约 42 km,有 4 支运输队伍,高峰期约 120 台车,管理难度较大,且石场通往项目施工现场的路况多变,有横穿乡村的泥土路、也有穿过市区的高速路,不同的路段项目部对车速有不同的要求,因此,传统的安全监控方式很难实现对运输车辆车速的实时跟踪监控。

为解决超速引发的交通事故的难题,本项目要求所有运输车辆必须安装 GPS 系统,并在运输车辆上装上 GPS 车载终端,在项目安全部设立 GPS 运行监控中心,实时监控车况信息(见图 3)。通过 GPS 系统可以记录和监控每辆车的运行路线、实时车速等信息,一旦出现超速情况,GPS 监控平台就会发出报警,监控管理人员会及时通知车队管理员,并立即告知司机,谨慎慢行,安全驾驶。

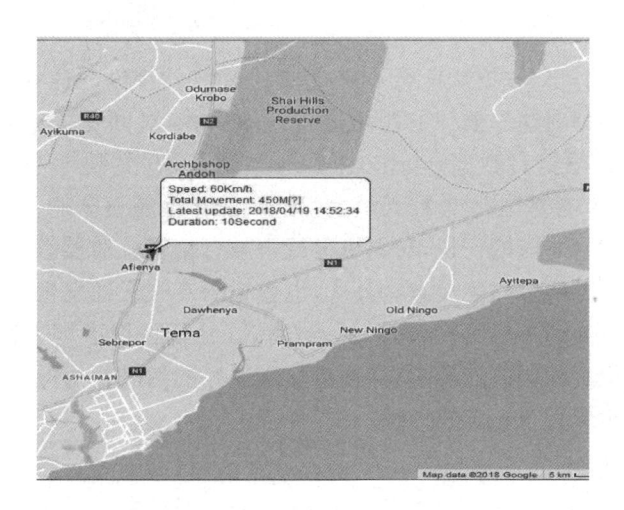

图 3　运输车辆 GPS 实时监控

3.2　GPS 监控数据分析

3.2.1　分路段限速管控

道路途经各社区，有高速路，也有坑洼的土路，但无固定的限速标准。因此，为降低运输车辆对社区的影响，提高车辆安全运行效率，项目 GPS 监控专员每月会将各车辆在各路段的数据信息进行筛选及统计分析（见图 4），从而分析出司机最易超速及最容易堵车的路段，根据统计分析结果，项目部会重新制定最安全的限速通行方案，针对不同路段，设置不一样的限速要求，有利于取得良好的安全管控成效，有效地降低安全风险。

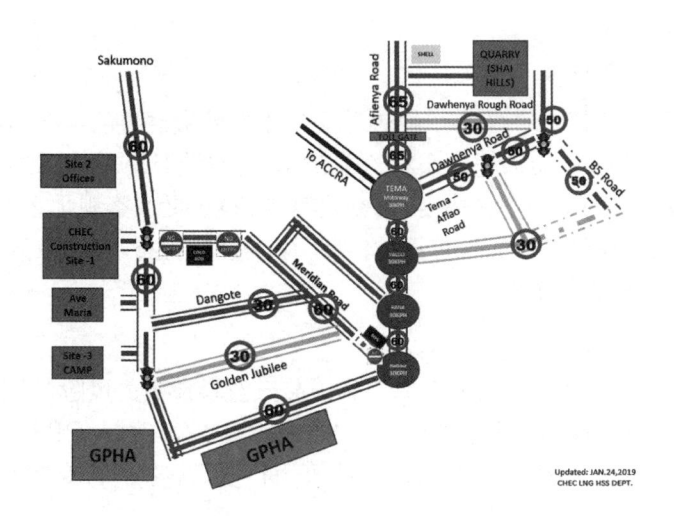

图 4　划分各路段限速速度

3.2.2 司机驾驶行为分析

当地运输车辆司机驾驶技能良莠不齐,经常会出现习惯性超速驾驶的行为。司机人数高达280余人,如何对这一群体的司机进行意识培养,对问题司机对症下药是一个难题,本项目引入了GPS运行数据分析法,很好地改善了司机驾驶行为。首先,项目部要求运输车队固定每一车辆的司机,监控人员会筛选出经常性超速车辆及平均速度较高的车辆,根据车辆信息找到对应的司机,对司机进行再教育培训。对屡教不改的、行为恶劣的司机给予警告处分,并责令停工反省。其次,也会组织专项交通安全培训,在培训中用数据说话,并引用一些交通事故案例对其进行教育,让他们充分了解不良驾驶行为的严重性及危害性,从而提高他们的安全意识,逐步养成良好的驾驶行为,这一举措在实施过程中会比较艰难,但也取得了一定的成绩。

3.2.3 行驶路线选择

运输线路上的安全状况在很大程度上影响了石料运输效率。为此,项目前期就对可选道路的道路状况、周边社区、人流量、车流量、行驶距离进行了综合调查,经过充分的考察和研究,编制了交通影响评估(TIA)及交通管理方案(TMP),综合考虑石料道路运输的各项安全因素,确定了符合加纳当地法规要求的石料运输路线,保证路线最优化,使石料道路运输的公共安全风险降到最小。但在实际石料运输中,尤其是在引进GPS管控系统后,会发现最优的行驶路线效率并不高,经常堵车,因此,项目部调整了方向,对车辆进行分流,提供3条路线可供选择。

但部分运输司机为了避免在拥堵路段行驶或者寻找其他捷径而擅自改变行驶路线,既不符合项目安全要求及规定,也给石料运输增加了额外的安全风险。通过采用GPS系统的监控,可以清晰掌控各运输车辆是否擅自改变行车路线,如擅自更改行车路线,GPS监控专员则会通过监控记录及时发现,做好记录,将情况及时汇报,通知司机立即纠正行驶路线,确保运输安全。

3.2.4 协助事故处理调查

在如此长距离、高频率的石料运输中,难免发生意外交通事故,GPS监控系统对事故的后期调查处理起到了一定的辅助作用。通过GPS监控的历史轨迹回放功能,可以轻松地查找到事故发生时的车辆行驶速度、行驶线路等信息,更加客观地还原了事故发生的真相,比当事人的描述更加客观与直接,有利于深入事故调查,找到事故发生的原因,为后续的事故改进措施提供依据。

3.2.5 防盗

前期会出现一些司机偷油、偷懒、专车私用甚至石料被盗的风险,但由于当地道路监控系统很薄弱,很难为被盗治安事件提供有力依据。不过,自引入GPS监控系统以来,各种偷盗行为显著下降,实时监控对司机的威慑力巨大,为车辆自身安全提供了一道保护锁。

4 GPS监控系统使用注意事项

(1) 安装GPS监控系统,需保证配备专用监控计算机;GPS监控管理人员应定期统计数据,对数据进行全面的总结分析,并采取措施改变运输陋习。

(2) 要定期对 GPS 终端设备进行检查、维护,各车辆驾驶人不得私自拆卸、改装、挪动主机位置,不得故意损坏 GPS 终端设备。

(3) 要定期对运输车辆驾驶室进行检查,确保 GPS 终端设备清洁、干燥,附近不得堆放杂物。

(4) 当 GPS 监控管理人员发现 GPS 有不定位、数据不准确、无法接受信息等异常情况时,要及时汇报。

5 结束语

在对所有石料运输车辆安装 GPS 后,运输车辆超速驾驶及违章驾驶行为大幅降低,有效减少了石料运输的安全风险,降低了石料运输道路交通事故发生风险,也为项目的安全管理提供了新思路。

在对远程石料运输安全管理的过程中,GPS 的运用不是唯一的控制措施,为了更好地管控石料运输安全风险,加纳项目部还从其他方面进行了管控:

(1) 为了从根本上控制车辆超速的问题,项目部要求所有石料运输车辆安装车速限制器或采用技术手段对车辆发动机转速进行限制,将车速限制在 60 km/h 或 70 km/h 以下。

(2) 严格车辆进场验收,加纳项目部采取了第三方检测和内部验收的双重验收方式,进场车辆先由经过认证的当地第三方车辆设备检查公司到现场进行检测,检测通过后再由项目部安全/机务部门一起进行内部验收并建档编号,两次验收均合格后方能进场。

(3) 严查酒驾毒驾,项目部在采石场出入口及项目施工现场入口的保安岗亭设置了酒驾测试点,所有司机都必须经过酒精测试确认后,方允许进入施工现场。对毒驾的控制主要采取对运输司机进行现场随机血液抽检的形式,在项目部合作医院进行毒驾检查。对酒驾和毒驾人员采取"零容忍"的政策,一旦发现,立即清退出场,并列入项目黑名单。

(4) 加强沿途社区及周边的联系,定期派人员前往沿途社区了解他们对石料运输的意见,并积极沟通解决了牛羊等大型牲畜穿行马路、在石料运输路线上设置安全提示牌等诉求。另外,对于在石料运输路线上经过的当地学校,除了在学校路口增加指挥的旗手及安全警示牌之外,项目部还派专人定期到学校对学生进行道路安全的相关培训,提高学生的安全防范意识,避免事故的发生。

参考文献

[1] 邓勉顺,陈军卫,朱维德,等. 浅析 GPS 技术在车辆管理中应用[J]. 科技传播,2011(10):217.

[2] 沈成伟,任妍. 浅谈 GPS 监控系统在车辆管理中的应用:第一届电力安全论坛优秀论文集[C]. 安徽:九州出版社,2008.

[3] 钱刚. 浅析 GPS 在车辆运输中的应用[J]. 电脑知识与技术,2010,6(17):4797-4798.

悬吊大跨度贝雷梁在现浇胸墙中的推广应用

王兆岩[1,2]，吴多贵[1,2]

(1. 中国港湾西部非洲区域公司，科特迪瓦阿比让 06BP6687；
2. 中交四航局第三工程有限公司，广东湛江 524005)

摘　要：通过对大跨度贝雷梁底模系统受力分析，加强贝雷梁结构和维护，介绍双层贝雷梁的应用情况和相关问题的解决办法，拓展大跨度贝雷梁作为底模现浇码头胸墙的推广应用，为类似项目提供参考与借鉴。

关键词：重力式码头；大跨度贝雷梁底模；双层贝雷架

1　前言

沉箱结构作为重力式码头的主要结构形式之一，其上部胸墙结构常采用混凝土现浇施工工艺。现浇胸墙是重力式码头施工重要的工序，胸墙底模板传统的做法是在沉箱前墙外侧顶部一定的位置预埋一排支模螺栓，然后安装三角形钢架，三角架上铺设底模分配梁和底板。胸墙浇筑完成后，拆除底模及三角架及台型螺母。存在预埋螺栓多、底膜拆装工序复杂、赶潮作业时间长、遗留空洞封堵困难、甚至需要潜水员辅助作业、成本较高等缺点。而应用贝雷梁系统作为码头胸墙现浇底膜的施工工艺具有无需预留螺栓和修补、整体拆装工效较高、无需潜水员配合、受潮水影响小、技术经济性价比高等优点。

悬吊大跨度贝雷梁底模曾在科特迪瓦阿比让港口扩建项目中被应用，通过对其应用的贝雷梁结构进行进一步受力分析，对其受力最大的部位进行加强，提高使用安全系数。通过应用双层贝雷梁进行管涵段胸墙浇筑和沉箱上后锚系统代替方案的应用，进一步完善和推广了贝雷梁作为底模现浇码头胸墙的施工工艺。

2　工程概况

2.1　结构形式

加纳特码新集装箱码头工程码头岸线总长为 1 400 m，共有胸墙 72 段，分为 CB、CBa、CBb 三种型号，设计单段长度 19.48 m，宽 5.7 m，底标高 1.3 m，顶标高 4.0 m，总厚度 2.7 m。胸墙一次浇筑完成。胸墙内设有电缆井、系船柱、橡胶护舷、安全爬梯等设施的预埋件，部分胸墙内有排水管涵。胸墙典型断面如图 1、图 2 所示。

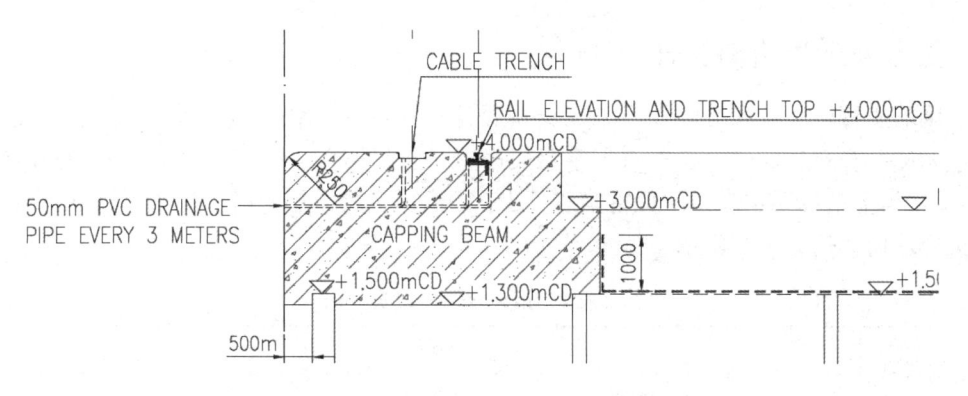

图 1　胸墙典型断面图(一般断面)

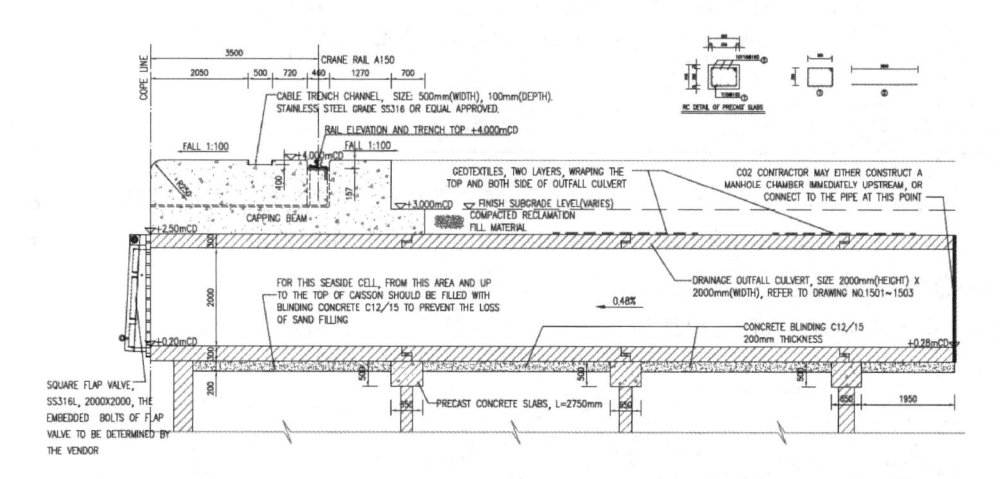

图 2　胸墙典型断面图(管涵位置)

2.2　施工条件

港区设计低水位为 0.56 m,设计高水位为 1.44 m,胸墙模板安装、钢筋绑扎与混凝土浇筑施工均需要赶潮作业。

沉箱顶标高为+1.5 m,平均高潮位为+1.5 m,平均低潮位为+0.2 m,特码项目所在地海域平均潮差约为+1.3 m。胸墙施工绝大部分时间在潮水以上。潮位大致情况如表1所示。

表 1　项目所在地潮位表

设计高水位(High Design Water Level)	+2.30 m CD
平均高潮位(Mean High Water Spring)	+1.50 m CD
平均低潮位(Mean Low Water Spring)	+0.20 m CD
设计低水位(Low Design Water Level)	+0.00 m CD

3 受力分析和结构加强

胸墙悬臂段底模和海侧外模采用贝雷梁反吊法固定。在拟浇筑胸墙段两侧的沉箱顶或两侧已浇筑胸墙的顶布置双工字钢反吊梁,通过螺杆与一整跨 21 m 长的贝雷梁相连,贝雷梁上铺设固定底模。贝雷梁总长为 21 m,由 7 跨单层三排 321 型贝雷梁组成,贝雷梁容许内力值如表 2 所示。

表 2 桁架容许内力表

容许内力	桥型								
	不加强桥梁				加强桥梁				
	单排单层	双排单层	三排单层	双排双层	三排双层	单排单层	双排单层	三排单层	双排双层	三排双层
弯矩(kN·m)	788.2	1 576.4	2 246.4	3 265.4	4 653.2	1 687.5	3 375.0	4 809.5	6 750.0	9 618.8
剪力(kN)	245.2	490.5	698.9	490.5	698.9	245.2	490.5	698.9	490.5	698.9

应用有限元分析软件 SAP2000 建立贝雷梁模型受力分析,首先根据实际采用的贝雷梁槽钢材料为 Q235,在软件中定义材料属性为 Q235。其次根据贝雷梁在实际应用于胸墙现浇过程中,主要受到混凝土荷载、模板荷载、人群荷载、自重等荷载,在软件中定义荷载工况和荷载组合模式,根据规范输入相关的计算安全系数(见图 3)。

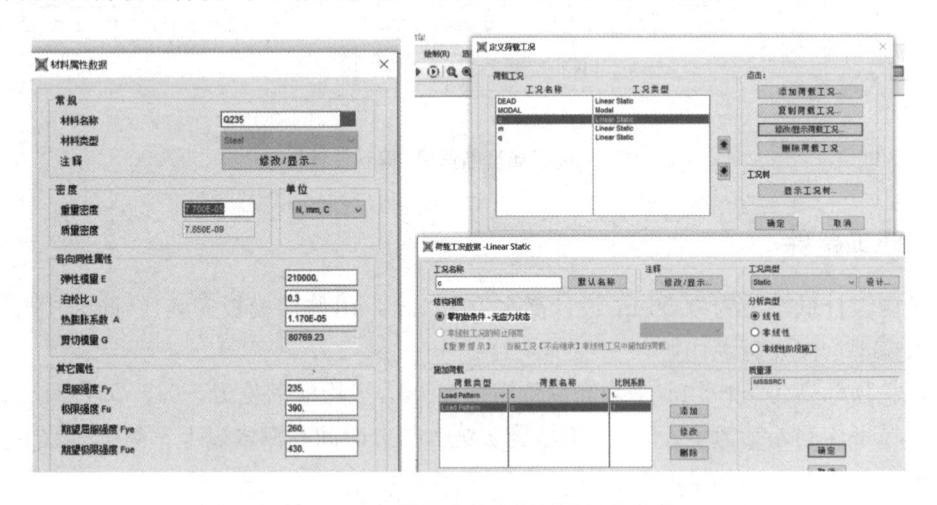

图 3 在 SAP2000 软件中定义材料属性和荷载工况

确定材料属性后,根据软件的坐标系统和轴网,根据实际贝雷梁的尺寸,在软件中绘制贝雷梁框架结构,该软件与 CAD 类似,可进行线性、镜像、径向复制,快速地建立贝雷梁模型(见图 4),并在贝雷梁顶部建立与实际属性和厚度一样的钢板。建立模型后,可选择不同的受力位置,指定对应的荷载模式和荷载大小,指定贝雷梁受到的所有的荷载。将贝雷梁的框架和面板进行合适长度的单元拆分,建立节点约束等,然后运行分析,可通过软件中不同的视角、窗口、表格等多种方式输出受力结果分析(见图 5)。

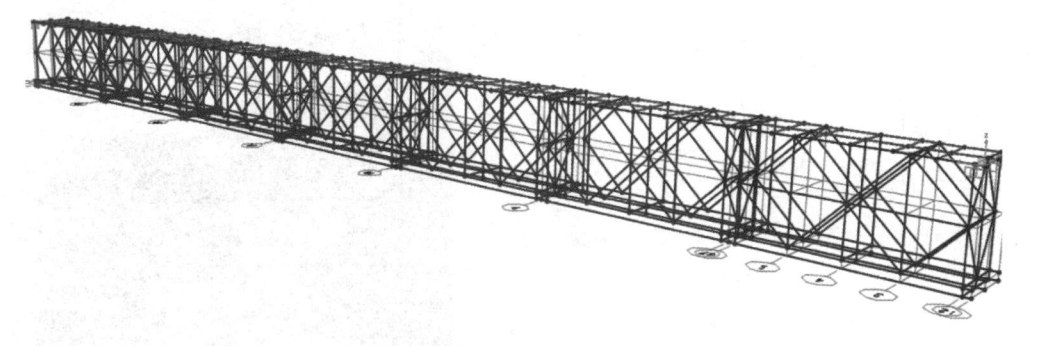

图 4　SAP2000 建立贝雷梁结构模型

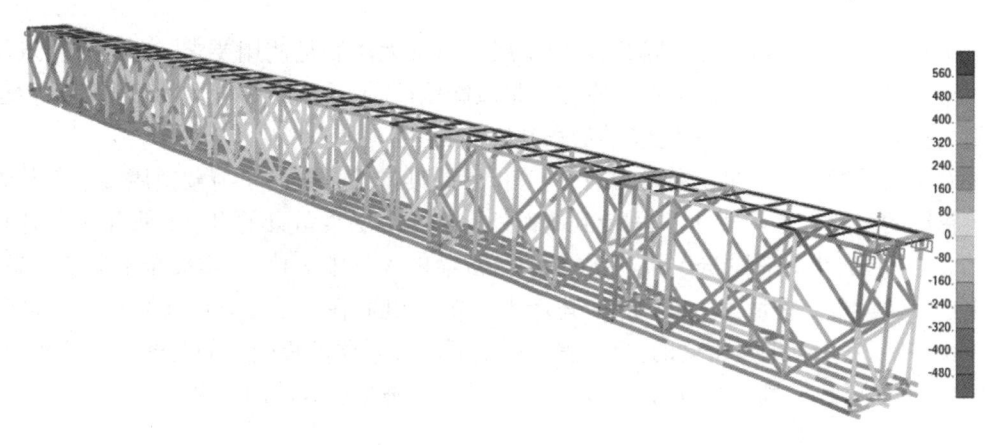

图 5　贝雷梁内力分析结果图

从分析结果可知，在三片贝雷梁共同受力分析的条件下，整个贝雷梁承受的最大内力为 560 kN，小于三排三层的容许内力 698.9 kN。贝雷梁的下弦槽钢受力最大，为整个贝雷梁的关键受力部位，下弦槽钢受到的最大内力超过 400 kN，内力为上弦结构和中间支撑的槽钢的 2 倍以上。由于贝雷梁使用位置为水位变动区，槽钢易受到海水的锈蚀，在使用过程中，强度会有所降低，因此为了提高整个贝雷梁的使用安全系数，在贝雷梁的下弦位置增加一条槽

图 6　贝雷梁下弦加强效果图

钢（见图 6），加强贝雷梁的整体性和安全性，并在实际应用过程中，加强这部分结构的检查和维护。

4　双层贝雷梁的应用

正常段胸墙的底标高为 −1.3 m，单层贝雷梁贯穿于整段胸墙。本项目针对堆场排水设计，设有五处管涵，管涵底标高为 −0.1 m，立面图如图 7、图 8 所示。

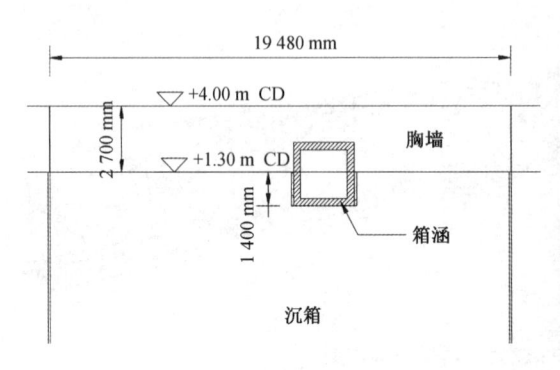

图 7　管涵胸墙立面图

图 8　双层贝雷梁

贝雷梁高 1.7 m,管涵段的胸墙采用单层贝雷梁无法满足使用要求。考虑采用双层贝雷梁,底层贝雷梁位于管涵底部,贯穿于整段胸墙,顶层贝雷梁在管涵的位置切除留出位置,将两层贝雷梁焊接成一个整体起吊和安拆。

双层贝雷梁中下层贝雷梁受力最大,分析下层贝雷梁是否满足荷载使用要求。与单层贝雷梁的工况相比,下层贝雷梁受到的额外荷载为上层贝雷梁的自重。贝雷片单片自重约 270 kg,加花窗平均 360 kg,上层整个贝雷梁包含三排 7 片,总重按全部通长布置,则上层贝雷梁最大重量为 7 560 kg。其余计算条件相同,在有限元分析软件 SAP2000 贝雷梁模型中,考虑上层贝雷梁的自重,重新调整下层贝雷梁面板受到的荷载进行分析,得出结果如图 9 所示,最大内力为 595 kN,双层贝雷梁满足荷载使用要求。

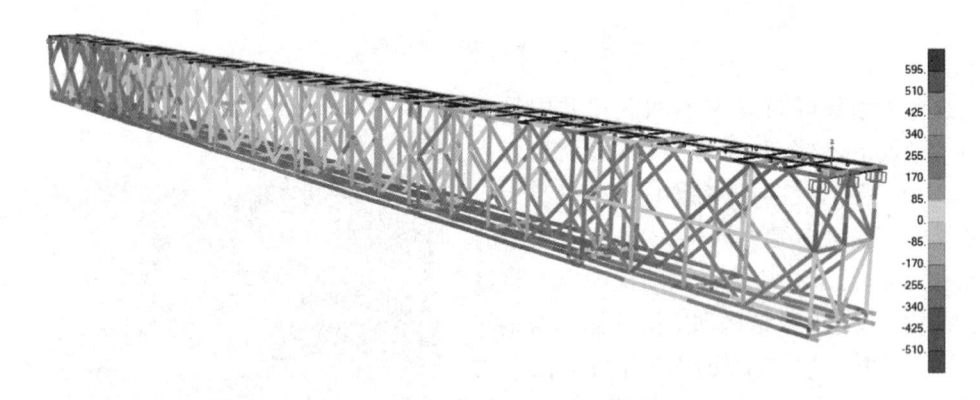

图 9　双层贝雷梁内力分析结果图

5　沉箱上锚固系统的替换方案

在独立段胸墙浇筑时,为了安装贝雷梁反吊系统,需提前在沉箱上设置锚环锚固系统,胸墙悬臂段底模和海侧外模采用贝雷架反吊法固定。在拟浇筑胸墙段两侧的沉箱顶或两侧已浇筑胸墙的顶布置双工字钢反吊梁,通过螺杆一侧与一整跨 21 m 长的贝雷梁相连,另一侧与沉箱上的拉环相连,反吊系统如图 10 所示。

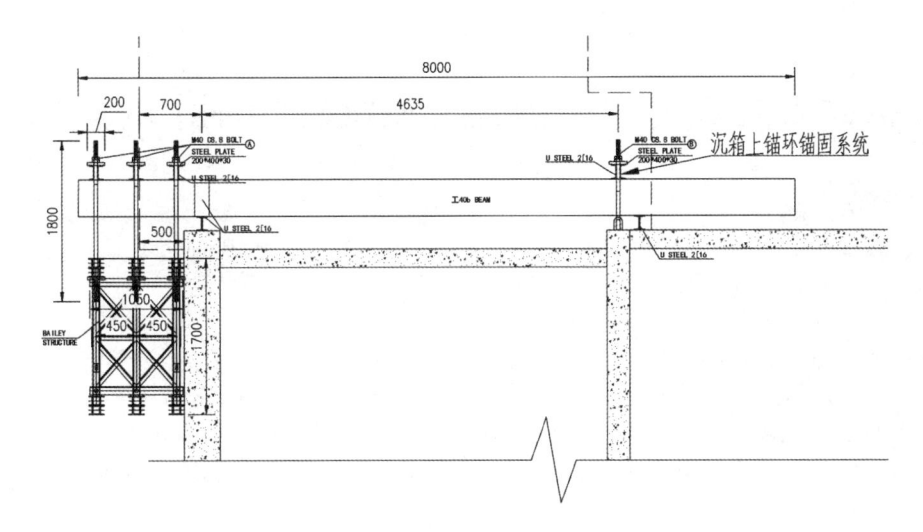

图 10　贝雷梁反吊系统(单位:mm)

在实际应用过程中,提前在沉箱上面预埋的拉环可能会在施工过程中被破坏或者锈蚀,当无法满足使用要求时,可通过受力验收和复核,在工字钢的一头通过压载方块或其他重力荷载的方案进行代替,满足贝雷梁的安装和使用要求,其计算原理是保持力的平衡,如图 11 所示。

6　结论

通过有限元分析软件 SAP2000 对贝雷梁结构进行分析,了解贝雷梁各个结构的受力情况,

图 11　贝雷梁反吊系统代替方案

得出贝雷梁最不利的受力结构,通过最不利部位结构的加强,提高整个贝雷梁的使用安全系数,确定贝雷梁在使用过程中的关键检查和重点维护部位,从技术角度提高贝雷梁在胸墙现浇过程中的安全使用系数。

通过双层贝雷梁的应用,解决了集装箱码头项目堆场中常见的管涵胸墙段的底模安装问题,同时介绍了沉箱上锚固系统的替换解决方案,可为类似项目悬吊大跨度贝雷梁式底模进行沉箱码头现浇胸墙施工提供经验和借鉴。

参考文献

[1] 邓海军. 悬吊大跨度贝雷梁式底模在沉箱码头现浇胸墙[C]//中交四航三公司 2019 年度技术交流会论文集. 湛江:中交四航局第三工程有限公司,2019:92-97.

整体收支式内胆模板在大型沉箱预制中的应用

庄胜意[1,2]，白 俊[1,2]

(1. 中国港湾西部非洲区域公司，科特迪瓦阿比让 06BP6687；
2. 中交四航局第三工程有限公司，广东湛江 524005)

摘 要：随着近年来重力式码头沉箱的规格不断增大，分层翻模浇筑预制沉箱的工艺被普遍采用，沉箱预制隔仓内模板一般为分片或整体式安拆，但分片式安拆效率低，整体式安拆的难度较大。以加纳特码新集装箱码头工程沉箱预制为例，介绍了一种整体收支式内胆模板的设计和使用方法，不仅降低了安拆难度，也进一步提高了安拆效率。该模板的成功应用为其他大型沉箱预制工程提供了一定的借鉴和参考。

关键词：整体收支式；内胆模板；大型沉箱预制

1 引言

沉箱结构因其整体性好、承载能力高、施工进度快且经济性好等特点，在水运工程大型深水重力式码头中应用较多。随着国内水运事业的发展，施工设备大型化，大型深水泊位港口的建造也日趋增多。与此同时，沉箱规格逐渐向高大化发展，沉箱尺寸和重量有了极大的飞跃，大体积沉箱的应用越来越广泛。大体积沉箱传统的内模板安拆施工工艺效率低下，耗费时间长，施工成本高，并且需要经过多次吊装，存在较大安全隐患，如何提高大体积沉箱内模板安拆效率、降低施工成本和安全风险成为一个亟待解决的问题。

2 工程概况

加纳特码新集装箱码头工程包括 4 个 15 万 t 级深水泊位，码头结构型式为重力式沉箱结构，沉箱共 74 件，单件重约 2 700 t。沉箱尺寸为长×宽×高＝19.41 m×15.18 m×19.30 m，内设 12 个仓格，混凝土总方量为 1 050 m³，强度等级 C45，采用分层翻模预制的施工工艺。沉箱主体尺寸见图 1。

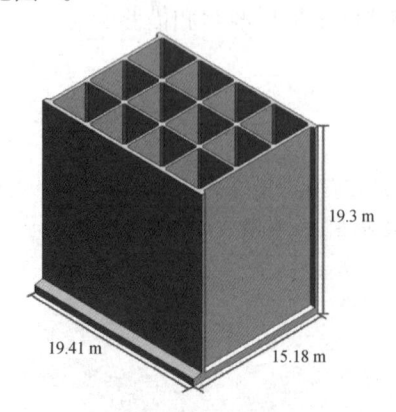

图 1 沉箱主体尺寸图

沉箱底座为1.7 m,第二层至五层为标准层,每层高度为4.4 m。沉箱分层施工示意图及工艺流程图见图2和图3。

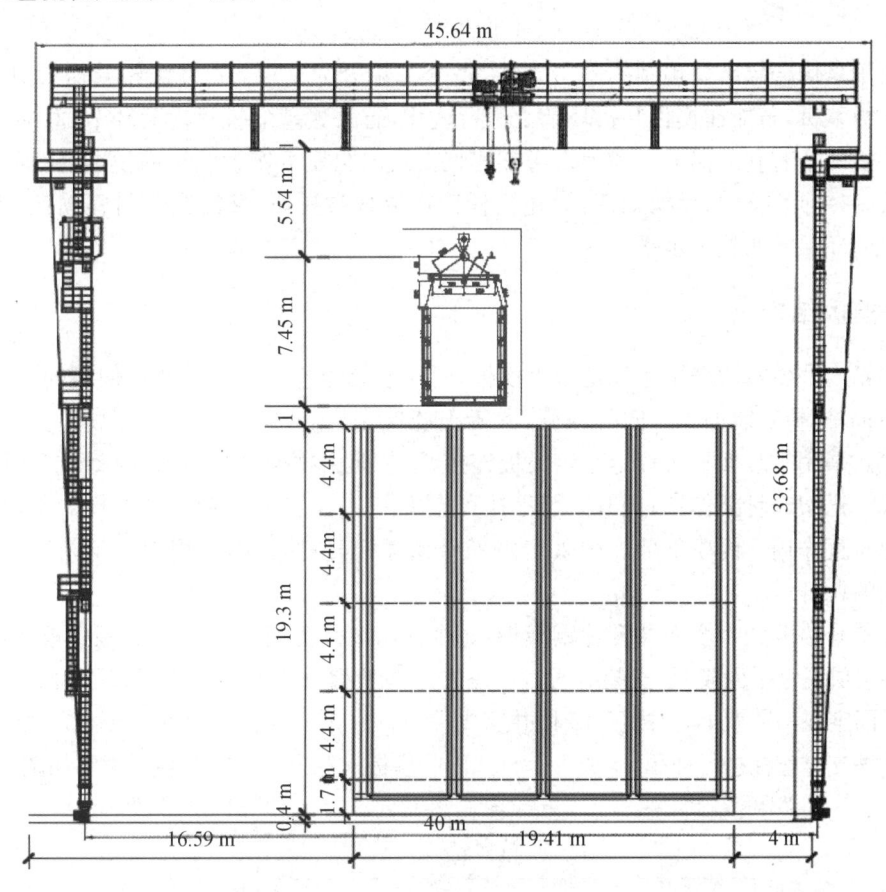

图 2　沉箱分层施工示意图

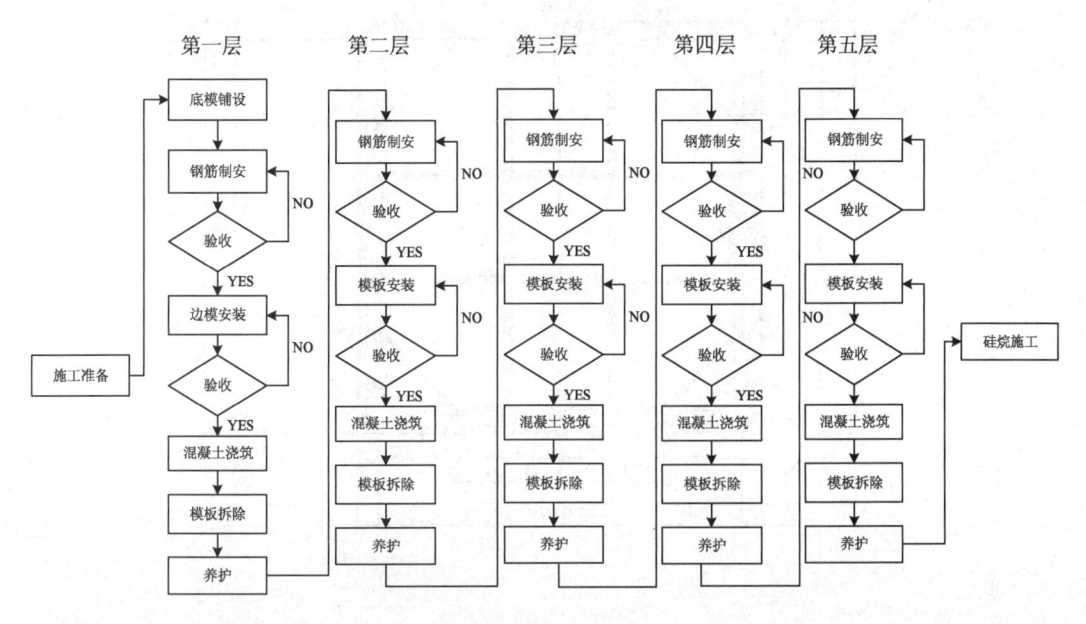

图 3　工艺流程图

3 整体收支式内胆模板设计

3.1 设计背景

由于采用分层翻模预制的施工工艺,每个沉箱分为5层,74件沉箱共需要进行370次的模板装拆,若能在模板装拆环节上进行优化,省去繁琐的模板拆装环节,对缩短施工时间将是一个有利的保证。考虑采用整体收支式内胆模板作为沉箱内模,既能提高现场工作效率,缩短装模与拆模工期,简化模板工作流程与操作,又能减少材料损耗,提高安全、质量、环保文明施工水平。

3.2 模板结构

沉箱内外模板均采用大片定型钢模板,而标准层隔仓内模板采用可伸缩的整体收支式钢模板,模板安装加固时向外张开,混凝土浇筑完成后,向内收缩,与混凝土分离后整体拆除。采用吊装架与大片定型钢模板连接,吊装架由框架、提升梁、支撑丝杠和压缩支座组成。框架起骨架作用;提升梁起吊挂和连接作用;支撑丝杠起支顶内模的作用;压缩支座起对正作用。内模下部加固采用内平台顶撑杆,顶部加固采用内模与内模、内模与外模间的拉杆。

每个仓格分为4个面共8片钢模板,每个面由2片钢模板组成,2片钢模板通过提升梁连接组成一个平面模板,安装时通过压缩支座调整提升梁的前后位置将平面对正调平,提升梁固定在吊装架上,上中下12根井字支撑丝杠在中间支撑4个面的模板,4个角上下再用8根支撑丝杠进行加固,组成一个整体内胆模板。标准层内胆模板示意图如图4所示。

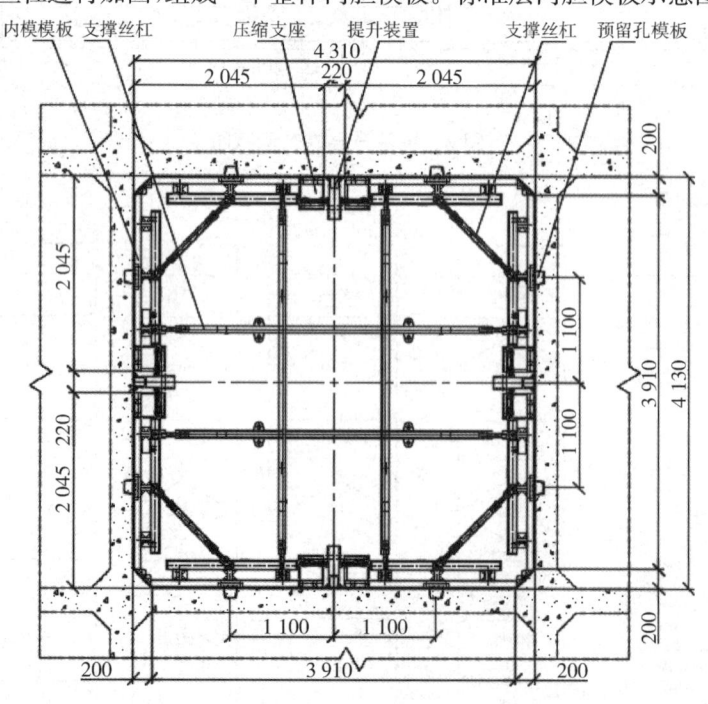

(a)

(b)

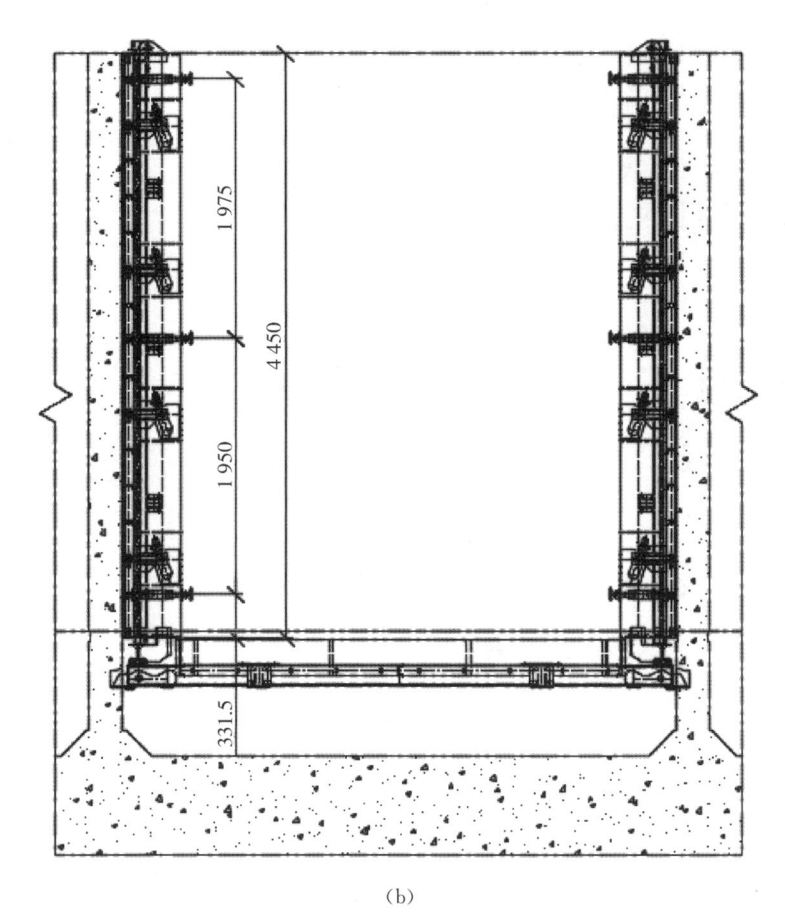

图 4 标准层内模示意图(单位:mm)

3.3 受力计算

3.3.1 标准层内模计算

沉箱标准层的浇筑高度为 4.4 m,内模采用整体收支式大钢模板。模板靠提升梁收支,中间设置支撑丝杠。内模模板为大钢模结构,主要用料为:面板采用 δ6 mm 的钢板;主肋板采用 8# 槽钢;框板采用 δ10 mm 的钢板;竖向主背楞采用双 10# 槽钢;上部采用 D25 精轧螺纹钢筋与外模连接;下部用楔板固定。

① 面板计算:面板采用 δ6 mm 的钢板,肋间距为 275 mm,取 $b=1$ mm 的 10# 板带计算,见图 5。

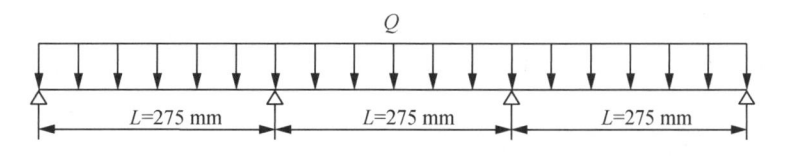

图 5 计算简图

面板几何性质：

$$W = \frac{bh^2}{6} \tag{1}$$

式中：W 为弯曲截面系数；b 为宽度，取 $b = 1$ mm 计算。

代入得 $W = \dfrac{1 \times 6^2}{6} = 6$ mm³

$$I = \frac{bh^3}{12} \tag{2}$$

式中：I 为截面惯性矩。

代入得 $I = \dfrac{1 \times 6^3}{12} = 18$ mm⁴

检算强度：

$$\frac{M}{W} \leqslant 215 \text{ N/mm}^2 \tag{3}$$

梁在梁跨中点横截面上的最大弯矩：

$$M = \frac{ql^2}{8} \tag{4}$$

计算得 $M = \dfrac{0.068 \times 275^2}{8} = 643$ N/mm

代入公式(3)得 $\dfrac{M}{W} = \dfrac{643}{6} = 107$ N/mm² $<$ 215 N/mm²，强度满足使用要求。

检算挠度：

$$f_1 = \frac{5 q_2 L^4}{384 EI} = \frac{5 \times 0.046 \times 275^4}{384 \times 2.06 \times 10^5 \times 18} = 1.2 \text{ mm} < 1.5 \text{ mm}，挠度满足使用要求。$$

② 横肋计算：用料 8# 槽钢，间距 275 mm，竖向背楞最大间距 1 100 mm，见图 6。

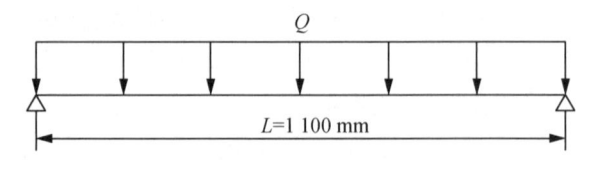

图 6　计算简图

材料几何性质：

$I = 1\,980\,000$ mm⁴　　　$W = 39\,700$ mm³

荷载取值：

$q_1 = 0.068 \times 275 = 18.7$ N/mm

$q_2 = 0.046 \times 275 = 12.7$ N/mm

检算强度：

$$\frac{M}{W} = \frac{q_1 L^2}{8W} = \frac{18.7 \times 1100^2}{8 \times 39\,700} = 71.2 \text{ N/mm}^2 < 215 \text{ N/mm}^2,强度满足使用要求。$$

检算挠度：

$$f_2 = \frac{5 q_2 L^4}{384 EI} = \frac{5 \times 12.7 \times 1\,100^4}{384 \times 2.06 \times 10^5 \times 1\,980\,000} = 0.6 \text{ mm} < 2.2 \text{ mm},挠度满足使用要求。$$

③ 竖向背楞计算：用料双 10#，间距 1 100 mm，丝杠支点最大间距 1 200 mm，见图 7。

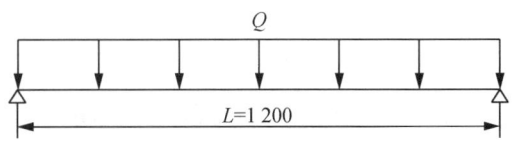

图 7　计算简图

材料几何性质：

$I = 1\,980\,000 \times 2 = 3\,960\,000 \text{ mm}^4$

$W = 39\,700 \times 2 = 79\,400 \text{ mm}^3$

荷载取值：

$q_1 = 0.068 \times 1\,100 = 74.8 \text{ N/mm}$

$q_2 = 0.046 \times 1\,100 = 50.6 \text{ N/mm}$

检算强度：

$$\frac{M}{W} = \frac{q_1 L^2}{8W} = \frac{74.8 \times 1\,200^2}{8 \times 79\,400} = 170 \text{ N/mm}^2 < 215 \text{ N/mm}^2,强度满足使用要求。$$

检算挠度：

$$f_3 = \frac{5 q_2 L^4}{384 EI} = \frac{5 \times 50.6 \times 1\,200^4}{384 \times 2.06 \times 10^5 \times 3\,960\,000} = 1.7 \text{ mm} < 2.4 \text{ mm},挠度满足使用要求。$$

④ 外侧模板中部最大挠度：

$$\sum f = f_1 + f_2 + f_3 = 0.9 + 0.6 + 1.7 = 3.2 \text{ m} < 4.0 \text{ mm},满足要求。$$

4　模板安拆

4.1　模板安装

标准层内胆模板单块最重 14 245 kg，采用 4 点吊，4 根 φ26 mm 的钢丝绳（每根 4 m 长），12 t 卸扣 4 个，1 台 30 t 门机起吊，人工辅助进行安装和拆除。

① 整体收支式内模安装前先将底平台吊入，底平台活动插销对准墙身预留的插槽后，将 4 个方向的 8 根插销都插入底座插槽内，用于内模的支承。门吊吊起整体收缩的内模，基本就位后，安装操作人员进入内模平台上，指挥门吊精确就位，放置于底平台上完成支撑，此时方能解除起吊钢丝绳。标准层底平台工艺原理如图 8 所示。

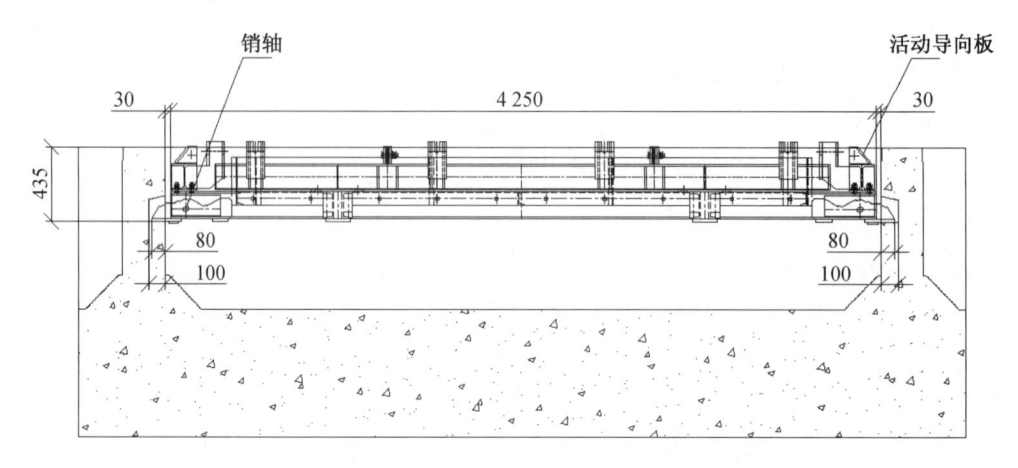

图 8　标准层底平台示意图(单位:mm)

② 调节 4 片侧模的井字支撑丝杠,使内模尺寸满足设计尺寸后,将每片桁架的支撑丝杠顶紧,压迫内模紧贴墙面(见图 9)。

图 9　井字支撑丝杠安装效果图

③ 在内模和内模、内模和外模之间通过顶部拉杆对拉固定进行加固(见图 10)。

图 10　顶部拉杆对拉加固效果图

④ 调整内模四角条形活动封角模板,用三角楔顶紧即可。
⑤ 调整压缩支座使提升梁与该平面模板平齐,紧固四个角上的斜撑丝杠(见图11)。

图11 提升梁调平效果图

⑥ 在顶部预留孔安装8个已涂刷脱模剂的梯形小方盒(上底×下底×高＝120 mm×159 mm×130 mm),等预制下一层标准层时用于放置底平台活动插销,最后吊入顶上盖板平台以便浇筑,从而完成内模安装与加固(见图12)。

图12 吊装内胆盖板

本工程设计内胆模板时提高了内模板自身的刚性,通过井字支撑丝杠、斜撑丝杠和顶部对拉拉杆进行支撑,免去了在外侧墙内外模之间套PVC管穿插拉杆的繁琐程序,从而避免了沉箱预制完成后对外侧墙的拉杆孔的堵塞,排除了拉杆孔这个薄弱环节,杜绝了沉箱安装回填后漏砂的可能性。

4.2 模板拆除

浇筑完成后拆除操作步骤与安装步骤相反,依次拆除顶部小方盒、斜撑丝杠、四角条形封角模板、顶部拉杆,收缩侧模的井字支撑丝杠,使模板与混凝土分离,分离间距约 3 cm 后,操作人员进入内平台上,系挂起吊钢丝绳,将整个内胆模板整体起吊,放到已标记好的指定模板堆放区域进行清理维护,并均匀涂刷脱模剂。待养护液喷涂作业结束后,从底平台底座拔出支承插销,起吊插入本层插槽固定,由此进入下一轮(见图 13)。

图 13 拆模后混凝土表观质量效果图

4.3 注意事项

① 调整压缩支座和顶部拉杆时应注意检查内隔墙尺寸,确保墙厚符合要求。
② 固定在内模顶部的梯形小方盒应注意检查数量,不得遗漏,并安装牢固。
③ 在松模板顶部拉杆螺丝时,注意观察混凝土强度变化情况,在保证强度的前提下松螺丝。
④ 拆模时,指挥手与起重机司机要紧密配合,确保整个内胆提升出沉箱再进行移动,并防止自由扭转而与沉箱发生碰撞。

5 实施效果及成本分析

整体收支式内胆模板在加纳特码新集装箱码头工程项目的大体积沉箱预制应用中取得了良好的实施效果,与传统施工工艺(单块拼装组合式内模)相比,对压缩工期和沉箱质量提升有很大的促进作用,具体实施效果如表 1 所示,成本分析如表 2 所示。

表1 具体实施效果

项目	单块拼装组合式内模（传统施工工艺）	整体收支式内胆模板（创新施工工艺）
优缺点对比	1. 由单块拼装组合式模板构成，安装和拆卸均需要分多次吊装； 2. 模板之间需安装大量的预埋拉杆以固定； 3. 拆模后需对预埋拉杆空洞进行修补，有漏砂风险； 4. 模板拼装接缝处容易漏浆，形成砂斑砂线，影响混凝土表观质量	1. 整个内胆安装和拆卸一次性起吊，减少吊装操作次数，节约工期，降低安全风险； 2. 简化模板安装和拆卸工作程序，提高现场作业人员工作效率； 3. 顶部拉杆可反复利用，减少材料损耗； 4. 接缝处由压缩支座调整，模板拼接严密，混凝土表面平整光滑
工作效率	1. 模板吊装加固1天； 2. 模板拆除0.75天； 3. 预埋拉杆孔洞修补1天； 4. 模板维护清理0.5天	1. 模板吊装加固0.5天； 2. 模板拆除0.5天； 3. 模板维护清理0.5天
劳动力配置	模板队伍：15人	模板队伍：10人
设备配置	30 t门式起重机一台	30 t门式起重机一台

表2 成本分析

项目	单块拼装组合式内模（传统施工工艺）					整体收支式内胆模板（创新施工工艺）				
	数量（人/台）	单价（元）	时间（天）	总价（元）	备注	数量（人/台）	单价（元）	时间（天）	总价（元）	备注
人工费（模板工）	15	500	3.25	24 375	国外人工费较高	10	500	1.5	7 500	国外人工费较高
机械费（30 t门机）	1	5 000	2.75	13 750	模板吊装、加固和孔洞修补均需要用到门机	1	5 000	1	5 000	模板吊装、加固需要用到门机
合计				38 125	传统施工工艺单次标准层模板装拆费用				12 500	创新施工工艺单次标准层模板装拆费用

按照74个沉箱296层标准层计算：

传统施工工艺：38 125×296＝11 285 000（元）

创新施工工艺：13 750×296＝3 700 000（元）

两方案对比节约：14 060 000－4 070 000＝7 585 000（元）

6 结论

在数量较多且体积较大的沉箱预制施工中采用整体收支式内胆模板作为施工工艺，能最大限度地压缩模板起吊、安装、拆卸和拉杆安装的时间，整装整拆不但降低了人工和机械台班的成本，而且保证了混凝土表面的平整度和垂直度。无须在沉箱的内外墙埋设预埋栏杆,即不存在拉杆的孔洞修补工序,保证了沉箱的完整性和耐久性,值得类似工程借鉴和参考。

参考文献

[1] 孙训方,方孝淑,关来泰. 材料力学(Ⅰ)[M]. 北京:高等教育出版社,2009:97-143.
[2] 韩裕江,陈宣东. 重力式码头大体积沉箱的预制和安装[J]. 港工技术与管理,2004(4):17-20.
[3] 彭光建. 大型沉箱模板的施工技术研究[J]. 中国水运,2018(3):63-64.
[4] 中华人民共和国交通运输部. 水运工程质量检验标准:JTS 257—2008[S]. 北京:人民交通出版社股份有限公司,2000.
[5] 中华人民共和国交通运输部. 码头结构施工规范:JTS 215—2018[S]. 北京:人民交通出版社股份有限公司,2018.
[6] 中华人民共和国交通运输部. 水运工程钢结构设计规范:JTS 152—2012[S]. 北京:人民交通出版社股份有限公司,2012.

护面块体可视化安装设备选型对比分析

吴多贵[1,2]，王 导[1,2]

(1. 中国港湾西部非洲区域公司,科特迪瓦阿比让 06BP6687；
2. 中交四航局第三工程有限公司,广东湛江 524005)

摘 要：护面块体 ACCROPODE™ Ⅱ 型块体强健性好、消浪性好、稳定性强,可单层施工,应用非常广泛。随着港口工程的发展,护面块体的安装标准也越来越严格。根据加纳特码新集装箱码头工程项目护面块体安装的经验,对比不同的可视化安装系统、履带式起重机和履带式挖掘机安装设备等,为今后类似项目护面块体可视化安装设备选型提供经验借鉴。

关键词：护面块体；可视化安装；设备选型

1 工程概况

ACCROPODE™ Ⅱ 型护面块体是国内常见的扭王字块的原型——ACCROPODE™ Ⅰ 型护面块体的改进型。Ⅱ 型块体整体造型紧凑,四腿呈 X 形,其上布有棱台状突起,其消能性、强健性和稳定性均优于 Ⅰ 型护面块体,能够实现在单个块体重量比较轻的情况下,通过块体之间的充分连锁达到良好的消浪和抗冲击效果。同时使用 Ⅱ 型护面块体总浇筑方量少于 Ⅰ 型块体,经济性更好。但该型块体对预制安装的要求也更为严格,CLI 企业标准针对护面块体安装提出如下要求：

(1) 安装密度必须达到 95%～105%；
(2) 需单层安装,块体安装后超出设计轮廓线部分不得超过块体厚度的 1/3,且每块块体需与垫层接触；
(3) 块体与块体之间需连锁且不能自由活动；
(4) 任何块体周围的四块需形成"钻石形状"；
(5) 块体之间的空隙以垫层块石不能在外力作用下逃离为控制标准；
(6) 相邻位置的块体安装需采用不同的姿态。

为了满足护面块体的安装质量和进度要求,需要选择合适的可视化安装系统、安装设备,以满足本项目护面块体可视化安装需求。

2 可视化安装系统对比

为了满足 ACCROPODE™ Ⅱ 护面块体的安装质量要求,项目积极对比了国际上较为先进流行的护面块体安装系统,主要有法国 MESURIS 公司开发的可视化安装系统 Posibloc 和英国 Coda Octopus 公司开发的 Echoscope 实时 3D 声呐成像系统,它们的主要区别见表 1。

表 1 Posibloc 系统和 Echoscope 系统对比

序号	对比项目	Posibloc 系统 优点	Posibloc 系统 缺点	Echoscope 系统 优点	Echoscope 系统 缺点
1	价格	全套费用约 255 万元		全套费用约 289 万元	
2	可视化程度	采用模拟三维图像实现可视化	采用虚拟画面模拟,块体实际显示均以脱钩时位置为准,过程如有碰撞移位则无法更新位置	采用声呐成像技术生成三维画面,能够实时动态显示画面,动态跟踪	成像范围根据声呐头位置而变化,最小时仅能显示三至四件护面块体
3	精确度	配备 GPS 系统使用,挖掘机安装系统比履带式起重机安装系统精度要高,据厂家介绍精度可达 15cm 左右	/	在加装 GPS 系统的情况下,可以获得和记录安装块体的 x,y,z 坐标	该产品本身不含 GPS 系统,需额外购买。在无 GPS 辅助的情况下也能单独作业,但仅能借助可视化系统用于块体安装
4	是否可用于理坡	本身含 GPS 及 CMS 系统,能获得吊斗或挖斗的位置,用于理坡	某一时间点只能单独显示吊斗或挖斗位置,不能实时呈现坡面整体外形	在加装 GPS 系统的情况下,可以将 GPS 获取坐标与声呐系统结合获得实时三维抛石面,用于理坡作业,当履带式起重机、履带式挖掘机臂较小时,精度可达 100 mm	如用于理坡,需另外加装 GPS 系统
5	是否可用于测量	/	不能用于测量,如需用于测量,需购买厂家另外一个产品 Geo-Sub,该产品能同时用于陆上、水下地形测量	通过测量控制系统的情况下,声呐系统可用于水下测量,获得水下地形数据	如用于理坡,需另外安装测量系统
6	是否还购买其他辅助产品	不需要	在履带式挖掘机需要使用旋转头情况下,需另外采购该旋转头	/	如用于抛石、理坡和测量,需另外购买其他厂家的 GPS/INS 系统。摄像头需另外加工伸长臂或框架配合履带式起重机或挖掘机使用

在项目业主合同中规定护面块体验收需通过第三方验收和认证,对块体的安装质量要求较高,还需要记录每一个块体的安装坐标,以便于安装完成后,进行密度计算。因此,以可视化程度和精确度为主要考虑因素,项目最终决定采用英国 Coda Octopus 公司

开发的 Echoscope 实时 3D 声呐成像系统进行本项目护面块体安装。Echoscope 可视化安装系统从实时的三维和二维声呐图像上来观察和区分不同的物体,从而使得该系统成为能够满足水下观察和测量任务的理想工具,成为水下护面块体可视化安装的重要工具。Coda Octopus 的 Echoscope 系统主要技术参数如表 2 所示。

表 2　Coda Octopus 的 Echoscope 系统主要技术参数

工作频率	375 kHz（150~600 kHz 根据需求可任选）
接收波束数	128×128——共 16 384 条
测量范围	200 m/660 ft（0 dB 观测）
发射率	依观测范围而变,在 37 m 或以下最大为 20 Hz
分辨率	1 cm
最小测距	1 m
角视场	50°×50°
角分辨率(垂直 & 水平)	>0.5°,相当于 50 cm 于 50 m
重量	空气中 20 kg/44 lb,水下 12 kg/26 lb
尺寸	400 mm×300 mm×100 mm（15″×12″×4″）
功率	24VDC 下 6.5 A, 或 110/240 VAC
耐压水深	600 m

3　安装设备对比

3.1　履带式起重机设备安装

履带式起重机是护面块体安装的常见设备之一,装配 Echoscope 可视化设备在水下可实现护面块体三维实时成像,获取护面块体实时坐标与姿态,实现护面块体互相连锁、姿态及密度可控的精准安装。履带式起重机又因起重能力大,作业半径长,摆动灵活等特点,在大型防波堤、大重量护面块体的安装中具有适用性强、成本低等优势。

Echoscope 系统可安装在履带式起重机和履带式挖掘机两种设备上。对于履带式起重机安装系统,主要由机械系统、定位系统和声呐系统三部分组成。机械系统包括履带式起重机及配套的吊具,负责护面块体的起吊及安装。定位系统包括 GPS 基准站、F180 卫星天线和分体式 GNSS 接收机,负责护面块体坐标位置的及时反馈,以确保安装的精准性。声呐系统包括 Echoscope 声呐、综合单轴旋转器和遥感惯性测量单元(IMU),负责生成实时三维图像以确保安装姿态可控及紧密连锁(见图 1、图 2)。

3.2　履带式挖掘机设备安装

履带式挖掘机是护面块体安装的常见设备之一,本项目履带式挖掘机安装采用 Coda Octopus 厂家的 Echoscope 水下可视化系统与天宝 GPS 实时定位的监测安装技术相结

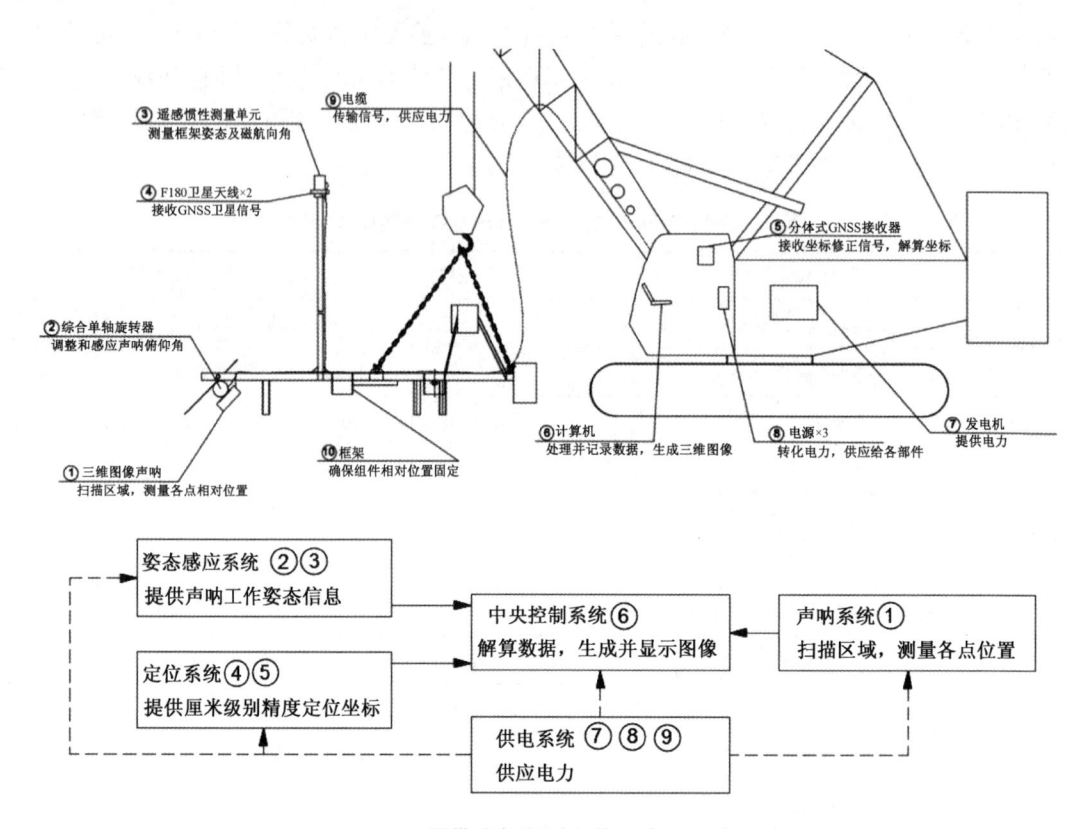

图1 履带式起重机安装系统原理图

图2 履带式起重机现场安装图

合的方式进行水下护面块体辅助安装,Echoscope 提供安装图像信息,Trimble GPS 提供安装坐标信息。本系统具有对护面块体安装进行实时监测的功能。Echoscope 可视化安装系统可以根据实时的二维图像窗口和三维声呐图像进行 3D 块体模拟并安装块体,同时结合天宝 GPS 实时定位监测技术,通过在软件上模拟安装块体的姿态和声呐图像吻合后,在安装软件系统上记录块体安装的位置坐标。该技术可以和安装系统 3D 模拟块体结合获取坐标,安装完成后,可将安装坐标导出,用于计算块体的安装密度,使 Echoscope 水下可视化系统成为水下护面块体安装的利器。采用履带式挖掘机安装具有效率高、成本较低、受天气影响较小等优势(见图 3、图 4)。

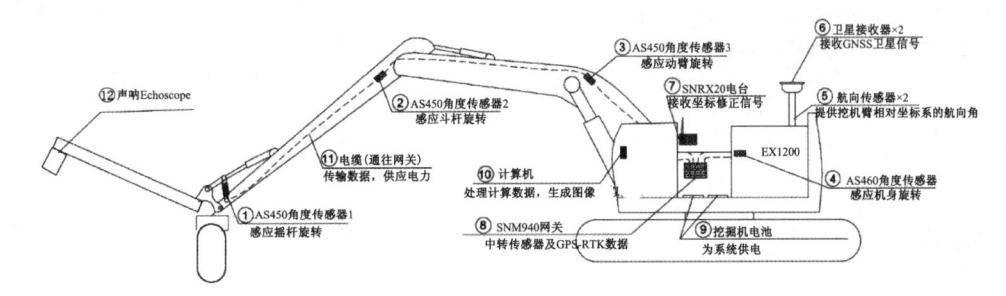

图 3　Echoscope 履带式挖掘机框架系统组成图

图 4　Echoscope 履带式挖掘机现场安装图

3.3　履带式起重机安装与履带式挖掘机安装的对比

本项目采用了徐工 150t 履带式起重机和日立 EX1200 29 m 长臂履带式挖掘机进行护面块体安装,通过本项目实施应用过程,得出两种设备安装工艺对比如表 3 所示。

表 3　履带式起重机与履带式挖掘机安装工艺对比

选项	履带式起重机	履带式挖掘机
安装作业人员	每班需配备 1 名机手,1 名安装技术人员和 4 名起重工,共 6 名	每班需配备 1 名机手,1 名安装技术人员和 2 名起重工,共 4 名
适用水深和作业范围	作业不受水深条件的限制,但受到框架声呐仪和护面块体相对高度的影响,只适用于 -2 m 以下水深区域的安装,不能用于安装水位变动区的护面块体	履带式挖掘机的框架可上下调整角度,可用于安装水位变动区的护面块体,但作业水深受到履带式挖掘机长臂长度的限制,本项目采用的 29 m 长臂履带式挖掘机最大安装水深只能到 -7 m 左右

续表

选项	履带式起重机	履带式挖掘机
作业条件和窗口期	由于履带式起重机桁架在水中易受到风浪的影响,当风浪较大时,桁架摆动较大,人工很难控制其方向垂直于坡面,一般波高大于 1.3 m 时,将极大影响安装	履带式挖掘机本身的桁架与履带式挖掘机臂连接,无须人工进行调整和控制,受风浪影响较小,可作业窗口期较长
工效	平均单日安装 40 件左右,最高可达 50 件/天	平均单日安装 60 件左右,最高可达 80 件/天
经济性	投入人员较多,人工成本较高,设备单个台班费用约 3 600 元/台班	投入人员较少,人工成本较低,设备单个台班费用约 4 200 元/台班
安全性	需要人工通过尼龙绳控制框架方向,有时尼龙绳会卡到石头缝或护面块体之间,人工去调整存在较大的风险性,且人工临边作业,作业风险性相对较高	水下无须人工去控制和调整框架和块体姿态,作业安全性较高
姿态调整	姿态只能通过人工牵引尼龙绳调整框架和块体之间的碰撞进行调整,姿态调整较为困难,效率低,且块体间碰撞严重则会影响其质量	履带式挖掘机装配有液压旋转头,可通过液压油管控制旋转头旋转实现其姿态调整,旋转头可旋转 360°,姿态调整较为便捷,效率高
脱钩	通过小勾钢丝绳控制自动脱钩器脱钩,在非脱钩状态时,小勾钢丝绳需处于松弛状态,在起吊安装过程中,如机手操作失误,小勾钢丝绳拉近就易导致非人为意愿性脱钩,影响安装效率	履带式挖掘机配备液压旋转头,通过液压油管控制其脱钩,控制性好,不会导致非意愿性脱钩
设备其他作用	履带式起重机可用于防波堤外侧防冲刷层吊抛和其他分项工程吊装施工	履带式挖掘机可换斗用于理坡

4 结论

本工程应用履带式起重机和履带式挖掘机相结合进行安装,已完成全部 3.5 万件护面块体安装,经过扫描测量验收,块体的点位、姿态、连锁、密度等均能满足 CLI 企业标准的安装要求,平均安装密度达到了 98.5%,满足安装密度必须达到 95%～105% 的要求,安装质量控制良好,已经完成验收和移交(见图 5)。

图 5 护面块体现场安装完成图

通过国际上较为先进流行的护面块体安装系统(法国 MESURIS 公司开发的可视化安装系统 Posibloc 和英国 Coda Octopus 公司开发的 Echoscope 实时 3D 声呐成像系统)在可视化程度、精确度、是否可用于理坡、测量等方面的对比和履带式起重机、履带式挖掘机两种设备在安装作业人员、适用水深和作业范围、作业条件和窗口期、工效、经济性、安全性、脱钩、设备其他作用等方面的对比,可为今后类似项目在投标、施工策划等阶段提供指导和借鉴，为深水防波堤可视化护面块体工效分析、设备选型等提供经验。

参考文献

［1］黄浩枫,李碧波. 履带式起重机装配 Echoscope 可视化设备在护面块体安装中的应用[J]. 华南交通工程技术,2018,21(2)：6-10.

［2］周环宇,吴多贵. 护面块体创新型移除装置在深水防波堤中的应用[J]. 华南交通工程技术,2018,21(2)：22-26.

［3］陈新,陶晓霞,吴多贵. 无掩护海域水下护面块体安装质量控制方法[J]. 华南交通工程技术,2018,21(2)：50-54.

［4］汪楚亮,李金保. 无掩护海域水位变动区 ACCROPODE™ Ⅱ 护面块体安装技术研究[J]. 华南交通工程技术,2018,21(2)：11-16.

轻量型水下整平机的制造

吴新龙[1,2]，付 飞[1,2]

(1. 中国港湾西部非洲区域公司，科特迪瓦阿比让 06BP6687；
2. 中交四航局第三工程有限公司，广东湛江 524005)

摘 要：基床整平是重力式码头施工中的关键工序，其精度直接影响后续预制构件的安装精度，结合加纳特码新集装箱码头工程项目沉箱基床整平施工中轻量型整平机的应用及自主制造的实例，介绍轻量型整平机的主要结构、功能以及制造经验。

关键词：重力式码头；基床整平；轻量型整平机；制造经验

1 前言

加纳特码新集装箱码头项目在重力式码头基床施工中，使用轻量型水下液压整平机进行水下整平施工，取代了传统的人工整平，实现了施工工艺的突破性创新。项目部自主研发制造的轻量型水下整平机，结合项目实际进行制造，是公司首台轻量型水下整平机，被成功应用于加纳项目基床整平施工中。实践证明，项目部轻量型水下整平机的制造，提高了施工效率，降低了安全风险，节省了大量成本，提高了整平精度，保证了施工质量，为项目实施的节点目标提供了有力保障(图1)。

图 1 整平机施工

2 制造背景

加纳特码新集装箱码头项目位于非洲西部，加纳南部沿海，濒临几内亚湾的北侧，位于特码港现有泊位西侧。本项目设计 4 个 15 万 t 级集装箱码头泊位，码头岸线总长

1 400 m，基床打夯完成后，采用二片石和 10～31.5 mm 级配碎石进行整平，基床整平面积约为 2.4 万 m²，整平方量约 8 000 m³（见图 2），整平施工任务繁重。

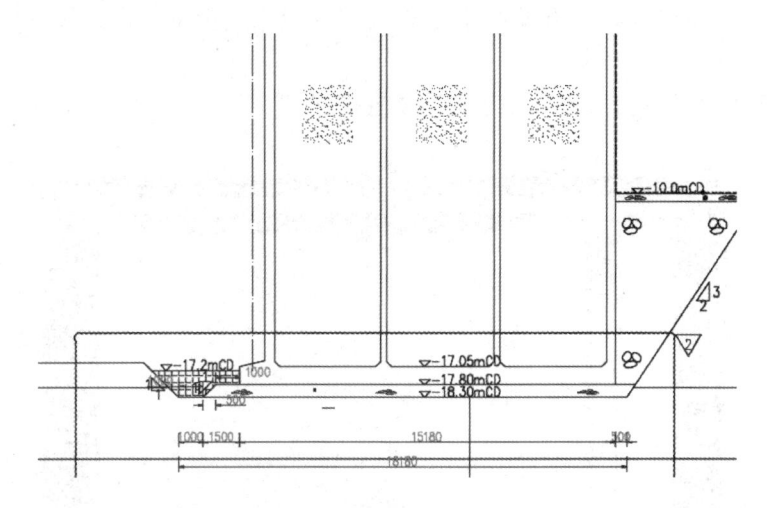

图 2　沉箱基床典型断面图（单位：mm）

3　制造工艺

本轻量型水下整平机主要由钢结构框架、布料行走机构、液压系统、电气系统等模块组成，制造流程如图 3 所示。

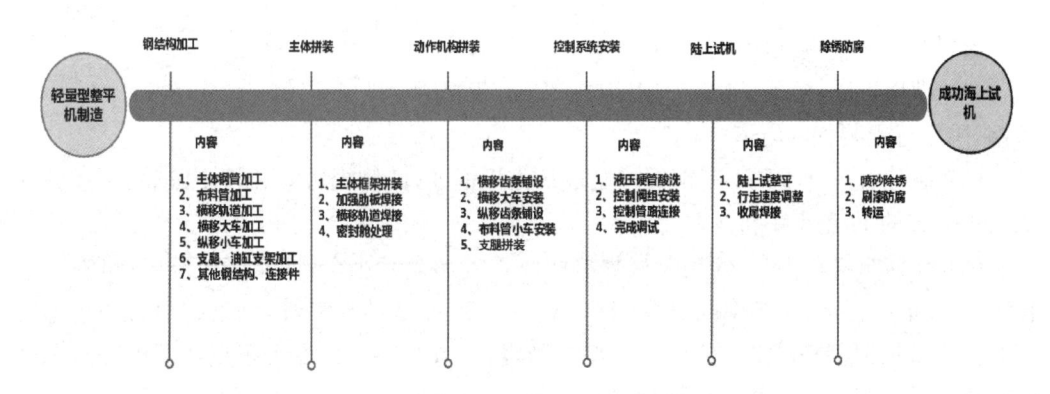

图 3　整平机制造工艺流程

4　系统组成及功能简介

4.1　钢结构主体

（1）框架：整平机主体为 6 根长 11.5 m，外径 1 m，壁厚 14 mm 的钢管由法兰连接而成的长方形结构，长边两条钢管，短边一条钢管。

（2）密封舱：一侧长边设置 3.5 m 长的密封空间，并在外侧斜向上开一个 φ650 mm 的人孔，使用法兰盖密封，用于放置集成阀组。

(3) 进、排水口：每条钢管中央开一个 φ600 mm 圆孔，短边的 1 个圆孔在外侧斜向下开启，长边的 2 个圆孔在正下方向下开启，合理控制进水。

(4) 排气孔：长边两端上方设置排气阀门，可在下水过程中进行排气，也可作为进气孔在起吊过程中增加浮力。

(5) 两条短边两端开方形孔用于安装油缸支腿。

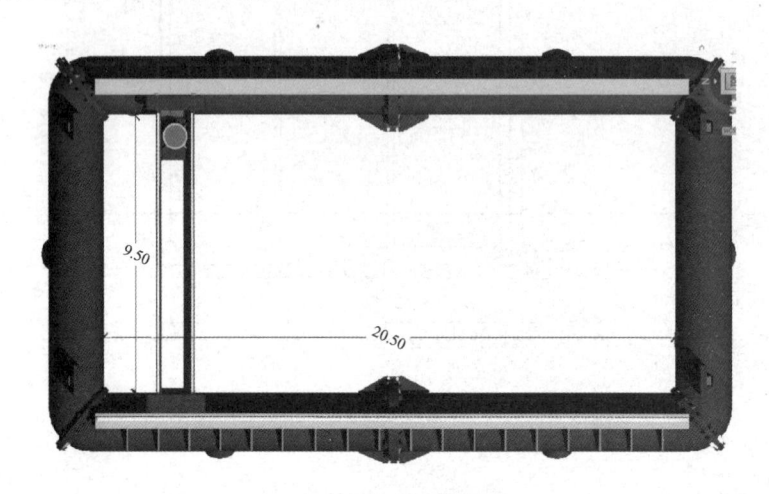

图 4　整平机框架概念图

4.2　布料行走机构

布料行走机构俯视图如图 5 所示。

(1) 横移轨道：两条长边上方焊接长 22 m，规格为 255 mm×250 mm×14 mm 的 H 型钢，用作行走装置的轨道。

(2) 横移大车：使用 H 型钢焊接制成长方形框架，两侧短边安装行走滚轮，可在整平机长边上方的 H 型钢中行走。

(3) 纵移布料管小车：使用钢板焊接而成长方形盒状小车，四角安装滚轮，可在大车长边 H 型钢中行走；小车中间贯穿 φ800 mm×2 m 的基础布料管，基础布料管与小车的相对位置可根据整平高度与支腿行程综合判定；上方布料管长度可根据实际施工水深进行选择，采用法兰连接，便于拆卸运输。

(4) 料斗：料斗与布料管分开加工，采用直径 φ650 mm 钢管，料口开口 2 m×1.5 m，整平机着稳基床后将料斗插入布料管进行给料。

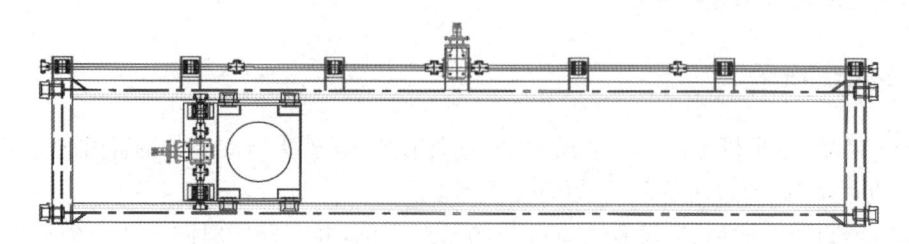

图 5　布料行走机构俯视图

4.3 传动机构

传动机构采用齿轮齿条传动的形式。

(1) 横向齿轮齿条传动机构

横向齿轮齿条传动机构由安装在整平机两条长边的 H 型钢上的两套齿轮齿条及安装在横移大车一侧的传动轴、轴承座及联轴器组成。

单根横向驱动齿条均由 11 根 1.884 m 的标准齿条以及 2 根 0.387 m 的横向端部齿条(左右各 1 根)组成,单根总长 21.5 m,两根齿条中心线纵向间距 10.3 m。

(2) 纵向齿轮齿条传动机构

纵向齿轮齿条传动机构由安装在横移大车 H 型钢上的两套齿轮齿条以及安装在纵移小车一侧的传动轴、轴承座及联轴器组成。

两根纵向驱动齿条分别安装在布料斗安装架左右两根纵梁上部,单根纵向驱动齿条均由 5 根 1.884 m 的标准齿条以及 2 根 0.29 m 的纵向端部齿条(左右各 1 根)组成,单根总长 10 m,两根齿条中心线纵向间距 1.5 m。

(3) 选材及参数

纵向齿轮齿条与横向齿轮齿条的尺寸及性能参数完全一致,具备通用互换性。

齿条:模数 m=12,齿宽 40 mm,齿条总高 50 mm;

齿轮:模数 m=12,齿数 z=12,齿宽 50 mm,齿轮总宽 80 mm。

齿轮及齿条均采用 40Cr 材质,调质处理,齿面淬火,以保证齿条及齿轮的强度、表面硬度及耐磨性。

齿条设计有定位孔,通过螺栓连接固定于整平机的滚轮轨道上,安拆维修更加便捷。

在齿轮与驱动减速机之间,安装有传动轴。为了保证加工的便捷性以及安装的方便性,采用多根传动轴组合的形式,横移传动轴为 4 根,单根传动轴长度为 2.43 m,纵移传动轴为 2 根,单根传动轴长度为 0.47 m。传动轴直径为 60 mm,材质采用 45# 钢材,调质处理,以保证传动轴的扭转强度。

传动轴之间,以及传动轴与减速机输出轴之间,均采用轴向法兰连接,为了避免传动轴的轴向窜动,传动轴与法兰之间采用圆螺母进行轴向固定。传动轴及法兰盘能够保证减速机与齿轮之间扭矩的顺利传输。

为了保证传动轴的刚度,在传动轴上安装有轴承座,对传动轴起支撑作用,有效减小了传动轴的长细比,提高了传动轴刚度,延长了其使用寿命。

4.4 液压马达减速机驱动机构

整平机布料装置的横向及纵向移动由完全一样的两套液压马达减速机驱动机构组成,具备通用及互换性。

减速机采用双输出轴斜齿——螺旋锥齿轮减速机,具备外形尺寸紧凑、输出扭矩大的特点,速比为 18.9,所能承受的最大输出扭矩为 4 600 N·m。机身壳体采用全密封设计,避免海水进入机身内部齿轮箱以及齿轮箱内润滑油外溢而污染海水。

液压马达选用 OMS200 型摆线大扭矩齿轮马达,所能承受的最大转速为 380 r/min,

最大工作压力为 25 MPa。在本水下整平机中,该马达的设计转速为 76 r/min,设计工作压力为 16 MPa。

4.5 油缸支撑系统

整平机支腿油缸固定端与短边上的门型支撑架相连接,活塞杆一端则与方管形支腿相连接,通过分别控制四个支腿的伸缩实现整平机的升降及找平。

活塞杆采用不锈钢材质,该油缸为水下作业专用油缸,用于整平机底盘框架的顶升及调平作业。4 条支撑油缸活塞杆杆径 φ80 mm,缸径 φ110 mm,行程 1 m,所承受的工作压力为 25 MPa,实验压力为 36 MPa,单个油缸所能承受的最大负载 23 t。在每个油缸附近安装分别安装 1 个平衡阀,以保证油缸负载的稳定性。

4.6 密封舱集成阀组

为了减少安装在平板驳上的液压泵站与整平机之间的液压软管,将水下作业的液压马达和支撑油缸的电磁换向阀组合安装在 1 个阀组箱内(一共 6 片电磁换向阀,支撑油缸 4 片,液压马达 2 片),将该阀组箱安装在整平机长边内的密封舱中。

在密封舱内部除了由 6 片电磁换向阀组成的集成阀组外,还安装有 1 套水平传感器,在安装时保证该水平传感器的原始安装位置与整平机底盘保持平行状态,通过该水平传感器检测到的信号确认整机的水平及倾斜状态,进而为 4 条支撑油缸的调整提供指导依据。

图 6 集成阀组图

4.7 液压硬管及软管

从密封舱管壁引出 8 根油管分别连接 4 个支撑油缸,由于向度位置固定,使用液压硬管固定在一条长边及两条短边的管壁上,连接位置使用较短的液压软管。

从密封舱管壁引出 4 根液压软管分别连接 2 套液压马达,由于作业中相对位置变化,该 4 根液压软管的长度参考最远相对距离,取 25 米。并在该 4 根液压软管上配备悬挂浮球,以保证该 4 根液压软管始终处于伸展且上浮状态,避免在液压马达靠近密封舱时,液压软管出现堆集、缠绕以及挂断等问题。液压油管清单见表 1。

表 1 液压油管清单

序号	使用位置	种类	数量	长度	备注
1	泵站—密封舱管壁	液压软管	2 条	40 m	主进/回油管
2	泵站—密封舱管壁	液压软管	1 条	40 m	电缆防护
3	密封舱管壁—阀组	液压软管	2 条	0.6 m	主进/回油管
4	阀组—密封舱管壁	液压软管	4 条	0.6 m	油缸进/回油管

续表

序号	使用位置	种类	数量	长度	备注
5	阀组—密封舱管壁	液压软管	4条	2 m	油缸进/回油管
6	阀组—密封舱管壁	液压软管	4条	25 m	马达进/回油管
7	长边管壁	液压硬管	4条	11 m	油缸进/回油管
8	长边管壁	液压硬管	4条	9 m	油缸进/回油管
9	液压硬管—油缸平衡阀	液压软管	8条	1.8 m	油缸进/回油管
10	密封舱管壁—硬管	液压软管	8条	0.4 m	油缸进/回油管
11	短边管壁	液压硬管	4条	9 m	油缸进/回油管

4.8 液压泵站

液压泵站置于平板驳上,由液压泵、驱动电机、液压油箱、油压表、控制阀组以及泵站框架组成,为整平机的液压马达及支撑油缸提供液压动力源。

本水下整平机液压泵站采用14cc液压泵+7.5 kW(380 V,50 Hz)电机作为液压动力源,泵站电机由平板驳上的发电机提供电源。同时在该泵站内还安装有1个24 V直流电源,为便携式手提操作箱提供控制电源。

4.9 操作箱

本水下整平机配备便携式手提操作箱。操作箱控制面板主要由启停按钮、液压马达控制手柄、支撑油缸控制手柄以及显示屏组成,见表2、图7。

表2 控制面板组成表

元件名称	数量	功能	备注
起/停按钮	2个	控制整平机的启停作业,停机断电,对整机进行有效保护	
液压马达控制手柄	2个	控制液压马达的正反转及驻车作业	两个手柄分别单独控制,不能联动作业
支撑油缸控制手柄	4个	控制支撑油缸的升降及驻车作业	四个手柄分别单独控制,不能联动作业
行走时间显示屏	2个	显示液压马达的单次作业时间	
状态显示屏	1个	显示倾角传感器检测到的水平状态,以保证整平机的水平作业状态	
控制切换旋钮	1个	支撑油缸手柄和布料马达手柄的选择切换,保证油缸操作和马达操作互锁,无法同时进行	
显示灯	7个	显示操作箱及手柄通电状态	

图 7　控制面板

4.10　其他

（1）调压阀

本齿轮齿条传动机构设计横纵向移动速度均为 1.8 m/min，即齿轮转速 4 r/min，实际使用中需要调整行走速度以实现更好的整平效果。在液压马达位置安装调压阀，能有效调节进液压油压力，实现速度控制。

（2）料位监控装置

整平过程需要看料并及时补料，在布料管设置空料自动报警机械装置，在料位降到设定位置时布料管顶部警示装置会做出相应动作，提醒操作人员进行补料。省去人工探料的过程。

5　总结与思考

5.1　控制系统优化

（1）从安装在平板驳上的液压泵站以及电控柜到密封阀组一共只有 3 根软管，其中 2 根作为 1 进 1 回的液压管路，另外 1 根作为控制电缆的防护软管，管路布置清晰合理，避免工程船与整平机之间大量的软管连接。

（2）平衡阀与液压油缸一体化，省去多余的软管连接，减少油管破裂影响施工的概率。

（3）密封舱里只安置分配控制阀组，控制电路主体部分置于平板驳上，电路故障时只需在平板驳上进行维修，无须起吊整平机。

5.2　强度保证

（1）由于布料过程中石料下降时布料管的受力状态变化，作业时整平机整体会出现一定程度的颤动,作为整平机的主体框架,6条钢管必须要保证有足够的强度,在管内间隔焊接加强肋板,提高整体稳定性。

(2) 大车行走轨道同样是主要受力部位之一,承受大车滚轮的直接压力,要合理布置下方支撑板的间隙,保证无支撑的部位不会向下变形。

5.3 加工控制

(1) 保证关键尺寸:两对齿条的间距。
(2) 大车与小车的两侧行走齿条必须保证平行度,且两侧所有齿都要一一对应。
(3) 保证行走轮轴线与轨道表面的平行度;保证行走轮轴线与轨道立面的垂直度。
(4) 齿轮齿条只作导向作用,不作支撑作用。安装时要控制滚轮与齿轮的高差,保证齿轮齿条留有适当间隙。
(5) 保证布料管与主体框架的垂直度。

目前项目部自主研发制造的整平机已完成24个沉箱位的整平作业,使用时长累计3个月,运行平稳,工作高效,并未出现明显异常。未来项目部将继续跟进整平机施工动态,查漏补缺,逐步完善乃至改进其功能、机制。本项目成功自制整平机以及应用的实例,证明了轻量型整平机的制造以及应用的可能性和实用性,为今后相关重力式码头基床整平施工提供了良好的范例。

参考文献

[1] 张楚才. 液压式水下整平机[J]. 水运工程,1989(9):51-53.
[2] 贺永康. 水下抛石基床整平机研制[D]. 上海:上海海事大学,2003.

国内外斜坡式防波堤越浪量计算方法比较

李社生[1,2]，陈家渺[1,3]

(1. 中国港湾西部非洲区域公司，科特迪瓦阿比让　06BP6687；
2. 中交四航局港湾工程设计院有限公司，广东广州　510290；
3. 广东省海岸与岛礁工程技术研究中心，广东广州　510290)

摘　要：国内外斜坡式防波堤越浪量计算方法不同，选择合适的计算方法较准确地计算与评估斜坡式防波堤越浪量非常必要。依托某海外集装箱码头扩建项目防波堤工程，详细介绍了国内外常用的防波堤越浪量计算方法，并结合2D防波堤越浪量物理模型试验，就各个计算方法计算值与试验结果进行了比较分析。结果发现欧标中EurOtop (2016)在计算斜坡堤越浪量时具有更好的适应性，平均值方法较试验值偏小、设计评估方法较试验值偏大；而美国CEM方法和日本OCDI方法与试验结果相差较大。研究结果可为国内外斜坡式防波堤设计与施工期安全评估提供参考。

关键词：平均越浪量；EurOtop (2016)；CEM；OCDI；斜坡式防波堤

随着社会的发展和科技的进步，自然条件的优劣已不是港口选址的唯一条件。在波浪较大、无掩护区域修建港口时，为改善港内水域的泊稳条件，通常需要修建防波堤，而波浪的越浪是影响港内水域泊稳条件、防波堤结构稳定性以及堤顶行车行人安全的重要因素之一。理论上防波堤堤顶高程足够高时，波浪的越浪是可以完全避免的，但是按照这样的标准设计建造防波堤显然是不经济不合理的。为了研究防波堤结构形式与越浪量之间的关系，国内外学者做了大量的研究。20世纪80年代，Owen根据大量物理模型试验资料推导出不考虑坡面粗糙度防波堤的越浪量计算公式；20世纪90年代，Besley在Owen研究的基础上，针对不同的坡度情况，对Owen公式进行了修正；21世纪初，Van der Meer根据波浪是否破碎分别提出不同的越浪量计算方法，并且综合考虑波向、坡面粗糙度、肩台等因素对越浪量的影响，该公式被TAW手册采用，在欧美国家得到了较为广泛的应用；相关学者通过分析大量物理模型试验结果以及现场观测数据，得出了不同结构形式水深与越浪量的关系曲线，可为设计人员初步计算防波堤越浪量提供参考；1990年，我国专家周家宝等进行了大量的试验研究，提出的平均越浪量公式被《港口与航道水文规范》所采用，应用于国内的防波堤设计中；范红霞在收集和整理大量的国内海堤断面形式数据之后，通过系列模型试验，分析研究了不同结构形式的海堤对越浪量的影响，同时，在前人的研究基础上，提出了新的越浪量计算公式；陈国平根据大量试验资料，运用多元线性回归，采用置信度95%方法，提出了更为简洁的越浪量计算公式；周雅等针对不规则波作用于斜坡堤上的影响因素进行了试验研究，并对现有越浪量公式进行了计算比较；杨克勤等结合实际工程对EurOtop (2016)中平均越浪量计算方法进行了比较分析。越浪量直接关系到防波堤结构安全性和经济性，而且影响越浪量的因素较为复杂，各个计算方法都有一定的适用条件和局限性，同一条件下不同计算方法的计算结果也不尽相同。这必然给计算方法的设计和评估工作造成一定的困惑。因此，针对国内外几种常用的越浪量计算方法的比较研究是十分必要的。本文依托某海外集装箱码头扩建项目防波堤工程,详细介绍了欧洲 EurOtop(2016)、美国 CEM、日本 OCDI 以及国内规范中的越浪量计算方法,将各计算方法的计算结果与 2D 物理模型试验结果进行对比分析与研究,结果表明:在不规则波作用下,EurOtop(2016)中的方法在计算斜坡堤越浪量时具有更好的适应性,研究结果可为类似的斜坡式防波堤设计以及施工期的安全评估提供参考。

1 工程概况

主要建设内容包括 1 400 m 长的码头岸线、3 558 m 长的防波堤、吹填及地基处理约 1.21 km², 港池疏浚 550 万 m³ 等。防波堤的结构形式为斜坡式抛石堤,最大水深约 −16 m。防波堤外侧坡面为 1~2 t 的垫层石及 2 m³ 的 ACCROPODE™ Ⅱ 护面块体,外侧坡脚为 2~5 t 的护面块石结构,工程平面布置见图 1。

工程所在区域主要受 S~SW 向波浪作用,波高在 1~2 m;周期较长,通常在 10~21 s。

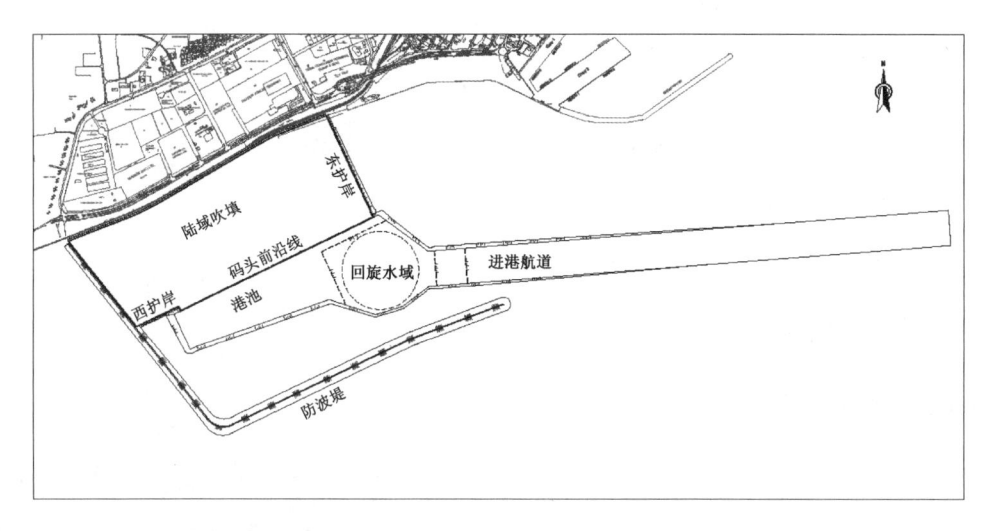

图 1 工程平面布置

2 国内外越浪量计算方法

2.1 欧洲 *EurOtop Manual*(2016)公式

EurOtop Manual(2016)是一本专门针对斜坡式防波堤波浪爬高和越浪量计算的设计手册,该手册基于大量试验数据和实际工程资料统计归纳编写而成,在欧洲的防波堤工程设计中已得到广泛应用。该手册提出的斜坡式防波堤平均越浪量计算公式的基本形式为:

$$\frac{q}{\sqrt{gH_{m_0}^3}} = a\exp\left[\left(-b\frac{R_c}{H_{m_0}}\right)^c\right] \tag{1}$$

式中：q 为越浪量（$m^3 \cdot s^{-1} \cdot m^{-1}$）；$H_{m_0}$ 为谱峰有效波高（m）；R_c 为堤顶距水面高度（m）；a、b、c 为无量纲参数。

EurOtop Manual（2016）根据计算所采用的不同方法，将斜坡式防波堤越浪量计算公式分为两种：平均值方法和设计评估方法。

2.1.1 平均值方法

（1）当波浪破碎参数 $0 \leqslant \xi_{m-1,0} \leqslant 5$ 时，

$$\frac{q}{\sqrt{g H_{m_0}^3}} = \frac{0.023}{\sqrt{\tan\alpha}} \gamma_b \xi_{m-1,0} \exp\left[-\left(2.7 \frac{R_c}{\xi_{m-1,0} H_{m_0} \gamma_b \gamma_f \gamma_\beta \gamma_v}\right)^{1.3}\right] \quad (2)$$

越浪量最大值不超过：

$$\frac{q}{\sqrt{g H_{m_0}^3}} = 0.09 \exp\left[-\left(1.5 \frac{R_c}{H_{m_0} \gamma_f \gamma_\beta}\right)^{1.3}\right] \quad (3)$$

（2）当波浪破碎参数 $\xi_{m-1,0} \geqslant 7$ 时，

$$\frac{q}{\sqrt{g H_{m_0}^3}} = 10^{-0.79} \exp\left[-\frac{R_c}{\gamma_f \gamma_\beta H_{m_0}(0.33 + 0.022 \xi_{m-1,0})}\right] \quad (4)$$

当波浪破碎参数 $5 \leqslant \xi_{m-1,0} \leqslant 7$ 时，采用线性插值的方法求得。

2.1.2 设计评估方法

（1）当波浪破碎参数 $0 \leqslant \xi_{m-1,0} \leqslant 5$ 时，

$$\frac{q}{\sqrt{g H_{m_0}^3}} = \frac{0.026}{\sqrt{\tan\alpha}} \gamma_b \xi_{m-1,0} \exp\left[-\left(2.5 \frac{R_c}{\xi_{m-1,0} H_{m_0} \gamma_b \gamma_f \gamma_\beta \gamma_v}\right)^{1.3}\right] \quad (5)$$

越浪量最大值不超过：

$$\frac{q}{\sqrt{g H_{m_0}^3}} = 0.1035 \exp\left[-\left(1.35 \frac{R_c}{H_{m_0} \gamma_f \gamma_\beta}\right)^{1.3}\right] \quad (6)$$

（2）当波浪破碎参数 $\xi_{m-1,0} \geqslant 7$ 时，

$$\frac{q}{\sqrt{g H_{m_0}^3}} = 10^{-0.50} \exp\left[-\frac{R_c}{\gamma_f \gamma_\beta H_{m_0}(0.33 + 0.022 \xi_{m-1,0})}\right] \quad (7)$$

当波浪破碎参数 $5 \leqslant \xi_{m-1,0} \leqslant 7$ 时，采用线性插值的方法求得。

式中：$\xi_{m-1,0}$ 为波浪破碎参数，$\xi_{m-1,0} = \dfrac{\tan\alpha}{\sqrt{\dfrac{2\pi H_{m_0}}{g T_{m-1}^2}}}$；$H_{m_0}$ 为谱峰有效波高（m）；R_c 为堤顶距水面高度（m）；α 为斜坡堤坡度；γ_b 为防波堤肩台影响系数；γ_f 为防波堤面层粗糙度影响系数；γ_β 为波向影响系数；γ_v 为防波堤断面综合影响系数。

不论是平均值方法还是设计评估方法，EurOtop（2016）公式主要以谱峰有效波高 H_{m_0}、堤顶距水面高度 R_c、斜坡堤坡度 α 以及波浪破碎参数 $\xi_{m-1,0}$ 为基本变量，综合考虑

了波浪浪向、防波堤肩台、堤面粗糙度以及断面综合影响等因素。同时,当波浪破碎系数较小时,为防止出现不符合实际的情况引入了平均越浪量最大限值公式,使得公式具有更好的适用性。综合看,EurOtop(2016)公式考虑的因素相对比较全面,适用于各种防波堤断面及波浪条件。

2.2 美国 CEM 公式

美国 *Coastal Engineering Manual* 中推荐采用 Van der Meer 和 Janssen(1995)公式对无挡浪墙的斜坡式防波堤越浪量进行计算。

(1)当波浪破碎参数 $\xi_{op} < 2$ 时,

$$\frac{q}{\sqrt{g H_s^3}} \sqrt{\frac{s_{op}}{\tan\alpha}} = 0.06 \exp\left(-5.2 \frac{R_c}{H_s} \frac{\sqrt{s_{op}}}{\tan\alpha} \frac{1}{\gamma_r \gamma_b \gamma_h \gamma_\beta}\right) \tag{8}$$

(2)当波浪破碎参数 $\xi_{op} > 2$ 时,

$$\frac{q}{\sqrt{g H_s^3}} = 0.2 \exp\left(-2.6 \frac{R_c}{H_s} \frac{1}{\gamma_r \gamma_b \gamma_h \gamma_\beta}\right) \tag{9}$$

式中:ξ_{op} 为波浪破碎参数,$\xi_{op} = \dfrac{\tan\alpha}{\sqrt{\dfrac{2\pi H_s}{g T_p^2}}}$;$s_{op}$ 为深水波波陡数,$s_{op} = \dfrac{2\pi H_s}{g T_p^2}$;$H_s$ 为堤脚处有效波高;R_c 为堤顶距水面高度;α 为斜坡堤坡度;γ_r 为表面粗糙度系数;γ_b 为肩台宽度影响系数;γ_h 为浅水影响系数;γ_β 为波向影响系数。

美国 CEM 公式中无挡浪墙的斜坡式防波堤越浪量的计算公式主要以堤脚处有效波高 H_s、深水波波陡 s_{op}、堤顶距水面高度 R_c、斜坡堤坡度 α 为基本因子,考虑了斜坡堤表面粗糙度、防波堤肩台、波浪浪向以及波浪在防波堤前的浅水变形等影响因素。CEM 公式认为当波浪破碎参数 $\xi_{op} > 2$ 时,防波堤的平均越浪量与堤脚处有效波高、堤顶距水面高度等因素相关,而与斜坡堤的坡度和波浪周期没有关系,即未考虑斜坡堤坡度和波浪周期对越浪量的影响,因此,在斜坡堤越浪量计算影响因素方面具有一定的局限性。

2.3 日本 OCDI 公式

日本港口技术标准 *Technical Standards and Commentaries for Port and Harbor Facilities*(OCDI)基于大量物理模型试验和现场观测结果,绘制了不同结构形式的防波堤越浪量计算图表,通过查图表确定防波堤的越浪量。

OCDI 标准中针对斜坡式防波堤越浪量的计算主要考虑了波浪和水深条件,根据不同的波浪水深条件绘制不同的越浪量曲线图,见图 2。该计算方法未考虑防波堤的坡度、面层的粗糙度、护面块体的类型、波浪浪向等因素。同时,该图表仅适用于特定的 $\dfrac{H'_0}{L_0}$,即特定的等效深水波波高与深水波波长比值,因此该方法的适用性不强,仅可用于资料匮乏时越浪量的初步评估。

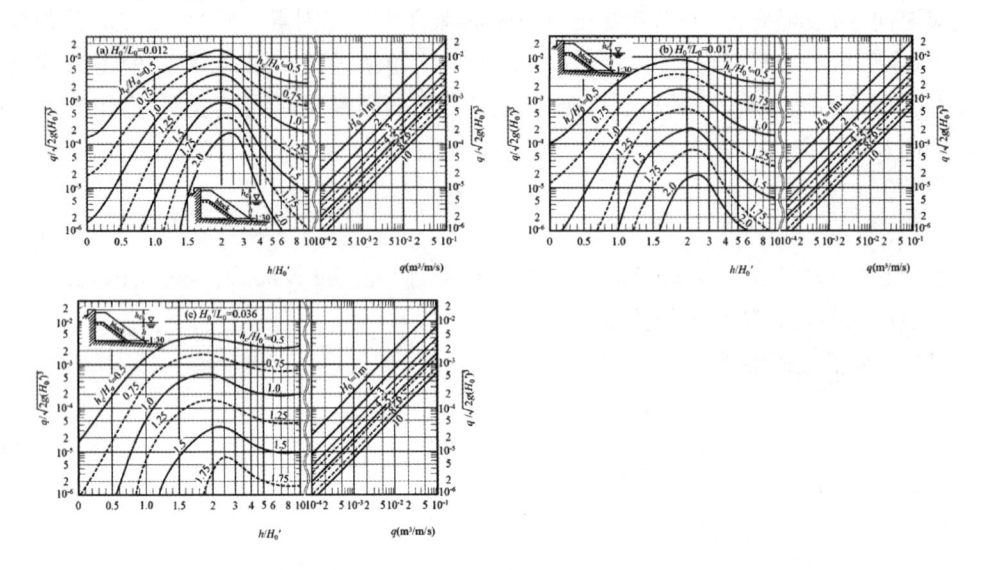

图 2　OCDI 标准中斜坡堤越浪量曲线图（海床坡度为 1/30）

2.4　国标 JTS 145—2015《港口与航道水文规范》

《港口与航道水文规范》中根据斜坡堤有无胸墙采用不同的计算公式，当斜坡堤无胸墙时，按下式计算：

$$Q = AK_A \frac{H_{1/3}^2}{T_P} \left(\frac{H_c}{H_{1/3}}\right)^{-1.7} \left[\frac{1.5}{\sqrt{m}} + \text{th}\left(\frac{d}{H_{1/3}} - 2.8\right)^2\right] \ln\sqrt{\frac{gT_P^2 m}{2\pi H_{1/3}}} \tag{10}$$

式中：Q 为单位时间单位堤宽度的越浪量[m³/(s·m)]；A 为经验系数，按表 1 选用；K_A 为护面块结构影响系数，按表 2 选用；$H_{1/3}$ 为有效波波高(m)；T_P 为谱峰有效周期(s)；H_c 为堤顶在静水面以上的高度(m)；m 为斜坡坡度系数，斜坡坡度系数为 1：m；d 为建筑物前水深(m)；g 为重力加速度(m/s²)。

当斜坡堤有胸墙时，按下式计算：

$$Q = 0.07^{H_c'/H_{1/3}} \exp\left(0.5 - \frac{b_1}{2H_{1/3}}\right) BK_A \frac{H_{1/3}^2}{T_P} \left[\frac{0.3}{\sqrt{m}} + \text{th}\left(\frac{d}{H_{1/3}} - 2.8\right)^2\right] \ln\sqrt{\frac{gT_P^2 m}{2\pi H_{1/3}}} \tag{11}$$

式中：Q 为单位时间单位堤宽度的越浪量[m³/(s·m)]；H_c' 为胸墙墙顶在静水面以上的高度(m)；$H_{1/3}$ 为有效波波高(m)；b_1 为胸墙前肩宽(m)；B 为经验系数，按表 1 选用；K_A 为护面块结构影响系数，按表 2 选用；T_P 为谱峰有效周期(s)；m 为斜坡坡度系数，斜坡坡度系数为 1：m；d 为建筑物前水深(m)；g 为重力加速度(m/s²)。

该公式的适用范围为：$2.2 \leqslant \frac{d}{H_{1/3}} \leqslant 4.7$；$0.02 \leqslant \frac{H_{1/3}}{L_{po}} \leqslant 0.10$；$1.5 \leqslant m \leqslant 3.0$；其中经验系数 A、B 以及护面块结构影响系数 K_A 根据表 1 和表 2 选取。

表1 经验系数 A、B

m	1.5	2.0	3.0
A	0.035	0.060	0.056
B	0.60	0.45	0.38

表2 护面块结构影响系数 K_A

护面结构	混凝土板	抛石	扭工字块体	四脚空心方块
K_A	1.0	0.49	0.40	0.50

《港口与航道水文规范》中关于越浪量计算公式的使用条件有严格的规定,而在许多实际工程应用中,往往不能满足该公式的适用条件,也就意味着无法使用该公式计算与评估防波堤的平均越浪量。当波浪条件或者断面参数不满足上述要求时,国标规范尚无可用的越浪量计算方法和具体计算公式。为此,在国内的防波堤设计中,通常需通过物理模型试验来确定越浪量的大小,而物理模型试验需要耗费大量的人力物力资源,是极为不经济的一种做法。

3 物理模型试验

3.1 试验概况

本依托工程在河海大学风浪水槽中进行了 2D 物理模型试验研究,水槽长 80 m、宽 1 m、高 1.5 m。水槽一端安装推板式不规则波造波机,另一端设置消浪设施,水槽纵向分为两部分,每部分宽 0.5 m,一部分用于铺设试验断面,另一部分用以消除波浪的二次反射。该系统能由计算机自动控制产生所要求模拟的波浪要素,试验采用不规则波,波谱为 JONSWAP 谱,试验典型断面见图 3。

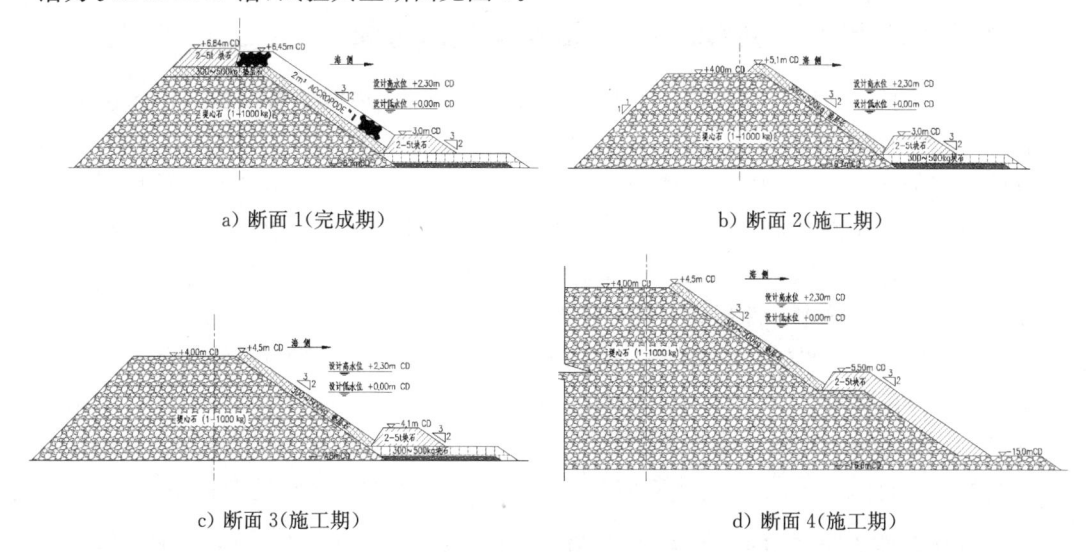

a) 断面1(完成期)　　b) 断面2(施工期)

c) 断面3(施工期)　　d) 断面4(施工期)

图3 典型断面

试验模型按照重力相似、几何相似准则设计,几何比尺为1∶30。根据不同的水位、波浪要素分别进行了12组试验,每组试验重复3次,取最大值作为试验的结果。

3.2 试验结果

从2D物理模型试验结果,可以得出以下结论:(1)相同水位及波浪条件下,波高越高防波堤越浪量越大。(2)相同水位及波高条件下,周期越长则防波堤的越浪量越大。(3)通过对比相同水位、波高,不同波周期与相同水位、波周期,不同波高时的试验结果,发现越浪量对波高的敏感度明显高于对波周期的敏感度。试验参数及结果见表3。

表3 2D物理模型越浪量试验参数及结果

断面	组次	水位(m)	H_{m_0}(m)	波周期(s)	平均越浪量(L/(s·m))
断面1 (完成期)	1	2.0	1.4	16	0.00
	2	2.3	2.1	17	0.00
	3	2.3	3.3	17	4.23
断面2 (施工期)	4	1.6	1.7	16	0.46
	5	1.6	1.7	6	0.00
	6	1.6	1.9	16	3.88
断面3 (施工期)	7	1.6	1.7	16	2.30
	8	1.6	1.7	6	0.64
	9	1.6	1.9	16	3.83
	10	1.6	1.9	6	0.73
断面4 (施工期)	11	1.6	1.7	16	8.03
	12	1.6	1.7	6	2.90

4 规范公式计算值与物理模型试验结果比较分析

图4为各种不同计算方法得出的越浪量计算值与2D物理模型试验的试验值对比(由于本工程的水深波浪条件超出了国标规范中所规定的要求,国标所列公式并不适用,因此没有国标计算值与试验值的对比情况)。从上述各种方法的计算值和试验值对比图中可以看出:(1)欧洲 *EurOtop Manual* (2016)公式的计算结果与物理模型试验结果的趋势吻合性较好,美国CEM方法的计算结果与试验值吻合性一般,日本的OCDI方法计算结果与试验结果的吻合性最差。(2)在欧洲 *EurOtop Manual* (2016)方法中,方法1平均值方法的计算结果较试验值普遍偏小,方法2设计评估方法的计算结果较试验值普遍偏大。(3)在美国CEM计算中,出现了个别计算值与试验值相差较大的情况(图中圈出来的点),这是由于当波浪破碎参数 $\xi_{op} > 2$ 时,该方法未考虑波浪周期对越浪量的影响而造成的。(4)日本OCDI方法计算值与试验值相差较大的原因可能有以下几方面:首先,OCDI中的图表仅适用于特定的 $\dfrac{H'_0}{L_0}$ 值,在采用该图表时会有较大偏差;其次,OCDI

中未考虑防波堤面层的粗糙度、坡度、浪向等因素的影响；因此在采用OCDI方法时，需更为谨慎。

a) EurOtop（2016）平均值方法

b) EurOtop（2016）设计评估方法

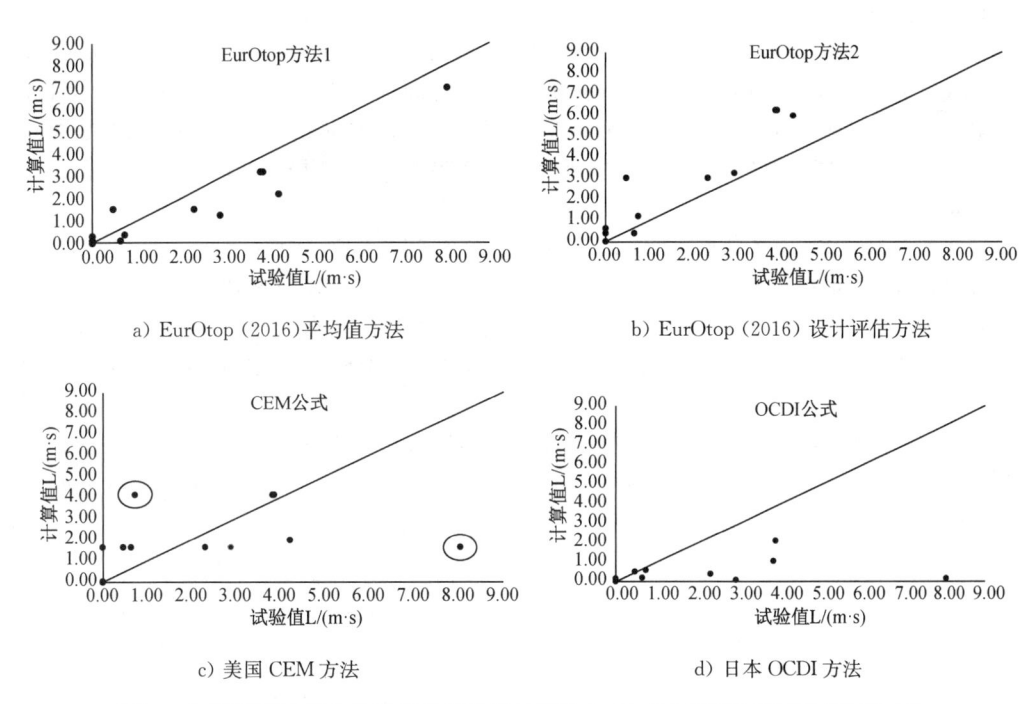

c) 美国CEM方法

d) 日本OCDI方法

图4　各种不同计算方法得出的越浪量计算值与2D物理模型试验的试验值对比

5　结语

（1）*EurOtop Manual*（2016）方法的计算结果与试验值比较吻合，表明该方法能较准确地估计斜坡式防波堤的越浪量；美国CEM方法中当波浪破碎参数 $\xi_{op} > 2$ 时未考虑周期对越浪量的影响，应用该方法计算时容易出现畸点，在应用时需特别注意；日本OCDI方法计算结果和试验值相差较大，在选择使用OCDI公式计算时需慎重考虑。

（2）*EurOtop Manual*（2016）中平均值方法的计算结果较试验值偏小，在防波堤施工期等短暂工况中，可采用此方法对防波堤的越浪量进行估计，既能保证防波堤的安全性，又能防止过大的安全富余造成不必要的过度设计；EurOtop（2016）中设计评估方法的计算结果较试验值偏大，在防波堤永久结构的设计中可采用此方法，确保结构的安全性和稳定性。

（3）国标的计算方法具有严格的适用条件，不能适用所有工况下的越浪量计算，极大地限制了公式的适用范围，因此在国标适用条件之外，推荐采用EurOtop（2016）方法对防波堤的越浪量进行估计。

参考文献

[1] Owen M W. Design of seawalls allowing for wave overtopping[R]. Wallingford：Hydraulics

research station, 1980.

[2] Ciria, Cur, Cetmef. The rock manual: The use of rock in hydraulic engineering 2nd edition[M]. London: Ciria, 2007.

[3] Meer V D, Allsop N W H, Bruce T, et al. EurOtop II Manual on Wave Overtopping of Sea Defences and Related Structures. An Overtopping Manual Largely Based on European Research, But for Worldwide Application[R]. Deflt: Technical Advisory Committee on Flood Defence, 2016.

[4] 中华人民共和国交通运输部. 港口与航道水文规范: JTS 145—2015 [S]. 北京: 人民交通出版社股份有限公司, 2015.

[5] 范红霞. 斜坡式海堤越浪量及越浪流试验研究[D]. 南京: 河海大学, 2006.

[6] 陈国平, 王铮, 袁文喜, 等. 不规则波作用下波浪爬高计算方法[J]. 水运工程, 2010(2): 23-30.

[7] 陈国平, 周益人, 严士常. 不规则波作用下海堤越浪量试验研究[J]. 水运工程, 2010(3): 1-6.

[8] 周雅, 林登荣, 李庆银, 等. 不规则波作用下斜坡堤越浪量试验研究[J]. 水道港口, 2016(4): 331-335.

[9] 杨克勤, 路卫卫. 国内外斜坡式海堤平均越浪量计算方法的对比分析[J]. 水运工程, 2014(6): 17-20.

[10] US Army Corps of Engineers. Coastal engineering manual[R]. Washington: US Army Corps of Engineers, 2002.

浅析码头橡胶护舷的优化设计

尹春辉[1,2]，贺军[1,3]

(1. 中国港湾西部非洲区域公司，科特迪瓦阿比让　06BP6687；
2. 中交四航局港湾工程设计院有限公司，广东广州　510290；
3. 中交二航局第二工程有限公司，重庆　401121)

摘　要：船舶靠泊时撞击能量和橡胶护舷的受力分析是橡胶护舷选型最重要的部分。本文以加纳某新集装箱码头为例，通过对橡胶护舷吸能的分配进行分析计算，将原设计单个护舷吸能模式改为中外规范允许的多个护舷吸能的模式，并以靠泊时船艏撞击点的不同来分析不利靠泊工况，以船舶船艏圆弧半径、护舷组吸能能量及对应的变形为分析因素，确定不同撞击点时参与吸能的护舷数量（不同的吸能护舷的数量也称为不同的靠泊工况）。根据不同的靠泊工况对护舷组的吸能和变形进行分析计算，得出满足吸能及码头结构保护的最佳橡胶护舷型号，从而实现对护舷的优化设计。

关键词：橡胶护舷；撞击能量；护舷反力；吸能分配

　　护舷系统的设计一般根据每个码头和船舶的具体要求，参照国际标准，结合设计人员的经验来进行，其考虑因素包括船舶因素、码头结构因素、靠岸方式因素，以及环境影响因素等。护舷系统的设计是一个较复杂的过程，目前在世界范围内还没有一本设计规范能让护舷系统的设计标准化，大部分设计程序还是需要依赖护舷系统专业设计人员的经验来实现。目前全世界最主流的设计规范是国际航运协会（PIANC）出版的 *Guidelines for the Design of Fender Systems*：2002 *Report of Working Group 33*－ MARCOM，*Appendix A*，*Procedure to Determine and Report the Performance of Marine Fenders*，此外还有英国国家标准（BSI）、日本国家标准（JIS）、欧洲标准（EURO CODE）等。护舷的设计一般有四个步骤：第一是收集船舶、码头、靠岸和环境因素信息；第二是确定最大船舶靠岸动能；第三是根据码头船舶的特质分别确定护舷弹性体、前部结构和运动限制装置（可以有多种方案）；第四是根据设计合理性及材料安装成本从各方案中选取最佳方案。

　　随着我国水运行业海外业务的蓬勃发展，国内设计院使用国际标准对船舶撞击能量的计算已完全掌握。但是，目前还没有规范规定根据撞击能量选取橡胶护舷的计算方法，国内水运设计行业在橡胶护舷选型时普遍只考虑撞击能量被单个橡胶护舷吸收的情况。然而中外规范都允许靠泊时撞击能量被单个或者多个橡胶护舷吸收的情况，即橡胶护舷组进行吸能分配。本文通过对加纳某新集装箱码头橡胶护舷吸能分配进行分析计算，提出橡胶护舷的优化设计方法，可供海外水工工程设计借鉴。

1　船舶撞击能计算

　　根据 PIANC 2002[3]，船舶靠泊对护舷的撞击能量表达式为：

$$E = 0.5\,C_M M_D\,(V_B)^2\,C_E C_S C_C$$

式中：E 为撞击能量(kJ)；M_D 为船舶排水量(t)；V_B 为船舶正常靠泊时的靠泊速度(m/s)。根据靠泊码头是否有掩护、靠泊条件的难易，以及船舶排水量等条件查表确定；C_S 为柔性系数，取 0.9～1.0，当护舷连续布置时取 0.9，其他情况取 1.0；C_C 为泊位形状系数，取 0.8～1.0，开敞式高桩码头取 1.0，实体码头取 0.8～1.0，通常取 1.0；C_M 为船舶附加水体影响系数；C_E 为偏心系数。

（1）船舶附加水体影响系数计算公式如下：

$$C_M = 1 + \frac{2D_V}{B}$$

式中：D_V 为船舶与计算装载度对应的吃水(m)；B 为船舶型宽。

（2）偏心系数计算公式如下：

$$C_E = \frac{K^2 + R^2\cos^2\gamma}{K^2 + R^2}$$

其中船舶回转半径 K 计算公式如下：

$$K = (0.19C_b + 0.11)L$$

式中：C_b 为方形系数；L 为船舶垂线间长度(m)；R 为船舶质心至靠泊点的距离(m)；γ 为靠泊方向与 R 之间的锐角夹角(°)。

当船舶停靠发生不正确处理、发生故障或者异常的横风、水流或者异常风和水流的结合时，需要考虑非正常靠泊。非正常靠泊的能量计算是在正常靠泊能量的基础上乘以相应的安全系数实现的。其安全系数的建议值见国际航运协会出版的规范。

2 实例

2.1 工程概况

加纳某新集装箱码头工程位于非洲西部，加纳南部沿海，濒临几内亚湾的北侧。集装箱码头岸线总长 1 400 m，顶标高为＋4.0 m。码头结构采用重力式沉箱结构。码头橡胶护舷原设计选型为 SCN1800 F2.0，码头典型断面图详见图 1。

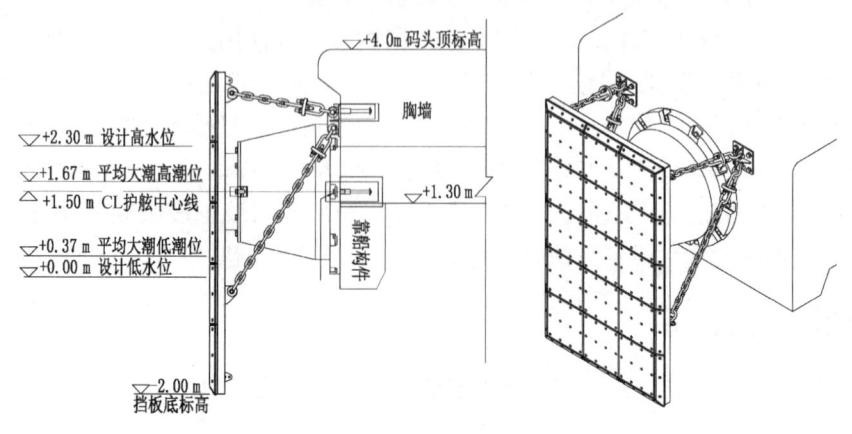

图 1 码头典型断面图(高程:m)

2.2 设计条件

本项目设计条件汇总见表1。

表1 设计条件汇总表

	船舶类型	小船	中型船	大型船
设计船型	总长 L_{OA}（m）	230	350	367
	两柱间长 L_{BP}（m）	217	334	352
	型宽 B（m）	32	50	51
	设计吃水（m）	12.5	15.0	16.0
	设计排水量（t）	60 000	145 000～150 000	195 000～200 000
船型靠泊参数	横向靠泊速度（m/s）	0.15	0.10	0.10
	最大靠泊角度（°）	6	6	6
船舶撞击能量计算结果	撞击能量（kN·m）	641.1	841.8	1174
	非正常靠泊撞击能量（系数＝2.0）(kN·m)	1 282.0	1 684	2 349
修正后橡胶护舷吸能要求	靠泊撞击能（kN·m）	641.1	841.8	1 174
	非正常靠泊撞击能量（系数＝2.0）(kN·m)	1 282.0	1 684	2 349
	总修正系数	0.872	0.872	0.872
	橡胶护舷吸能要求（kN·m）	1 470.2	1 930.5	2 693.2

注：PIANC中规定集装箱船的非正常靠泊系数取1.5～2.0，此处合同要求统一取2.0。

2.3 橡胶护舷选择

考虑到锥型橡胶护舷具有高吸能低反力及船舶靠泊角度10°内不影响其吸能性能的优点，选择锥型橡胶护舷。

2.4 橡胶护舷型号确定

考虑单个护舷吸能大于2 693 kN·m，选择SCN1800 F2.0橡胶护舷。橡胶护舷的反力和变形曲线图如图2所示。

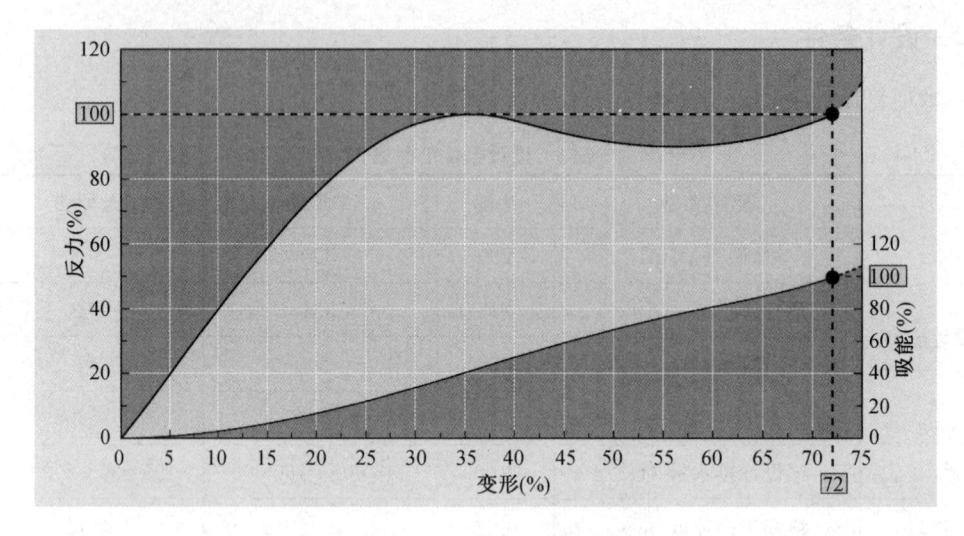

图 2　SCN1800 反力和变形曲线图

由图 2 可知,SCN1800 F2.0 橡胶护舷最大吸能为 2 775 kN·m,满足最大撞击能量 2 693 kN·m 的要求。

3　护舷优化计算和结果

3.1　橡胶护舷优化思路

（1）由于非正常靠泊已考虑温度变化、船舶本身及异常靠泊速度等因素,因此在撞击能量计算中不应再重复考虑,而只考虑橡胶护舷制造偏差,BS6349—4 中规定制造偏差取 10%,经咨询厂家,其制造偏差能达到 5%。

（2）在 BS6349—4 中明确指出在船舶靠泊过程中可同时考虑多个护舷吸能的工况。因此,本优化方案主要考虑船舶靠泊时 2 个和 3 个橡胶护舷单元共同作用下的护舷型号选取。

3.2　橡胶护舷优化计算

（1）船舶圆弧半径计算,其结果见表 2。

$$R_B = \frac{1}{2}\left(\frac{B}{2} + \frac{L_{OA}^2}{8B}\right)$$

（2）橡胶护舷推荐

根据前面的分析,可知最大撞击能量为设计撞击能量再考虑±5%的偏差。因此,橡胶护舷能效吸能要求如表 2 所示。

表2 设计船型船艏圆弧半径和护舷吸能要求计算结果

设计船型	小船	中型船	大型船
船艏圆弧半径(m)	111	166	178
吸能要求(±5%偏差)(kN·m)	1 350	1 758	2 473

初步推荐橡胶护舷为SPC1300 G3.0锥型橡胶护舷,其额定吸能为1 402 kN·m,额定反力为2 048 kN。

(3) 撞击时护舷组的工作原理

护舷设计还需将跟船舶舷侧板压力相关的船艏圆弧半径、靠泊角度、护舷布置间距、非正常靠泊及靠泊时撞击多个橡胶护舷的因素都考虑在内。同时,进行护舷设计时,BS6349—4规定船舶靠泊需假定为船舶船艏接触单个或者多个护舷、船舶纵轴线与码头前沿线形成一个向右的角度(靠泊角度在规范规定范围内)并绕接触点向右旋转以完成靠泊,一般考虑参与撞击能吸能的护舷个数为2个或者3个。船舶靠泊几何图示见图3。

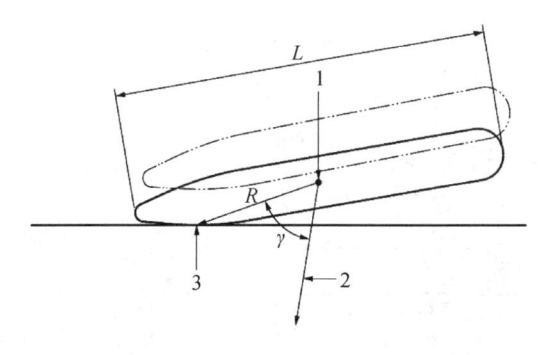

1. 质心;2. 速度矢量;3. 靠泊点。

图3 船舶靠泊几何图示(渡船及滚装船靠泊除外,另有规定)

当参与吸能的护舷为2个和3个单元时,船舶靠泊初始状态及撞击能完全吸能时的示意图见图4和图5。

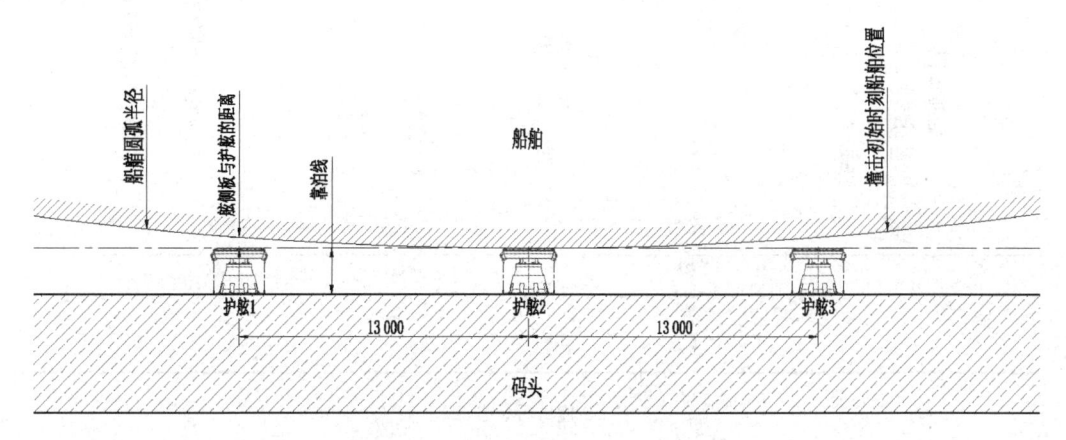

a) 初始状态

b) 撞击后状态

图4 3个护舷吸能时护舷吸能及变形的靠泊示意图(单位：mm)

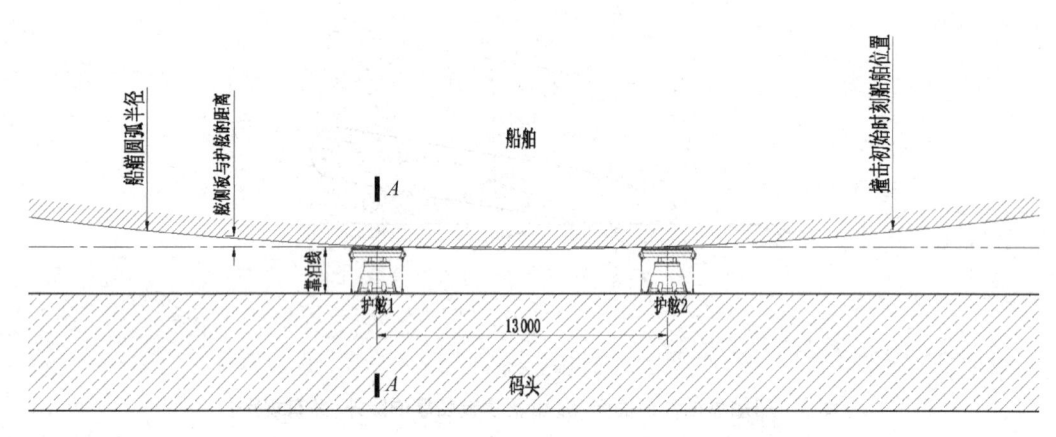

a) 初始状态

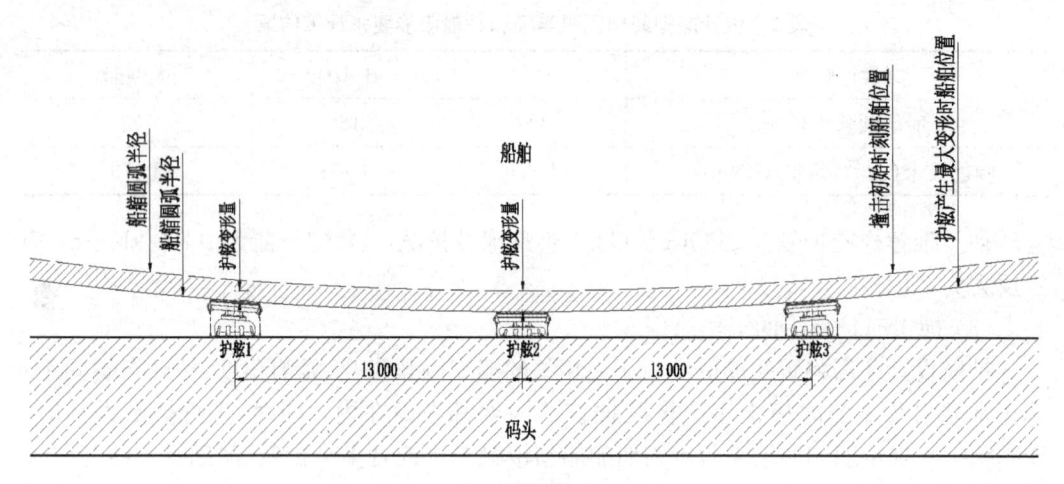

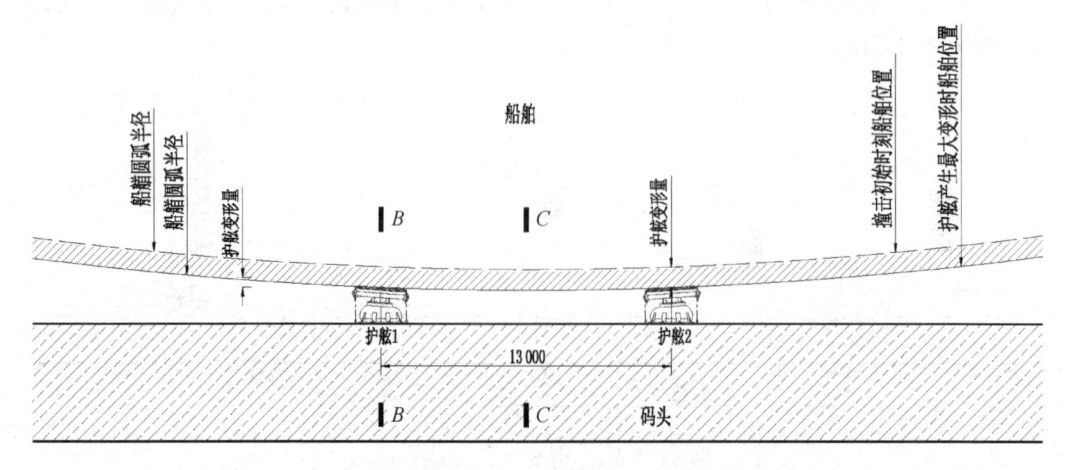

b) 撞击后状态

图5 2个护舷吸能时护舷吸能及变形的靠泊示意图(单位：mm)

(4) 护舷吸能能力复核

所选护舷为 SPC 1300 G3.0,其产品性能曲线见图 6。

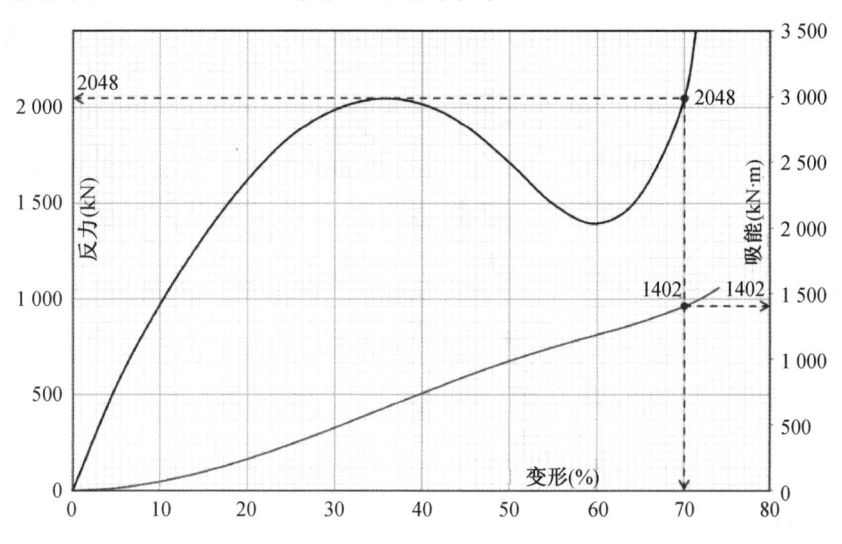

图 6 SPC 1300 G3.0 性能曲线图

根据护舷性能参考表和曲线图,可得出不同工况下护舷组的实际吸能能力,见表 3。

表 3 护舷组吸能能力校核

每组护舷个数	船型	项目	护舷 1	护舷 2	护舷 3	撞击能量 (kN·m)	吸能能力 (kN·m)	结论
3	小船	位移(mm)	146	910	400	1 350	1 570	满足
		吸能(kN·m)	84	1 402	84			
	中型船	位移(mm)	400	910	400	1 758	2 412	满足
		吸能(kN·m)	505	1 402	505			
	大型船	位移(mm)	435	910	435	2 473	2 524	满足
		吸能(kN·m)	561	1 402	561			
2	小船	位移(mm)	500	500	/	1 350	1 386	满足
		吸能(kN·m)	693	693	/			
	中型船	位移(mm)	600	600	/	1 758	1 788	满足
		吸能(kN·m)	894	894	/			
	大型船	位移(mm)	820	820	/	2 473	2 502	满足
		吸能(kN·m)	1 251	1 251	/			

由此可知,设计船型均是护舷组(每组 2 个护舷单元或者 3 个护舷单元)吸能,且均能满足设计船型靠泊时的吸能要求。

(5) 船舶靠泊时船体与码头结构最小距离复核

根据产品设计手册,船舶靠泊时,橡胶护舷吸能后会产生变形,船体至码头结构的距离会因此缩小,过小的净距将给船舶及码头结构带来被破坏的风险,结合护舷的吸能大小和性能曲线图(图6),可得出正常靠泊及非正常靠泊情况下船体与码头结构的净距最小值为 680 mm,其净距示意图见图7,计算结果满足规范最小净距 250 mm 的要求。

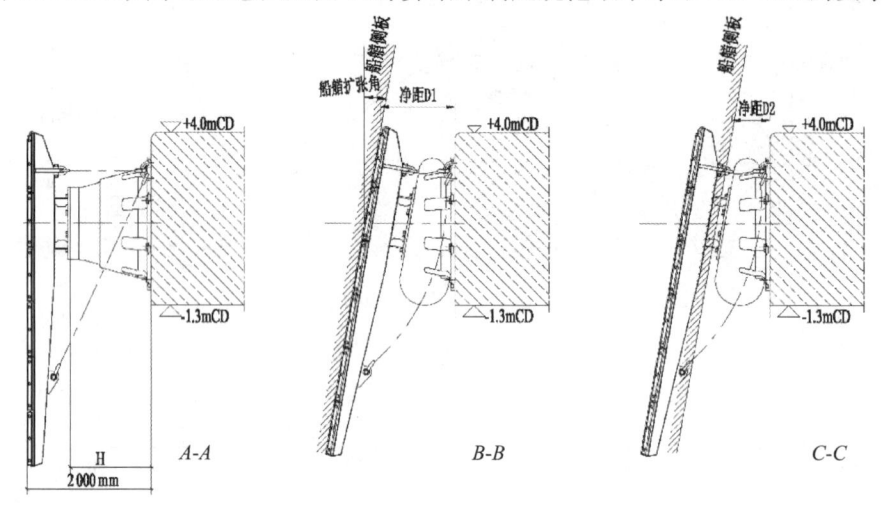

图 7　非正常靠泊时船舷侧板与码头结构净距示意图(注:断面位置见图5)

（6）船舶舷侧板压强复核

靠泊时船舶舷侧板压强大小可通过调整护舷防冲板的面积实现,本项目配备的防冲板尺寸为 2.1 m(宽)和 5.12 m(高),经计算其对舷侧板的压强为 200 kPa,在允许范围内。

（7）结论

SPC 1300 G3.0 护舷满足本项目船舶靠泊的设计要求和使用要求。

4　结语

（1）基于国外标准和规范计算出的撞击能量,需根据设计船型及护舷产品手册和设计指南对船舶靠泊时作用的护舷个数进行分析,避免将所有能量分配在一个护舷单元上。

（2）本项目因为护舷优化后本体尺寸变小,能直接安装在胸墙上,因此取消了码头靠船构件,橡胶护舷本体的优化和靠船构件的取消起到了节省成本和工期的效果。

（3）若非设计条件限制,本项目护舷优化时还可组合护舷布置间距(可增大),对比分析后合理选择护舷型号及间距,将进一步降低造价。

参考文献

[1] 中华人民共和国交通运输部.码头附属设施技术规范:JTS 169—2017[S].北京:人民交通出版社股份有限公司,2018.

[2] The British standards Institution. BS 6349-4-2014 Maritime works-Code of practice for design of fendering and mooring systems [S]. [S. l.]: BSI standards Limited, 2014.

[3] PIANC. Guidelines for the Design of Fender Systems[M]. Belgium: International Navigation Association, 2002.

疏浚与吹填

航速及纬度误差对 Octans 航向值的影响

黄亚洲[1,2]，曹忠良[1,2]

(1. 中国港湾西部非洲区域公司，科特迪瓦阿比让　06BP6687；
2. 中交华南勘察测绘科技有限公司，广东广州　510220)

摘　要：加纳特码新集装箱码头项目处于低纬度地区，且与中国纬度跨度较大，同时测区施工船舶及管线密布，不能保证匀速直线测量。Octans 作为多波束测量系统中的重要组成部分，研究纬度误差及航速误差对 Octans 的航向精度影响对多波束精度评定具有重要意义。

关键词：光纤罗经；Octans；航速误差；纬度误差；多波束系统

1　引言

加纳特码新集装箱码头项目工程位于非洲几内亚湾北部加纳港口城市特码，在首都阿克拉（ACCRA）以东约 26 km，特码老港西侧，大概位置为：$5°36'45''N, 0°0'40''W$，处于东西经交界处，属于低纬度区域。

图 1　加纳特码新集装箱码头项目示意图

从纬度跨度上考虑，我国南北跨度广，南北纬度跨度约 50°，而以国内沿海为例，广东沿海约 20°，辽宁沿海约为 39°，而加纳特码新集装箱码头项目处于 5.6°N 左右，无论是国内南北纬度差异，还是国内与本项目所处纬度差异都较大。而在多波束水深测量中，航向 Heading 值亦是较为重要的影响因素。因此无论是国内沿海跨大纬度测量还是针对本项目与国内纬度差异，研究纬度对光纤罗经航向值的影响都具有重要意义。同时加纳特码新集装箱码头项目施工海域具有涌浪大、施工船舶及管线密布的特点，在施工区域内很难做到沿直线匀速航行测量。因此研究航速误差对航向值的影响对多波束测量精度的评定也具有重要意义。

2 Octans 工作原理

加纳特码项目多波束系统采用的 AHRS(Attitude and Heading Reference System)型 Octans,采用的是基于光纤陀螺的 Inertial Measurement Unit (IMU)即惯性测量技术。光纤陀螺是利用光纤传感技术测量空间惯性转动的一种新型全固态传感器,它是纤维光学和激光技术发展的产物。光纤罗经不使用类似机械陀螺仪中的快速旋转单元,实际上,它根本没有移动零件,不是利用陀螺效应来测量物体的旋转速度,而是采用"Sagnac"效应。即使在高度不稳定的环境中,也能提供高精度的航向、横摇、纵摇及艏摇。

1913 年,萨格奈克(G. Sagnac)采用一个环形干涉仪,论证了光学系统可以检测相对惯性空间的旋转,并证实了在两个相反传输的光路中,旋转将会产生相位差。再后来,低损耗光纤的发展以及由此引发的对于半导体光源和探测器等相关器件的深入研究,使得用多匝光纤线圈通过多次循环来增加萨格奈克效应成为可能。光纤陀螺是新一代的角速率传感器,是继激光陀螺之后的第二代光学陀螺,光纤陀螺具有体积小、质量轻、精度范围广、无运动部件等优点,是一种新型的全固态惯性仪表。

而本项目采用的 IXBLUE 公司生产的 OCTANS 是世界上唯一经 IMO 认证的测量级罗经,内含 3 个光纤陀螺和 3 个加速度计,可以给出载体的六自由度运动姿态以及真北方位角。在有 GPS 数据输入时,真北方位角标称精度为 0.1°。而本项目由于特殊原因,无法向 Octans 中接入 GPS 数据,只能在 Octans 设置中人为修改当前平均纬度值及航速。在此条件下,有必要了解纬度误差及航速误差对真北方位角的影响程度。

如上文所述,Octans 核心技术为惯性导航技术,其中内含的 3 个光纤陀螺、3 个加速度计分别分布在两两正交的坐标轴上,如图 2 所示。

图 2 Octans 示意图

两两正交的加速度计可以用来测量平面的倾角,而光纤陀螺则用来测量地球的自转角速度。即通过将地球自转旋转矢量 $\mathbf{\Omega}$ 投影到与重力矢量 $\mathbf{g}$ 正交的平面上的方式来确定地球正北方向(如图 3 所示)。而测量精度则受到仪器误差(罗经精准度 b_{gyro} 以及加速度计精准度 b_{acc})以及纬度 L 的影响,即

$$\Delta\varphi = \frac{b_{gyro}}{\Omega}\sec L + \frac{b_{acc}}{g}\tan L \tag{1}$$

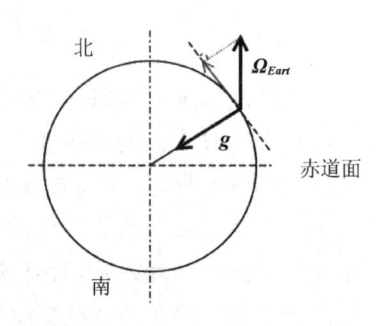

图 3 寻北基本概念示意图

然而，实际上，光纤陀螺的静态输出不仅包含地球自转角速率的分量，同时还包含零偏，以及各种随机噪声引起的偏移。即每个光纤陀螺实际的输出值为：

$$\omega = \omega_0 + K\omega_e \cos L \cos\alpha + \varepsilon(t) \tag{2}$$

其中，ω_0 和 K 分别为光纤陀螺的零偏及标度因数，ω_e 为地球自转角速度，$\varepsilon(t)$ 为光纤陀螺输出的随机漂移。

3 纬度对 Heading 值的影响

由第二章中可以看出，Octans 对纬度误差较为敏感，与纬度的正割值成正比。即在理论上当测量区域趋于两极时，航向误差趋于无穷大（当然这种情况在这里不予考虑）。因此在测量过程中，为获得精确的航向值，Octans 需获取当前测区的纬度值。如果不能获取正确的纬度信息，Octans 测量航向值时会产生一定的误差，具体情况如图 4 所示。

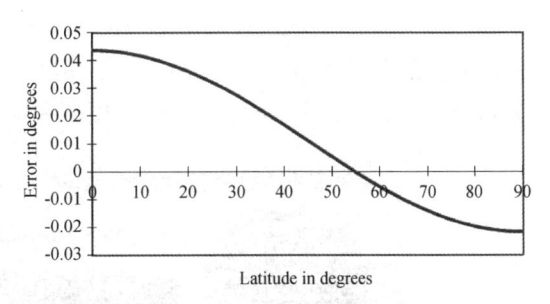

图 4　不同纬度时纬度误差（1°）对航向误差的影响

由图 4 中曲线可知在纬度低于 50°时，纬度越低，纬度误差对航向测定精度的影响越大。

而加纳项目地理位置处于约北纬 5.6°，由图 4 可以看出此纬度下每一度的纬度误差将导致约 0.042°的航向误差，若 Octans 内设置为广东沿海区域纬度（约 22°N）且未经修正，将产生航向误差约为 0.69°，而当 Octans 内设置为辽宁沿海纬度（约 39°N）时，将产生航向误差约为 1.40°。因此，当 Octans 无法接入 GPS 而又跨越较大纬度区域时，需对 Octans 内纬度信息进行更新。

对于项目所处区域而言，加纳项目水上施工区域位于 5.57°N～5.63°N，纬度跨度很小，约为 0.06°，即将测量区域平均纬度（5.6°N）输入 Octans 后，测量区域内纬度误差对 Octans 航向值精度的影响可忽略不计。

4 航速对 Heading 值的影响

包括 Octans 在内的所有罗经，航速误差都会对其航向测定产生影响，这是由罗经的工作原理所决定的，然而有时高精度的航速值并不是必要的，尤其在本项目中 Octans 无法接入 GPS 速度信息。此时，有必要对航速误差引起的航向误差进行量化评定。

国际标准（ISO 8728）指出：船速对航向角的影响可表述为 $V/5\pi$（V 值为船体航速北向分量，单位为 Kt）。

以 Octans 的标称精度±0.1°为例，则对应的速度误差 $V = 0.1 \times 5\pi \approx 1.57$ Kt。而当 Octans 不输入航行速度时，以实际测量中航行速度约 6 kn 为例，最大航向角误差为 $6/5\pi \approx 0.38°$，由此看出在测量过程中保持匀速测量是有必要的，在船体调头时北向速度变化最大，所以在测量过程中应尽量保证沿直线行驶，船舶调头时应暂停记录数据。针对本项目测区船舶及管线密布的特点，以测量过程中平均船速 5 Kt 为例，测量时船体行驶航向（α）变化应满足：$5\cos\alpha \leqslant 5-1.57$，即：$\alpha \leqslant 47°$。

5 室内测试

由上述分析可知，在加纳当前所处环境下，无论是纬度误差还是速度误差，对航向值测定的影响都在 2°以内，而在海上测试时，由于涌浪或波浪的影响，无法精确测定此变量。为了排除外界干扰、精确了解航速及纬度误差对 Octans 航向值的实际影响，本次用 Octans 专用端口测试软件 Octans Repeater 对 Octans 进行误差测试，同时测试选在室内稳定静止的条件下进行。测试时所处纬度为 5.60°N，速度为 0 Kt，测试采用控制变量法，分别测试不同纬度误差或不同速度误差对航向值的影响，如图 5、图 6 所示。

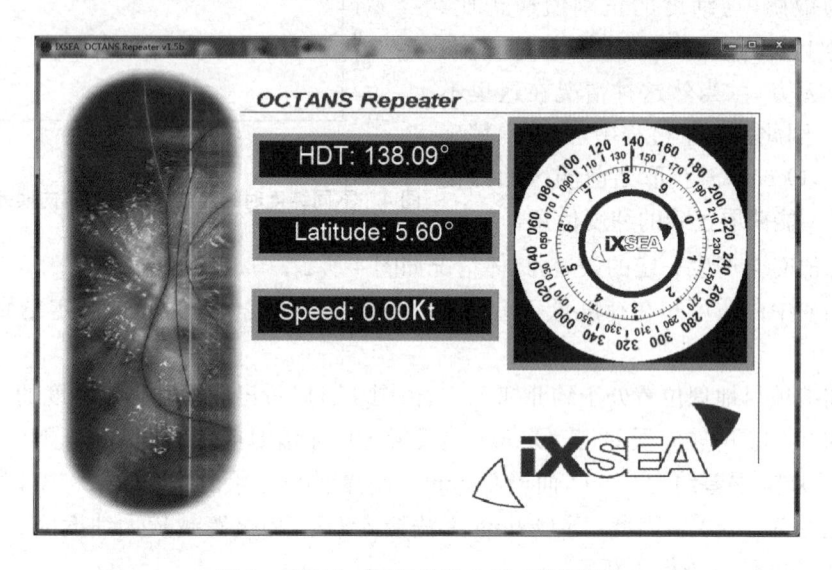

图 5 纬度 5.6°N 航速为 0 Kt 时测试图

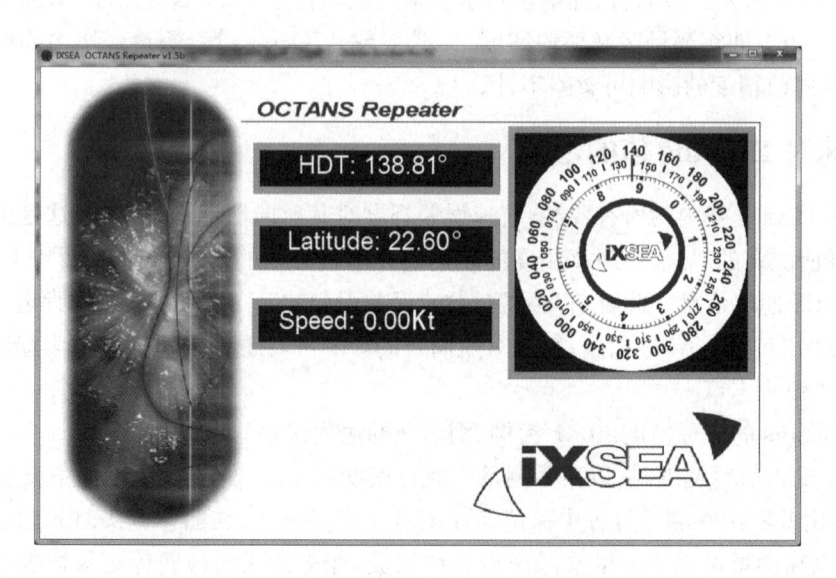

图 6 纬度 22.6°N 航速为 0 Kt 时测试图

具体测试结果见表 1、表 2。

表 1　航速为 0 Kt 时纬度误差对航向值影响测试统计表

纬度	5.6°N	10.6°N	15.6°N	22.6°N
航向实测值(°)	138.09	138.34	138.48	138.81
航向理论值(°)	138.09	138.30	138.51	138.80
差值(°)	/	0.04	−0.03	0.01

表 2　纬度为 5.6°N 时航速误差对航向值影响测试统计表

航速(Kt)	0	5	10
北向航速(Kt)	0	−3.72	−7.43
航向实测值(°)	138.09	138.27	138.53
航向理论值(°)	138.09	138.33	138.56
差值(°)	/	−0.06	−0.03

从测试结果可以看出,在测试点(地理位置北纬 5.6°),纬度误差及航速误差对航向值的影响基本符合理论值,即每一度的纬度误差将导致约 0.042°的航向误差,而航速误差 V' 与航向角误差(H')的关系为 $H'=V'/5\pi$。

6　结论

当 Octans 中无 GPS 信息输入时,在小范围测量区域(纬度跨度小于 1°)内,只需输入平均纬度即可满足航向值精度要求,而北向速度误差带来的影响稍大,测量时应尽量保持航速稳定(北向航速差应在 1.5 Kt 以内),且应尽量沿直线测量。而在大纬度跨度测量区域内,或者当仪器运输到另一个测区后,应根据需要更新 Octans 内纬度信息。

参考文献

[1] ISO 8728:2014 Ships and marine technology-Marine gyro-compasses[R]. Switzerland:International Standards Organization,2014.
[2] 段苛苛.基于光纤陀螺的寻北系统关键技术研究[D].北京:北京交通大学,2014.

大涌浪条件下的吹填施工防护方案研究

刘洛会[1,2]，解　放[1,2]

(1. 中国港湾西部非洲区域公司，科特迪瓦阿比让　06BP6687；
2. 中交广州航道局有限公司，广东广州　510220)

摘　要：季风影响区域，码头工程吹填区域无防波堤掩护部分受风浪冲刷影响，吹填料流失较大，导致项目施工方面临巨大的陆域移交压力和成本的浪费。以加纳特码新集装箱码头工程的吹填施工为背景，对已吹填区域的防护措施进行对比分析，总结出钢板桩施工的防护方案，将其用于实际工程，达到了预期效果。

关键词：吹填；防护；钢板桩

1　工程概况

拟吹填施工防护工程为中国港湾西非区域中心加纳特码新集装箱码头工程项目，该项目位于加纳南部沿海，濒临几内亚(GUINEA)湾的北侧，与首都阿克拉(ACCRA)相距约 26 km，特码港现有泊位西侧。该区域在当地雨季(5—10 月)期间风浪较大，旱季(11 月至次年 4 月)期间风浪相对较小。项目吹填施工前期受防波堤推进速度影响，在无掩护海域只能采用"裸吹"的施工方案。针对吹填区边坡防护，保护成陆区域，防止节点罚款，经过总结经验，针对分析，最终确定四种防护方案：小砂袋贴面方案、抛石贴面方案、袋装砂围堰方案和钢板桩方案。并对上述方案进行了试验以验证其可行性。

图 1　项目位置示意图

2 方案拟选

2.1 小砂袋贴面方案

根据现场测量数据显示,刚刚吹填完成时,吹填区域边坡的坡比在1∶10左右,坡长较长,直接迎浪导致无法施工。该方案中,为了营造干地的施工条件,吹填过程中必须先超出吹填施工边界并储备一定量的回填砂,然后用机械设备开挖出小砂袋贴面防护工作面。经过开挖形成施工断面后,对断面进行小砂袋贴面防护以防止吹填砂流失,具体施工过程如图2至图5所示。

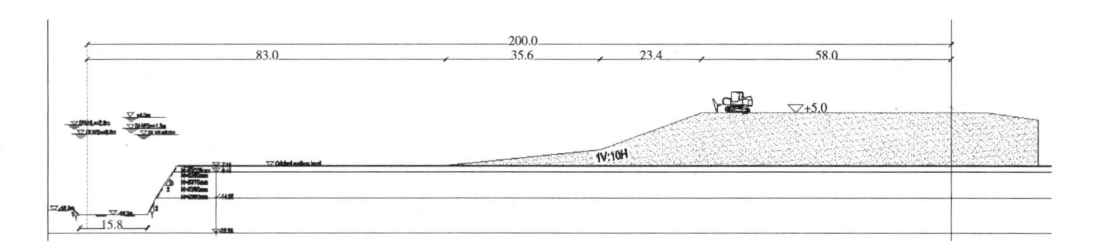

图2 吹填形成开挖面(单位:m)

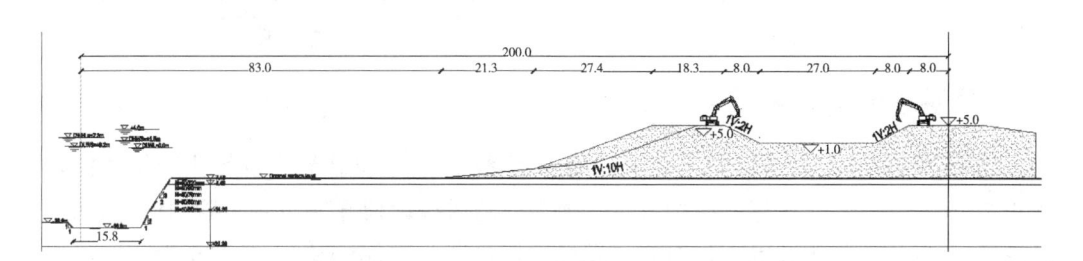

图3 机械开挖施工断面(单位:m)

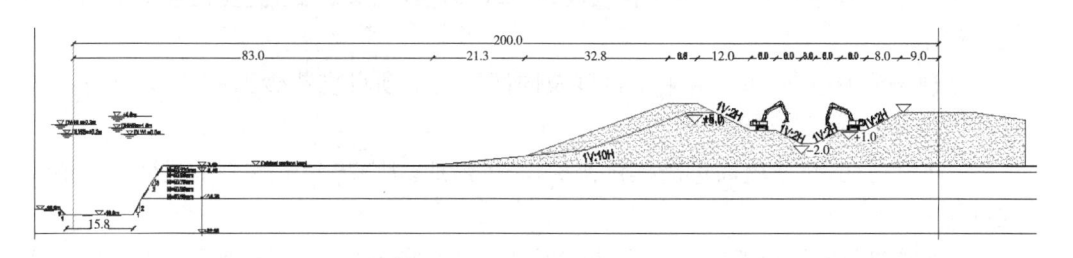

图4 成型后施工断面(单位:m)

以上方案在现场试验过程中,发现在吹填砂堆里无法形成有效的施工断面,由于回填砂的粒径较粗、透水性好,在涌浪作用下导致大量的海水渗入,从而在开挖至0 m CD左右时,过多海水流入导致无法继续开挖,同时回填砂也不断地流入开挖断面内。无法开挖形成有效施工断面,因此小砂袋贴面方案无法在现场实施。

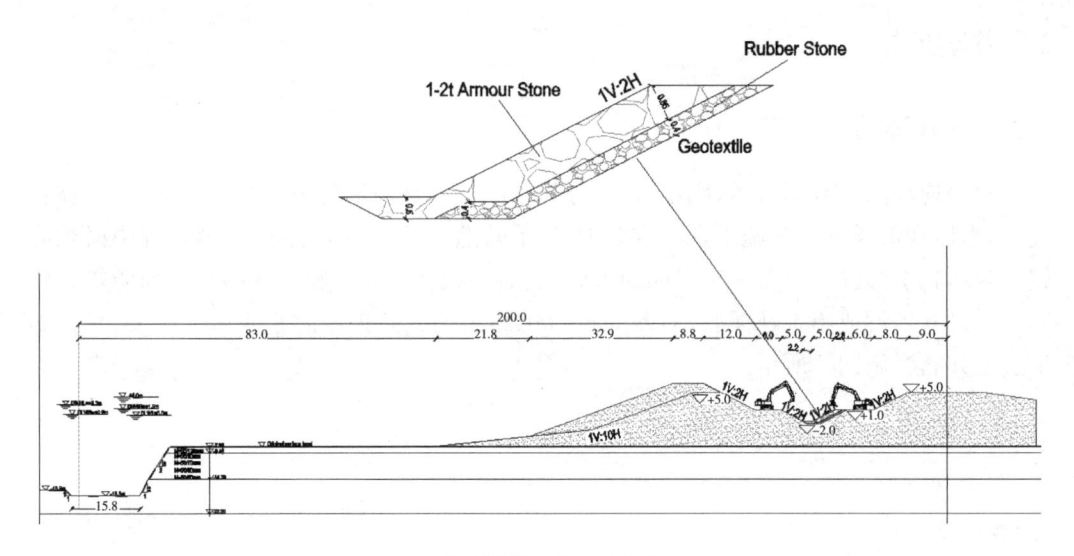

图 5　小砂袋贴面施工(单位:m)

2.2　抛石贴面方案

该方案实施原理与小砂袋方案相同,均基于超量吹填后机械开挖形成施工断面,但开挖断面过程中大量海水渗透从而无法形成有效施工面,因此该方案可行性欠缺。

2.3　袋装砂围堰方案

袋装砂围堰理论上可以防止波浪冲刷吹填区,避免回填砂流失及码头基槽回淤,施工工艺也较为成熟,是较好的防护方案。项目部随后按计划开展对袋装砂围堰建设方案的论证,其间多次组织技术人员对施工现场进行踏勘分析,由于施工区位于大西洋沿岸,外围无任何建筑物掩护,整个施工区域外侧水域能看到明显的浑浊带,涌浪进入浑浊带后因水深减小而破碎产生白头浪。在波浪破碎区,袋装砂围堰无法经受住强浪期间的涌浪破坏作用。

根据现场涌浪条件、防波堤施工进度及同区域类似项目袋装砂围堰的施工经验,项目部认为袋装砂围堰存在以下风险:

(1)建设初期,防波堤尚不能提供掩护,非风浪期,水深−8 m 左右的袋装砂围堰能否建设起来;

(2)如在建防波堤施工进度滞后,初期建设起来的临时围堰,自身是否能经得住涌浪期的冲刷而不受破坏;

(3)本项目建设周期约三年,临时围堰计划方量约 25 万 m³,袋装砂围堰将面对两个强风浪期,估计在此期间需要对被破坏的砂袋进行修补,但是拟建设袋装砂围堰区域并无可用于充填砂袋的砂源,只能以耙吸船吹填区域的砂作为砂源,可能会使整个袋装砂围堰成本过高。

基于上述三种不可控的风险,最终否定了砂袋围堰施工方案。

2.4 钢板桩方案

钢板桩方案同前三种方案有相似之处,第一步同样是超吹填,形成有效工作面,机械设备站在吹填砂堆上干地施工。与前三个方案不同的是,该方案依靠钢板桩形成的防冲刷墙,在钢板桩外侧的砂经风浪冲刷后,露出钢板桩,对后方的吹填砂进行保护。

为了验证钢板桩施工的可行性,选择在吹填区 S1 区域进行典型施工。在钢板桩施工设备进场之前,首先委托设计院对钢板桩的稳定性进行计算。

(1)前提条件

本算例中钢板桩防护工程采用无锚钢板桩结构,根据该工程实际情况,取钢板桩前的泥面高程为 −2.0 m,钢板桩后的泥面高程为 −1.5 m,所有高程方案均按此方法验算。抗倾覆稳定性及强度验算结果如表 1 所示。

表1 计算结果表

序号	桩后泥面高程(m)	桩前泥面高程(m)	钢板桩底高程(m)	钢板桩顶高程(m)	抗倾覆稳定性验算结果	钢板桩强度验算	备注
1	+1.0	−2.0	−7.3	+4.5	稳定	稳定	可行
2	+1.0	−2.0	−9.0	+2.8	稳定	稳定	可行
3	+1.0	−3.0	−8.0	+3.8	不稳定	稳定	不可行
4	+1.0	−3.0	−8.5	+3.3	不稳定	稳定	不可行
5	+1.0	−4.0	−9.0	+2.8	不稳定	稳定	不可行
6	+2.0	−2.0	−7.5	+4.3	稳定	稳定	可行
7	+2.2	−2.0	−7.5	+4.3	不稳定	稳定	不可行
8	+3.0	−2.0	−8.3	+3.5	稳定	稳定	可行
9	+3.0	−2.0	−7.5	+4.3	不稳定	稳定	不可行
10	+3.0	−2.0	−8.2	+3.6	稳定	稳定	可行
11	+3.0	−3.0	−8.3	+3.5	不稳定	稳定	不可行
12	+3.0	−1.5	−7.5	+4.3	稳定	稳定	可行
13	+3.0	−1.7	−7.5	+4.3	不稳定	稳定	不可行
14	−1.5	−2	−5.8	+6	不稳定	稳定	不可行
15	−1.5	−2	−6	+5.8	稳定	稳定	可行
16	−1.5	−3	−7.3	+4.5	不稳定	稳定	不可行
17	−1.5	−3	−7.5	+4.3	稳定	稳定	可行
18	−1.5	−4	−8.7	+3.1	不稳定	稳定	不可行
19	−1.5	−4	−9	+2.8	稳定	稳定	可行

(2)验算结论

① 当桩后泥面高程位于 +1.0 m 时,钢板桩底高程应打至 −7.3 m 及以下,桩前泥

面高程应维持在-2.0 m及以上且宽度保持10 m以上。

② 如果后期桩前泥沙流失严重，应及时补沙或采取抛填块石等手段使桩前泥面在-2.0 m高程及以上且宽度保持10 m以上。

③ 当桩后泥面高程位于+3.0 m时，钢板桩底高程应打至-8.0 m及以下，桩前泥面高程应维持在-2.0 m及以上且宽度保持10 m以上。

④ 当桩前泥面高程位于-2.0 m及以上且宽度保持10 m以上，钢板桩底高程打至-7.5 m及以下，桩后泥面高程应维持在+2.0 m及以下。

⑤ 当桩后泥面高程位于+3.0 m时，钢板桩底高程应打至-7.5 m及以下，桩前泥面高程应维持在-1.5 m及以上且宽度保持10 m以上。

⑥ 当桩后泥面高程位于-1.5 m时，钢板桩底高程打至-7.5 m及以下，桩前泥面高程必须维持在-3.0 m及以上且宽度保持10 m以上。

（3）建议与意见

① 鉴于现场情况及计算结果，吹填区域没有形成封闭空间，拉杆及锚定板等结构施工困难，因此，建议采用无锚板桩施工方案。

② 采用钢板桩施工方案防止后方吹填泥沙进入基槽时，需对后方吹填区域形成封闭，或者尽量扩大钢板桩防护范围，防止后方吹填泥沙从钢板桩两侧进入基槽。

③ 根据现场地质情况，为满足钢板桩抗倾覆稳定性及强度要求，钢板桩后方泥面高程在+3.0 m处时，桩后泥面高程在-2.0 m以上时，钢板桩底高程需至少打至-8.2 m；钢板桩后方泥面高程在+2.0 m及以下，桩后泥面高程在-2.0 m以上时，钢板桩底高程需至少打至-7.5 m。

④ 墙前泥面高程应维持在-2.0 m及以上，减小钢板桩前后泥面高差，并在施工后对墙前泥面进行监测，当泥面高程低于-2.0 m时，应采取补砂或抛石护砂等方式保证桩前泥面高程，以保证钢板桩的抗倾覆稳定性。

3 钢板桩方案应用

在Section 1南侧建一条钢板桩防护墙，该防护墙总长约400 m，距离码头基槽前沿线约175 m，施工的方向和吹填的方向保持一致。钢板桩防护墙施工过程中每天进行监测，一旦发现钢板桩前后高程差过大，及时用砂包袋进行填充保护。施工位置及形成断面图如图6、图7所示。

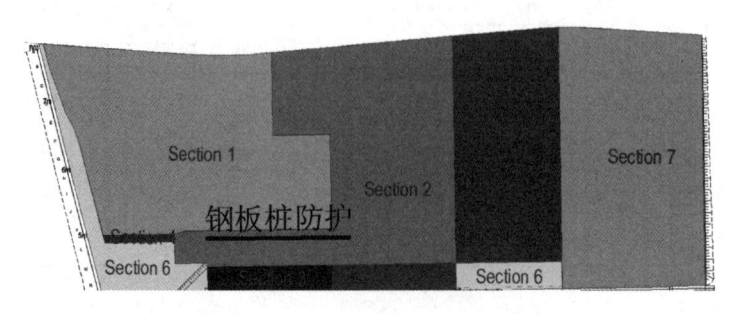

图6 钢板桩平面位置示意图

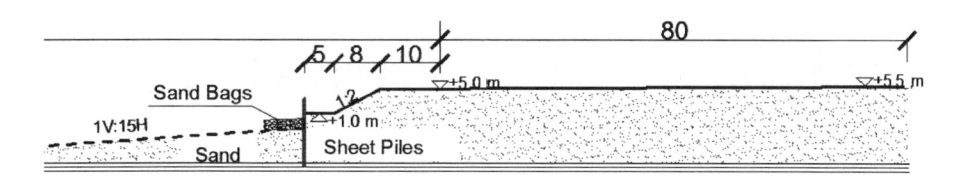

图 7　钢板桩防护施工最终形成断面图(单位:m)

经过15天的监测,其间经历"大潮",现场风浪大,但是钢板桩护岸后方回填料流失明显减少,钢板桩护岸达到了预期效果,详见图8。

图 8　钢板桩防护效果图

4　结论

随着世界人口总量的不断增长以及全球范围内的城市化进程,城市人口密度持续增加,城市建设规模快速扩大,这也意味着越来越多围海造地工程将不断地出现。这些工程的推进实施,特别是在大风浪无掩护区域进行吹填造地施工时,必须提前考虑吹填砂的防护措施。对于粒径较粗、透水性好的回填砂施工,优先考虑钢板桩掩护方案。对于其他透水性不好的回填料,在地基承载力较好的情况下,可以考虑抛石贴面防护等措施。

粗颗粒对水力吹填效率影响的分析与计算

解　放[1,2]，潘雪成[1,2]

(1. 中国港湾西部非洲区域公司，科特迪瓦阿比让　06BP6687；
2. 中交广州航道局有限公司，广东广州　510220)

摘　要：为了更好地指导挖泥船的水力吹填，分析了粗颗粒对水力吹填效率的影响原因和常见计算公式，并根据加纳特码项目浚海1轮耙吸船的实际吹填数据，比较了各个公式的结果，最终确定了和实际较为符合的公式。

关键词：水力吹填；中值粒径；粗颗粒；水头；磨阻

1　前言

在日常施工中，一个很容易得到的经验是：粗砂比细砂难吹，砾石比粗砂难吹。但是这只是一个定性的经验。如何根据吹填材料的筛分曲线定量地计算出粗颗粒对水力吹填效率的影响，一直是疏浚行业的难题。这是因为管道水力输送涉及流体力学、固液二相流动、流变学等多门学科。目前从理论上和实际应用上，很多问题还没有得到很好的解决，特别对于粗颗粒影响的研究还有待进一步深化。欧洲的疏浚公司各自针对这个问题进行了研究，也各自得出了一些结论。但是由于竞争关系，这些结论不为国内同行所知。为了适应国际市场的竞争，更加精细化地管理生产、提高产量，我们必须知难而上，总结出一套能够较好地计算粗颗粒影响的公式，并用这套公式去指导生产工作和投标工作。

2　水力吹填机理的介绍

疏浚行业中，绞吸船和耙吸船都是水力吹填式挖泥船，即将固液混合物(通常是土颗粒和海水)在离心泵产生的压力和真空的作用下，通过管线从海底输送到指定的位置和高度。

对于耙吸船来说，其具体吹填的过程为固体在高压冲水的作用下，和液体混合为固液混合物，在泥泵进口段真空的作用下，进入泥泵，在泥泵内受离心力作用，在压力的作用下流向管口。绞吸船吹填、耙吸船的疏浚与此过程类似。

土颗粒和海水的混合物基本为牛顿流体。在绝大多数情况下，固体颗粒在管路中为悬浮状态，其在输送过程中受到浮力、紊流产生的悬浮力、Saffman升力、Magnus升力、颗粒和管壁之间碰撞的作用力、固体颗粒之间碰撞的作用力等影响。其模型为固液二相有压流。垂直输送和水平输送在模型上略有不同，本文只讨论占绝大多数的水平输送。

3　粗颗粒对水力吹填效率影响的机理

粗颗粒在整个流径中，在泥泵内的流动过程中对泥泵的效率有影响，在管道内的流动过程中对管路磨阻有影响,同时其流速要低于液体的流速,故粗颗粒对水力吹填效率的影响主要表现在三个方面。

(1) 粗颗粒对泥泵效率的影响

当泥泵泵送液体时,通过试验可以得到其泥泵特性曲线。从进入泥泵吸口到从出口排出的过程中,由于叶片的存在,一般为非均匀恒定流。当泵送固液混合物时,固体颗粒在非均匀流中,会大量发生固体颗粒之间的碰撞和固体与泥泵的碰撞,导致产生大量的紊流,严重影响泥泵的效率。颗粒越大,泥泵内的流态越不稳定,泥泵的效率越低。

(2) 粗颗粒的流速与液体颗粒流速的比例

管路中,移动的颗粒与静止的管壁发生碰撞并损失速度后,由液体推动,重新加速。对于一个球状固体颗粒来说,其获得的推力与其水流方向的截面积成正比。截面积越大,单位时间内推动球状固体颗粒的水分子越多。截面积与半径的二次方成正比。

同时,球状固体颗粒的质量与其半径成三次方比。加速度又等于推力除以质量。故加速度与半径成一次方反比关系。

故固体颗粒越大,其获得的加速度就越小,其在管内因碰撞损失速度后,重新恢复速度的时间就越长。在整个流动过程内经历反复碰撞后,固体颗粒的平均流速随着其粒径的增大而减小。

(3) 粗颗粒对管路磨阻大小的影响

磨阻的损失,一般来说有三种不同的理论和方法,分别为扩散理论、重力理论和能量理论。扩散理论的基本论点是两相流中固体颗粒与流体质点一起参加扩散,因此颗粒特性可以被忽略,固液两相介质作为一种拟单相流体来处理。重力理论认为,固体颗粒的悬浮需要从平均水流中消耗一部分能量,从而使阻力损失增加。当颗粒比较细时,其在管路中受力主要为浮力和紊流产生的悬浮力。但是当颗粒越来越粗时,Saffman 升力、Magnus 升力、颗粒和管壁之间碰撞的作用力、固体颗粒之间碰撞的作用力就越大,其单位距离所消耗的能量,也就是磨阻,也就越来越大。能量理论综合了扩散理论和重力理论的特点。[2]

4　颗粒粒径指标分析

图 1 和表 1 为加纳特码项目的典型吹填砂的筛分试验结果。

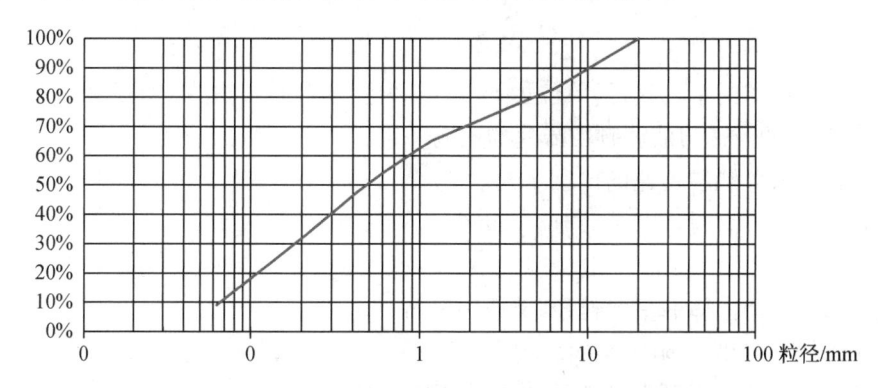

图 1　加纳特码项目典型吹填砂筛分试验结果曲线

表 1　筛分曲线对应的各比例砂的粒径(mm)

d_{90}	11.78
d_{80}	4.70
d_{70}	1.82
d_{60}	0.86
d_{50}	0.47
d_{40}	0.30
d_{30}	0.19
d_{20}	0.12
d_{10}	0.07
平均	2.26

从中可以发现,大于 10 mm 的粒径仍然有 10%左右。这是因为吹填砂中含少量大粒径的珊瑚礁。假设用 2 mm 的颗粒替换掉占 20%的 4.7 mm 以上的粗颗粒,则 d_{50} 的数值无变化。但是对吹填效率肯定是有影响的。故 d_{50} 不能作为准确反映颗粒粒径的指标。

为了正确表达各部分粒径的实际影响,要采用平均粒径 dmf ,也就是 d_{10}、d_{20} … d_{90} 的平均值。

$$dmf = \frac{d_{10}+d_{20}+d_{30}+d_{40}+d_{50}+d_{60}+d_{70}+d_{80}+d_{90}}{9} \tag{1}$$

以上面的砂样为例,其 d_{50} 为 0.47 mm,但是其平均粒径 dmf 为 2.26 mm,差别较大。平均粒径能较好地反映各个比例粒径的综合情况。

5　粗颗粒对水力吹填效率影响的常用计算公式

1. 粗颗粒对泥泵效率的影响

在泵送固液混合物时,泥泵的实际输出总水头:

$$H_m = f_c \times H \tag{2}$$

式中:H 为泥泵的试验的清水总水头;

$$f_c = 1 - C_v[0.8 + 0.6 \cdot \log(dmf)]; \tag{3}$$

式中:dmf 为固体的平均粒径,单位为 mm;C_v 为固体占混合物的体积比。

2. 粗颗粒的流速与液体颗粒流速的比例

粗颗粒与液体颗粒流速的比例 f_t:

当 $dmf > 0.15$ 时,$f_t = 1.15 - dmf$

当 $dmf < 0.15$ 时,$f_t = 1$

式中:dmf 为固体的平均粒径,单位为 mm。

3. 粗颗粒对管路磨阻大小的影响

对于泵送液体或者泵送较细颗粒的固液混合物,一般采用达西公式来对管路磨阻进行计算。

$$\Delta p_m = \lambda \cdot \frac{L}{D} \cdot \rho_m \cdot \frac{v^2}{2} \tag{4}$$

式中：Δp_m 为管路磨阻，即管路中消耗的总水头；λ 为管路磨阻系数，一般和管壁的光滑度有关；L 为管路的长度；D 为管路的直径；ρ_m 为固液混合物的密度；v 为流速。

但是对于 dmf 大于 0.2 mm 的固体颗粒来说，达西公式只考虑到了固体的密度对混合物密度的影响，未考虑到粗颗粒的影响。

对于 dmf 大于 0.2 mm 的固体颗粒来说，根据重力理论有 Fuhrboter 公式，根据能量理论有 Gibert Durand 公式。

Fuhrboter 公式：

$$\Delta p_m = \Delta p_w + \rho_w \cdot g \cdot \frac{S_{kt}}{v} \cdot C_v \cdot f_t \cdot L \tag{5}$$

式中：Δp_m 为管路磨阻，即管路中消耗的总水头；Δp_w 为同样条件下清水的管路磨阻，可用达西公式进行计算；ρ_w 为清水的密度；g 为重力加速度；$S_{kt} = 2.564 \cdot dmf - 0.321\,4$；$v$ 为管内流速；C_v 为固体颗粒体积浓度；f_t 为粗颗粒的流速与液体颗粒流速的比例；L 为管路长度。

Gibert Durand 公式：

$$\Delta p_m = \Delta p_w \cdot \left[1 + 176 \cdot \left(\frac{v^2}{g \cdot D} \cdot \frac{\sqrt{g \cdot dmf}}{0.036}\right)^{\frac{3}{2}} \cdot C_v \cdot f_t\right] \tag{6}$$

式中：Δp_m 为管路磨阻，即管路中消耗的总水头；Δp_w 为同样条件下清水的管路磨阻，可用达西公式进行计算；v 为管内流速；g 为重力加速度；D 为管路的直径；dmf 为固体的平均粒径，单位为 mm；C_v 为固体颗粒体积浓度；f_t 为粗颗粒的流速与液体颗粒流速的比例。

6 采用以上模型和公式计算浚海 1 的吹填效率

浚海 1 在加纳特码项目吹填粒径为图 1 的砂，吹距为 1 000 m，管径为 800 mm，排高为 +6 m，吹填密度为 1.3 t/m³。

先假设砂为细粉砂，不产生上述的粗颗粒对效率的影响，经计算，吹填效率为 4 100 m³/h，流量为 13 800 m³/h，吹填过程耗时约 1.5 h。计算结果见图 2。该数据和浚海 1 及同类型船在若干项目的实际操作经验吻合。

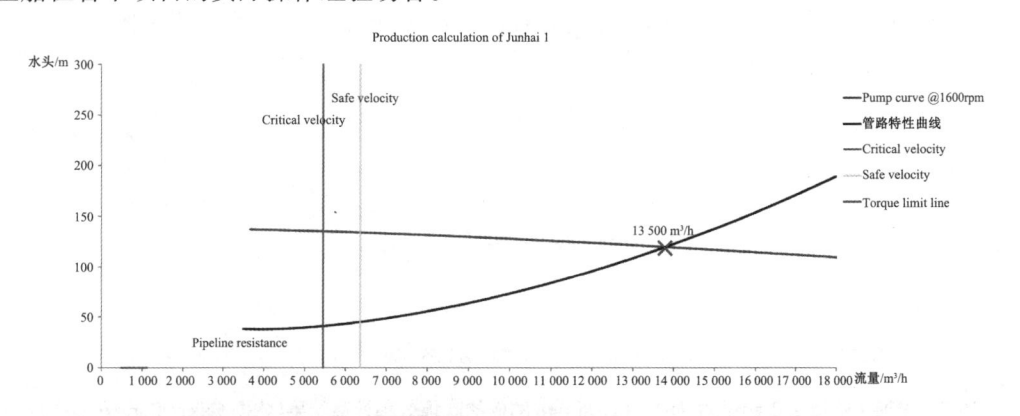

图 2 浚海 1 吹填 1.3 t/m³ 的细粉砂的泥泵特性曲线和管路特性曲线结果

如果代入粗砂颗粒对吹填效率的影响,在吹填此类 dmf 为 2.26 mm 砂的条件下,先采用 Fuhrboter 公式进行计算。经计算,因为粗砂影响,该工况下泥泵提供的能量无法满足使足够的混合物进行流动。故应适当降低吹填密度。计算结果见图 3。

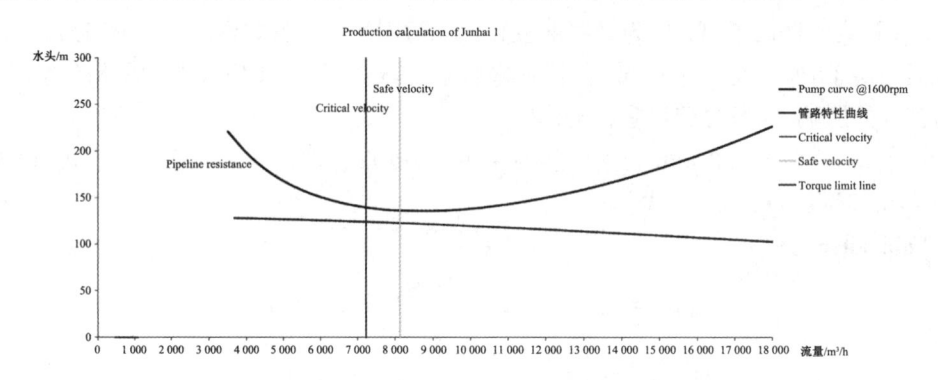

图 3　浚海 1 吹填 1.3 t/m³ 的 dmf 为 2.26 mm 的砂的吹填效率计算结果

将吹填密度降低为 1.2 t/m³ 再进行计算。经计算,吹填效率为 2 374 m³/h,流量为 12 550 m³/h,吹填过程耗时 2 小时 36 分钟。计算结果见图 4。

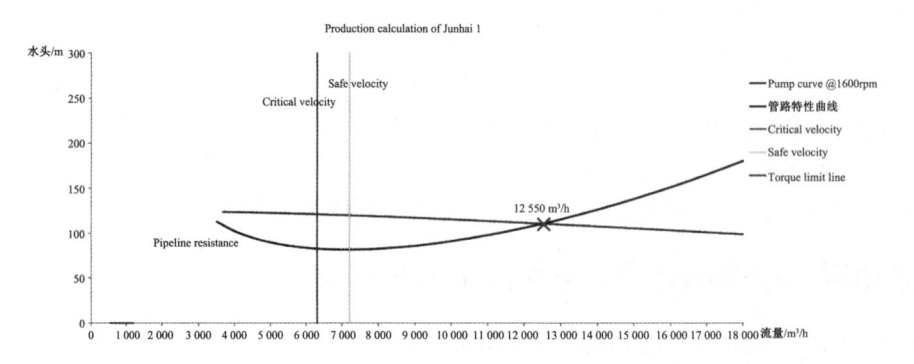

图 4　浚海 1 吹填 1.2 t/m³ 的 dmf 为 2.26 mm 的砂的吹填效率计算结果(依据 Fuhrboter 公式)

如果再换用 Gibert Durand 公式进行计算,同样认为 1.3 t/m³ 的密度对于此粗砂来说过高,泥泵提供的能量不足以保证流动。降低密度到 1.2 t/m³,计算得出,吹填效率为 1 741 m³/h,流量为 9 200 m³/h,吹填过程耗时 3 小时 30 分钟。计算结果见图 5。

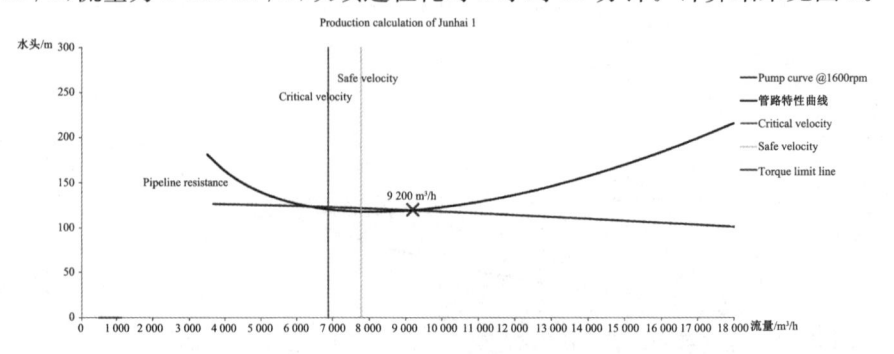

图 5　浚海 1 吹填 1.2 t/m³ 的 dmf 为 2.26 mm 的砂的吹填效率计算结果(依据 Gibert Durand 公式)

根据浚海 1 在加纳特码项目前 500 船的吹填统计数据,吹填平均完成时间为 2 小时 32 分钟,比较接近 Fuhrboter 公式的计算结果。

7 结论

本文分析的粗砂对水力吹填效率影响的三个因素能较好地解释实际的情况,并且介绍的公式能较好地解决效率影响定量计算的问题。经与实际的生产数据比较,其中对管路磨阻的影响是 Fuhrboter 公式比 Gibert Durand 公式更好地符合实际。

参考文献

[1] 费祥俊. 浆体与粒状物料输送水力学[M]. 北京:清华大学出版社,1994.
[2] 白晓宁,胡寿根,张道方,等. 固体物料管道水力输送的研究进展与应用[J]. 水动力学研究与进展(A 辑),2001(3):303-311.

浅析水下炸礁在硬土质疏浚施工中的应用

潘雪成[1,2],刘洛会[1,2]

(1. 中国港湾西部非洲区域公司,科特迪瓦阿比让 06BP6687;
2. 中交广州航道局有限公司,广东广州 510220)

摘 要:结合加纳特码项目硬土质疏浚的工程实例,对水下炸礁施工技术进行细致的探讨,总结炸礁施工技术,为今后类似硬土质疏浚施工提供参考。

关键词:硬土质;水下炸礁;抓斗船

1 引言

在疏浚工程中,常常会遇到疏浚区域存在硬土质的情况,常规做法为采用挖岩抓斗或大型绞吸船直接开挖的方式,而加纳特码项目的疏浚土质为特殊的硬土质,且具有工程量大、土质特别坚硬的特点,在这种情况下,除了投入破土能力强的超重型抓斗船开挖上层钙质胶结和强风化等普通硬土质外,针对 SPT 上百,UCS 大于 40 MPa 的中风化岩,还需要投入炸礁船,以完成特殊硬土质疏浚施工。加纳特码项目采用现场混装炸药生产、装药、钻孔一体化钻孔爆破施工工艺,一排多孔、一次多排的起爆方式,对水下中风化土质进行炸礁,有效保证疏浚施工进度。

2 工程概况

2.1 工程概况

本工程位于非洲几内亚湾北部加纳港口城市特马(TEMA),在首都阿克拉(ACCRA)以东约 26 km,大概位置:5°36′45″N,0°0′40″W。濒临几内亚湾的北侧,位于特马老港现有泊位西侧,交通条件比较便利。

2.2 土质情况

根据设计及业主提供的地质资料可知,加纳特码项目所在地的地质由六部分组成,由上至下分别为:松散的砂砾石层、较密实的黏土砂砾石层、钙质胶结土、硬粉质黏土层、强风化岩层、中风化至微风化岩层。疏浚区域土质主要集中在表层松散砂,钙质胶结土,强风化岩,中风化岩。疏浚土质的分类如表 1 所示。

表 1 加纳特码项目土层性质分类表

序号	土质	土质描述
1	表层松散砂	较松软,SPT 在 7~10 击,"东祥"号可直接挖除
2	钙质胶结土	砂砾层主要由多年沉积的贝壳、砂砾组成,石块的最大尺寸为 5 cm,层厚在 1~2 m 不等,标贯在 50 击以上,坚硬,需要大型抓斗船开挖。自然状态下 UCS 为 12~33 MPa,平均约 19 MPa,SPT 在 50 击以上,"东祥"号可直接挖除
3	强风化岩	易破坏的、灰绿色的、斑驳的、棕黄色的强风化的片麻岩,主要掺杂着砂砾、砂质黏土。层厚在 3~5 m,标贯在 50~750 击(N=50/20 mm,换算成标准标贯为 N=750/300 mm),部分岩芯可取长度达 10~30 cm,"东祥"号可直接挖除
4	中风化岩	风化程度低,需要炸礁配合,自然状态下 UCS 为 27~138 MPa,平均约 59 MPa。需炸礁施工

加纳特码项目土质分布具有不均匀不连续性,即使离钻孔点只有 5 m 的距离,岩性依然不同,因此,钻孔资料仅可以作为参考,炸礁区域待"东祥"号开挖表层后才能确定。根据目前疏浚施工区域,现阶段炸礁区域如图 1 所示。

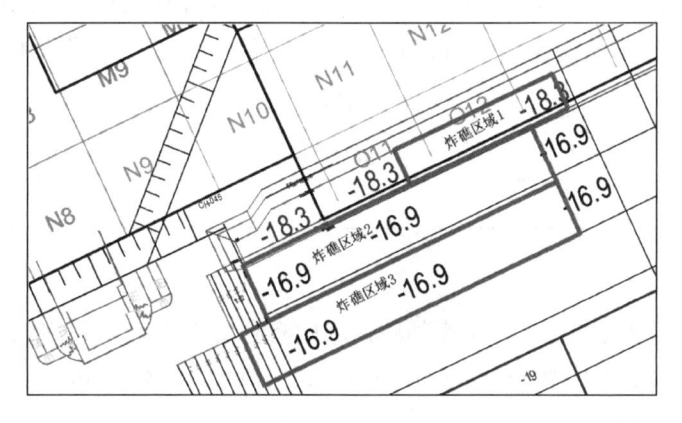

图 1 炸礁区域图

该炸礁区域具有如下特点:

(1)炸礁区域 1 为沉箱码头基槽区域;

(2)炸礁区域 2 和炸礁区域 3 为沉箱出运通道区域,距离码头基槽分别为 30 m 和 60 m 远,为了确保沉箱安全,需在沉箱安装前完成炸礁。

(3)炸礁区域 2 和炸礁区域 3 距离西侧沉箱出运码头最近只有 45 m,沉箱出运码头为已有建筑物,为确保出运码头安全,炸礁时,需对炸礁区域 2 和炸礁区域 3 西侧端头位置采取措施。

3 水下炸礁施工工艺

3.1 施工方案确定

根据测量资料显示,现阶段,炸礁范围面积约 1 万 m²,炸礁、清礁方量约 2 万 m³。施工分为两个步骤:

(1) 施工选择配有10台钻机的炸礁船进行水下爆破作业。

(2) 200 m³抓斗的"东祥"号配2艘3 000方泥驳对炸礁区域进行清礁，清礁料运输至抛泥区。

3.2 炸礁施工方案

3.2.1 钻孔定位

炸礁船共安装10台钻机，钻机间的距离为3 m，区段的长度为30 m。在每个区段内的孔按梅花形布置(图2)。在水下钻孔定位时，利用RTK测量仪进行钻孔定位。先在岸上的已知控制点上设置基站，并在钻机船上设置移动站，按爆破设计的孔距、排距将每排钻孔预先绘制到GPS测量软件中，在施工定位时根据GPS测定每排孔的平面位置、与设计的平面位置相比较，在电脑上量出其距离，由施工技术员根据偏差的距离和方位指挥钻机船移动到设计的钻孔位置上，孔位放样的误差控制在20 cm以内，详细钻孔参数见表2。

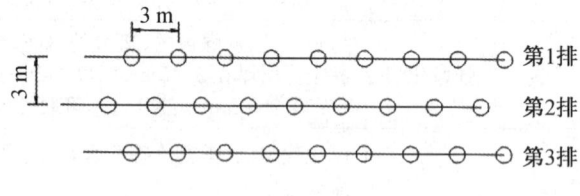

图 2 钻孔布置图

表 2 钻孔参数

参数名称	一次钻孔数量(个)	孔距(m)	排距(m)	超深(m)
数值	10	3	3	2.5

3.2.2 孔深计算

在钻孔前要进行钻深、孔深计算，根据RTK实时潮位计算钻孔深度：

钻孔深度(水面以下)＝设计底标高(m)＋超深值(m)＋潮位(m)

3.2.3 起爆网路设计

为减少振动对建筑物或结构造成的影响，拟采用毫秒级微差延时爆破技术，同时减少单段起爆药量，爆破网路采用接力式起爆网路，孔内所有导爆管用同一段别500MS导爆管，地表管统一使用42MS(或67MS、50MS)联接，起爆的网路图如图3所示。

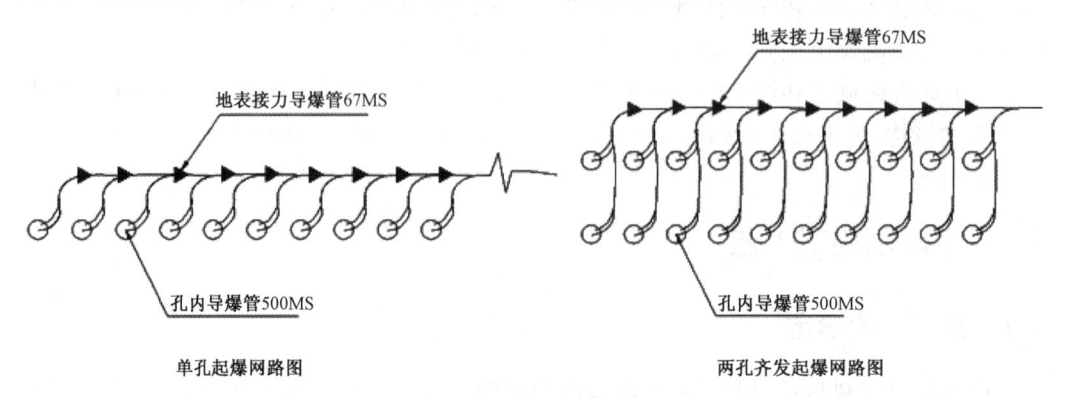

单孔起爆网路图

两孔齐发起爆网路图

图 3 起爆网络图

3.2.4 装药量计算

由于该炸礁区域的重点保护对象为西侧已有的沉箱出运码头,为重力式结构,距离炸礁区域最近约 45 m,根据《爆破安全规程》(GB 6722—2014)爆破振动安全距离的计算公式可反推特定距离下允许的分段药量:

$$R = \left(\frac{K}{V}\right)^{\frac{1}{\alpha}} \times Q^{\frac{1}{3}}$$

式中:R 为爆破振动安全允许距离;Q 为炸药量,齐发爆破为总药量,延时爆破为最大单段药量,kg;V 为保护对象所在地安全允许质点振速,cm/s;K、α 为与爆破点至保护对象间的地形、地质条件有关的系数和衰减指数,本项目 K 取 2.5,α 取 1.5。

同时根据《水运工程爆破技术规范》(JTJ 286—90)规定,重力式码头安全振动速度为 5~8 cm/s,本次计算取 7 cm/s(表3)。爆破的岩层平均厚度在 2 m,单孔的装药量为 50 kg,不同距离下的炮孔分段如表4所示。

表3 安全振动速度表

序号	主要建筑物构筑物类型	安全振动速度(cm/s)
1	土窑洞、土坯房、毛石房屋	1
2	一般砖房、非抗震大型砌块建筑物	2~3
3	钢筋混凝土扩建房屋	5
4	重力式码头	5~8
5	水工隧洞	10
6	交通隧洞	15

表4 不同距离下的炮孔分段表

安全药量 Q(kg)	K	V(cm/s)	α	m	距离 S(m)	网路分段
71.44	250	7	1.5	0.33	45	1孔合一段
98.00	250	7	1.5	0.33	50	1孔合一段
130.44	250	7	1.5	0.33	55	2孔合一段
169.34	250	7	1.5	0.33	60	3孔合一段
215.31	250	7	1.5	0.33	65	4孔合一段
268.91	250	7	1.5	0.33	70	5孔合一段
330.75	250	7	1.5	0.33	75	6孔合一段
401.41	250	7	1.5	0.33	80	7孔合一段
481.47	250	7	1.5	0.33	85	8孔合一段
571.54	250	7	1.5	0.33	90	10孔合一段
672.18	250	7	1.5	0.33	95	10孔合一段
784.00	250	7	1.5	0.33	100	10孔合一段

3.2.5 振动监测

根据爆破振动传播规律及附近建筑物重要性和可能遭受的破坏严重性,选定爆破区西北侧 1 km 处的小区内(砖混结构)和沉箱出运码头作为本项目的爆破振动监测点。

经监测,按照表 4 的药量进行爆破,在西北侧的小区没有监测到振动,在沉箱出运码头处监测到爆破振动,如图 4 所示。两个重点监测区域的振动在允许范围内。

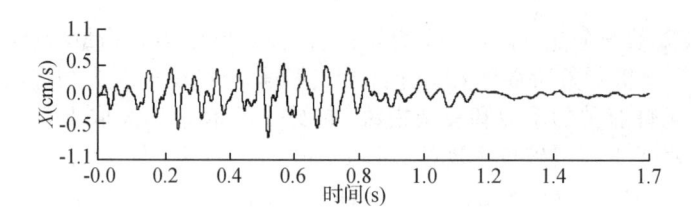

图 4 爆破振动监测结果图

3.2.6 盲炮的处理

(1)爆破后,炸礁船移回原来位置,爆破人员必须按规定认真检查爆区有无盲炮,判断方法是:盲炮存在有三种可能性,一是导爆管未传爆导致炸药未能起爆;二是导爆管已传爆,但雷管的威力未达到炸药起爆能而造成炸药拒爆;三是前两种的综合。检查第一种情况方法是根据导爆管的外观颜色判断,已经传爆的导爆管内壁颜色变成黑色且无光泽,未传爆的导爆管内壁是银色。检查第二种盲炮的方法是观察炮堆或爆破漏斗是否形成,由潜水员下潜到炮孔位置察看地面是否有隆起现象,如果海底地形没有隆起(或凹入的漏斗)现象,与爆破前地形一样,说明有盲炮存在。

(2)处理盲炮时,应做好安全和警戒工作,无关人员不得进入现场。盲炮处理后,应仔细检查爆堆,如有残余的爆破材料应收集销毁。

(3)因爆破网路断路、连接错误而引起的盲炮,经检查和处理后重新连线起爆。

(4)因网路破坏不能连线时可在盲炮孔附近投放裸露药包诱爆。

(5)非爆破单位人员不得对盲炮进行解体,如抓斗挖泥船作业时挖起盲炮,应及时通知炸礁施工领导人,由爆破单位爆破技术人员收回盲炮作销毁处理。

3.3 清礁

在爆破工作进行到一定阶段时,抓斗船"东祥"号开始清礁作业。"东祥"号清礁采用分层、分条方法。施工网格的宽度根据抓斗挖泥船的宽度确定,"东祥"号宽为 36 m,计划分条宽度为 30 m,为了避免漏挖,条与条之间重叠 2/3 个斗宽(约 5 m);"东祥"号分层、分条施工示意图如图 5 所示,其中分层厚度 A_1 一般在 2.5 m 左右,分条宽度 A_2 为 30 m。清礁完成后,测量人员及时对该区域进行多波束扫海测量,当确认炸礁区域已开挖至设计标高后再停止对该区域的炸礁。当存在浅点时,首先用"东祥"号对浅点区域进行扫浅,如果开挖不动,需要再次对浅点区域进行炸礁。

3.4 效果检查

本次爆破采用微差爆破技术,取得了较好的效果,按照设计的钻孔参数和爆破参数

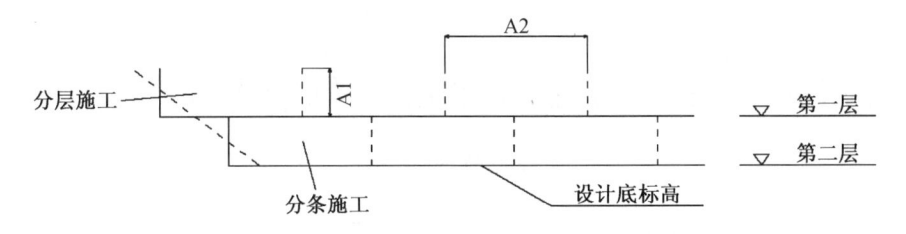

图 5 "东祥"号分层分条开挖示意图

实施,所有爆破均一次完成,爆破成功率100%,无盲炮,重点区域的振动监测均在允许范围内。碎石粒径也在可挖范围内,堆积松散,容易开挖,清礁效率高,无浅点。"东祥"号完成清礁后,对炸礁区域进行多波束扫海测量,根据测量断面显示(见图6),炸礁和清礁施工方案效果满足设计要求。

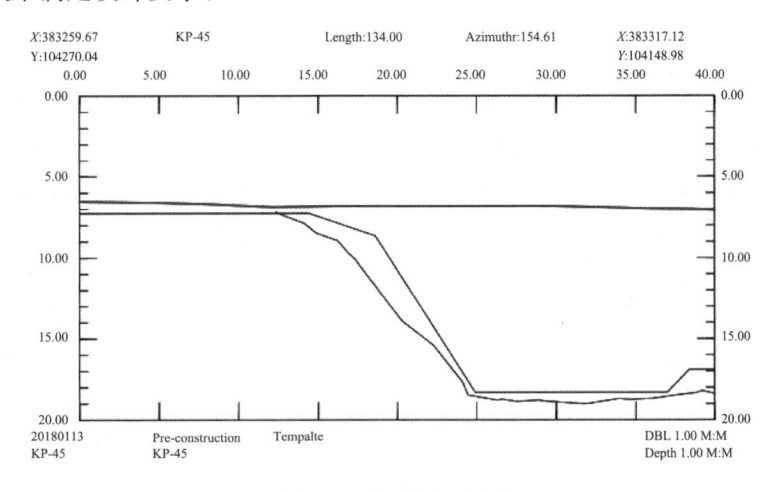

图 6 开挖断面示意图

4 总结

实践证明,水下炸礁作为一种特殊的疏浚手段,在普通设备对硬土质无法开挖时,作为一种辅助手段,可以快速完成硬土质的疏浚,为工程进度提供保障条件。

参考文献

[1] 李方勇,曾昊. 浅谈喀麦隆克里比炸礁工程施工方法[J]. 科技创新与应用,2014(22):24-26.
[2] 覃贤. 浅谈内河航道水下炸礁工程的施工方法[J]. 中国水运(下半月),2013,13(5):123-124,141.
[3] 熊勇子,侯建华. 郁江老口枢纽临时航道整治工程水下炸礁施工[J]. 小水电,2012,165(3):73-75.
[4] 中国国家标准化管理委员会. 爆破安全规程:GB 6722—2014[S]. 北京:中华人民共和国国家质量监督检验检疫总局,2014.
[5] 中华人民共和国交通运输部. 水运工程爆破技术规范:JTS 204—2008[S]. 北京:人民交通出版社股份有限公司,2008.

浅谈凿岩棒在航道沉船障碍物清理中的运用

邹腾飞[1,2]

(1. 中国港湾西部非洲区域公司,科特迪瓦阿比让　06BP6687；
2. 中交广州航道局有限公司,广东广州　510220)

摘　要：结合加纳特码项目外航道沉船水下障碍物清理工程实例,充分利用施工现场抓斗船配合凿岩棒和梅花斗工艺,无需增加设备,具有较好的推广意义。文章从抓斗船配合凿岩棒和梅花斗施工工艺、原理、施工效果等角度阐述了凿岩棒在水下沉船清理工程实际中的应用。

关键词：凿岩棒；梅花斗；沉船打捞

　　随着国家"一带一路"倡议的实施,在加大海外投资的有利形势下,非洲这片待开发的地区成为了中国建筑施工企业争相进入的投资开发热土。非洲地区海岸线较长,大多处于受大西洋海流影响且无遮挡掩护的开敞水域,海岸线地质复杂坚硬,长期受大西洋长周期波的影响。如何攻克各类工程难点,成为了水工类建筑施工企业的技术和管理的难题,本文结合加纳特码新集装箱码头工程航道疏浚开挖建设实例,对抓斗船配合凿岩棒和梅花斗清除水下沉船障碍物的成功实施进行阐述。

1　工程概况

　　加纳特码新集装箱码头海事工程位于非洲几内亚湾北部加纳港口城市特码(TEMA),在首都阿克拉(ACCRA)以东约 26km,大概位置：5°36′45″N,0°0′40″W。濒临几内亚(GUINEA)湾的北侧,位于特码老港现有泊位西侧,本项目属于特码(TEMA)港扩建工程,在现运行港口以西新建一个集装箱专用港口。加纳 TEMA 项目所在地海域在当地雨季(5—10月)期间涌浪较大,旱季(11月至次年4月)涌浪相对较小。方向以S～SW为主,涌浪高在 1～2 m,周期在 6 s 以内；涌浪来自西南的大西洋,高度往往低于1 m,但周期都较长,在 10～16 s。

2　航道沉船情况

　　(1) 根据多波束扫海测量结果显示,进港航道5°36′56.36″N,0°1′22.23″E处,出现一长约 37 m,宽 12 m 的浅点区域,最浅处水深－11 m,较周围水深有 8 m 的水深变化。经潜水员水下探摸录像拍照显示,该浅点为一沉船,且该沉船在项目疏浚前测量显示时并未出现,初步判断为后期新沉船或者是在风浪水流作用下从周围水域漂到进港航道上。

　　(2) 该项目进港航道设计标高为－18.2 m CD(进港口门段)和－19 m CD,主要土质为中松散密实砂、钙质胶结岩、强风化片麻岩,设计工程量约 214.5 万 m³。

　　(3) 该项目进港航道沉船周围水域已通过耙吸船疏浚至设计标高,沉船阻碍船舶进

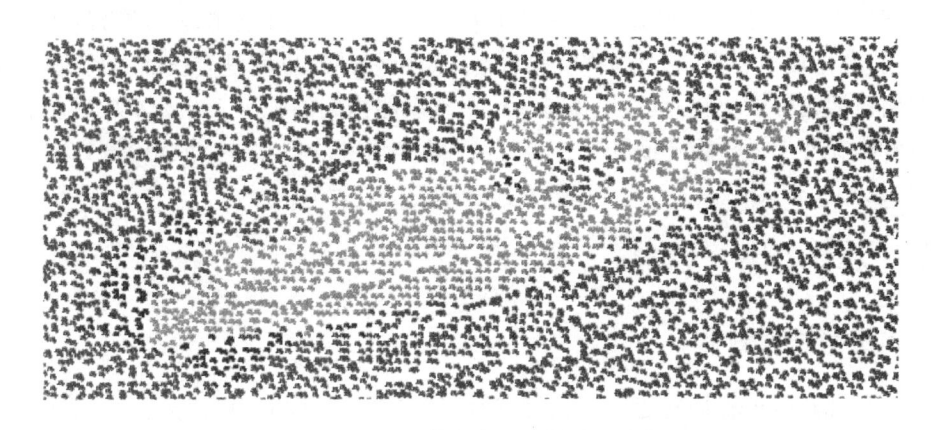

图 1 潜点水深示意图

出港和关键施工区域,项目迫切需要将该沉船清除,以完成本项目的关键疏浚节点。

3 施工方案的选择

传统的施工工艺主要有四种,分别为封舱抽水打捞法、气囊打捞法、船舶抬撬打捞法和全内浮力打捞法,以上几种工艺优缺点对比和本项目适用性分析如下。

3.1 封舱抽水打捞法

将沉船的破损处用封板堵住,然后用水泵将里面的水抽出,使沉船恢复浮力。

本项目适用性分析:本项目沉船打捞窗口期接近加纳季风期,海况较差,且据潜水员水下探摸显示沉船多处破损,水下破口封堵无法实现,故本方案在本项目中无法实现。

3.2 气囊打捞法

将足够的气囊系挂在沉船周围,之后用空压机给气囊打气,沉船利用气囊的浮力起浮,待沉船起浮之后用拖轮将沉船拖至深海处。

本项目适用性分析:该方法原理上在本项目可行,但所需耐压气囊要求高,加纳地区无法采购,需从国内采购海运至现场,所需时间较长,无法满足业主工期要求。

3.3 船舶抬撬打捞法

用系固绳索绑扎沉船,然后用起重船将沉船抬起,现场需要多艘船舶配合。

本项目适用性分析:需要起重能力大的专用打捞船,在非洲地区较难实现。

3.4 全内浮力打捞法

这种方法是通过向沉船舱室输入高压空气,形成内浮力把沉船抬浮。这种方法可以省去大量的水下封补工作量,可以在风浪大的海区先起浮沉船并拖到浅水区域或风浪较小的海区,再进行封补、扳正。

本项目适用性分析:该船舶已多处破损,高压空气难以在沉船舱室形成内浮力,本项目无法采用。

基于以上对比分析,传统沉船打捞工艺在加纳特码项目难以实现。综合统筹本工程设备情况,考虑成本因素,通过摸查沉船状态确定沉船油舱里面没有残油之后,决定采用凿岩棒将沉船击碎成块状,然后用梅花斗将块状沉船捞起的施工工艺。本项目已有一带凿岩棒和梅花斗的抓斗船基槽开挖施工,无需另外调遣设备,这也是选用该方案的重要原因之一。

4 施工总体方案

4.1 确定凿岩棒载体

本项目现有抓斗船基槽施工,沉船打捞定位精度要求较高,可以充分利用抓斗船作为凿岩棒载体,无需投入额外的人员和设备资源。抓斗船参数:船名 HANGDAZHUA1、总长 LOA66.80 m、垂线间长 LBP64 m、型宽 BM25 m、型深 DM4.36 m、设计吃水 DWL2.5 m,抓斗能够吊起 150 t 的重物。

4.2 凿岩棒的选型

凿岩棒的选择直接关系到沉船打捞的成功与否以及效率的高低,是本工艺的重要一步也是关键的一步,凿岩棒选型不合适,将达不到将沉船在水下破碎的效果。根据沉船钢板厚度、沉船状态、载体类型及安全距离的要求选择合适形状和重量的凿岩棒。根据水下探摸情况最终采用斧式凿岩棒,该类凿岩棒的特点是形似斧头,有利于凿岩棒能量向两侧传递,增加对岩石的破坏作用,并且在凿岩棒嵌入岩石过深时可减少棒体侧向摩阻力,便于凿岩棒的再次提升。图 2 为几种不同形状的凿岩棒。

图 2 几种不同形状凿岩棒外观

4.3 凿岩棒重量选择

根据抓斗船的船机参数,起吊滚筒拉力 1 500 kN,安全制刹能力为 1.25 倍滚筒拉力,沉船材质为钢制结构,综合成本因素,确定选用 40 t 的凿岩棒。

4.4 凿岩棒冲击能的计算

冲击能的计算考虑凿岩棒受水体、钢丝绳、起吊滚筒的阻力等因素,凿岩棒的冲击能小于其自由落体产生的重力势能,因此,可以以全部重力势能转变为对海床的冲击能,计算所得的安全系数是可靠的。

$$E = m \cdot g \cdot h \tag{1}$$

式中:E 为凿岩棒的冲击能,J;m 为凿岩棒的重量,kg;g 为重力加速度,取 9.8 m/s²;h 为凿岩棒提升后至海床撞击点的高度,本项目取 20 m。根据式(1)进行计算,得到 40 t 凿岩棒的冲击能为 784 000 J。

4.5 凿岩棒的连接

凿岩棒连接效果的好坏直接关系到凿岩棒的安全和凿岩的效率。如果连接不好,不但凿岩棒会掉到海里影响施工,而且打捞也相当困难,一般需要 2～4 h 的打捞时间,并且若打捞不及时还会给通航造成威胁,因此宜采用有足够富裕量的牢固连接方式,可采用单钢丝绳或双钢丝绳连接。当其吊架两滑轮间距较小时,需考虑凿岩棒作业时出现旋摆的情况。为了防止强烈的碰撞和刚性连接对主吊钢丝绳造成损伤,主吊钢丝绳与穿接凿岩棒钢丝绳之间应串接数节足够强度的扣环及旋转接头作为过渡,见图 3。

4.6 梅花斗的选择

本工程选用梅花斗为六齿梅花斗,斗高 6 m,梅花斗张开直径为 6 m,见图 4。

图 3 本工程所用凿岩棒及连接方式　　图 4 本工程所用梅花斗

5 工艺流程

(1)抓斗船就位:本项目选用抓斗船为自航抓斗船,将沉船水深及位置图导入抓斗船施工软件,利用 GPS 软件,抓斗船自航至沉船区域,之后利用四个锚缆定位,调整抓斗船位置,将起重机起升装置调整至沉船区域。

(2) 将凿岩锤与抓斗船起升钢丝连接,检查连接情况,确保安全可靠。

(3) 利用凿岩锤自身重力自由下落,产生重力势能,精准砸击沉船,一个点砸击 5~7 锤,然后移船至下一个点,循环往复,将沉船区域覆盖一遍。

(4) 将凿岩锤解开,接上梅花斗,用梅花斗清理砸碎的块状沉船,定点清理,待该点抓穿直至全斗为淤泥之后移船换一个位置,循环往复,最后覆盖一遍。

(5) 凿岩施工一般按"砸沉船—清沉船—砸沉船—再清渣"这样的步骤循环施工,要求精确掌握沉船区域覆盖情况,在清渣过程中,应观察抓起沉船的残骸的状况判断砸击效果,结合测量结果及时对下一步砸击施工安排参数做出相应的调整。

(6) 自航泥驳或者抓斗船自航将沉船残骸抛至远离新港航道且水深较深的外海水域。

图 5　沉船砸击示意图　　图 6　梅花斗打捞沉船残骸示意图

6　应用效果

本工程属于新建码头外航道沉船水下障碍物清理施工,采用 40t 斧头式凿岩棒施工,清理的水下障碍物沉船长 37 m、宽 12 m。整个施工过程中,凿岩棒水下破沉船耗时 2 天,梅花斗打捞破碎的沉船残骸耗时 1.5 天,前后准备工作历时 2 天,共耗时 5.5 天。经过清理的航道水深均在 -20 m 以上(见图 7),满足设计标高,保证了特码新集装箱码头按期开港运营,得到当地港务局、业主的赞许。施工过程中,本项目采用了本就在该项目疏浚施工的抓斗船组进行砸击和清理残骸施工,减少投入,节约成本,创造了可观的经济效益,同时最大程度提高了海外项目大型船机设备的利用率。

7　结语

根据该打捞工程的使用效果来看,与传统打捞方法相比较,抓斗船配合凿岩棒和梅花斗的沉船打捞方法主要有以下特点:

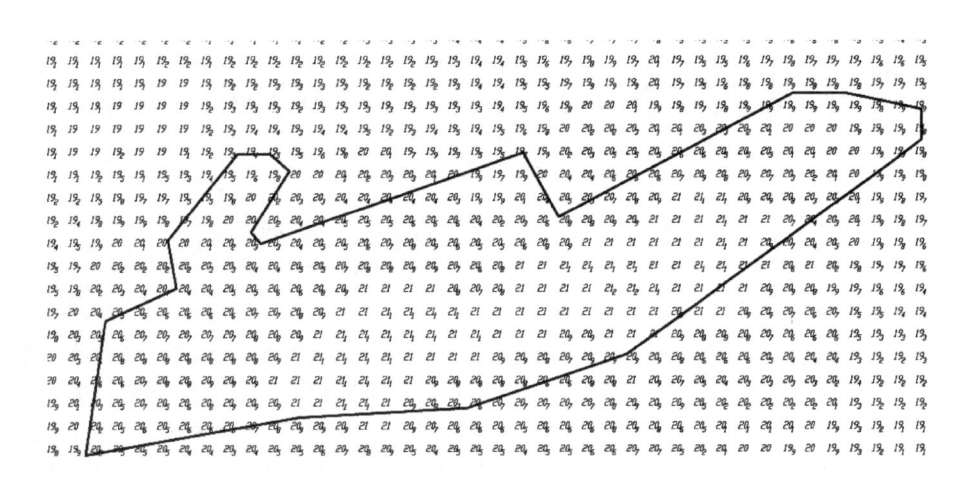

图7　梅花斗清理之后沉船处水深图

（1）为沉船打捞提供了一种与传统工艺相比适用范围广、可靠性高、安全性高、速度快的打捞方法。

（2）这一技术将许多原本要水下完成的工作"移"到水面上来,减少了潜水员的水下工作,使工作变得更加可控,工期更加有保障。

（3）充分利用了现有的设备、人员,无需增加设备,降低了成本,创造了可观的经济效益。通过凿岩棒破碎沉船,然后利用梅花斗清理沉船残骸,为水下障碍物清除提供了新的方法。

参考文献

[1] 刘永彬. 浅谈凿岩棒施工工艺[C]//中国交通建设集团有限公司第一届科技大会论文集. 2009:202-207.
[2] 许俊海,曹羽. 凿岩棒凿岩工艺在友谊港疏浚工程中的应用[J]. 中国水运（下半月）,2013,13(7):235-236.
[3] 姚根福. 海上救助与打捞[M]. 大连:大连海运学院出版社,1994:141-142.
[4] 谭永想. 凿岩棒与绞吸船组合施工工艺在疏浚工程中的应用[J]. 中国港湾建设,2015,35(12):50-52.

浅析砂源探测在加纳特码项目中的研究与运用

潘雪成[1,2]，杨 欢[1,2]

(1. 中国港湾西部非洲区域公司，科特迪瓦阿比让 06BP6687；
2. 中交广州航道局有限公司，广东广州 510220)

摘 要：在吹填工程中，确保有足够的满足合同质量要求的砂源对项目按期履约至关重要。在加纳特码新集装箱码头项目中，合同招标文件指定的取砂区，经过进场后补充勘查确认，砂源储量无法满足吹填需求。如何快速找到足量且满足质量要求的砂，对项目能否按期履约至关重要。本文着重介绍和总结探砂的前期准备工作和探砂过程中使用的技术手段及其优势劣势分析，为类似项目提供经验。

关键词：砂源；多波速；物探；振动取样；耙吸船

1 工程概况

加纳特码新集装箱项目位于特码老港西侧，交通条件比较便利。加纳特码项目一期吹填面积 97 万 m^2，吹填量 750 万 m^3，吹填标高从陆侧向海侧自 +7.4 m CD 到 +3.4 m CD 按照 0.54% 放坡，吹填砂需要满足细颗粒含泥量小于 15% 的要求，吹填工程量大，任务紧，吹填施工处于关键路径中。

根据业主招标文件显示，施工区周边有 2 个取砂区。取砂 1 区位于施工区外侧 2 km，有约 300 万 m^3 合适的砂；取砂 2 区位于施工区东侧 20 km 外，有 5 500 万 m^3 合适的砂。为了掌握项目的砂源储量情况，项目进场后，迅速开展补充钻孔，经补充钻孔分析，取砂 1 区没砂，取砂 2 区只有 140 万 m^3 合适的砂。在这种情况下，如何迅速地找到砂源，避免关键路径的吹填施工延期造成项目整体延期，显得尤为重要。

2 砂源探测准备

本项目采用耙吸船接管艏吹回填的施工工艺，对取砂区限制要求如下：
(1) 在长度和宽度上尽量满足耙吸船减少调头次数，提高施工效率。
(2) 在水深上，需满足耙吸船最浅吃水要求和最大挖深要求，本项目采用耙吸船"浚海 1"，探砂范围水深在 −10～−30 m。
(3) 取砂区在布置平面上，应考虑当地的水流方向、季风方向，避免耙吸船横浪横风施工，考虑取砂区周边是否有海底管线等。
(4) 考虑取砂成本，取砂区不宜距离施工区太远，本项目控制在 20 km 以内。

结合以上 4 个要求，砂源探测具体分为以下 6 个步骤：
(1) 收集前期招标文件中相关勘查资料。根据业主提供的可行性研究阶段的勘查报告，分析总结钻孔数据，锁定探砂大概范围。查阅当地海图，根据海底地质标注以及水深判断是否有海底浅梗作为拦砂坝，拦截洋流输送砂源，使得海底砂沉淀在一定范围。
(2) 实地踏勘，分析初定砂源区周边环境，是否处于河流入海口，是否有上游来砂，海岸线周边是否有砂滩等。

（3）经实地探勘后，对锁定砂源区进行多波速测量，全地形覆盖，获取水下地形水深数据，排除水下障碍物及划定满足船舶吃水及最大挖深要求的区域，缩小勘查范围。

（4）利用地球物理勘探技术获取海底影像图和地质剖面情况，经内业处理，绘制沉积物厚度图，分析可能存在砂源的区域。

（5）根据物探内业处理结果，对可能存在砂源的区域，通过振动取样技术，对该区域进行取样鉴别。

（6）通过室内筛分试验，总结取砂区砂源分布情况，对满足砂源质量要求的区域进行耙吸船试挖，或利用耙吸船工艺改变原状砂源质量，使其满足吹填砂要求。

经过以上6个步骤分析后，项目部初步锁定可能砂源区如图1所示。

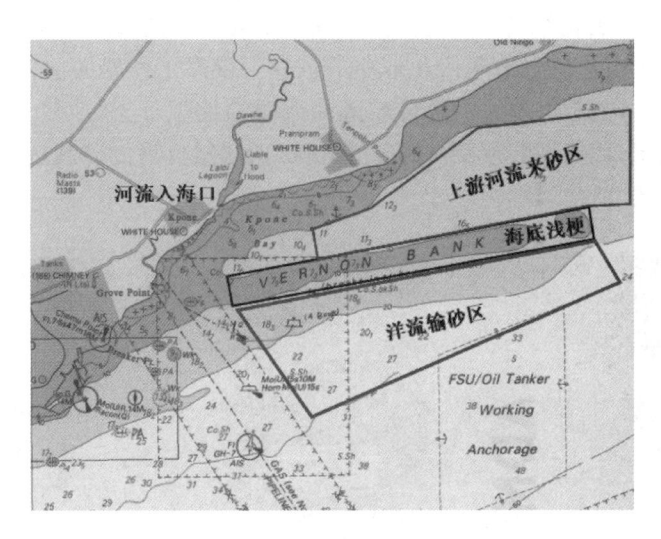

图1 取砂区平面布置图

3 砂源探测方法

经过前期资料搜集整理及现场实地踏勘后，锁定大概的勘查范围，利用多波速全覆盖测量，根据船舶满载吃水和最大挖深，锁定精确的探砂范围；利用物探判断可能砂源区的地貌特征和沉积层的厚度，再配合振动取样快速验证取砂区砂源属性；根据砂源质量要求，利用耙吸船试挖，总结可满足质量要求的砂源区域。

3.1 多波束

与传统的单波束只能测得探头下方单个垂直点的深度值相比，多波束测深系统能获得一条线上的水深值，随着测量船开动，实现由点－线测量到线－面测量。同时多波束测量覆盖范围与水深成比例关系，在测量深水区时，具有测量速度快，测量范围大，精度和效率高的优点，并把测深技术从点线扩展到面，特别适合进行大面积的水深测量。多波束测量系统是以水深形式反映海底地形地貌特征。

本次测量面积达65 km²，水深在$-10\sim-30$ m，具有测量面积大、水深深的特点。利用多波束可以充分发挥其优势。每条测线覆盖面积与水深成正比,因此测量速度快,效率高,可以很快反馈海底地形,根据耙吸船最小吃水和最大挖深的要求,精确锁定探砂范围,同时根据水深形式的海底地形特征,判断水下是否有能作为拦砂坝的浅梗等。

3.2 物探

本次物探采用侧扫声呐系统和 Chirp Ⅲ 浅剖仪相结合的方式,判断海底地质。其中侧扫声呐系统以平面影像形式反映海床地貌特征,浅地层剖面仪是以断面影像反映海底地层情况。

侧扫声呐是一种水下扫描设备,其基本工作原理是侧扫声呐的换能器向拖鱼两侧发出扇形声波波束,声波照射拖鱼两侧的海底,海底各点的回波依距离换能器远近的不同先后返回换能器,经换能器进行声电转换形成一个强弱不同的脉冲串,这个脉冲串各处的幅度高低包含了对应海底的起伏和地质的信息。依靠工作船向前移动即完成对船两侧带形海底的扫描,显示出海底的物体轮廓和海底的地貌。经后期处理后,可初步判断海底表层土质情况,比如高能量反射的砂波区域,低能量反射的砂波区域,阴影区域——陡坡、礁石等(见图2)。

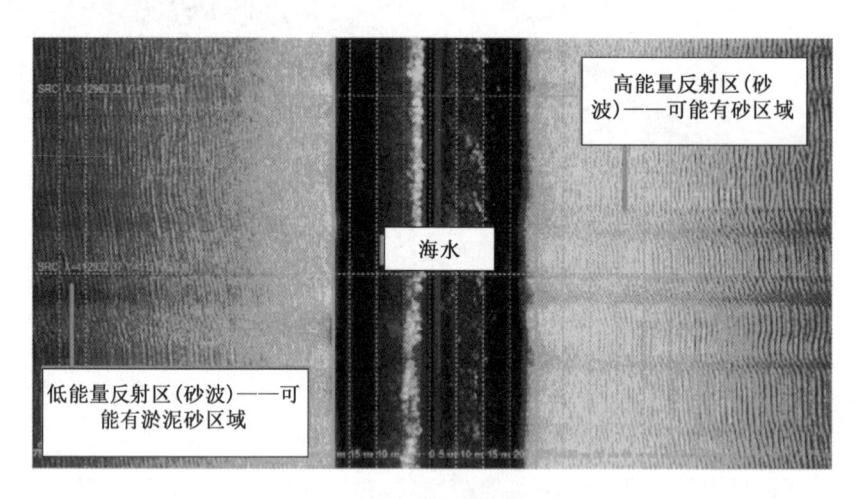

图 2　侧扫声呐海底地貌图

Chirp Ⅲ 浅剖仪主要是通过换能器,将信号转换成不同频率的声波脉冲向水底发射,该声波在传播过程中遇到地层沉积面以及地层各分层界面等声阻抗界面后,经反射返回换能器并传输给 DSP 收发机,然后转换为模拟或数字信号,由采集计算机记录下来,最后输出为能反映地层声学特征的剖面。浅地层剖面仪可穿透海底一定深度的淤泥层、砂质层和基岩层。它是以断面影像的形式反映地质剖面情况。

根据招标文件资料显示,加纳特码项目的潜在取砂区海底沉积物以表层砂、钙质胶结土、珊瑚颗粒、强风化为主,根据浅剖的穿透特性,可以清晰反馈基岩面,基岩面以上的沉积物为重点分析对象。同时根据侧扫提供的海底地貌影像,判断是否有"砂波"出现,对既有"砂波"出现同时沉积物厚度又较厚的区域,进行重点分析(见图3)。

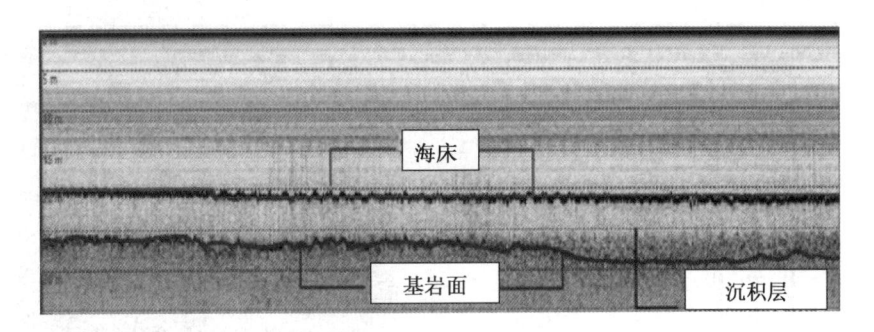

图 3 浅剖地质构造图

物探以影像的形式,从平面上和断面上为探砂提供技术材料,但是物探的结果仅能显示沉积层的厚度和可能潜在的基岩深度,无法判断沉积层中细颗粒的含量、沉积层颗粒不均匀系数等属性。因此,一种快速的取样设备——振动取样,可以补充物探对沉积层中细颗粒含量和细颗粒不均匀系数判断不足的部分。

3.3 振动取样

在海洋地质调查中,海底取样技术发挥着重要作用,海底取样技术也经历了不同时代的发展,从最原始的蚌式取样器到重力式取样器,到勘察钻孔取样,每一代的更新发展都使设备更加适应工作环境,使样品更加接近原状。蚌式取样器操作简单,工况适应性强,但是只能取面层的浮泥层,且样品会破坏原状土的特性,不能取深层的岩层。重力式取样器由重锤、取样管组成,取样器以自由落体的方式冲入沉积物中,依靠重力取得海床面以下的样品,这种取样器同样只能获取面层以下的软土样品,硬底质的无法获取。现代勘察技术中的钻孔取样,能够获取海床面下几米至几十米的岩芯样,具有取样深度深、可获取硬底质样品的特点,但是钻孔取样一般需要钻孔平台配合且对海况要求较高,涌浪大的地方不适合采用钻孔取样。加纳特码项目取砂区无掩护,中长周期涌浪对钻孔平台影响大,由于特码项目的取样目的是找砂,非深钻了解深层地质情况,只需取海床面以下 1~5 m 深的样即可,基于这种需求,一种新型的快速取样设备——振动取样应运而生。

加纳特码项目委托当地 PMI 公司,采用新型振动取样设备,该设备不需要钻孔平台,只需要普通带有起吊设备的船舶即可(见图4)。其工作原理是利用水下共振破坏沉积层的黏结力,将 PVC 取样管钻入原状土中,振动取样入土深度约 1~5 m,可满足探砂目的。振动取样设备参数见表1。

表 1 振动取样设备参数表

设备重量(陆地)	3 000 kg	振动器功率	11 kw
设备重量(水下)	2 500 kg	最大钻孔深度	6 m
取样器高度	3~8.5 m	钻孔孔径	10 cm
基础尺寸	1.5 m×2.0 m	起重设备(硬底质)	12 t
基础尺寸(展开)	2.9 m×3.4 m	起重设备(软底质)	6 t

图 4　振动取样设备图

该振动取样较钻孔取样有以下优势：

（1）振动取样设备和船舶之间靠钢丝柔性连接，取样设备受涌浪影响较小，可以在大涌浪条件下作业，对工况适应性强。钻孔取样的作业平台受涌浪影响大，大涌浪条件下无法作业，对工况适应性差。

（2）振动取样效率高，每天可完成 5~10 个孔位取样，钻孔取样效率低，每天只能完成 1 个孔。

（3）振动取样成本低，加纳特码项目中，钻孔取样成本约 2.5 万美金/孔，而振动取样成本只需 2 600 美金/孔。

振动取样设备较钻孔取样也有其不足之处：

（1）用途受限，该设备仅可用于浅层取样，在地质勘查中的深层取样，无法适用。

（2）其靠电机共振破坏原状土，钻进能力有限，只能在淤泥、黏土、松散砂及标准贯入值 N 小于 30 击的板结砂中钻孔。对于珊瑚礁、强风化及中风化岩石，无法钻孔。

振动取样在加纳特码项目得到很好的运用，结合物探结果，对既有"砂波"同时沉积层厚度又较厚的区域，进行快速取样鉴别。累计完成 120 个振动取样孔，也节约了找砂成本。对样品进行粒径筛分后，将各孔位的 PSD 情况及不均匀系数标注在图中，根据合同对砂源质量要求进行分析总结。

3.4　耙吸船试挖

加纳特码项目吹填砂要求含泥量 PSD<15%，经对振动取样的样品进行筛分分析，潜在取砂区中没有满足该要求的砂，但是含泥量 PSD<30% 的砂源，量足够。同时经合同分析认为，合同要求的是进入吹填区的砂含泥量小于 15%，而非砂源区的砂含泥量 PSD<15%。在对振动取样的样品筛分时，发现在含泥量小于 30% 的样品中，细颗粒为淤泥，而非黏土。为此，项目部利用耙吸船溢流的施工工艺，降低溢流口高度，增加溢流

时间,进行试挖试验。经过 11 艘船的试挖试验,事实证明,砂源区的砂含泥量在小于 30%的情况下,经耙吸船溢流冲洗,进入吹填区的砂,含泥量可降低到 15%以下。经统计,1 500个吹填区砂样样品,平均含泥量约 2%,满足吹填砂质量要求。

但是,在通过耙吸船增加溢流时间、降低砂的含泥量的工艺中,应注意以下事项:

(1) 需认真分析砂源中细颗粒的属性,耙吸船可通过增加溢流时间,将砂源中呈悬浮状的淤泥冲洗掉,从而降低含泥量,但是砂源中呈球状的黏土块,无法通过溢流冲洗掉,不能降低砂源含泥量。

(2) 在做试挖试验时,吹填区需防止淤泥局部堆积,并防止试验吹填砂与其他材料混合,避免吹填后管头取样分析时失真。条件允许时,尽量将试验吹填区与其他吹填区隔离、封闭。

(3) 通过增加耙吸船溢流时间,降低砂源含泥量,相应地会增加耙吸船取砂时间,降低施工效率,需对通过增加溢流时间而降低含泥量这种工艺增加的施工成本与寻找新砂源区的成本进行分析比较,选择较经济的方案。

4 总结

加纳特码项目吹填工程面临砂源不足的难题,通过多波速、物探、振动取样、耙吸船试挖等技术手段,成功找到足够满足合同要求的砂源。本文通过简单介绍和总结探砂过程中使用的各种技术手段以及探砂前期的准备工作,为类似工程提供经验。

参考文献

[1] 耿雪樵,徐行,等.我国海底取样设备的现状与发展趋势[J].地质装备,2009,10(4):11-16.
[2] 董玉娟,周浩杰,王正虎.侧扫声呐和浅地层剖面仪在海底管线检测中的应用[J].水道港口,2015,36(5):450-455.
[3] 徐海涛.GPY-N型浅地层剖面仪在航道工程中的应用[J].水运工程,2002,345(10):77-78,89.

"东祥"号 200 m³ 抓斗土质适应性分析

杨 欢[1,2],刘洛会[1,2]

(1. 中国港湾西部非洲区域公司,科特迪瓦阿比让 06BP6687;
2. 中交广州航道局有限公司,广东广州 510290)

摘 要:"东祥"号作为世界第一大抓斗疏浚船,其在非洲片区南非、加蓬、喀麦隆、科特迪瓦和加纳特码等地的项目中发挥了重要甚至关键性的作用。但"东祥"号在施工过程中也暴露出一些短板:对不同土质的开挖效率存在着大幅度的变化。为了充分利用"东祥"号强大的疏浚能力,同时考虑到疏浚综合效率以及后续工程施工安排,结合"东祥"号在科特迪瓦阿比让港口扩建项目和加纳特码新集装箱码头项目的施工资料,分析研究得出最适合"东祥"号 200m³ 抓斗的土质为中细砂、淤泥混砂、流态淤泥、硬质黏土及黏土夹砂。另外"东祥"号在水下爆破后的清礁施工中也展现了强大的疏浚能力。

关键词:抓斗船;疏浚土质;船舶施工效率;实际生产

1 概况

"东祥"号作为目前世界上最大的抓斗式挖泥船,其长 100 m,宽 36 m,高 45 m,型深 6 m,平均吃水 3.6 m,配备有斗容量 200 m³ 液压开闭抓斗,该斗自重 370 t,水平容量 120 m³,最大容量 200 m³。分析出"东祥"号对应不同土质的开挖效率对实际生产有重大意义。

2 土质情况简介

"东祥"号在科特迪瓦阿比让港口扩建项目和加纳特码新集装箱码头项目两个项目施工过程中开挖的土质包含了流态淤泥(淤泥土类)、淤泥混砂(淤泥土类)、中细砂(砂土类)、硬质黏土及黏土夹砂(黏性土类)、密实砂(砂土类)、钙质胶结土(碎石土类)、强风化片麻岩(清礁类)、中风化片麻岩(岩石类),涵盖了《疏浚岩土分类标准》[1]规定中的五大类。

3 施工效率分析

由于主要是分析"东祥"号对不同土质的开挖效率,应尽可能把"东祥"号船机状态对开挖效率的影响降到最低,所以计算时只引用了"东祥"号正常施工天即挖泥时间不小于 12 h 的施工天数据(不包括扫浅)。

3.1 流态淤泥的开挖效率

流态淤泥主要存在于科特迪瓦项目,"东祥"号开挖该土质正常施工天数为 48 d,挖泥时间为 682.67 h,实测工程量为 910 943 m³,挖泥效率为 1 334.38 m³/h。

结合现场记录的"东祥"号每斗开挖周期时间统计表(开挖深度主要集中在 −13.9～−18.7 m),求出单斗周期平均值如表 1 所示。

表 1 "东祥"号开挖流态淤泥期间单斗各动作平均时间记录表

土质	下斗(s)	合斗(s)	提斗(s)	旋转(s)	卸泥(s)	复位(s)	周期(s)
流态淤泥	34	35	25	15	16	15	140

"东祥"号采用分层分条开挖,施工格网尺寸 30 m×30 m,每步排 9 斗后,需要移船前进约 13 m,移船时间大约 4 min,给泥驳冲水洗甲板、解缆放驳需要 5 min 左右,可计算出"东祥"号每小时装驳 20 斗。结合上表,可计算出单斗的有效工程量为 66.7 m³/斗,进而计算出"东祥"号疏浚流态淤泥施工的斗容充泥系数为 0.56(200 m³ 抓斗的平斗斗容积为 120 m³,下同)。

3.2 淤泥混砂的开挖效率

淤泥混砂主要存在于科特迪瓦项目,"东祥"号开挖该土质正常施工天数为 104 d,挖泥时间为 1 649.52 h,实测工程量为 3 075 076 m³,挖泥效率为 1 864.22 m³/h。

结合现场记录的"东祥"号每斗开挖周期时间统计表,求出单斗周期平均值如表 2 所示。

表 2 "东祥"号开挖淤泥混砂期间单斗各动作平均时间记录表

土质	下斗(s)	合斗(s)	提斗(s)	旋转(s)	卸泥(s)	复位(s)	周期(s)
淤泥混砂	32	32	24	21	14	21	144

结合上述,"东祥"号每小时可装驳 19 斗。根据上表的数据可计算出单斗的有效工程量为 98.1 m³/斗,进而计算出"东祥"号开挖淤泥混砂的斗容充泥系数为 0.82。

3.3 中细砂的开挖效率

中细砂主要存在于科特迪瓦项目,"东祥"号开挖该土质正常施工天数为 3 d,挖泥时间为 41.5 h,实测工程量为 80 658 m³,挖泥效率为 1 943.57 m³/h。

结合现场记录的"东祥"号每斗开挖周期时间统计表,求出单斗周期平均值如表 3 所示。

表 3 "东祥"号开挖中细砂期间单斗各动作平均时间记录表

土质	下斗(s)	合斗(s)	提斗(s)	旋转(s)	卸泥(s)	复位(s)	周期(s)
中细砂	31	37	27	16	17	16	144

结合上述,"东祥"号每小时可装驳 19 斗,平均挖泥效率为 1 943.6 m³/h,可计算出单斗的有效工程量为 102.3 m³/斗,进而计算出"东祥"号开挖中细砂的斗容充泥系数为 0.85。

3.4 硬质黏土及黏土夹砂的开挖效率

硬质黏土及黏土夹砂主要存在于科特迪瓦项目,"东祥"号开挖该土质正常施工天数为 5 d,挖泥时间为 83.92 h,实测工程量为 83 013 m³,挖泥效率为 989.19 m³/h。

结合现场记录的"东祥"号每斗开挖周期时间统计表,求出单斗周期平均值如表 4 所示。

表 4 "东祥"号开挖硬质黏土及黏土夹砂期间单斗各动作平均时间记录表

土质	下斗(s)	合斗(s)	提斗(s)	旋转(s)	卸泥(s)	复位(s)	周期(s)
硬质黏土及黏土夹砂	35	72	29	30	25	32	223

根据上表可知,单斗周期为 223 s,"东祥"号分层分条开挖,施工格网尺寸 30 m×

30 m,每步排 9 斗后,需要移船前进约 13 m,移船时间大约 4 min,由于单驳挖泥时间较长(均超过 1 h),暂忽略解缆、冲甲板时间,进而计算出"东祥"号每小时可挖泥 15 斗,平均挖泥效率为 989.2 m³/h,可计算出单斗的有效工程量 65.9 m³/斗,进而计算出"东祥"号开挖硬质黏土及黏土夹砂的斗容充泥系数为 0.55。

3.5 密实砂的开挖效率

密实砂主要存在于加纳特码项目疏浚区域的表层,标高大约为 −8～−13 m。"东祥"号开挖密实砂的正常施工天数为 60 d,挖泥时间为 497.66 h,实测方 221 409 m³,挖泥效率为 444.90 m³/h。

结合现场记录的"东祥"号每斗开挖周期时间统计表,求出单斗周期平均值如表 5 所示。

表 5　"东祥"号开挖密实砂期间单斗各动作平均时间记录表

土质	下斗(s)	合斗(s)	提斗(s)	旋转(s)	卸泥(s)	复位(s)	周期(s)
密实砂	30	77	29	20	25	27	208

按照上文描述的"东祥"号施工过程耗时可以计算出"东祥"号每小时可挖泥 16 斗,平均挖泥效率为 444.9 m³/h,可计算出单斗的有效工程量 27.8 m³/斗,进而计算出"东祥"号开挖密实砂的斗容充泥系数为 0.23。主要因为密实砂砂层薄,所以斗容充泥系数低。

3.6 钙质胶结土的开挖效率

钙质胶结土主要存在于加纳特码项目疏浚区域标高为 −9～−14 m 的岩层,"东祥"号开挖钙质胶结土的正常施工天数为 65 d,挖泥时间为 756.69 h,实际开挖 296 247 m³,挖泥效率为 391.50 m³/h。

结合现场记录的"东祥"号每斗开挖周期时间统计表,求出单斗周期平均值如表 6 所示。

表 6　"东祥"号开挖钙质胶结土期间单斗各动作平均时间记录表

土质	下斗(s)	合斗(s)	提斗(s)	旋转(s)	卸泥(s)	复位(s)	周期(s)
钙质胶结土	32	80	30	25	23	28	218

按照上文描述的"东祥"号施工过程耗时可以计算出"东祥"号每小时可挖泥 15 斗,平均挖泥效率为 391.5 m³/h,可计算出单斗的有效工程量为 26.1 m³/斗,进而计算出"东祥"号开挖钙质胶结土的斗容充泥系数为 0.22。主要因为钙质胶结土硬度高,合斗困难,只能浅层开挖,导致开挖层薄,斗容充泥系数低。

3.7 强风化片麻岩的开挖效率

强风化片麻岩主要存在于加纳特码项目疏浚区域标高为 −10～−17 m 的岩层,"东祥"号开挖强风化片麻岩的正常施工天数为 114 d,挖泥时间为 1 441.34 h,实测方为 636 353.69 m³,挖泥效率为 441.50 m³/h。

结合现场记录的"东祥"号每斗开挖周期时间统计表,求出单斗周期平均值如表7所示。

表7 "东祥"号开挖强风化片麻岩期间单斗各动作平均时间记录表

土质	下斗(s)	合斗(s)	提斗(s)	旋转(s)	卸泥(s)	复位(s)	周期(s)
强风化片麻岩	34	79	29	24	24	29	219

按照上文描述的"东祥"号施工过程耗时可以计算出"东祥"号每小时可挖泥15斗,平均挖泥效率为441.50 m^3/h,可计算出单斗的有效工程量23.9 $m^3/斗$,进而计算出"东祥"号开挖强风化片麻岩的斗容充泥系数为0.20。主要因为强风化岩硬度高,直接开挖困难,斗齿入岩浅,导致开挖层薄,斗容充泥系数低。

3.8 中风化片麻岩(清礁)的开挖效率

中风化片麻岩主要存在于加纳特码项目疏浚区域标高-15 m以下的区域,由于中风化岩强度太高,"东祥"号不能直接开挖,需进行爆破预处理,所以引用的数据是炸礁后"东祥"号清礁的施工数据。清礁的正常施工天数为15 d,挖泥时间100.08 h,实际开挖46 532 m^3,挖泥效率为464.95 m^3/h。

结合现场记录的"东祥"号每斗开挖周期时间统计表,求出单斗周期平均值如表8所示。

表8 "东祥"号开挖中风化片麻岩(清礁)期间单斗各动作平均时间记录表

土质	下斗(s)	合斗(s)	提斗(s)	旋转(s)	卸泥(s)	复位(s)	周期(s)
中风化片麻岩(清礁)	40	80	30	27	30	29	236

按照上文描述的"东祥"号施工过程耗时可以计算出"东祥"号每小时可挖泥14斗,平均挖泥效率为464.95 m^3/h,可计算出单斗的有效工程量33.2 $m^3/斗$,进而计算出"东祥"号开挖中风化片麻岩(清礁)的斗容充泥系数为0.28。主要因为中风化片麻岩炸礁料硬度高,且处于疏浚区域的底层,需控制开挖标高,故斗容充泥系数低。

综合"东祥"号在两个项目的施工数据,可以得知"东祥"号对不同土质的开挖效率统计如表9所示。

表9 "东祥"号对不同土质开挖效率统计表

疏浚土质	施工天数(d)	挖泥时间(h)	疏浚方量(m^3)	施工效率(m^3/h)	斗容充泥系数
流态淤泥	48	682.67	910 943	1 334.38	0.56
淤泥混砂	104	1 649.52	3 075 076	1 864.22	0.82
中细砂	3	41.50	80 658	1 943.57	0.85
硬质黏土及黏土夹砂	5	83.92	83 013	989.19	0.55
密实砂	60	497.66	221 409	444.90	0.23
钙质胶结土	65	756.69	296 247	391.50	0.22
强风化片麻岩	114	1 441.34	636 353.69	441.50	0.20
中风化片麻岩(清礁)	15	100.08	46 532	464.95	0.28

4 总结

分析上表中数据可知"东祥"号在开挖中细砂时的效率最高,在直接开挖强风化片麻岩时候的效率最低,不能直接开挖中风化片麻岩,需预爆破处理后清礁。在以上土质中最适合 200 m³ 抓斗的土质为中细砂、淤泥混砂、流态淤泥、硬质黏土及黏土夹砂。在今后的投标中,应认真分析招标文件中的土质情况,以"东祥"号的土质适应性情况为技术支撑来做方案策划。在以后疏浚项目中,应尽量安排"东祥"号施工中细砂、淤泥混砂、流态淤泥、硬质黏土及黏土夹砂等土质。

参考文献

[1] 中华人民共和国交通运输部.疏浚岩土分类标准:JTJ/T 320—96[S].北京:人民交通出版社股份有限公司,1997.

浅谈欧洲知名疏浚企业排泥管线技术

朱元元[1,2],冀登辉[1,2]

(1. 中国港湾西部非洲区域公司,科特迪瓦阿比让 06BP6687;
2. 中交广州航道局有限公司,广东广州 510290)

摘 要:近年来各种国际大型先进挖泥船层出不穷,精品疏浚、吹填工程遍地开花。欧洲作为疏浚的起源地、行业的领头羊,有很多先进的技术值得去借鉴学习并加以应用。本文将以加纳特码新集装箱码头工程的疏浚、吹填施工为背景,阐述欧洲知名疏浚公司排泥管线技术。

关键词:岸上管线;沉管;浮管;总体布置

1 工程概况

本文是以加纳特码新集装箱码头施工为基础,通过对欧洲疏浚企业管线进行学习总结得出。该项目位于加纳南部沿海,濒临几内亚(GUINEA)湾的北侧,与首都阿克拉(ACCRA)相距约 26 km。具体的位置详见图 1。此工程施工工艺复杂,船舶数量多,施工干扰多,在布置管线时需考虑多重因素。目前,先后在场施工的船舶包括耙吸船(万方耙浚海 1、万方耙 Breughel、欧洲大耙刚果号)和绞吸船(天鲸号、欧洲大功率绞吸船 D'Artagnan),本项目耙吸船吹填与绞吸船疏浚施工时均需布置排泥管线。本文将结合加纳特码新集装箱码头工程欧洲大功率绞吸船排泥管线,重点从岸上管线、沉管、浮管、闸阀技术及管线总体布置五方面进行总结分析。

图 1 工程地理位置

2 欧洲挖泥船管线的分类与技术

2.1 岸上管线

岸上管线是最常用的一种,通常一端连接喷口或者消能器,另外一端和海上的浮管或沉管连接。岸上管线所使用材料多为钢或者铸铁。每节管间用法兰连接,在地形变化和弯曲处通常会接入一节或多节橡胶软管短接,以缓冲管线所受的弯曲力,便于管线方向的调整。

欧洲公司岸上管线通常采用套管形式,与国内的岸管间法兰连接不同,国内岸管安装对地面平整度要求较高,且通过法兰连接所耗时间也较长,效率低。而欧洲公司岸管则通过套管方式连接,效率较高,有效地避免了因岸管连接而延误船舶施工。另外,欧洲公司的岸上管线通常会在两节钢质管连接的法兰处用钢板烧焊等方法加以竖向固定支撑,有效地防止了两节管线间受力不均匀问题。图 2 为岸上管线连接处法兰横向支撑。

图 2　岸上管线连接处法兰横向支撑

2.2 沉管

2.2.1 沉管布置

沉管是放置于海底的排泥管线,在疏浚排泥管线布置中使用较为广泛。其材质一般为钢或铸铁,造价低廉、使用方便。目前,国内两节沉管间通常采用法兰连接,而欧洲公司则采用陆上焊接一体化沉管,见图 3。

图 3　欧洲公司一体化沉管

2.2.2 沉管安装步骤

（1）沉管安装前，先进行沉管安放区测量作业，以确保安放区有足够的水深且无障碍物，并在安放位置设立浮标，确定海滩着陆点。（2）海侧连接带浮标的钢绳索至沉管上，并连接至锚艇。岸侧连接带浮标的钢索至沉管末端，并通过岸上设备（如挖掘机、推土机等）将其固定在合适位置。（3）在锚艇甲板上将海侧堵塞法兰打开，与浮管连接，通过锚艇吊机将管线轻轻推入水中，沉管充水并以稳定较慢速度下沉，如遇沉管不稳定下沉或下沉速度较快，则需打开岸侧法兰，通过空气压缩机充气使沉管重新浮出海面。如遇充水不足，则通过辅助船舶向沉管中加水。（4）当足够长度的沉管已下沉时，岸侧工作人员将打开岸侧法兰排气，当沉管完全沉至海底，工作人员可完全移开岸侧法兰，并开始连接岸管。（5）沉管安装完毕，对沉管安放位置进行实测，确保沉管位置无误。

安装过程示意图如图 4~图 11 所示。

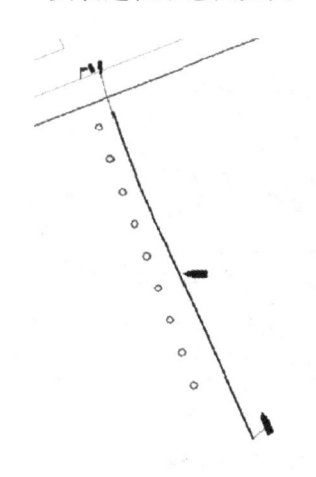

图 4　测量定位 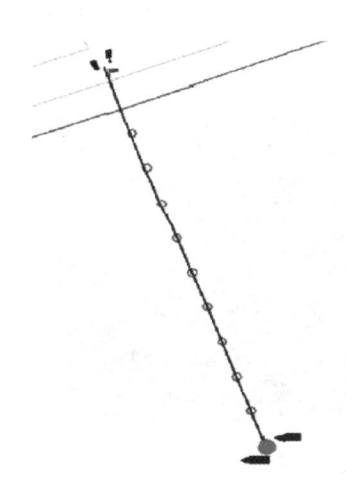　　　　　　　　　图 5　沉管就位

图 6　沉管就位 　　　　　　　　　图 7　下放沉管海侧自浮管

图8　岸侧固定沉管

图9　沉管法兰、阀门

图10　沉管下沉

图11　沉管岸侧架头

2.3　浮管

浮管也是挖泥船排泥管线中较为常用的类型,其材料为软胶管或钢管加浮体。目前,常用的有橡胶浮体、钢质箱体浮筒浮体、塑料浮体等。因塑料浮体自浮管目前使用较少,我们将重点介绍橡胶浮体浮管与钢质箱体浮管。

2.3.1　塑料浮体自浮管

塑料浮体的外壳由中密度聚乙烯制成,由高强度聚氨酯泡沫材料组成,具有重量轻、运输方便,组装后水上管线重心低,并且一次性投资较低等特点。但是此类产品的聚乙烯外壳表面在阳光下易老化,并且在气温较低时易破碎。同时底部会经常出现大量微生物附着,侵蚀底部外壳表层,如果侵蚀到一定的程度,内部的聚氨酯泡沫就易充水,导致浮力逐步减少并破碎流失。此浮体强度低、泥浆流阻大,使用一段时间后,自浮体的螺栓和包箍带易脱落,如不经常检查,遇大风浪天气和上下颠簸会使两片浮体脱开并且丢失而造成较大的损失,现在国内外使用较少,在此不再多加介绍。

2.3.2　橡胶浮体自浮管

橡胶浮体自浮管是在钢质管或者橡胶管外边缠绕漂浮材料,并通过一层橡胶保护层包裹保护。以 φ850 mm 橡胶自浮管为例，一组自浮管的长度为 11.8 m，管内径为 0.85 m，外径大约为内径的两倍，总重约 10 t。使用这种自浮管施工时管线间耐碰撞，不容易发生死弯和浮管倒扣现象，但橡胶自浮管也有一定的局限性，橡胶自浮管和浮体作为一个整体，如有部分损坏，整节管线将无法使用，因此，使用成本相对较高。我国在橡胶浮体浮管方面与欧洲公司几乎无差别。

橡胶自浮管的组装和布置：橡胶自浮管的安装包括岸上组装和海上组装。在岸上组装时首先应清理场地，创造平整的地面，便于自浮管连接。岸上组装浮管连接成一段，连接处使用螺丝通过法兰连接，之后通过锚艇等辅助船舶拖曳与海上浮管对接安装，对接完毕后定位检查，并在合适的位置下锚。浮管的运输、组装多采用履带式吊车配合人力完成。图 12 为橡胶浮体浮管。

图 12　橡胶浮体浮管

2.3.3　钢质箱体浮管

钢质箱体浮管使用较多，它是由钢板焊制而成的方形浮体，中间架装一根排泥管。排泥管之间使用橡胶管连接。国内多采用两端翘起的浮筒，有效减少浮筒阻力，为了满足湍急水流条件下有效铺设水上排泥管线的要求，降低水流对管线的磨损，通常使用横置矩形浮箱式浮筒。欧洲公司箱体浮管有别于国内箱体浮管，管间采用快速接头连接，效率较高。

浮筒一般是由钢板焊接而成，每个浮筒有两个固定钢管的夹子，每节钢管通常用 2~3 个浮筒支撑。钢管放置在浮筒中间马鞍形处，马鞍形的支座旁安装有固定的支架，保证钢管移动时的位置不发生变化(见图 13)。

钢质箱体浮管的组装：钢质箱体浮管组装前需要先把浮筒以及钢管管线放到一艘带有吊机的驳船上，并在驳船上进行组装，欧洲公司每节浮筒管的钢管长度为 12 m，其两端通过快速接头接成一个整体，之后通过吊机将浮筒放入水中，并将钢管放到浮筒中央马鞍形位置上，每个浮筒的支架需用螺母锁定，为了更为安全牢固，通常支架会用烧焊的方式再次加固，以适应恶劣的涌浪条件。浮筒管组装完毕后，通过锚艇等辅助船舶的移动控制浮筒管的位置。当两段浮筒管足够接近时，用绳子将两节管拉近并收紧，连接正反

图 13　钢质箱体浮管

接头并将其卡住,所有分段连接成整体后,将整段浮筒管线拖到指定位置连接沉管或者其他类型的浮管(见图 14)。

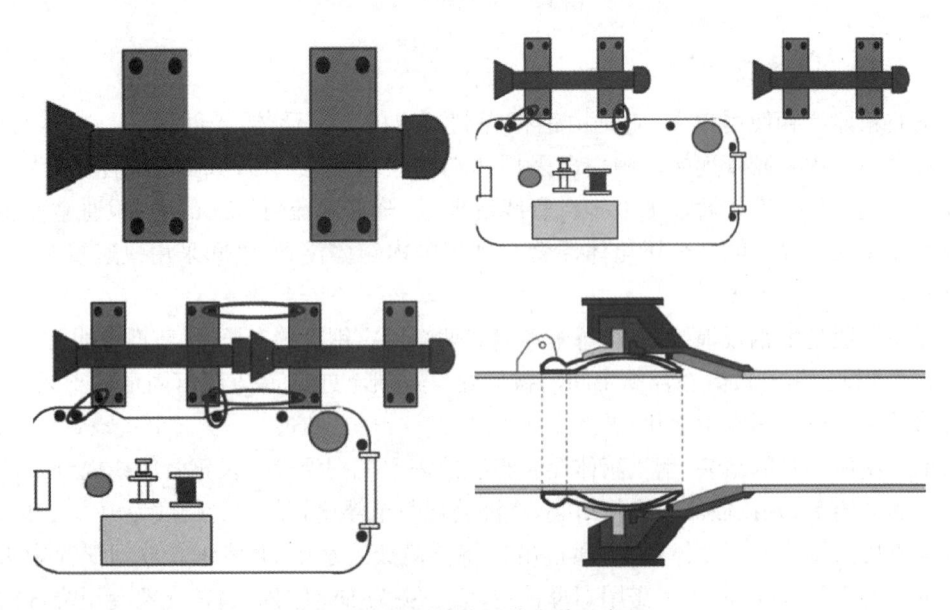

图 14　钢质箱体浮管安装示意图

2.4 闸阀

闸阀一般用来控制管线中泥水混合物的流向,通过闸阀的开闭来控制泥浆走向,从而控制吹填的位置。闸阀有效地缩减了吹填不同区域时移动管头的时间,大大提高了管线布置效率,见图15。

图 15 闸阀

3 管线的整体布置

管线的布置应根据地形灵活选择,尽量减少其长度以及排泥过程泥浆对其产生的影响。整体布置时应该重点考虑以下几个因素:(1)因管线易受到水流、风浪以及施工过程中停、合泵时的冲击力等影响,管线布置应呈流线型弯曲,管线间的接卡须牢固可靠。(2)水上管线在施工期间仍需露出水面,方便维修与拖曳。(3)管线锚的抛设应根据潮汐、水流特点而定,选择最佳的锚位。(4)水上排泥管线与陆上排泥管线的连接应根据地形和水位变化来选择适当的连接方式,防止因潮汐水位变化而发生管段严重弯曲现象。

排泥管线一般由以上几种类型的管线因地制宜自由组合,通过改变管线的组合方式,选择最优组合,提高船舶施工效率,节约使用成本。

参考文献

[1] Jan van't Hoff, Art Nooy van der Kolff. 水力吹填手册[M]. 北京:人民交通出版社股份有限公司,2015.

防波堤对"东祥"号施工的掩护分析

冀登辉[1,2]，邹腾飞[1,2]

(1. 中国港湾西部非洲区域公司，科特迪瓦阿比让 06BP6687；
2. 中交广州航道局有限公司，广东广州 510290)

摘 要：工程区海域受南大西洋中长周期涌浪的影响显著，海上施工船舶等受波浪影响，作业条件差。通过修建防波堤，对施工区域形成掩护，结合 200 m³ 抓斗船"东祥"号的适应工况，以及河海大学波浪数模对不同防波堤长度时的施工区波浪条件的研究分析，更为科学、合理地制定"东祥"号后续施工方案。

关键词：防波堤；波浪条件；比波高

1 工程概况

加纳位于非洲西部几内亚湾，西邻科特迪瓦，东毗多哥，南面大西洋。特码港是加纳最大的商港，位于加纳东南沿海，与首都阿克拉相距约 26 km。拟建的新集装箱码头地处特码老港西侧，距岸 50 km 左右即为 3 000 m 以上水深，向岸水深迅速转浅，离岸不足 3 km 即为 20 m 以上水深，且空间上 20 m 等深线近乎与岸平行，呈 ENE～WSW 向展布于工程区外(图 1)，"L"形防波堤堤长约 3 600 m，为满足通航条件，外航道、回旋区和港池水域需疏浚(疏浚深度为 19.0 m、17.4 m 和 16.9 m)。

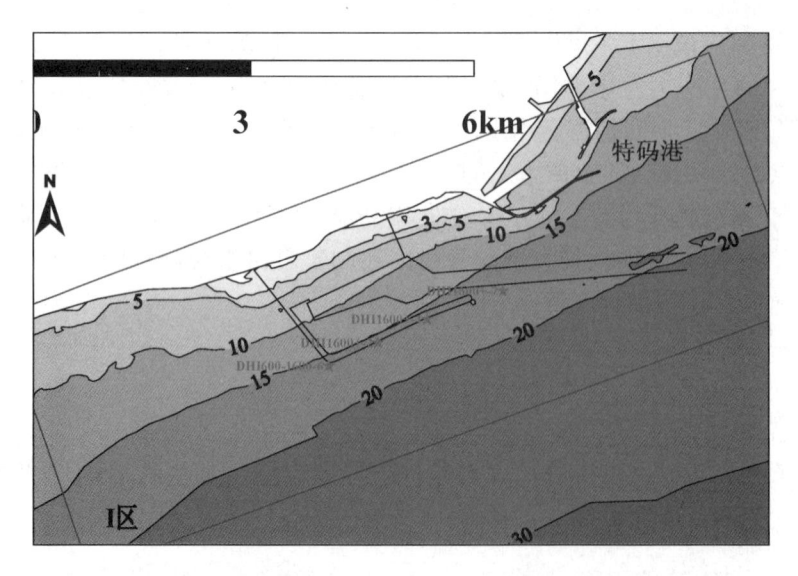

图 1 加纳特码新集装箱码头工程水域水深等值线分布及平面规划图

2 工程区波浪条件

河海大学对加纳特码新集装箱码头工程施工期的波浪数模分析,基于防波堤外围 DHI 600_1600＋_6 点、DHI 1600＋_2 点、DHI 1600＋_4 点,以及 DHI 1600＋_7 点(各站位地理位置如图 1 所示)1993—2015 年逐时波浪资料,对四站波高和平均波向进行统计,得出如下主要结论:

(1)防波堤外围四站的盛行浪向尤为集中,主要集中在 155°N～195°N,该方位内波浪的出现频率在 99.9％以上,其中又以 175°N～185°N 向波浪的频率为最高。

(2)谱峰波周期的分布范围宽(4～20 s),其中 9～16 s 谱峰周期波浪的出现频率占 88.7％,20 s 以上谱峰周期波浪亦有出现,频率为 0.44％。

(3)165°N～175°N 向波浪,相对于防波堤的走向而言,该向波浪对防波堤的掩护效果更为不利。

3 "东祥"号介绍

3.1 "东祥"号简介

"东祥"号是日本于 1995 年建造的第一艘 200 m³ 非自航抓斗式挖泥船,总长 100 m,总宽 36 m,型深 6 m,吃水 3.6 m,最大挖深 30 m,总吨位 6 985 t,排水量约 13 000 t,钢桩设计长 45 m,直径 1.6 m,重 90 t/根,设计工作限制为船舶侧倾 2°。

图 2 "东祥"号现场施工

3.2 "东祥"号在大涌浪、长周期条件下的施工情况

在防波堤未形成掩护情况下,2016 年 12 月 29 日"东祥"号进入施工区域就位,准备开工,当钢桩下到海床后,由于暗涌的波长较长,周期约 10 s 以上,能量大,造成钢桩的顶部不停地撞击钢桩架,无法利用钢桩进行定位,出于安全考虑,为防止钢桩被撞击断裂或

变形弯曲,决定暂停施工,起桩抛锚避涌。之后每天都在实时潮水的涨、退潮,高平、低平潮尝试下钢桩若干次,钢桩晃动严重,无法施工。自2017年1月3日之后,由于施工区域不具备条件,在暗涌的影响下,船舶尚未施工已侧倾约3°,超过设计限制,加上钢桩撞击桩架等原因,导致无法施工(见图3至图5)。此外,根据随船技术图纸资料及受力分析计算,若"东祥"号在存在暗涌波长较长工况下施工(船体倾斜角度 $\theta > 2.5°$),"东祥"号的抓斗起重机也存在重大风险,可能导致抓斗起重机移位而使驱动齿轮卡死或倾覆,因此暂停施工。

图3 船舶左侧倾度数显示

图4 船舶右侧倾度数显示

图5 钢桩撞击情况

随着防波堤堤长的不断推进,对部分施工区开始形成掩护。"东祥"号于2017年10月15日正式开工,"东祥"号施工和防波堤施工同步进行,防波堤对施工区形成的掩护面积越来越大,详见图6至图9。

4 "东祥"号适应的波浪条件

200 m³ 抓斗船"东祥"号在海上进行疏浚作业时,波浪要素需满足一定条件,波高小于 0.5 m,谱峰波周期小于 12 s,才能保证海上施工安全。

为确保"东祥"号后续施工方案的可行性,各波浪因素条件选择如下:

(1) 根据河海大学波浪数模分析,165°N~175°N 向波浪对施工区最为不利,165°N 向波浪更为不利,因此选用 165°N 向波浪。

(2) "东祥"号施工边界谱峰波周期为 12 s,选用接近但对"东祥"号施工更为不利的谱峰波周期 15 s。

(3) 波高采用每月平均有效波高。

河海大学波浪数模分析运用"比波高"(局地波高 H_d 与入射波高 H_0 的比值)的概念,开展施工作业条件的数值计算工作。其中局地波高为研究区域的实际波高,入射波高采用多年统计的每月有效波高。

根据 Danish Hydraulic Institute(简称 DHI)推算的外围计算点 1993—2015 年逐时海浪后报资料,得知每月有效波高。"东祥"号施工的边界波高为 0.5 m,即局地波高需小于 0.5 m,才能保证安全作业。由此,可计算出"东祥"号可施工的每月比波高范围,见表 1。

表 1 "东祥"号可施工的每月比波高范围

月份	有效波高(m)	局地波高(m)	可施工的比波高范围
1	1.1	<0.5	<0.45
2	1.1	<0.5	<0.45
3	1.3	<0.5	<0.38
4	1.4	<0.5	<0.36
5	1.5	<0.5	<0.33
6	1.7	<0.5	<0.29
7	1.6	<0.5	<0.31
8	1.9	<0.5	<0.26
9	1.5	<0.5	<0.33
10	1.4	<0.5	<0.36
11	1.3	<0.5	<0.38
12	1.2	<0.5	<0.42

根据河海大学在防波堤堤长 1.8 km、2.0 km、2.2 km 和 3.0 km,165°N 向波浪,15s 谱峰波周期条件下的数模分析,并结合防波堤各阶段施工节点,即可得出"东祥"号每月的可施工范围。

5 防波堤对"东祥"号施工的掩护分析

5.1 防波堤长度施工至 1.8 km 时对"东祥"号施工的掩护分析

根据防波堤施工计划,预计 2017 年 10 月 14 日,防波堤长度可施工至 1.8 km,根据"东祥"号可施工的每月比波高范围(表 1)可知,10 月份"东祥"号可施工的比波高范围需要小于 0.36,根据河海大学波浪数模分析,在 165°N 向波浪,15 s 谱峰波周期条件下,1.8 km 防波堤对施工区形成的掩护范围如图 6 所示。

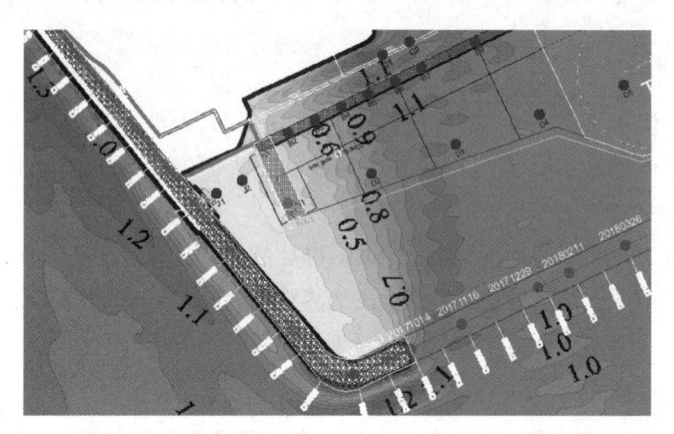

图 6 1.8 km 防波堤对施工区形成的掩护范围图

其中,部分区域为"东祥号"在防波堤长度施工至 1.8 km 时的可施工范围,为码头前沿 KP0 - KP40,沉箱出运通道 KP0 - KP40,以及部分下潜坑区域。

5.2 防波堤长度施工至 2.0 km 时对"东祥"号施工的掩护分析

根据防波堤施工计划,预计 2017 年 11 月 16 日,防波堤长度可施工至 2.0 km,根据"东祥"号可施工的每月比波高范围(表 1)可知,11 月份"东祥"号可施工的比波高范围需要小于 0.38,根据河海大学波浪数模分析,在 165°N 向波浪,15 s 谱峰波周期条件下,2.0 km 防波堤对施工区形成的掩护范围如图 7 所示。

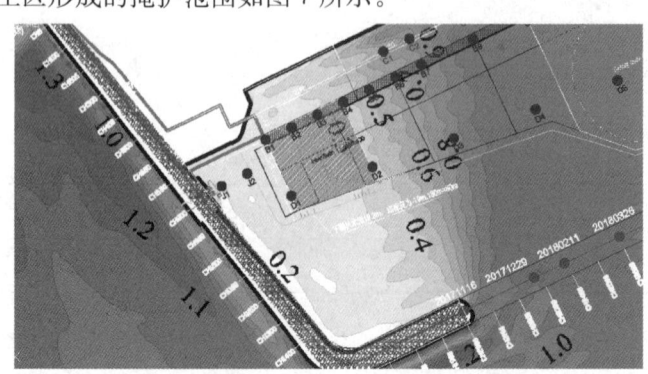

图 7 2.0 km 防波堤对施工区形成的掩护范围图

其中,部分区域为"东祥"号在防波堤长度施工至 2.0 km 时的可施工范围,为码头前沿 KP0 - KP300,沉箱出运通道 KP0 - KP300,下潜坑区域及约 300 m 的内港池区域。

5.3 防波堤长度施工至 2.2 km 时对"东祥"号施工的掩护分析

根据防波堤施工计划,预计 2017 年 12 月 29 日,防波堤长度可施工至 2.2 km,根据"东祥"号可施工的每月比波高范围(表 1)可知,12 月份"东祥"号可施工的比波高范围需要小于 0.42,根据河海大学波浪数模分析,在 165°N 向波浪,15 s 谱峰波周期条件下,2.2 km 防波堤对施工区形成的掩护范围如图 8 所示。

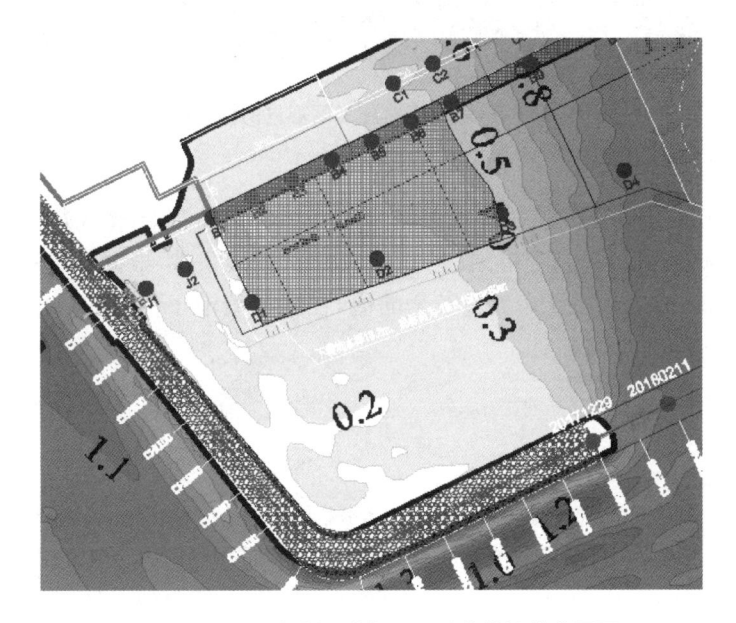

图 8　2.2 km 防波堤对施工区形成的掩护范围图

其中,部分区域为"东祥"号在防波堤长度施工至 2.2 km 时的可施工范围,为码头前沿 KP0 - KP500,沉箱出运通道 KP0 - KP500,下潜坑区域及约 500 m 的内港池区域。

5.4 防波堤长度施工至 3.0 km 时对"东祥"号施工的掩护分析

根据防波堤施工计划,预计 2018 年 7 月 28 日,防波堤长度可施工至 3.0 km,根据"东祥"号可施工的每月比波高范围(表 1)可知,7 月份"东祥"号可施工的比波高范围需要小于 0.31,根据河海大学波浪数模分析,在 165°N 向波浪,15 s 谱峰波周期条件下,3.0 km 防波堤对施工区形成的掩护范围如图 9 所示。

其中,部分区域为"东祥"号在防波堤长度施工至 3.0 km 时的可施工范围,为码头基槽 KP0 - KP1400,沉箱出运通道 KP0 - KP1400,内港池所有区域及部分调头圆。

6　结论

防波堤对施工区域的掩护为"东祥"号的顺利施工创造条件,根据施工数据统计,从"东祥"号开工至工程完工,在防波堤形成掩护条件下,恶劣天气迫使"东祥"号停工的时

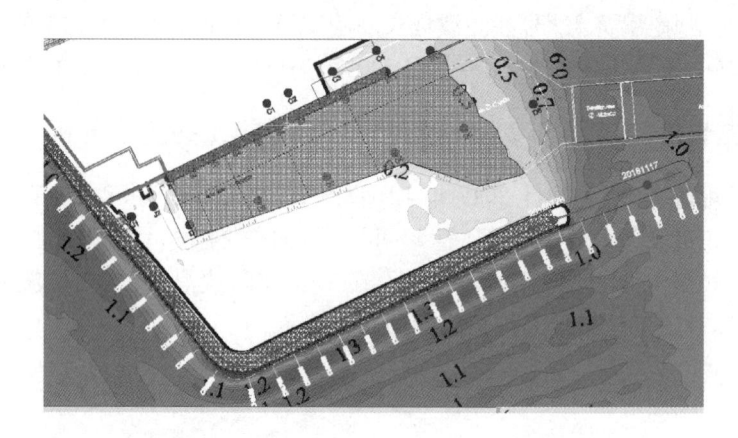

图9 3.0 km防波堤对施工区形成的掩护范围图

间占总在场时间的2.7%。

　　河海大学波浪数模分析较为直观地显示了加纳特码新集装箱码头的防波堤修建至不同长度时"东祥"号的可施工范围。模型所运用的波浪条件,根据各时间节点所对应的多年波要素,均取对"东祥"号施工偏安全的值,在满足波浪条件下的防波堤长度可保证施工区大多数时间的施工安全。

参考文献

[1] 赵津京,杨正军,田会静.施工期天鲸号适应能力分析[J].水运工程,2019(2):163-169.
[2] 勾贺,李瑞杰,董啸天,等.防波堤平面布置对建设用海区波浪场影响的数值模拟[J].水运工程,2019(6):15-20,45.

浅谈疏浚吹填对海洋生态环境的影响及监测控制

张 超[1,2]，杨 辉[1,2]

(1. 中国港湾西部非洲区域公司，科特迪瓦阿比让 06BP6687；
2. 中交广州航道局有限公司，广东广州 510290)

摘 要：港口码头的建设无疑会对周围的环境造成一定的影响，尤其是海洋生态环境。其中涉及的陆域吹填、疏浚挖泥、抛泥、水下爆破等活动产生的水体振动、冲击波、高浓度悬浮物、石油烃等因素会直接或间接地影响如水质、沉积物、生物多样性、底栖生物、海洋哺乳动物等海上生态环境的变化。为了将施工对环境的影响尽可能降到最小，需要利用科学有效的方法对海洋生态环境进行监测与控制。

关键词：疏浚吹填；环境监测；环保；生态

1 引言

1.1 工程概况

本文以加纳特码新集装箱码头工程为例。工程位于非洲几内亚湾北部加纳港口城市特码(TEMA)，在首都阿克拉(ACCRA)以东约 26 km。濒临几内亚湾的北侧，位于特码老港现有泊位西侧。该工程需要在现运行港口以西分两期吹填出面积分别为 97.11 hm² 和 29.44 hm² 的陆域作为新集装箱码头的建设用地，同时还有 619 万 m³ 的疏浚工程。具体的位置详见图 1。

图 1 工程地理位置

1.2 疏浚吹填工程对海上生态环境的影响

可能影响海上生态环境变化的主要活动有陆域吹填、疏浚挖泥抛泥、水下爆破等作业。

由这些活动产生的水下振动、冲击波、高浓度悬浮物、石油烃、有机物和生物填埋等因素会直接或间接地影响海上生态环境的变化。

水下振动会引起底层水柱内的湍流,并可能将受污染的沉积物引入水体。沉积物既充当了污染物的储存库,使这些污染物可以转移到水柱中,并且还是沉积物中生物的主要污染物暴露源。冲击波能直接引起一定范围内海洋生物的死亡。疏浚会导致浑浊度和总悬浮固体的上升以及水体中的盐度变化,高浓度悬浮固体直接或间接地影响浮游生物、鱼卵、幼鱼和浮游动物幼体的生长,进一步影响区域的生态环境。

疏浚吹填和抛泥等活动会通过将污染物质引入水体或沉积物中来影响海洋生物多样性。疏浚和爆破活动增加了水体中叶绿素 a、悬浮固体和浊度,会减弱阳光穿透水体的能力,并堵塞鱼类的鳃,对海洋生物产生不利影响。由于意外事故(例如油类和化学物质的引入)造成的污染导致光穿透深度下降,从而降低海洋生产力和浮游植物的增长率。资料表明,物理化学参数的变化会影响浮游植物的组成。施工会影响该区域中现有的生物多样性,一些资源可能会消失(比如海底动物),移动的生物会重新安置到其他合适的栖息地。

疏浚吹填活动对沉积物的借用和弃置,往往会因为影响水和沉积物的质量,从而影响鱼类产卵和繁殖的环境。由于水流状况增加和泥沙输入增加而增加的浊度也对鱼的健康有害,甚至导致鱼死亡。附着在海底基质上的鱼卵同样有可能因为基质的移除或疏浚物料的弃置而遭到破坏。废物或污染介质(例如未经处理的含油水)的意外释放,会通过直接污染水体造成海洋生物生存环境退化而间接影响鱼类。在疏浚施工(挖掘和爆破)期间,重型机械和船只移动所产生的水下噪声增加,也可能会干扰该地区的鱼类。

由于疏浚工程和爆破,预计将会有 1.4 km^2 的底栖生物栖息地受到破坏。在抛泥区,弃置无用的疏浚物料及产生的浑浊羽流,会导致约 3 km^2 的底栖生物直接窒息或受到影响。流动的表层动物群将会迁移,建造的防波堤、码头墙将可能成为部分底栖生物附着的新基质。底栖生物群落结构的改变可能改变有机质转化和养分循环的速率。由于疏浚和爆破而短期增加的悬浮泥沙同样增加了底栖生物窒息的可能性。疏浚作业可能会在海底释放出有害和有毒物质,也可能对海底生态系统造成伤害。爆破会导致爆破附近潮间带的动植物物种全部消失,爆破的效果会把爆破区域以外邻近潮间带的物种排入大海。爆破引起沉积物的重新分布,可能会导致悬浮沉积物的增加和附近敏感的底栖生物群落的窒息,例如邻近地区海床上的贝类。觅食鱼类的食物供应因此减少。

爆破通常还会影响海洋哺乳动物,因为这些动物利用回声定位来导航。然而,一些动物是季节性迁徙的,如果需要爆破,可以在季节迁徙之外的时候进行。在疏浚活动中,疏浚船在疏浚时预计航行速度约为 2~3 Kt,但在运输过程中预计速度可达 15 Kt。船舶在沿主要航路(从疏浚区到抛泥区)行驶时可能与海洋哺乳动物发生碰撞,碰撞可能发生在航行的每个阶段。如果航行速度超过 12 Kt,小座头鲸和幼年座头鲸可能更容易与行驶中的船只相撞。当疏浚船以高达 12~16 Kt 的速度航行时,船舶与海洋哺乳动物碰撞的风险可能更大。这可能会影响当地海洋哺乳动物的分布和数量。施工活动中因意外吸入和夹带也可能让海洋哺乳动物受到直接伤害或死亡。另外海上施工有可能增加该地区的浑浊度,从而影响海洋哺乳动物的呼吸。海洋哺乳动物的视力也会因为能见度差而受损。

2 疏浚吹填施工中对海上生态环境监测与控制

2.1 疏浚吹填施工中海上生态环境监测

为确保及早发现任何对海洋环境不利的变化,根据国际金融公司(IFC)的指导和要求,在整个工程建设期间,项目需按照国际标准,对工程建设影响范围内的水质、沉积物、生物多样性、底栖生物、海洋哺乳动物等海上生态环境进行定点监测。具体的监测参数及方法如下。

2.1.1 水质监测参数及方法

见表1。

表1 水质监测参数

监测参数	单位	标准限值 BA=加纳港务局基线研究值 S=丹麦水力学会基线研究值
总悬浮固体	mg/L	BA=15;S=37
浊度	NTU	BA=1;S=28
含盐量	ppt	BA=35;S=35.6
溶解氧含量(DO)	mg/L	BA=3.6~6.4;S=5.2
生物需氧量(BOD)	mg/L	S=0.05
化学需氧量(COD)	mg/L	S=0.1
总大肠杆菌	cfu/100 mL	BA=279~1 395;S=757
粪便大肠杆菌群	cfu/100 mL	BA=8~186
粪大肠杆菌	mg/L	BA=1~93
总异养细菌	cfu/100 mL	—
磷酸盐	mg/L	—
硝酸盐	mg/L	0.004
重金属(Pb、Hg、Cd、As、Cu、Fe、Zn)	mg/L	—
多环芳烃(TPH、PAH)	μg/L	—

水质监测包括:每日浊度监测、半月度(一个月两次)水质监测、月度水质监测。其中半月度水质监测仅仅对监测参数中总悬浮固体、浊度、含盐量三个参数进行监测。

总悬浮固体、浊度、含盐量三个参数需从监测点三个采样深度(上部、中部和底部)采集,其余参数只需要从监测点中部深度采集。采集的样品放置在预贴有标签的无菌瓶中。为测定生物需氧量而采集的样品将放在深色的瓶子中,防止暴露在光线下发生反应。溶解氧测量将在现场使用哈纳仪器多参数探针(HI-9829)进行。收集到的样本将保存在冰柜的冰块上,然后运送到实验室进行分析。

2.1.2 沉积物监测参数及方法

见表2。

表 2 沉积物监测参数

监测参数	单位	标准限值(英国 Cefas 指南)
铁	mg/kg	—
铜	mg/kg	40～400
锌	mg/kg	130～800
铅	mg/kg	50～500
汞	mg/kg	0.3～3
镉	mg/kg	0.4～5
砷	mg/kg	20～100
颗粒分析		—
化学需氧量(COD)	mg/kg	—
多环芳烃(TPH、PAH)	μg/g	—

沉积物采用季度监测。利用沉积物取样器在每个监测点取 3 个样本。然后用铲子对沉积物取样器中的沉积物剖面进行采样。随后,采集好的样品被放入预先贴有标签的密封塑胶袋,多环芳烃分析的样品被放入预先衬有铝箔的样品容器中。提取每个沉积物样品时,都要进行目测检查,以确定其是否可用于分析。有沉积物流失迹象、过度渗透或沉积物渗透不足的样品将不可用。沉积物取样要一直持续到获得足够多可用的沉积物样品为止。之后,所有的样品都被保存在冰柜的冰块上,运送到实验室,用美国环保署和欧洲的标准方法进行分析。

2.1.3 生物多样性监测参数及方法

见表 3。

表 3 生物多样性监测参数

监测参数	单位
叶绿素 a	μg/L
浮游生物(包括浮游动物和浮游植物)	—
鱼类	—

生物多样性采用季度监测。在近岸海洋环境中,所采用的现场和实验室方法是针对所研究的每个参数的。这些参数分别是叶绿素 a、浮游生物、鱼类。

(1) 叶绿素 a

在每个监测点 5 m 深的地方使用水采样器采集海水样本,并将样本转移到 1 L 的贴上标签的不透明玻璃瓶中,放在一个装有冰的冰箱内,然后运送到实验室用分光光度法测定叶绿素 a 含量。

(2) 浮游生物

浮游植物和浮游动物的样本分别用 20 μm 和 200 μm 的浮游生物网在机动船只上采

集。浮游生物网使用前需在每个监测点进行预洗。这些网被垂直部署到 5 m 深的地方，并在每个位置拖拽。从每个监测点取 3 个样本。收集到的样品被反复冲洗并转移到有标签的容器中，用浓度为 4% 的福尔马林和碘混合缓冲溶液保存，便于实验室通过显微镜对样品中浮游动植物的分析，以了解浮游动植物的物种丰度、组成和多样性。

(3) 鱼类

鱼类监测调查是采用沙滩围网和海上拖网两种方式进行的。

沙滩围网网眼尺寸为 19.05 mm（对角线长度），采用人工拖网的方式进行，用一个重约 4.5 kg 的桶对重约 6.7 kg 的捕获物进行取样。海上拖网网眼尺寸为 25 mm（对角线长度），在监测点底部深度的地方撒网，海上拖网渔船平均速度为 3 kn。其中 7 个集装箱被用作收集整个渔获量。

样本被运送到加纳大学海洋和渔业科学实验室进行分析。使用一个 100 cm 的鱼测量板对样本进行测量。使用施耐德识别法将样本分类和识别到对应的种级。所评估的渔获数据包括所有上岸的鱼种、鱼种的丰度、成熟度和长度重量比测定（个体数量超过 5 只的物种才进行长重比测定）。

2.1.4 底栖生物监测方法

底栖生物采用半年度监测。在每个监测点，使用截面积约为 0.25 m^2 的沉积物取样抓斗从海床上采集 3 个沉积物样本，同时采集监测点中部深度水样本，以确定水对底栖生物的影响。对采集的每个沉积物样品进行目测检查，以确定其是否可用于分析处理。收集到的沉积物在船上用 0.5 mm 的筛网进行筛洗，并使用浮动过流桶技术，利用温和的海水对样本进行漂洗，以最大限度地减少对样本中底栖生物的伤害，并便于它们与沉积物分离。采集的沉积物样品用 10% 福尔马林保存，并用嗜酸菌石炭酸品红染色，便于实验室对底栖生物鉴定。

2.1.5 海洋哺乳动物监测方法

每周乘船进行海洋哺乳动物监测，以确定和记录监测区域的海洋哺乳动物。观察包括用肉眼扫描整个区域，也可借助望远镜来观察可能存在的远离船只的海洋哺乳动物。如有可能，还可以使用数码相机来记录所涉及的物种和被观察到的哺乳动物个体数量。此外，由经训练的船员负责每日专门的海洋哺乳动物观察工作。在发现动物的船只的地理位置上，利用 GPS 仪器记录下来。每天和每周的数据记录在指定的数据表上。

海洋哺乳动物观测的基本思路是在施工影响区域 300 m 范围内进行 15 min 的海洋哺乳动物观察，如果发现任何海洋哺乳动物，向前航行 50 m，继续观察海洋哺乳动物。如果在观察中发现距离船只 20 m 以内的哺乳动物，需要停止航行，直到海洋哺乳动物离开船只 50 m 远，或者在接下来的 10 min 内无法看到动物，方能继续航行。如果没有观察到海洋哺乳动物则在观测区域继续向前航行。

2.2 疏浚吹填施工中海上生态环境控制

(1) 工程开工前，请专业环境监测机构对施工区进行基线研究，对水质和水生物等指标进行检测。开工后，对水质、生物多样性及其他环境指标进行持续监测，并得出相应的评估报告。

(2) 尽量避免和减少浑浊、生物生存环境丧失和噪声对环境的影响。

(3) 工程项目应尽量减少未经规划的零星爆破,且所有爆破和疏浚活动应妥善协调,并以环保的方式进行。

(4) 项目应确保所有设备和船舶得到妥善维修,并符合最高国际标准,以防止或减少污染、溢油、意外的可能性。项目应尽可能使用现有的最佳技术处理近海挖泥,以减少对底栖动物的伤害,并减少水柱的浑浊度。

(5) 施工船舶采用精确的定位系统(如DGPS),尽量减少不必要的超挖废方,加强对现场施工的各类船舶监管,凡参加本工程施工的船舶必须具备污水及垃圾储存容器,油污水由专船统一回收运至污水处理厂处理,垃圾由施工单位回收处理,以防止油污泄漏及污水、垃圾对周围水域造成污染。

(6) 加强对施工船舶的监管,防止废油、废水、垃圾对水域的污染。

(7) 尽量选择对环境影响较小的疏浚设备,采取有效措施,减少对周边海域环境污染。

(8) 有效控制疏浚施工作业带来的环境影响,在施工中要不断进行环境监测,根据监测结果随时改进施工方案,减少污染,确保周围海域水质。

(9) 驳船或者耙吸船将清渣物运输至指定的倾倒区倾倒,严禁在运输途中倾倒或倾倒在非指定区域。

(10) 与当地的环保部门密切配合,共同做好工程施工的环保工作。

参考文献

[1] 徐兆礼,李鸣,高倩,等. 洋山工程影响海洋环境关键因子的分析[J]. 海洋环境科学,2010,29(5):617-622,635.

[2] Erftemeijer PLA, Riegl B, et al. Environmental impacts of dredging and other sediment disturbances on corals[J]. Marine Pollution Bulletin, 2012, 64(9):1737-1765.

[3] Parsons TR, Lalli, et al. Biological Oceanography[M]. Butterworth—Heinemann,2006:25-29.

[4] Debrah JS. The taxonomy, exploitation and conservation of marine mammals in the marine waters of Ghana[C]. Thesis submitted to the University of Ghana, Legon, 2000:81.

大涌浪条件下回填砂防护方案的研究与运用

杨 辉[1,2]，王 炜[1,2]

(1. 中国港湾西部非洲区域公司，科特迪瓦阿比让 06BP6687；
2. 中交广州航道局有限公司，广东广州 510290)

摘 要：在吹填工程中，防止回填砂流失，保护造地面积对项目按期履约至关重要。在加纳特码新集装箱码头项目实施初期，对投标阶段袋装砂围堰建设方案进行现场分析论证，发现该方案在涌浪大、周期长和无掩护的工况下无法实施，重新寻找科学的防护方案迫在眉睫。本文着重介绍了回填砂的防护措施并进行对比分析，选出经济可行的钢板桩防护方案，并应用到实际工程中，达到预期效果。

关键词：吹填；防护；方案比选；钢板桩

1 工程概况

加纳特码新集装箱码头海事工程位于非洲西部，几内亚湾，紧邻大西洋，施工区海域涌浪高度大、周期长。

在几内亚湾中，波向以 S~SW 为主，主要集中在 180°~255°之间，波高往往在 1~2 m，周期长，在 10~16 s 左右，属于典型的中长周期波大涌浪工况。涌浪是影响项目吹填施工的关键因素之一。

因防波堤与回填施工同步进行，吹填区属无掩护施工，因涌浪大，直面冲刷，回填砂流失较大，不仅增加施工成本，还将面临着节点无法按期完成的巨大风险。修建临时围堰是防止回填砂流失和防护已形成陆域的有效措施之一。本项目在投标阶段计划在距离码头前沿线 81 m 的位置修建冲填砂袋临时围堰，然后再进行吹填施工（见图 1）。但项目进场后，多次组织技术人员对施工现场进行踏勘分析论证，认为该方案在无掩护条件下无法实施。为了保护回填砂，按期完成节点移交，避免业主巨额的节点误期罚款，项目部迫切需要寻找到更适合本项目吹填防护的方法。结合现场情况及以往的施工经验，确定出四种方案：抛石围堰方案、抛石贴面方案、小砂袋贴面方案和钢板桩方案，并对上述方案进行了试验以验证其可行性。

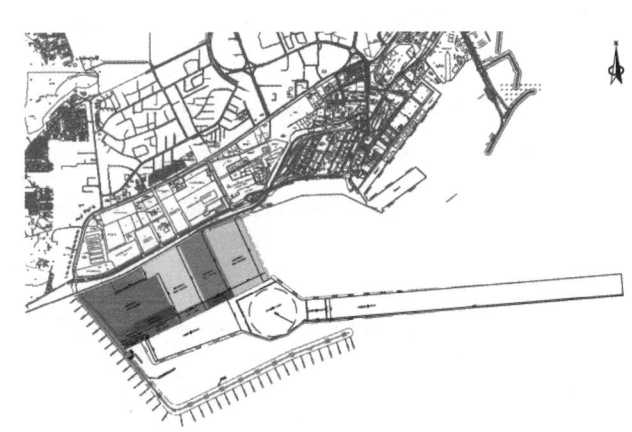

图 1 项目平面布置图

2 施工方案的选择

2.1 方案简述

结合现场情况及以往的施工经验,拟提出以下四种施工方案:

(1) 抛石围堰方案

抛石围堰是一种传统的围堰施工技术,通过用开体泥驳或者自卸车等设备在码头后方抛设一条顶面高程+3 m的抛石围堰,以防止涌浪冲刷回填区。主要施工过程有堤心石抛填,防冲刷层、护脚块石施工以及垫层块石施工等。

抛石围堰断面图见图2。

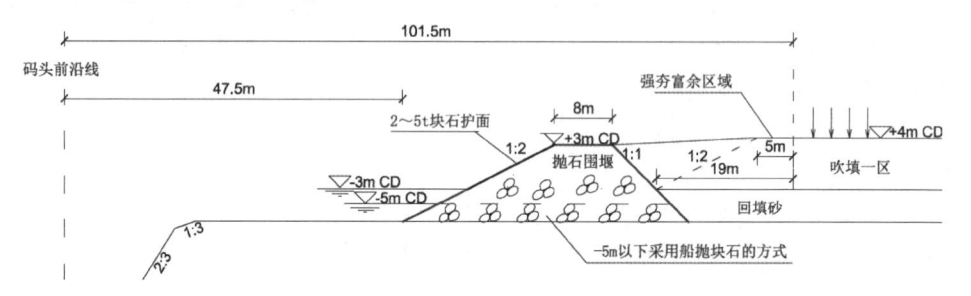

图 2 抛石围堰断面图

(2) 抛石贴面方案

在交地边界范围以外,人为开挖一个坡面,在坡面上放置土工布和石块以达到防护回填砂的目的。根据现场测量数据显示,刚刚吹填完成时,吹填边坡的坡比在1∶10左右,坡长较长,直接迎浪,无法施工。为了营造干地的施工条件,先超出交地边界范围进行吹填施工,然后用机械设备开挖出贴面防护工作面,最后铺设土工布和抛石防护,具体施工过程如图3至图6所示。

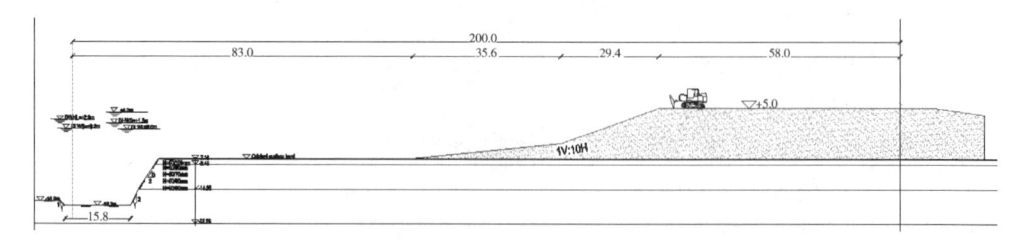

图 3 吹填形成开挖面(单位:m)

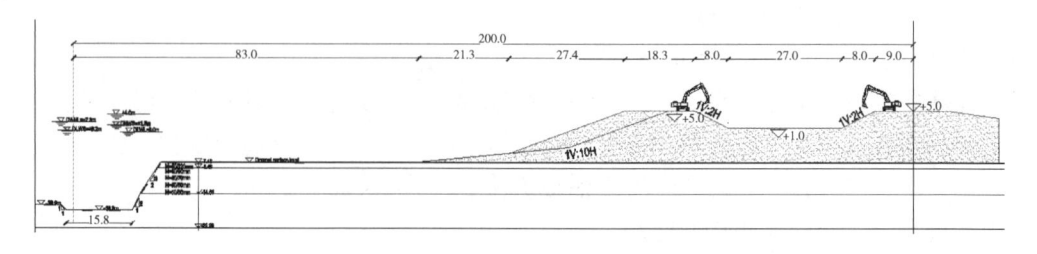

图 4 机械开挖施工断面(单位:m)

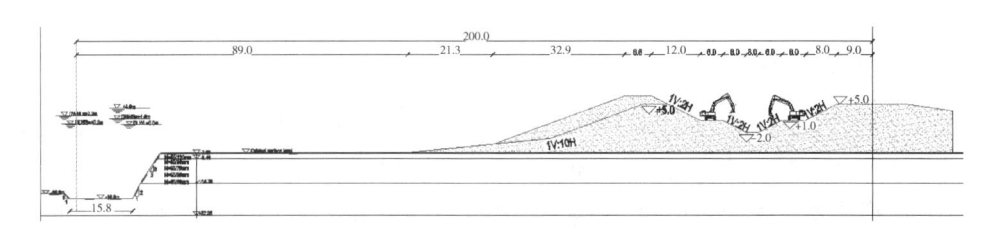

图 5　成型后施工断面(单位:m)

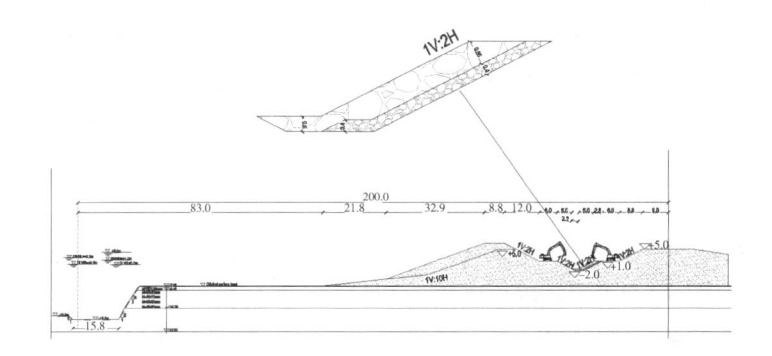

图 6　在开挖断面上铺设土工布、碎石及 1~2 t 块石(单位:m)

(3) 小砂袋贴面方案

该方案实施原理与抛石贴面方案相同,需先超吹填,然后再退回开挖,营造干地施工条件,形成断面后,对断面进行小砂袋贴面保护回填砂,唯一区别为抛石和抛砂袋。

(4) 钢板桩方案

钢板桩方案同前两种方案有相似之处,第一步同样是在交地边界范围外超吹填,形成有效工作面,随后在干地条件下施打钢板桩(见图 7)。

图 7　钢板桩方案施工位置及示意图

形成断面图见图 8。

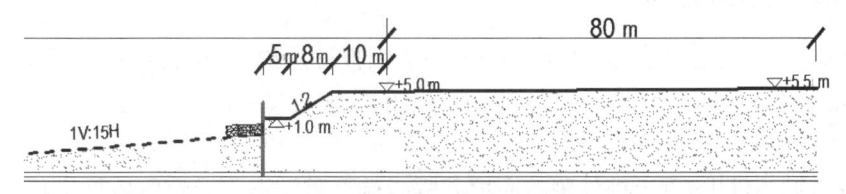

图 8　钢板桩方案断面图

2.2 确定最优方案

综合考虑方案的工期、成本、工程量、材料机械设备等限制性因素,结合项目的工况,对上述各方案逐个进行分析,并进行现场试验,检验可行性。情况分析如下:

(1) 抛石围堰方案:抛石围堰进行防护回填砂工艺比较成熟,本项目风浪较大的情况下能有效防止回填砂流失,现场也有船机资源。但抛石围堰工程量太大(约13万 m^3),将会导致防波堤施工进度滞后,且成本较大,约800万美元。后期需要将围堰挖除,工作量大。

(2) 抛石贴面方案:经分析,该方案需要大量机械设备开挖基槽及抛石理坡,开挖土方量大,现场协调难度大;现场的工程技术人员无法满足现场工作开展,需要从国内调配工程技术人员;加纳当地1~2 t的块石资源紧缺,价格昂贵,经测算,需要350万美元;抛石贴面将来需要挖除,挖除工作量大,且散落的块石会影响地基处理;经现场试验,在回填砂内开挖断面,因渗水原因,断面无法形成,抛石方案基本不可行。

(3) 小砂袋贴面方案:该方案和抛石贴面方案类似,成本较抛石贴面成本低。后期同样需要将砂袋挖除,但由于不能形成断面,方案基本不可行。

(4) 钢板桩方案:该方案施工工艺简单,不需要大量人员和机械,施工效率高,在一个半月内可完成,并且钢板桩拔出后,可用于下一个码头泊位后的回填砂的防护,可循环使用,经测算,整个项目防护成本约256万美元;经验算,钢板桩方案在施打至 -8 m CD 时,结构稳定,安全有效,方案可行;此外,以色列项目有成功运用钢板桩保护回填砂的经验。表1为几种方案比选。

表1 方案比选

序号	待选方案	可实施性	施工效率	安全性	经济性	预计有效性	综合得分	分析结论
1	抛石围堰方案	△	△	◎	×	◎	13	不选
2	抛石贴面方案	×	△	○	△	◎	13	不选
3	小砂袋贴面方案	×	△	○	○	○	12	不选
4	钢板桩方案	◎	◎	○	◎	○	18	选定

注:1. 表中:◎:4分 ○:3分 △:2分 ×:1分;
  2. 总分20分。

经过分析比较,钢板桩方案最佳。

3 钢板桩方案的实施

在离码头基槽前沿线北侧约175 m建一条钢板桩防护墙,位置示意图见图9。施工的方向和吹填的方向保持一致。在钢板桩方案的实施过程中,施工要点有以下几点:

(1) 钢板桩稳定性验算

在季风期条件下,钢板桩外侧的回填砂可能被严重淘刷而导致钢板桩失稳。为保证钢板桩稳定,经过设计单位验算分析得出结论:11.8 m长钢板桩施打到原海床面后,钢板桩的岸侧标高不超过+1 m CD,海侧经过海浪淘刷后的标高不低于-1 m CD时,钢板桩是稳定的。

（2）耙吸船超吹填施工

根据合同要求,吹填区6个区域的交地顺序依次为section 1、section 2、section 3、section 4、section 6、section 7,吹填区分区详见图9。根据钢板桩施工方案,钢板桩将从西往东施工,施工位置在码头前沿线后方约175 m处,而此处区域属于需最先移交业主的范围。

为了给钢板桩方案实施创造干地施工条件,项目部多次与业主协商,调整节点交地范围,推迟移交距码头前沿线后方200 m范围,最终获得业主的同意。同时,及时调整施工计划,优先吹填码头前沿线后方175 m范围的区域,即钢板桩施工位置,并每天进行水深测量,监控水下边坡,防止回填砂流入码头基槽。吹填方向与钢板桩施工方向一致,由西向东进行吹填。

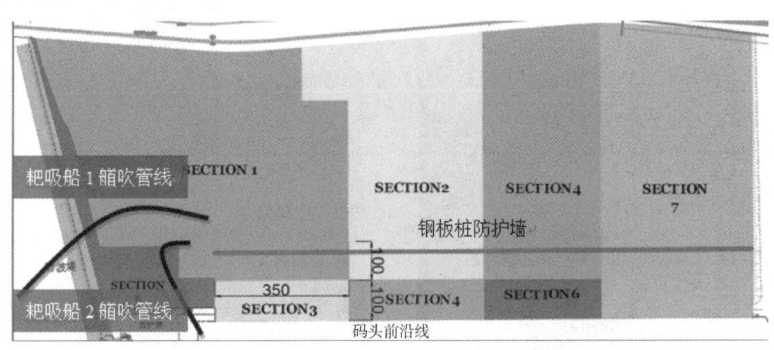

图9　吹填区分区及耙吸船艄吹管线布置图

（3）导向架、垂直检测尺的使用

利用导向架及垂直检测尺可有效避免整体轴线位置偏差、竖向倾斜等质量通病问题。主要施工流程如图10至图14所示。

① 制作导向架；
② 施工精确放样后开始打定位桩；
③ 将导向架放置在定位桩上,并用点焊使其固定；
④ 开始打首根钢板；
⑤ 每打入1~2 m用垂直检测尺检测其垂直度,并及时调整吊机的位置。

图10　制作导向架　　**图11　施工定位桩**

图 12　安装导向架　　　　　　图 13　施工首根钢板桩

图 14　检测钢板桩的垂直度

（4）监测钢板桩前后水深

根据钢板桩的稳定性验算结果,桩前砂面标高低于-1 m时钢板桩将不稳定。为了监测钢板桩前后的回填砂标高,每天在低潮时用RTK或者水坨测量其标高。当钢板桩海侧标高低于-1 m时,将在防护墙靠海侧放置砂袋。

在实际监测过程中,涌浪在淘刷过程中,板桩墙前后的高差变化不大,不超过1 m。并随着防波堤的逐渐推进,对吹填区逐渐形成掩护,钢板桩防护墙也趋于稳定。

（5）低潮施工

随着钢板桩逐渐往东施工,在没有防波堤掩护下,涌浪越来越大,回填砂被淘刷得越来越严重,耙吸船的吹填不能快速形成干地施工条件,特别是高潮时,预定的钢板桩位置在海水中,施工机械没有工作面,只能暂停施工(见图15)。因此,需要在现场安装照明灯,灵活安排施工作业时间,利用低潮时施工,高潮时休息,尽快完成防护墙施工。

（6）钢板桩后方铺设土工布

为避免大涌浪和大潮期,海水越过钢板桩而冲刷后方的回填砂,在钢板桩后方的砂坡上铺设上土工布,以有效防护回填砂(见图16)。

图 15　高潮时施工的工况　　　　图 16　在钢板桩后方铺设土工布

4　应用效果

钢板桩防护墙完成 400 m 后,经过 1 个月的监测,其间经历"大潮",虽然现场涌浪大,但钢板桩成功将后方回填砂防护住,详见图 17。由于钢板桩防护墙的保护,使吹填节点按期完成,并收到业主的表扬信,业主就项目部克服重重困难,砥砺奋进,优质高效地完成各个节点给予了高度肯定。

图 17　大潮期间涌浪和钢板桩猛烈撞击及防护效果

5　结语

在加纳特码项目吹填工程实施过程中,面临着涌浪大、周期长和无掩护的恶劣工况,既定的袋装砂围堰方案无法实施的难题。通过对回填砂防护方案的研究,成功找到钢板桩防护回填砂的施工方案,为类似工程提供经验。

参考文献

[1] 刘洛会,解放.大涌浪条件下的吹填施工防护方案研究[J].中国水运,2018,18(6):138-139.

改造水囊进行沉船拖带的方法综述

王 炜[1,2]，张 超[1,2]

(1. 中国港湾西部非洲区域公司，科特迪瓦阿比让 06BP6687；
2. 中交广州航道局有限公司，广东广州 510290)

摘 要：港口航道中的沉船对于港口疏浚施工和运营有着不可言喻的巨大影响，在设备资源有限及为节约成本的前提条件下，探索一种简便拖带沉船的方法就很具有必要性。本文主要介绍如何利用改造后的水囊加压产生浮力将沉船带离海床拖至指定位置的过程及方法。

关键词：沉船拖带；航道；水囊

1 引言

1.1 概述

随着全球经济一体化的发展和中国"一带一路"倡议的推进，我国越来越多的企业也开始"走出国门"，参与到各行各业的国际业务中，承建港口便是其中之一，非洲港口的承建在我国企业承建的国际港口业务中占有很大的比例。在建设非洲区域内的港口时，由于非洲区域内大部分国家的发展程度较低，这些国家的政府部门目前对于社会的管理还不是很到位，同样对于船舶的管理也不是很到位，这就导致了一些钢结构的渔船沉没在航道内，以至于严重影响到了船舶的安全航行。文章以加纳特码新集装箱码头工程项目为例，介绍如何利用水囊、空气压缩机、水下焊机及拖轮等材料设备将沉船浮起并拖出施工区，保证施工安全码头建好后能正常运营。

1.2 工程概况

加纳特码新集装箱码头工程位于非洲几内亚湾北部加纳港口城市特码(TEMA)市，特码老港的西侧。在该海域经常有大量的渔船抛锚，甚至一些渔船因为设备老旧，没有使用的价值，处理的话需要花费不小的费用，因此就被船东遗弃了，这些渔船随着年久失修加上长年海水海风的腐蚀，渔船逐渐锈蚀进水并发生沉没。港口施工期间，使用多波束对施工区域进行扫海时发现有船形状的浅点，接着让潜水员对该处浅点进行了水下探摸，得知为一渔船，长度在 60 m 左右，重量约 200~300 t，沉船顶部水深－10 m，所在位置的航道设计通航水深－18.7 m，沉船的沉没时间已较为久远，船体已被锈蚀，而且沉船内部也已淤积了一定量的淤泥，加之附近海域的风浪条件为典型的大西洋海况，风浪涌浪较大，这些不利因素都加大了沉船拖带难度。

1.3 方法介绍

目前打捞钢质沉船的方法主要有：封舱抽水打捞、封舱充气抽水打捞、压气排水打捞、船舶抬撬打捞、浮筒抬浮打捞、泡沫塑料打捞、浮吊打捞等。这些打捞方法可以单独使用,也可以联合起来使用[1]。根据潜水员探摸得到的情况,船体腐蚀较为严重,无法形成密闭的环境,封舱抽水打捞、压力排水打捞等打捞方法都不适用。另外,因为工程所在的非洲国家物资匮乏,这些方法所需要到的设备在该国都没有,需要从国外进口,这将增加不少的工程成本。因本工程只需将沉船拖出影响航道施工及船舶航行安全范围即可,所以如何把船舶吊重实验用的水囊改造成气囊,利用气囊在水下产生浮力将沉船浮起,然后使用拖轮拖出施工区,并以较低的成本完成施工,这是一个值得研究的课题。

2 使用设备及材料

将船舶吊重实验用水囊改造成的气囊;空气压缩机,为气囊充气;发电机,为空气压缩机提供电能;氧气瓶,为潜水员提供氧气;焊机,对沉船进行切割(由于水囊数量有限,经过计算,水囊产生的浮力不足以使沉船整体浮起,需要将沉船切割);交通船,水上交通及作业时使用;拖轮,拖带沉船使用;潜水泵,抽沉船内淤泥使用;潜水设备、卸扣若干、锚标一个、缆绳、水下焊条若干。

3 施工步骤

(1) 改造水囊:为了便于安装及充气,将水囊进行了改造,使其满足施工的需求(见图1、图2)。

图 1 船舶吊重实验用的水囊   图 2 改造后的气囊

(2) 标记沉船位置:因为海上无固定参照物,为方便施工,需要对沉船的位置进行标记。具体步骤是根据扫海测得的沉船坐标,然后使用RTK定位出沉船具体方位,并用锚标做好标记。

(3) 清理淤泥:为减轻沉船重量以及方便切割,使用潜水泵并配合潜水员将沉船内部和沉船边上的淤泥抽走。

(4) 检查残油:为避免切割时发生危险,同时也避免燃料油泄漏对环境造成污染,需要对沉船油舱及各油管管路进行检查,在确认该沉船的油舱无残留的燃料油且油管中没有存油后,才能开始下一步的施工。

(5) 水下切割:在经过检查确认沉船油舱内无残油后,潜水员便根据计算好的长度对沉船进行水下切割,使用到的设备材料为焊机和水下焊条。

(6) 船体打孔：为了能够将气囊与沉船连上，使气囊产生的浮力作用与沉船，潜水员在完成船体切割后便在腐蚀程度较小，能够承受较大拉力的船体处打孔，并且要能穿进卸扣。

(7) 安装气囊：使用卸扣将气囊连接到上一步完成的船舶孔洞中。因为未充气的气囊也具有一定的浮力，因此可以先将卸扣装上气囊，利用卸扣的重力将气囊沉下水（见图3）。

(8) 气囊加压：待气囊全部安装就位后，就使用空气压缩机对气囊进行加压，加压时拖轮需要在距离沉船200 m的位置待命，以避免气囊在短时间内产生的浮力大于沉船的重量然后浮起又无牵制力，气囊因而受风浪影响带着沉船发生不受控制的漂浮，导致安全事故的发生，同时拖轮待命在一定的距离处不至于影响水下施工。在加压的同时，潜水员需要不时下水观察气囊充气情况，待沉船快要浮起时，潜水员就将拖带缆绳系上沉船，避免过早系上影响施工及发生危险。

(9) 沉船拖带：待沉船浮起后拖轮立即将浮起的沉船拖至指定的位置下沉，该位置为我们预先在拖轮导航设备上标记好的位置。在拖带的过程中拖轮的航行速度不宜过快，最好是控制在2~3 kn，避免航速过快使海水对气囊产生较大的阻力导致气囊破坏（见图4）。

(10) 泄压：在沉船拖至指定位置后，潜水员下水将气囊泄压，泄压的速度不宜过快，待沉船下沉至海床后将沉船上的气囊卸下，安装至切割好的下一块沉船上。

如此往复操作，将全部沉船拖至指定区域。

图3　安装就位的气囊　　　　　　　图4　对沉船进行拖带

4　改进思路

在加压过程中有气囊因为压力过大，同时难以使气囊的产生的浮力刚好使沉船悬浮于水中，因此一旦气囊产生的总浮力大于沉船的重量就会立即浮到水面，浮上水面的气囊由于没有了水的压力，而且在水下有的气囊施加的压力已经大过气囊在空气中能够承受的压力，因此浮上水面后气囊就会发生爆裂。

根据克拉伯龙方程 $PV = nRT$（其中 P 表示压强、V 表示气体体积、n 表示物质的量、T 表示绝对温度、R 表示气体常数）得知，如果气囊外部压强增大到一定程度，那么气囊体积就会缩小，相当于气囊内部分的压力会与外界压力抵消掉，因此气囊在水下的所能承受的压力会随着水深的加大而增加。如果在一定水深的位置给气囊加压至一定强度，那么当气囊浮上水面甚至是水深减小到一定程度时，气囊外部压力减小，此时气囊本身所承受的压力变大,如果承受的压力超出气囊所能承受的范围,就会造成气囊的爆裂。

所以下一步将研究在拖移或打捞沉船的施工中如何把气囊的浮力最大限度地发挥出来,同时气囊没有爆裂。例如,可在气囊上加装压力表,并对气囊做承压实验,了解气囊所能承受的最大压力,这样便可以在水下加压时控制压力强度,保证气囊在浮上水面后仍然能够完好无损。

5　安全注意事项

(1) 所有潜水员必须持有在有效期内的合格证件。
(2) 潜水设备必须是合格的能正常使用的。
(3) 潜水员施工前要确保身体状况良好,没有生病,同时没有饮用过酒精类饮品。
(4) 提前知悉天气预报以及要时刻关注现场天气,如果天气情况较差需停止施工。
(5) 现场配备专人配合潜水员施工,并确保施工过程没有无关船舶进入施工区。
(6) 拖轮及交通船工作时要确保与潜水员有足够的安全距离。
(7) 拖轮拖带过程中距离人员不宜太近,避免缆绳断裂造成安全事故。

潜水施工属于高危工作,稍有松懈便会发生事故,而且大部分事故的发生往往是人的因素,因此需要特别加强安全意识和隐患排查,在潜水施工前要做好充分准备以及施工过程中要时刻保持高度警惕。

6　结束语

沉船对于疏浚施工及船舶航行安全的影响都是不言而喻的,在设备资源有限的情况下积极开拓了思维,开拓性地将船舶吊重实验用的水囊进行改造并应用到沉船处理中,在充分利用资源完成目标的同时还节约了成本。

参考文献

[1] 孙树民,李悦.钢质沉船打捞方法综述[J].广东造船,2006(1):22-27.

设计技术

采用 UKC 模型及概率方法优化航道设计水深

柯维林[1,2]，王志刚[1,2]

(1. 中国港湾西部非洲区域公司，科特迪瓦阿比让　06BP6687；
2. 中交第四航务工程勘察设计院有限公司，广东广州　510230)

摘　要：本文以加纳特码新集装箱码头项目为例，分析了 PIANC(121—2014)传统方法将水位、船舶及地质等各影响因素计算值直接相加得到的航道底标高与采用 UKC(船舶龙骨富裕深度)模型和概率方法模拟船舶在航道航行中的综合效果所需的航道底标高两种方法，讨论了两种方法得到的航道底标高计算值的差异，提出了采用 UKC 模型及概率方法符合国际上精细化设计趋势要求，为航道底标高的确定提供新的计算方法和思路，有利于在海外现汇项目投标设计中节省工程量，提高竞争力，可作为未来同类工程的参照。

关键词：航道底标高；传统方法；UKC 模型；概率

目前国际上港口航道的水深设计一般采用 PIANC(国际航运协会)(121—2014)中推荐的传统方法进行计算，分别计算出波浪、流、风、配载等引起的船舶下沉值，再考虑船舶静吃水、海床底质和维护疏浚备淤深度等影响，并直接相加各因素计算值来确定航道的设计底标高。由于各自然因素同时发生较大值具有不确定性，在以往设计中，直接相加使得取值保守，"保守"的设计思维与近些年水运行业国际主流的"精细化设计"的理念不吻合，导致工程造价偏高，不利于在国际市场上投标竞争。

UKC 模型和概率方法也称为船舶龙骨下富裕深度模型法，是目前西欧及北欧等国应用于航道水深评估的一种主要方法，其本质是一种概率风险评估来确定航道水深的方法，是通过建立船舶航行拟定的自然条件，模拟设计船型在不同设计底标高的航道中航行，针对不同情况允许出现不可作业的概率，来寻求航行安全、航行效率和项目建设成本的平衡点。在航道水深采用 UKC 模型和概率方法能减少各个不确定性因素的影响，是一种直观的综合效果体现，基本上能达到"精细化设计"的要求，使设计取值趋近于合理。本文以加纳特码新集装箱码头项目为例，分析两种计算方法的差异性，为后续工程提供参照。

1　项目简介

(1) 设计水位

最高天文潮位为 2.06 m；平均大潮高潮位为 1.67 m；平均大潮低潮位为 0.37 m；设计运营水位为 0.2～1.6 m。

(2) 设计风速及波浪

船舶进出港设计风速按照 15 m/s 考虑，超过 15 m/s 将限制船舶进出港。船舶进出港设计波浪，有效波高 $H_S = 1.9$，周期为 10～16 s。

(3) 设计船型

设计最大船型为 15 万 t 级集装箱船，满载吃水为 16 m，船舶定倾高度 GM 为 3.5 m。

设计主力船型为10万t级集装箱船,满载吃水为15.0 m,船舶定倾中心高度为3.5 m。

(4) 总图布置

加纳特码新集装箱项目建设4个集装箱泊位,岸线长1 400 m,可靠泊15万t级集装箱船,设计航道宽度225 m,防波堤外段航道长约3.0 km,内段航道长约0.6 km。疏浚区内表层1~2 m为松散—密实的中粗砂,砂底层马上进入全风化或者中风化岩层,贯入击数N大于50,局部需要爆破松动后方可挖除[1],加纳特码新集装箱码头工程总平面布置见图1。

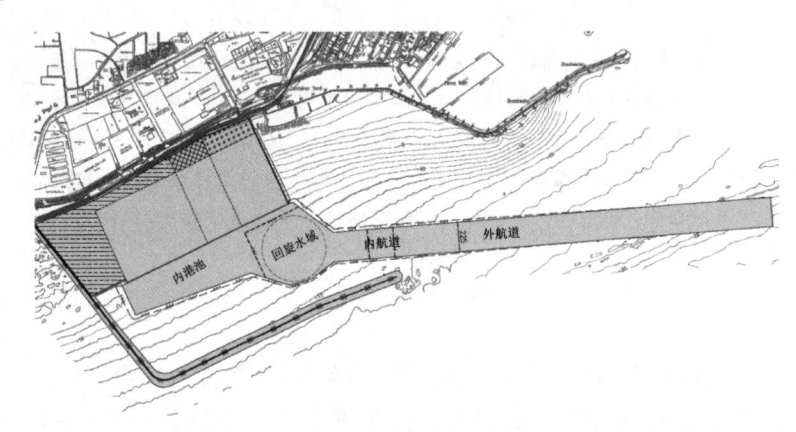

图1 加纳特码新集装箱码头工程总平面布置图

2 传统航道底标高计算方法

根据PIANC(121—2014)规范,传统航道底标高计算方法为按照水位、船舶及航道底质等三大因素进行计算,并设定各因素相互独立,计算出各因素的值并累加得出航道底标高[2],航道水深计算要素如图2所示。

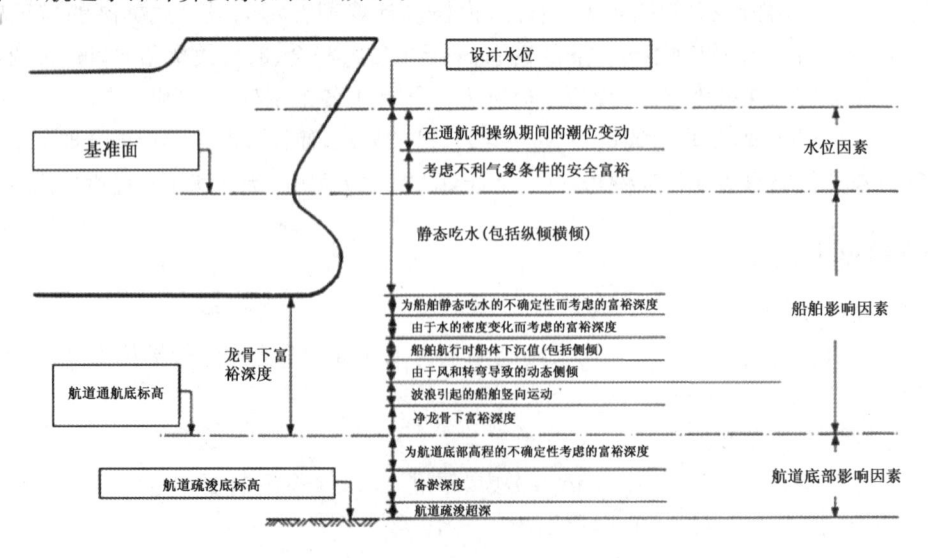

图2 PIANC推荐航道底标高各因素组成计算图

用PIANC(121—2014)计算公式,除了波浪引起的船舶下沉值计算值偏小,与实际差异较大外,其余项引起船舶下沉值都能较为真实反映实际情况,各个参数计算值如表1所示。

表1 PIANC方法计算航道水深

计算因素	航道区域	
位置	过渡段(防波堤内段)	防波堤外段
CD基面	0.00	0.00
吃水(m)	16.00	16.00
船速(kn)	4~5	8
风速(m/s)	15.00	15
H_s (m)	1.0	1.90
静态吃水不确定(m)	0.00	0.00
海水密度差异(m)	0.00	0.00
船舶航行下沉(m)	0.26	0.75
风引起的动态侧倾(m)	0.42	0.42
波浪富裕深度(m)	0.74	1.85
龙骨下净富裕深度(m)	0.70	0.70
底质因素(m)	0.20	0.20
回淤(m)	0.00	0.00
超挖(m)	0.00	0.00
航行需要水深(m)	18.3	19.92

根据防波堤掩护效果和可利用的水位情况,应用不同的水位值和波高值进行计算,考虑项目操作水位为0.2~1.6 m,因此,计算考虑0.2 m潮位与深度基面为起算,并给出了国际上集装箱船一般按全潮通航的底标高作对照,计算结果如表2所示。

表2 不同潮位航道底标高计算表

设计水位	航道外段	航道内段
0.2 m乘潮水位航道底标高	−19.72 m CD	−18.1 m CD
全潮通航	−19.92 m CD	−18.3 m CD

对上述计算结果进行分析,并结合中国《海港总体设计规范》(JTS 165—2013)航道底标高计算方法,该方法与PIANC(121—2014)思路上基本一致,也是将各个影响因素的值直接相加计算航道底标高[3],然而该规范不适用于长周期波的航道水深计算,本项目设计波浪周期为10~16 s,按照中国规范要求:平均周期大于10 s的波浪引起船舶下沉值需进行专门的论证,没有具体的计算公式。本项目波浪引起的船舶下沉值

采用 SEAWAY 的软件模拟值，SEAWAY 软件模拟船舶由波浪引起的垂直运动采用响应波浪振幅算法（称为 RAO 算法），得出外航道段波浪引起船舶下沉值约 1.9 m，得出外航道底标高约-19.8 m。上述计算值由各个因素引起的值叠加后得到的数值，各个因素按照独立因素考虑，计算上偏于保守。设计组同时用日本规范（OCDI）进行核对，该规范建议航道设计底标高不超过最大吃水的 1.2 倍，相应的航道底标高为-19.2 m[4]。考虑目前国际大型集装箱码头航道水深基本上在-18.0 m 左右，总体上可判断出航道计算水深偏大，由于本工程底质为较为坚硬的风化岩，硬质岩石类土方需采用预处理爆破施工[5]，使得施工造价较高。为此设计组开展了基于 UKC 模式和概率方法优化航道设计底标高。

3 基于 UKC 模型及概率计算方法

UKC 模型首先将环境要素录入模型中以模拟真实海域环境，然后根据周边港口航道通航船舶情况，初定一个航道水深进行初步模拟，模拟过程是将船舶在不同的海域环境下大量次通航，统计出船舶通航的成功率，将初步模拟的结果与目标要求分析对照，调整航道底标高第二次模拟，并将结果与目标进行对照，如此反复直到与目标贴近，得到的航道底标高即为优化后的航道底标高，该方法能消除全部采用大值相加得到的保守水深，以寻找出船舶航行时真实所需的水深情况。

3.1 UKC 模型环境模拟

将海洋环境潮位、潮流、风况、波浪录用到 UKC 模型中，模拟船舶在真实环境中的系统航行情况。设计中采用 23 年（1993—2015 年）同步连续的风、浪、流和潮位数据作为背景，录入 UKC 模型进行模拟。潮位资料采用荷兰 DHI 公司在工程场地实测 6 个月数据后，根据潮位理论推演出 23 年的潮位资料[6]；垂线平均流速资料是荷兰 DHI 公司 2013 年在工程场地为期 6 个月实测的资料进行调和分析推演出 23 年的潮流数据[6]；波浪资料据于外海 35 年波浪观测资料，采用方向能量谱推算出外航道区域波浪情况，内航道波浪采用的是 Boussinesq（布辛尼斯克）方程波浪数学模型，能反映波浪从外海到近岸的变形情况，特别是反映出波浪在防波堤及开挖港池的边界变形情况，同时模拟了超长周期（大于 30 s）的波浪在近岸浅水变形后波浪的二阶运动引起船舶的下沉现象，以准确反映船舶进出港时的航道情况[7]；风速资料直接根据工程点附近 23 年的观测资料，然后折算推演出工程点位置风场情况。

3.2 UKC 船舶航行模拟

（1）船舶垂向运动测量点布置

在模型中模拟航行船舶的数据是根据造船厂提供的船型资料，按照配重、定倾中心高度、吃水、宽度、长度、受风面积等真实数据模拟出实际船型。为了准确测量船体由各因素引起的综合垂向运动数值，模型在拟采用的设计船体底面上布置了 18 个控制点，主要分布在船中、船舯、船艉两侧位置，以便准确监测其垂直运动数值，具体如图 3 所示。

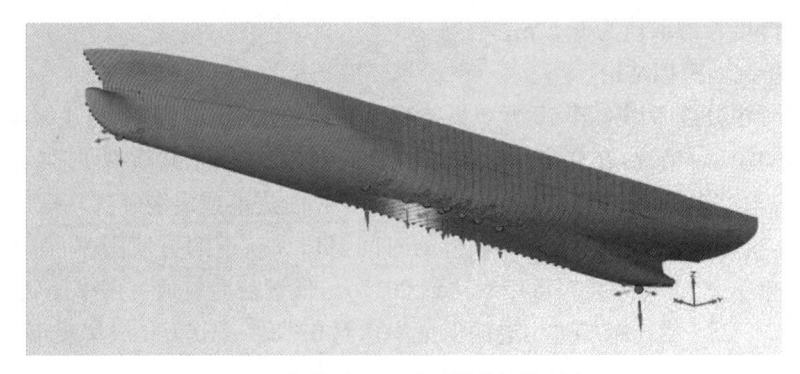

图3 船体垂向运动测量数值控制点

（2）船舶航行模拟

根据西非港口航道水深情况，初步模拟及分析后，设计决定采用外航道按照 −18.9 m，航道宽度为 225 m，内航道及过渡段按照 −18.1 m 的数据进行模拟。船舶在外航道航行航速为 8 kn，进入内过渡段（防波堤内段）按照 4~5 kn 模拟船舶真实航行情况。

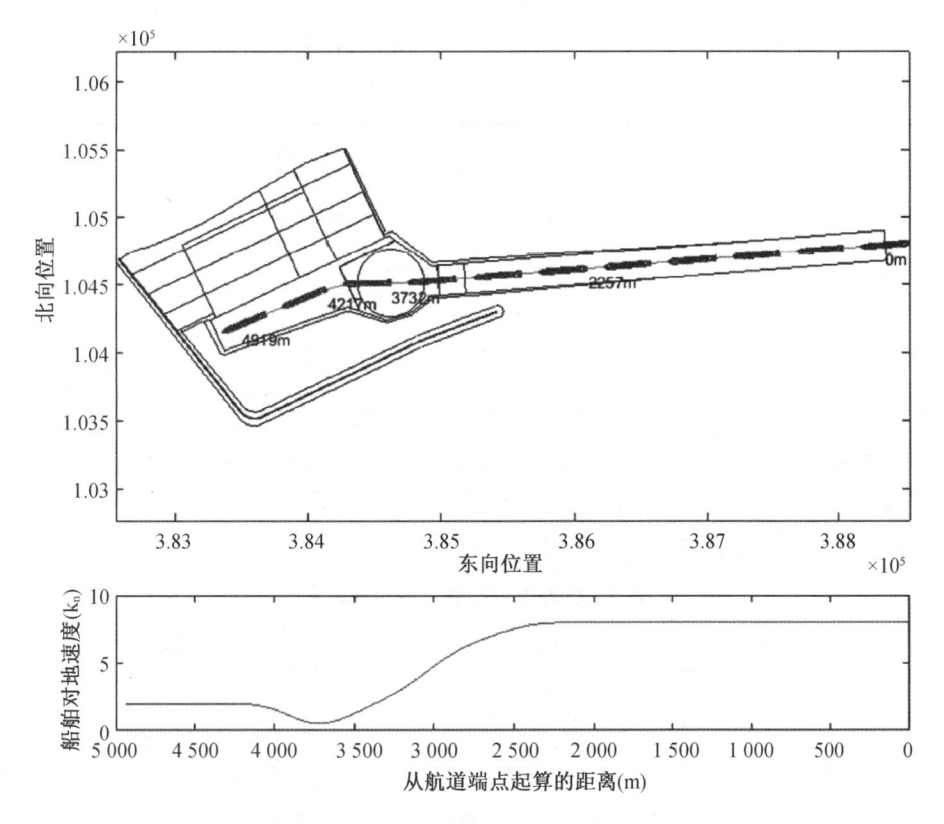

图4 船舶在航道中模拟的航路及航速图

（3）UKC 模型航行安全条件的界定

船舶安全航行条件一般以船舶航行时船体下最少富裕水深来进行控制，本项目水底大部分是砂质土，也有一部分区域是全风化岩石。按照 PIANC 规范及风险控制理论，船体最小富裕深度考虑取值为 0.5 m。

(4) 初步试验模拟结论

模拟过程中分别考虑一艘 15 万 t 集装箱船满载吃水 16 m 和 10 万 t 级集装箱船满载吃水 15 m 的两种情况，在初步给定水深的航道中，每艘船总共模拟了 38.5 万次进港和 38.5 万次出港作业，相当于 23 年的时长里每半小时进港或出港一次。据进出港的 77 万次的数据，就可以分析得到航道可航行的时间窗口和航道的可使用率，得出高潮前后的航道对于单船 15 万 t 集装箱可用率达到 99.7%，低潮前后航道可用率达到 95%，综合两潮位情况，15 万 t 集装箱船进出港的保证率达到 97.3%；10 万 t 级集装箱船进出港的保证率接近 100%。

3.3 基于 UKC 模型及概率方法优化航道底标高

对照业主目标要求：各种船舶在航道通航的不可作业的概率不大于 1%，即各种船舶在航道通航的综合通过率应大于 99%。上述模拟的通航船舶为设计主力船型和最大到港船型，虽然最大到港船型在航道中模拟不可作业概率较高，但其到港的比例不高，按照概率的方法是考虑所有船型的综合结果，因此概率方法给出进出港船型比例尤为重要，对于小于 10 万 t 级的船舶航道通航率可按 100% 考虑，业主给定的到港船舶比例见表 3。

表 3 到港船队信息表

船队组成（TEU）	船队组成比例
13 300～14 500	7.5%
7 500～13 299	40%
5 100～7 499	30%
2 000～5 099	15%
100～1 999	7.5%

根据到港船队信息及航道允许的不可作业概率标准，按照初步给定外航道 −18.9 m 和过渡段为 −18.1 m 的设计水深进行实验模拟，计算后得到航道可使用率为 99.69%，仍有优化空间，模拟得到的航道可使用概率见表 4。

表 4 各船型的航道可使用概率表

船队组成（TEU）	组成比例	航道可作业概率
13 300～14 500	7.5%	96.09%
7 500～13 299	40%	99.97%
5 100～7 499	30%	100%
2 000～5 099	15%	100%
100～1 999	7.5%	100%
总和	100%	99.69%*

* 由于数据需四舍五入，可能会存在偏差。

再次模拟取外航道设计底标高为-18.7 m，内航道维持-18.1 m的情况下，开展试验，得到结果为航道可使用率99.36%，不可以作业概率接近0.7%（详见表5），与业主要求的不大于1%的标准偏差较小，决定不再进一步优化，以-18.7 m作为航道设计的最终底标高。

表5　各船型水深优化后航道可使用率

船队组成	组成比例	航道可作业概率
13 300~14 500	7.5%	93.14%
7 500~13 299	40%	99.93%
5 100~7 499	30%	100%
2 000~5 099	15%	100%
100~1 999	7.5%	100%
总和	100%	99.36%*

* 由于数据需四舍五入，可能会存在偏差。

4　PIANC方法与UKC模型及概率方法得出的航道底标高对比分析

根据PIANC推荐的方法，按照各因素的最大值直接累加计算得出的航道底标高不小于-19.72 m，显然富裕度较大，而根据UKC模型及概率方法确定的航道外段为-18.7 m即可满足要求，减少了约1 m的航道疏浚工程量，对比目前国际上通航大型集装箱码头的航道底标高在-18.0 m左右，基本上较为贴近，符合实际情况，用两种方法计算得出的航道底标高及优化的水深情况见图5。

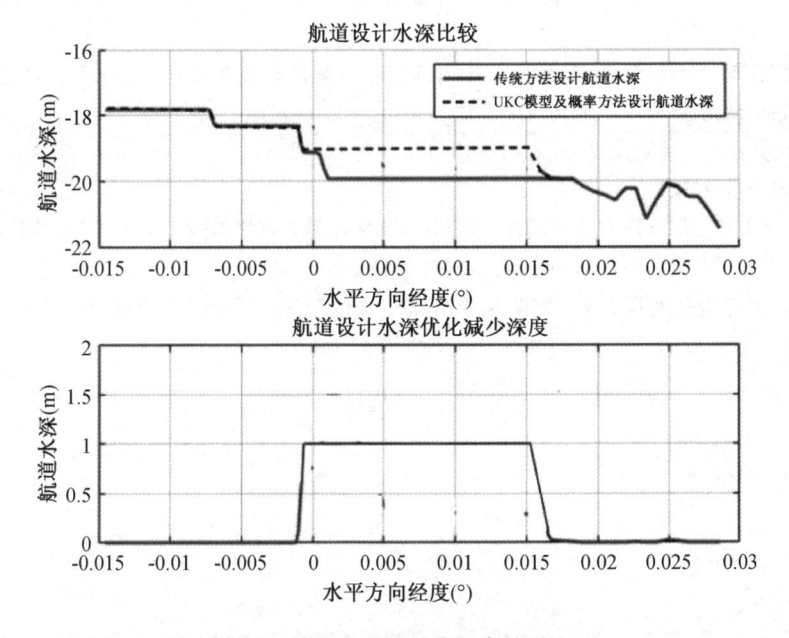

图5　优化前后航道底标高的对比

通过综合评估、对比分析、咨询专家意见及独立另行开展 UKC 研究,合理确定了加纳特码新集装箱码头工程航道水深,航道底标高的最终设计满足了各方要求,通过咨询工程师批复并得到业主认可,作为加纳特码新集装箱码头工程详细设计的成果,节省较大的疏浚投资,有较大的经济效益[8]。

5 总结

(1) 目前航道底标高一般通过确定性的方法进行计算,均是考虑各因素(风、浪、流)引起的船舶垂向运动量较大值,将引起船舶垂向运动的各因素独立考虑,此方法计算得出的航道底标高值一般较保守,确定的航道底标高偏大。

(2) 在有条件时,尤其是海外现汇项目投标中建议开展基于 UKC 模型及概率标准以求得最优的航道底标高,其中最为关键的应确定航道允许的合理的不可作业概率及实际到港船队组合情况。

(3) 本项目基于 UKC 模型为国内首例采用概率方法进行航道水深的研究,方法先进,能反映船舶在航道航行的实际情况,经济效益明显,且得到国际咨询工程师的广泛认可,这符合国际"精细化"设计的主流思想,应将类似项目在国内逐步推广,以提高我国水运设计单位在国外项目投标中的竞争优势。

参考文献

[1] 肯尼亚蒙巴萨经济区[Z],广州,中交第四航务工程勘察设计院有限公司,2017.
[2] 国际航运协会.国际航运协会 121 分册报告港口航道设计指南[M].比利时:世界水上运输基础设施协会,2014.
[3] 中华人民共和国交通运输部.海港总体设计规范:JTS 165—2013[S].北京:人民交通出版社股份有限公司,2013.
[4] 中交第四航务工程勘察设计院有限公司.基于国内外规范和标准的海港总平面设计指南[M].北京:人民交通出版社股份有限公司,2018.
[5] 中华人民共和国交通运输部.疏浚与吹填设计规范 JTS 181—5—2012[S].北京:人民交通出版社股份有限公司,2013.
[6] 陈康琳.水力学及海洋研究第五任务:特码新港水文测量数据报告[Z].荷兰:DHI 公司,2016.
[7] 陈康琳.水力学及海洋研究第一任务:特码新港波浪研究[Z].荷兰:DHI 公司,2016.
[8] 中国港湾工程责任有限公司.船舶龙骨下富裕深度研究[Z].北京:中国港湾工程责任有限公司,2017.

基于 PIANC 的国外港口工程护舷设计方法

丁建军[1,2],李少斌[1,2],卢生军[1,2]

(1. 中国港湾西部非洲区域公司,科特迪瓦阿比让 06BP6687;
2. 中交第四航务工程勘察设计院有限公司,广东广州 510230)

摘 要:针对港口工程中大型船舶靠泊时护舷设计的问题,本文结合具体项目总结了国外工程的护舷设计方法:包括船舶设计撞击能量的计算,护舷间距的确定,以及多护舷吸能设计理念的应用等。通过此护舷设计方法,对加纳某新建集装箱码头护舷进行了优化,优化结果得到了咨询工程师及业主的认可。此护舷设计方法和优化理念可为今后海外码头工程的护舷设计提供一定参考。

关键词:PIANC;护舷优化设计;多护舷吸能

在进行码头附属设施设计时,防撞护舷的性能及间距等需在综合考虑码头的设计船型、靠泊条件、泊位形式、护舷型号及产品性能偏差等因素后分析确定。对于国内的码头工程,防撞护舷设计主要依据《港口工程荷载规范》[1]中的计算方法,而国外工程通常采用 PIANC(国际航运协会)护舷设计手册[2]中的计算方法,两本文献中的护舷设计方法存在较大的不同:

(1) 国内规范规定了有掩护和无掩护两种靠泊条件;国外将靠泊条件划分为有掩护条件下容易靠泊、有掩护条件下困难靠泊、无掩护条件下容易靠泊、无掩护条件下适度靠泊和无掩护条件下困难靠泊五种情况。

(2) 国内规范采用有效动能系数综合考虑各因素对撞击能量的影响;国外分别用附加水体系数、偏心系数、柔性系数、泊位形状系数和方形系数等来考虑船舶靠泊过程中不同因素对船舶撞击能量的影响。

(3) 国内规范不考虑非正常撞击时护舷的安全系数;国外根据不同的码头类型和布置形式给出了不同的护舷安全系数。

(4) 国内规范未提供护舷间距的计算方法;国外根据船艏半径给出了护舷间距的设计计算方法。

(5) 国内规范未明确船舶靠泊时撞击能在不同排架间的护舷的分配方式;国外通常采用多护舷触点吸能设计理念,考虑两个或者多个护舷共同吸收船舶撞击能。

(6) 国内规范未明确护舷产品的性能偏差系数;国外要求最终确定护舷时还需将产品的制作偏差、温度偏差、速度偏差和靠泊角度偏差等修正系数综合考虑。

根据以上不同,本文结合实际工程,对国外工程采用 PIANC 设计手册的护舷设计方法进行研究,从而为今后海外港口工程中的护舷设计提供一定参考。

1 影响护舷设计的主要因素

1.1 靠泊条件

船舶靠泊条件取决于码头掩护情况。靠泊条件决定了船舶靠泊的速度,其和船舶撞击能量和靠泊速度的平方成正比,是护舷设计的主要因素之一。

1.2 船舶类型

船舶类型包括船舶尺寸和船舶货种等因素,对船舶撞击能量计算和护舷设计安全系数取值有较大的影响。运用动能理论计算船舶撞击能量时,船舶自身排水量及带动的水体的附加质量有很大的影响,通常船舶排水量越大,其撞击能量也越大。另外不同货种的船舶对护舷设计的安全系数要求也不同。

1.3 护舷的布置和选型

护舷的布置包括护舷沿纵向和横向的布置,不同位置和间距对船舶撞击能量的分配影响较大,从而影响了护舷设计和码头结构受力;同时不同护舷类型性能偏差系数也不相同,反过来也影响着护舷的设计。

2 护舷设计及相关参数选取

2.1 船舶撞击能计算

根据 PINAC 中的有关规定,船舶撞击能按照如下公式进行计算:

$$E = 0.5 \times C_M \times M_D \times V_B^2 \times C_E \times C_S \times C_C \tag{1}$$

式中:M_D 为船舶质量或船舶满载排水量(t);V_B 为靠泊法向速度(m/s);C_E 为偏心系数;C_M 为附加水体系数;C_S 为柔性系数;C_C 为泊位形状系数。

其中,V_B 取值可参考 1977 年 Brolsma 的推荐值,如图 1 所示。

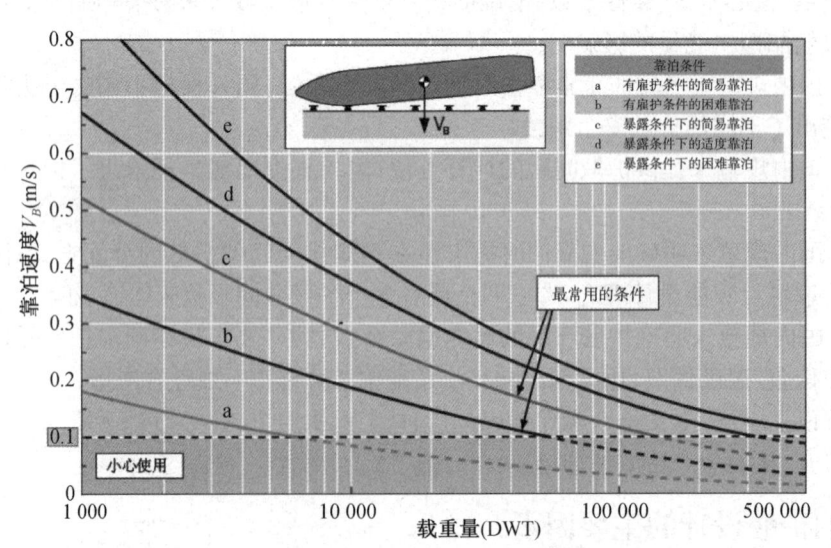

注:PIANC建议使用50%或75%置信界限条件下船舶参数表中的载重量(DWT)。

图 1 靠泊速度推荐值

2.1.1 船舶方形系数 C_B

C_B 为船体形态函数,其表达式如下。

$$C_B = \frac{M}{L \times B \times D \times \rho} \quad (2)$$

式中:L 为船舶垂线间长度(m);B 为船舶型宽(m);D 为船舶吃水(m);ρ 为海水密度(1.025 t/m³)。

在无数据时,C_B 的推荐值如下表1。

表1 方形系数 C_B

描述	系数 C_B
集装箱船	0.6~0.8
散货船	0.72~0.85
油轮	0.85
客船	0.55~0.65
滚装船	0.7~0.8

2.1.2 附加水体系数 C_M

C_M 考虑水体在船舶停止后水体继续推动船舶从而有效增加了船舶总体质量的影响。船舶横向靠泊时,C_M 计算如表2所示。船舶纵向靠泊时 C_M 取值为1.1。

表2 横向靠泊时 C_M 推荐公式

PIANC (2002)	Shigera Ueda(1981)	Vasco Coasta (1964)
$K_C/D \leqslant 0.1 \quad C_M = 1.8$ $0.1 \leqslant K_C/D \leqslant 0.5 \quad C_M = 1.875 - 0.75[K_C/D]$ $K_C/D \geqslant 0.5 \quad C_M = 1.5$	$C_M = \dfrac{2\pi \times D}{2 \times C_B \times B}$	$C_M = 1 + \dfrac{2D}{B}$

注:表中 K_C 为龙骨下富裕水深(m)。

2.1.3 偏心系数 C_E

C_E 考虑船舶绕着与护舷的靠泊点旋转而增加能量的影响。靠泊点位置、靠泊角度和速度矢量对 C_E 取值有重要影响,其表达式如下。

$$C_E = \frac{K^2 + K^2 \cos^2\varphi}{K^2 + D^2} \quad (3)$$

$\varphi \approx 90°$,式(3)简化如下

$$C_E = \frac{K^2}{K^2 + D^2} \quad (4)$$

$$K = (0.19C_B + 0.11) \times L \quad (5)$$

式中：K 为船舶回旋半径(m)；D 为靠泊点到船舶重心距离(m)；φ 为靠泊点和重心连线与靠泊速度方向的夹角。在无具体数据时，C_E 的推荐取值如下。

（1）对于连片式码头护舷布置，可认为船舶为 1/4 点靠泊，即靠泊点与船艏的距离占船长 25%，C_E 取 0.5。

（2）对于墩式码头护舷布置，可认为船舶为 1/3 点靠泊，即靠泊点与船艏的距离占船长的 35%，C_E 取 0.7。

（3）对于滚装码头端部护舷，C_E 取 1.0。

2.1.4 柔性系数 C_S

柔性系数 C_S 考虑部分能量由船舶的船板变形吸收的影响。柔性系数 C_S 的推荐值如下。

（1）对于柔性护舷和小型船舶，$C_S = 1.0$。

（2）对于刚性护舷和大型船舶，$C_S = 0.9$。

2.1.5 泊位形状系数 C_C

C_C 考虑船体和码头之间的水体可作为缓冲消耗部分靠泊能量的影响。影响泊位形状系数 C_C 的主要因素有：码头结构型式；龙骨下富裕水深；靠泊的速度和角度；护舷高度和船体的形状。

根据 PIANC 手册规定，泊位形状系数 C_C 的取值如表 3 所示。

表 3　泊位形状系数 C_C

泊位结构	系数 C_C
透空式结构龙骨下富裕水深较大	1.0
实体式结构	0.9

注：若附加水体系数 C_M 中考虑了龙骨下富裕水深的影响，则 $C_C = 1.0$。

2.2　非正常撞击安全系数 C_{ab}

护舷的设计除了考虑船舶在正常靠泊情况下的撞击能量，还应考虑因操作不当、设备故障、意外天气状况等因素导致的非正常撞击时的船舶撞击能。非正常撞击安全系数取值需考虑以下因素：

（1）护舷破坏对码头运营的影响程度。

（2）泊位的使用率。

（3）靠泊设计速度很低，极易超过界限。

（4）支撑结构的易损性。

（5）使用泊位的船舶尺寸和类型。

（6）危险或贵重货物，包括人。

为了对这类难以估量的风险提供一定的安全储备，非正常撞击安全系数的推荐值如表 4 所示。

表 4 非正常撞击安全系数 C_{ab}

描述	船舶	系数 C_{ab}
油轮与散货船	大型	1.25
	小型	1.75
集装箱船	大型	1.5
	小型	2.0
件杂货		1.75
滚装船与客轮		≥2.0
拖轮与工作船		2.0

2.3 护舷性能偏差系数 C_P

护舷厂家提供的护舷性能指标(额定吸能和反力)为厂家采用恒速(CV)或减速法(DV)在一定的冲击速度、温度和压缩角度下测试得到。而针对具体项目,其实际靠泊时的各项指标与测试时的试验条件总会存在一定偏差。因此,在进行护舷设计时,通常通过引入护舷性能偏差系数 C_P 来反映这种偏差的影响,具体公式如下。

$$C_P = C_X C_T C_V C_D \tag{6}$$

式中:C_X、C_T、C_V 和 C_D 分别为厂家提供的护舷橡胶制作偏差系数、温度偏差系数、速度偏差系数和角度偏差系数。

2.4 设计撞击能量 E_d

综合护舷设计各因素,护舷设计撞击能量 E_d 的表达式如下。

$$E_d = E \cdot C_{ab}/C_P \tag{7}$$

3 护舷间距的确定

根据船舶靠泊时各结构相对位置关系,如图 2 所示,护舷布置间距推荐公式如下。

$$P \leqslant 2\sqrt{R_B^2 - (R_B - h + C)^2} \tag{8}$$

$$R_B = \frac{1}{2}\left(\frac{B}{2} + \frac{L^2}{8B}\right) \tag{9}$$

式中:P 为护舷间距;R_B 为船艏半径;h 为受压时护舷高度;C 为船舶与码头间距,一般取 5%～15% 的未受压的含面板厚度的护舷高度。

根据 BS 6349 第 4 部分[3],建议护舷间距不超过 $0.15 L_S$,L_S 为最小船舶长度。即护舷的设计间距 P_d 为

$$P_d = \min(P, 0.15 L_S) \tag{10}$$

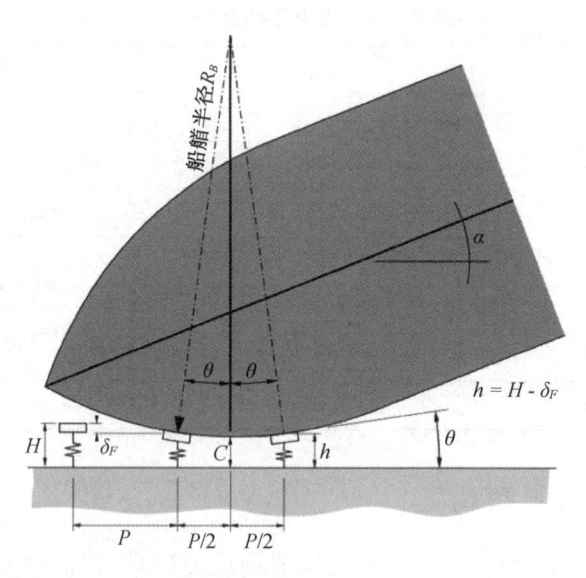

图 2　船舶靠泊示意图

4　多护舷触点吸能设计理念

在以往的码头护舷设计中,通常偏保守的假定船舶撞击能全部由单个护舷吸收。随着船舶的大型化,船舶尺度尤其是船艏半径越来越大,这让船舶靠泊时与两个或更多护舷同时接触成为可能,此时,船舶撞击能被其接触的两个或更多的护舷所吸收。这种考虑两个或更多护舷同时吸能的多护舷触点吸能设计理念可以大大降低按单个护舷吸能,进而降低作为码头结构设计荷载的船舶撞击力,达到优化护舷和码头结构的目的。

根据多护舷触点吸能设计理念,护舷设计时应首先考虑船舶外轮廓尺寸、靠泊角度、护舷型号和布置等因素,分析船舶靠泊时同时接触两个或更多护舷的可能性;在此基础上,根据几何关系确定各护舷的变形;再根据护舷性能曲线确定分配给各护舷的船舶撞击能;最后根据分配给护舷的最大船舶撞击能确定最终的护舷型号。多护舷触点吸能设计理念的设计流程如图 3 所示。

通常,多护舷触点吸能设计中护舷与船舶的接触存在奇数个触点(图 4)和偶数个触点(图 5)两种型式。其中:

(1) 奇数个接触点即船舶靠泊先接触单个护舷,随后由于护舷变形而使得船舶两侧对称接触更多护舷。

(2) 偶数个接触点即船舶靠泊时同时接触两个护舷,并随着护舷变形使得船舶两侧对称接

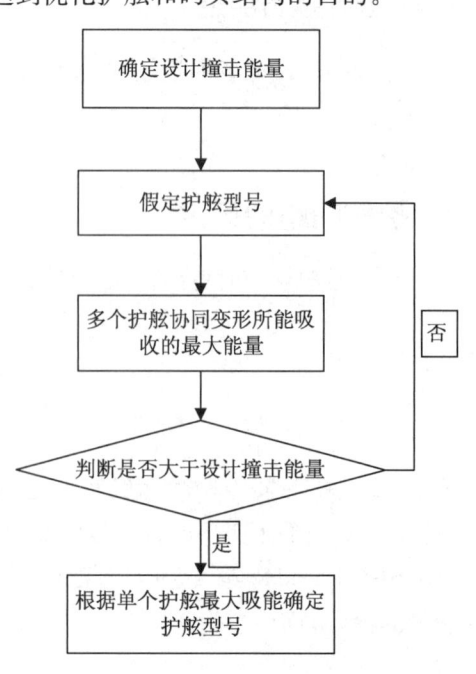

图 3　多护舷触点吸能设计流程图

触更多护舷。

船舶靠泊时,船舶接触护舷的个数与护舷间距、船艏半径及护舷的型号有关,其关系可用以下函数表示。

(1) 奇数个接触点

$$\begin{cases} R_1 = 0 & i = 1 \\ R_{i-1} = R_i = R_B - \sqrt{R_B^2 - [(i-1)P/2]^2} < H & i = 3,5\cdots \end{cases} \quad (11)$$

式中:i 为接触护舷的个数;R_{i-1}、R_i 分别为船舶初始时与第 $i-1$ 和 i 个护舷的横向距离;H 为护舷设计压缩变形。

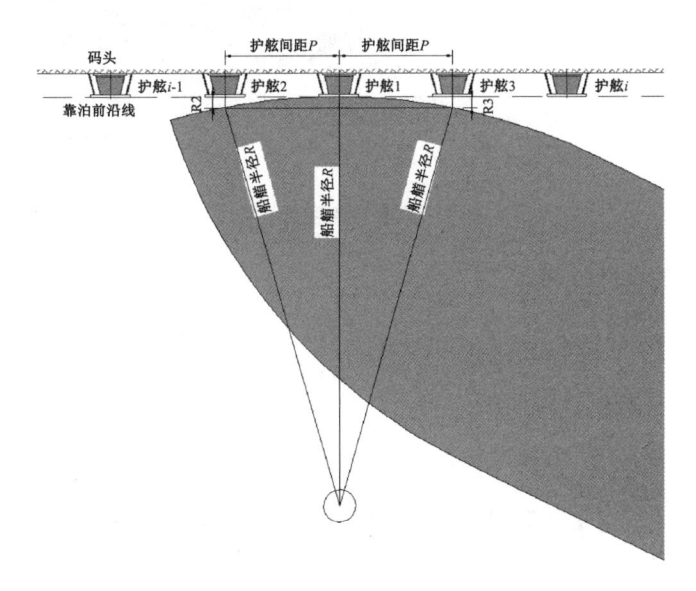

图 4 奇数个接触点示意图

(2) 偶数个接触点

$$\begin{cases} R_1 = R_2 = R_B - \sqrt{R_B^2 - (P/2)^2} & j = 2 \\ R_{j-1} = R_j = R_B - \sqrt{R_B^2 - [(j-1)P/2]^2} < H & j = 4,6\cdots \end{cases} \quad (12)$$

式中:j 为接触护舷的个数;R_{j-1}、R_j 分别为船舶初始时与第 $j-1$ 和 j 个护舷的横向距离。

根据式(11)和(12),可以确定第 n 个护舷的变形 δ_n($\delta_n = H - R_{i/j}$),再根据护舷变形性能曲线可得到第 n 个护舷的能量 E_n 以及 n 个护舷所能吸收的总能量 $\sum E_n$。总吸能 $\sum E_n$ 与设计撞击能量 E_d 需满足如下关系。

$$\min \begin{cases} \sum_{n=i} E_i & \text{奇数个接触点} \\ \sum_{n=j} E_j & \text{偶数个接触点} \end{cases} \geqslant E_d \quad (13)$$

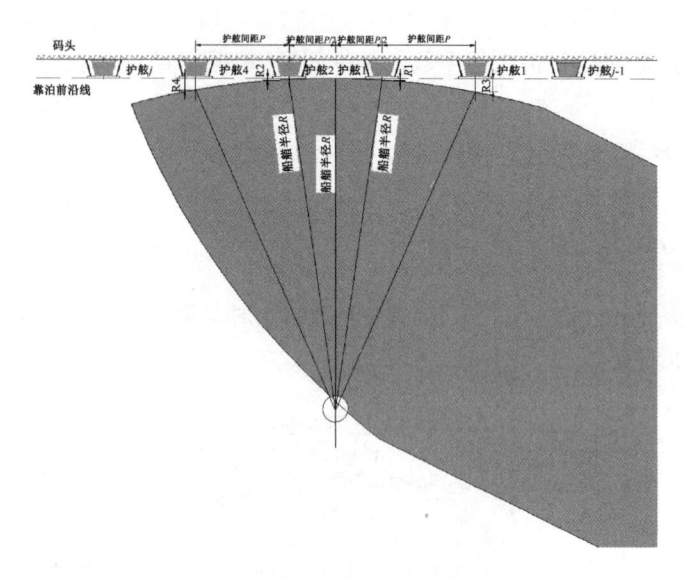

图 5 偶数个接触点示意图

则单个护舷的设计吸能 E_s 为

$$E_s = \max \begin{Bmatrix} E_1, E_2 \cdots\cdots E_i & 奇数接触点 \\ E_1, E_2 \cdots\cdots E_j & 偶数接触点 \end{Bmatrix} \quad (14)$$

5 案例分析

本文以加纳某新建集装箱码头为例,基于 PINAC 中的方法和理念,对码头防撞护舷进行了设计和优化。

5.1 工程概况

码头结构型式为连片式重力式码头,码头长 1 400 m。设计最大船长 367 m,船宽 51 m,满载排水量 200 000 t,满载吃水 16 m,靠泊速度 0.1 m/s。根据合同要求护舷间距 13 m。

5.2 单个护舷吸能设计

根据本文护舷设计方法,设计撞击能量计算过程如表 5 所示。

表 5 设计撞击能量 E_d 计算表

参数	计算值
M_D(t)	200 000
V_B (m/s)	0.1
C_B	0.67
C_M	1.63
C_E	0.72

续表

参数	计算值
C_S	1.0
C_C	1.0
E (kN·m)	1 174
C_{ab}	2
C_X	0.95
C_T	1.0
C_V	1.0
C_D	1.0
C_P	0.95
E_d (kN·m)	2 473

根据以往偏保守的单护舷吸能设计理念,应选用 SPC1800-G1.6 型护舷,护舷额定吸能 2 483 kN·m,反力 2 633 kN。

5.3 多护舷触点吸能设计

根据多护舷触点吸能设计理念,拟对本项目原先采用的 SPC1800-G1.6 型护舷进行优化。首先假定采用 SPC1300-G3.0 护舷,护舷参数如下:护舷高度(包含面板) H 为 2.0 m,设计压缩变形为 0.91 m,设计吸能 1 402 kN·m。

根据式(9),船舶船艏半径为

$$R_B = \frac{1}{2}\left(\frac{51}{2} + \frac{367^2}{8 \times 51}\right) = 178 \text{ m}$$

将 R_B 代入式(11)和(12)可得,船舶靠泊接触点为奇数时,最多可接触 3 个护舷;接触点为偶数时,最多可接触 2 个护舷。各护舷变形及吸能如表 6 所示。根据上表可知,在考虑多护舷承担设计撞击能量情况下,护舷型号可优化为 SPC1300-G3.0,其额定吸能为 1 402 kN·m,反力 2 048 kN。

表 6 护舷变形及吸能计算表

		护舷1	护舷2	护舷3	设计撞击能量 (kN·m)	总吸能(kN·m)
3个护舷接触点	变形(mm)	435	910	435	2 473	<2 524
	吸能(kN·m)	561	1 402	561		
2个护舷接触点	变形(mm)	820	820	/	2 473	<2 502
	吸能(kN·m)	1 251	1 251	/		

6 结论

本文基于PIANC的方法对码头工程的护舷设计方法进行了研究,并结合加纳某新建码头工程中实践应用,结论如下:

(1)护舷设计应综合考虑:设计船型、靠泊条件、泊位形式,护舷型号、布置及产品性能偏差等因素。

(2)护舷设计除了考虑船舶正常撞击时的能量,还应考虑船舶非正常撞击,并结合码头的重要性、靠泊船型大小和货种等因素,选择合理的护舷能量安全系数。

(3)护舷设计方法提供了确定护舷间距的指导性公式,此公式可为国内码头工程护舷间距设计提供参考。

(4)多护舷触点吸能设计理念考虑多个护舷同时吸收船舶撞击能量,这样可以大大降低所采用的护舷型号,不仅能带来因护舷采购费用减少的直接效益,且可减小作为码头结构设计荷载条件的船舶撞击力,从而降低码头建设成本。

参考文献

[1] 中华人民共和国交通运输部. 港口工程荷载规范:JTS 144—1—2010[S]. 北京:人民交通出版社股份有限公司,2010.

[2] Report of Working group 22 of the Maritme Navigation Commission:Guidelines for the design of fender system[S]. Belgium:International Navigation Association,2002.

[3] The British Standards Institution. Maritime works–Part 4:Code of practice for design of fendering and mooring:BS6349-4:2014[S]. British:BSI Standards Publication,2014.

深水斜坡堤堤脚块石稳定性分析

卢生军[1,2]，丁建军[1,2]，李少斌[1,2]

(1. 中国港湾西部非洲区域公司，科特迪瓦阿比让 06BP6687；
2. 中交第四航务工程勘察设计院有限公司，广东广州 510230)

摘 要：针对深水斜坡堤堤脚块石的稳定性问题，通过二维物理模型试验进行研究。结果表明，深水斜坡堤堤脚块石的稳定性随相对水深 h_t/h 及破坏数 N_{od} 的变化规律同有限水深相比存在一些差异。为此，依据试验结果对可能影响深水斜坡堤堤脚块石稳定性的因素进行深入分析，然后对 Van der Meer 公式做了局部修正，该修正后的公式与试验结果的一致性较好，可供深水斜坡堤设计时参考。

关键词：深水斜坡堤；堤脚块石；稳定性

斜坡式防波堤通常会在海侧主护面结构的底端设置块石结构。堤脚块石除了可以抵抗因上方主护面结构自重而产生的水平分力，起到支撑主护面结构的作用以外，根据倒滤准则，在较大尺寸的堤脚块石的掩护下，还可以使得其下方尺寸较小的垫层块石免受波浪的淘刷。堤脚块石失稳后，会使得主护面结构及垫层块石分别因失去基础支撑和掩护而破坏，并最终导致整个防波堤结构的毁坏。深水斜坡堤堤脚块石常见的结构形式如图 1[1] 所示。

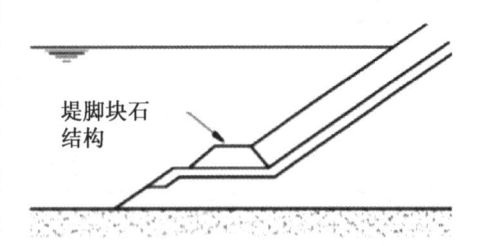

图 1 深水斜坡堤堤脚常见结构形式

关于斜坡式防波堤堤脚块石的稳定性，我国现行规范中尚无明确的计算方法。而国外许多学者，如 Van der Meer、Gerding 等，虽然对堤脚块石的稳定性进行过系统的试验研究，但由于当时的防波堤工程所处的水深一般较浅，故这些研究大多是基于有限水深的情况，即堤前水深 h 与设计波高 H_s 的比值约为 2.0。

近年来，随着港口建设规模的扩大，以及沿海掩护较好的天然深水港址的开发殆尽，越来越多的在建或拟建港口工程的防波堤结构陆续建设在水深较大的海域。比如加纳某在建防波堤工程，其堤前水深 h 与设计波高 H_s 的比值最大达到了 6.0。此时，针对深水斜坡堤结构，国外已有的一些基于有限水深条件下的研究成果是否继续适用，以及与有限水深相比，深水斜坡堤堤脚块石的稳定性存在哪些特点，成为了工程师们十分关心的问题。

1 国内外研究成果

Brebner 等[2]在研究直立堤前护底块石的稳定性时，首先建立了护底块石稳定数 $H/(\Delta \cdot D_{n50})$ 与相对水深 h_t/h 的函数关系，此函数关系后来被广泛应用于斜坡式防波堤堤脚块石的稳定性研究：

$$\frac{H}{\Delta \cdot D_{n50}} = f\left(\frac{h_t}{h}\right) \tag{1}$$

式中：H 为设计波高；Δ 为块石的相对密度；D_{n50} 为块石的公称中值粒径；h_t 为堤脚块石顶面处的水深；h 为堤前水深。

英国防波堤设计规范 BS 6349—7:1991[3] 中以 $2H_s$ 为界，当堤脚块石顶面处水深 $h_t < 2H_s$ 时，堤脚块石的稳定质量与主护面结构相同，当 $h_t \geqslant 2H_s$ 时，堤脚块石的稳定质量与垫层块石相同。

Van der Meer[4] 在研究斜坡堤堤脚块石的稳定性时，根据失稳的块石数量占堤脚块石总数的百分比，将其在波浪作用下的破坏状态分为 3 个等级，见表 1。然后，通过对荷兰代尔夫特大学、DHI 及 Gravesen 等的模型试验数据进行深入分析后，Van der Meer 给出了 0~10% 破坏等级下的堤脚块石稳定性的计算曲线，该曲线所对应的计算公式如下：

$$\frac{H_s}{\Delta D_{n50}} = 8.7 \left(\frac{h_t}{h}\right)^{1.43} \tag{2}$$

表 1 堤脚块石破坏等级

破坏等级	描述
0~3%	没有或者极个别的堤脚块石移动
3%~10%	堤脚局部区域被波浪打击而变平缓，但整体功能仍然完整，其破坏程度尚可接受
>20%	堤脚完全丧失其功能，其破坏程度不能接受

Gerding[5] 在研究堤脚块石的稳定性时，首先引入破坏数 N_{od} 的概念：

$$N_{od} = \frac{N}{B/D_{n50}} \tag{3}$$

式中：N 为失稳的堤脚块石个数；B 为试验断面宽度。

同 Van der Meer 稍有不同的是，Gerding 是根据 N_{od} 的不同取值将堤脚块石的破坏状态划分为 3 个等级，其与 Van der Meer 破坏等级的对应关系如下：

$$\begin{cases} N_{od} < 0.5, \text{对应 } 0 \sim 3\% \text{ 的破坏等级} \\ N_{od} = 0.5 \sim 2.0, \text{对应 } 3\% \sim 10\% \text{ 的破坏等级} \\ N_{od} > 2.0, \text{对应 } > 20\% \text{ 的破坏等级} \end{cases}$$

最后，Gerding 通过对模型试验数据进行分析，提出了如下计算堤脚块石稳定性的公式，并建议设计时取 N_{od} 等于 2.0：

$$\frac{H_s}{\Delta D_{n50}} = \left(0.24 \frac{h_t}{D_{n50}} + 1.6\right) N_{od}^{0.15} \tag{4}$$

另外，关于该公式的适用范围，Gerding 的建议为 $3 < h_t/D_{n50} < 25$。

由于 Gerding 公式中未包含堤前水深 h，这导致的结果为堤脚块石的稳定性与堤前水深 h 无关，这显然不太合理。故 Van der Meer[5] 对 Gerding 的模型试验数据重新进行了深入分析，并得到了以下改进后的计算公式：

$$\frac{H_s}{\Delta D_{n50}} = 2 + 6.2 \left(\frac{h_t}{h}\right)^{2.7} N_{od}^{0.15} \tag{5}$$

出于安全考虑,Van der Meer 建议设计时取 N_{od} 等于 0.5,而关于该公式的适用范围,Van der Meer 建议取 $0.4<h_t/h<0.9$。

吴中等[7]通过物理模型试验,首次考虑了主护面结构的粗糙度对堤脚块石稳定性的影响,并给出了相应的计算公式:

$$H_s = 0.266 h_t + K_\Delta \Delta D_{n50} \tag{6}$$

式中:K_Δ 为斜坡堤护面糙率透水系数,取值在 1.4~1.9,表面粗糙时取小值。

现行 2007 版 The Rock Manual 收录了公式(4)、(5),这两个公式后来被广泛应用于斜坡式防波堤堤脚块石的稳定性计算。然而,由于这两个公式均是基于有限水深条件得到的,当堤前水深 h 较大时,两个公式并不一定适用。因此,本文根据在实际深水斜坡堤工程二维模型试验中得到的试验结果,对深水斜坡堤堤脚块石的稳定性进行了进一步的研究。

2 模型试验

2.1 试验设备

本次试验在河海大学的二维波浪水槽内进行,该水槽长 80 m、宽 1 m、高 1.5 m,水槽纵剖面如图 2 所示。水槽一段安装推板式造波机,由计算机系统控制,可产生试验所需要的波浪。控制造波机的计算机系统带有二次反射主动吸收程序,可消除波浪二次反射的影响。试验断面布置在水槽的另一端,在试验断面和造波机之间布置有浪高仪,用以在试验过程中对波浪进行监测。

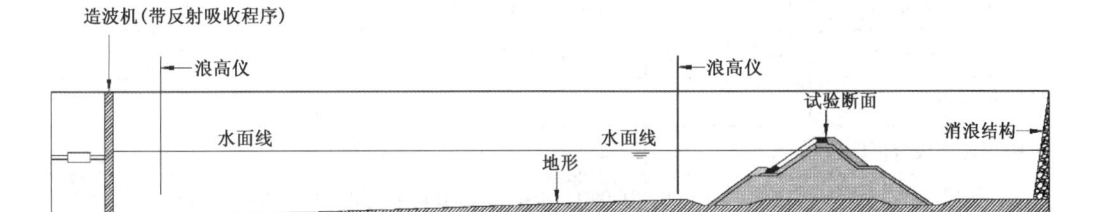

图 2 波浪水槽纵剖面

2.2 试验方法

本次研究采用不规则波,波谱为 JONSWAP 谱,谱峰升高因子取 $\gamma = 3.0$。试验断面为加纳某在建深水防波堤典型断面,如图 3 所示。堤脚块石以上主护面结构采用扭王字块,斜坡坡度为 3∶2。堤脚块石以下采用块石护面,斜坡坡度 4∶3。堤脚块石尺寸按 The Rock Manual 中推荐值,即宽度 B_t 为三排块石,厚度 T_t 为两层块石。

根据以往研究成果,影响堤脚块石稳定性的主要因素有设计波高 H_s、相对水深 h_t/h 及堤脚块石尺寸 D_{n50} 等。因此,试验通过对这些参数分别取不同值进行组合,得到如下共 9 个试验组次,各组次的参数值见表 2。

试验采用间歇式造波方式,每次造波时间为 30 min,波数约 1 000 个,每个试验组次重复 3 次。

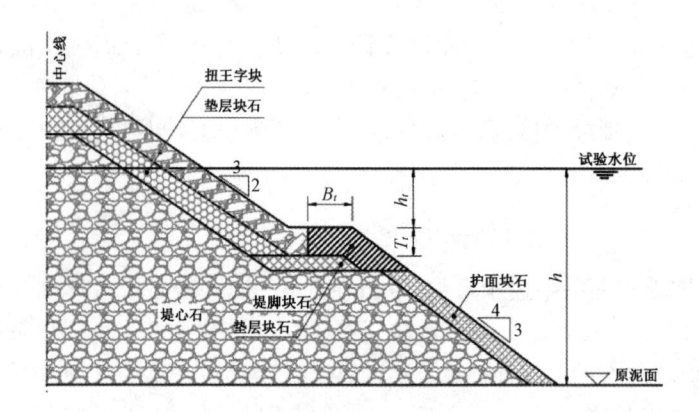

图 3 试验断面

表 2 试验组次及参数

试验参数	试验组次								
	1	2	3	4	5	6	7	8	9
波高 H_s (cm)	7.00	8.70	10.30	12.30	7.00	8.70	10.30	12.30	12.30
堤脚块石 D_{n50} (cm)	30.30	30.30	30.30	30.30	30.30	30.30	30.30	30.30	36.60
水深 h_t (cm)	13.30	13.30	13.30	15.20	18.30	18.30	18.30	20.20	16.20
水深 h (cm)	52.80	52.80	52.80	54.70	52.80	52.80	52.80	54.70	54.70
相对水深 h_t/D_{n50}	4.39	4.39	4.39	5.00	6.04	6.04	6.04	6.64	4.42
相对水深 h_t/h	0.25	0.25	0.25	0.28	0.35	0.35	0.35	0.37	0.30
相对水深 h/H_s	7.5	6.1	5.1	4.4	7.5	6.1	5.1	4.4	4.4
护脚相对宽度 B_t/D_{n50}	3	3	3	3	3	3	3	3	3
护脚相对厚度 T_t/D_{n50}	2	2	2	2	2	2	2	2	2
波数/次	1 000	1 000	1 000	1 000	1 000	1 000	1 000	1 000	1 000
试验次数	3	3	3	2	3	3	3	2	2

2.3 试验数据统计

本次堤脚块石稳定性试验的统计结果为堤脚块石的破坏状况。根据已往研究成果可知,定量描述堤脚块石破坏状态的参数有 Van der Meer 提出的失稳率,以及 Gerding 提出的破坏数 N_{od}。同 Gerding 公式及 Van der Meer 公式一样,本次试验采用破坏数 N_{od} 来定量描述堤脚块石的破坏状态,其试验数据见表 3。

表 3 试验 N_{od} 值统计结果

试验结果	试验组次								
	1	2	3	4	5	6	7	8	9
N_{od} 值	0.15	0.85	0.94	1.67	0.09	0.12	0.64	0.80	0.30

3 试验结果分析

根据以往的研究结论可知,影响斜坡堤堤脚块石稳定性的主要因素有相对水深 h_t/h 和破坏数 N_{od}。为研究深水斜坡堤堤脚块石稳定性随相对水深 h_t/h 的变化规律,分别以稳定数 $H_s/(\Delta \cdot D_{n50} \cdot N_{od}^{-0.15})$ 为横坐标,以相对水深 h_t/h 为纵坐标,然后根据模型试验结果、Gerding 公式计算值、以及 Van der Meer 公式计算值,绘制得到如图 4 所示的变化规律。

从图 4 可以看出,模型试验、Gerding 公式及 Van der Meer 公式中堤脚块石稳定数均随相对水深 h_t/h 的增加而增大,且呈对数增长趋势。其中,Gerding 公式同 Van der Meer 公式的增长趋势比较一致,而试验结果所得到的稳定性随相对水深 h_t/h 的变化趋势稍缓,这说明深水斜坡堤堤脚块石的稳定性随相对水深 h_t/h 的变化趋势不如有限水深时剧烈。另外,从图 4 可以明显看出,相同相对水深条件下,Gerding 计算公式得到的稳定数明显大于试验结果及 Van der Meer 公式,而 Van der Meer 公式与试验结果两者比较接近,这说明深水条件下 Gerding 公式计算得到的堤脚块石稳定性偏大,即计算结果偏危险。

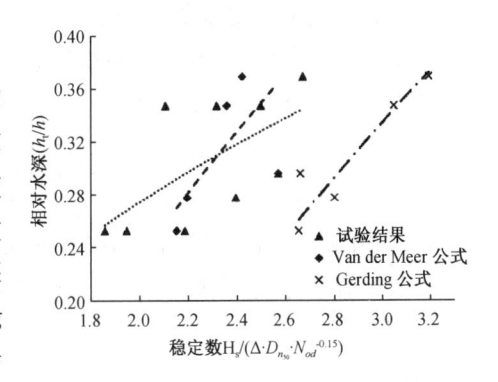

图 4 稳定数与相对水深的关系

为分析深水斜坡堤堤脚块石稳定性与破坏数 N_{od} 的变化规律,分别以堤脚块石稳定数 $H_s/(\Delta \cdot D_{n50})$ 为横坐标,以破坏数 N_{od} 为纵坐标,然后根据模型试验结果、Gerding 公式和 Van der Meer 公式的计算值,绘制得到如图 5 所示变化规律。

从图 5 可看出,试验结果、Gerding 公式及 Van der Meer 公式中堤脚块石稳定数均随破坏数 N_{od} 值的增加而增大,且呈指数增长趋势。其中,Gerding 公式的增长趋势最缓,Van der Meer 公式的增长趋势最陡,而试验结果的增长趋势介于两者之间。另外,从图 5 可看出,

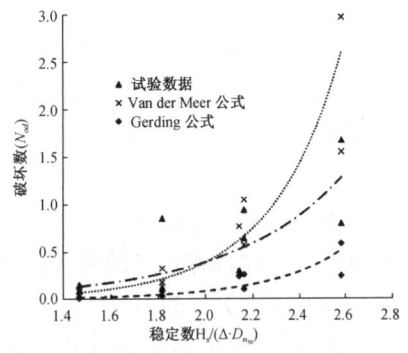

图 5 稳定数与破坏数的关系

在相同破坏水平下,Gerding 公式计算得到的稳定数明显偏大,而 Van der Meer 公式与试验结果比较接近。当然,当破坏数 N_{od} 较大时(比如 $N_{od} > 0.5$),与试验结果相比,Van der Meer 公式计算得到的稳定数明显偏小,这说明此时 Van der Meer 公式计算结果偏保守。

4 堤脚块石稳定性计算公式

根据上述试验结果分析可知,与试验结果相比,相同相对水深 h_t/h 或者相同破坏数 N_{od} 情况下,Gerding 公式计算出的堤脚块石稳定数明显偏大,计算结果偏危险,故不建议在深水斜坡堤条件下应用。Van der Meer 公式虽然在趋势上和计算结果上与试验结果符合性较好,但也存在一些差别,即 Van der Meer 公式中堤脚块石稳定数随着相对水深 h_t/h 的变化趋势明显大于试验结果,且当破坏数 N_{od} 较大时($N_{od} > 0.5$),Van der Meer

公式计算得到的稳定数明显偏小。

基于以上分析,针对深水斜坡堤堤脚块石稳定性的计算,建议将原 Van der Meer 公式做一些小的修改,具体如下:

$$\frac{H_s}{\Delta D_{n50}} = 2 + 6.2 \left(\frac{h_t}{4H_s}\right)^{2.7} N_{od}^{0.215} \tag{7}$$

为验证此修改后的 Van der Meer 公式与试验结果的符合性,分别绘制了堤脚块石稳定数随相对水深 h_t/h 及 N_{od} 的变化规律,如图 6 所示。

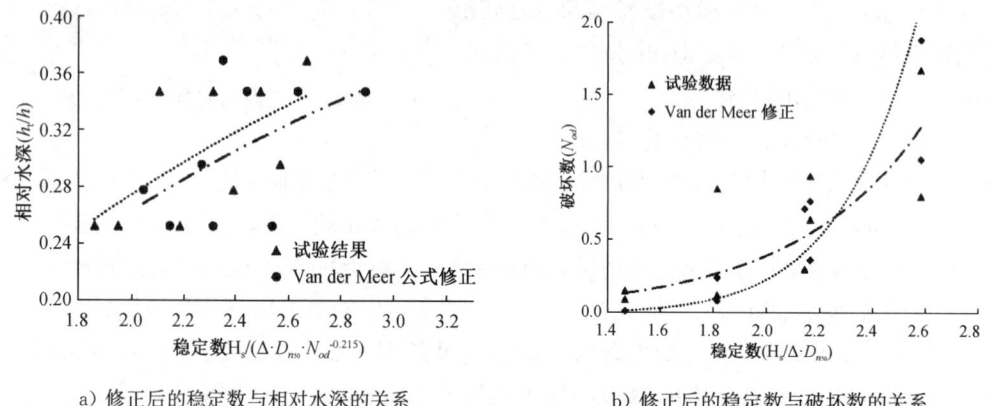

a) 修正后的稳定数与相对水深的关系　　　　b) 修正后的稳定数与破坏数的关系

图 6　修正后的稳定数与相对水深、破坏数的关系

从图 6a)可看出,将原 Van der Meer 公式中破坏数 N_{od} 的指数关系由 -0.15 修改为 -0.215 后,堤脚块石稳定数随相对水深 h_t/h 的变化趋势基本一致。而从图 6b)可看出,将原 Van der Meer 公式中相对水深 h_t/h 修改为 $h_t/4H_s$ 后,在不同 N_{od} 取值下,修改后的 Van der Meer 公式计算值与试验结果均比较接近。

由于试验时堤前水深 h 与设计波高 H_s 的比值均大于 4.0,故该修改后的公式仅在 $h/H_s \geqslant 4.0$ 时适用,且同原 Van der Meer 公式一样,建议该修改后的公式对 $h_t/4H_s$ 的限值为 $0.4 < h_t/4H_s < 0.9$。

另外,由于该修改后的 Van der Meer 公式只在有限的试验数据中得到验证,故其仅供设计时参考,深水斜坡堤堤脚块石的稳定性建议最终通过物理模型试验验证确定。

5　结论

(1) 深水斜坡堤堤脚块石的稳定性随相对水深 h_t/h 及破坏数 N_{od} 的变化规律同有限水深情况存在一些差异。

(2) Gerding 公式在计算深水斜坡堤堤脚块石的稳定性时,稳定数明显大于试验值,计算结果偏危险,故不宜在深水情况下使用。

(3) 局部修正后的 Van der Meer 公式与试验结果的一致性要好于原公式,可供深水斜坡堤设计时参考使用。

参考文献

[1] Cur, Ciria, Cetmef. The rock manual-the use of rock in hydraulic engineering:C683 [S]. London: Ciria, 2007.
[2] Brebner A, Donnelly P. Laboratory study of rubble foundations for vertical breakwaters [R]. Ontario: Queen's University at Kingston, 1962.
[3] The British Standards Institution. Maritime works-part 7: guide to the design and construction of breakwaters: BS 6349-7:1991[S]. London: BSI Standards Publication, 1991.
[4] Meer J W V. Conceptual design of rubble mound breakwaters[M]//PHILIP L F L. Advances in coastal and ocean engineering:volume 5. Singapore:World Scientific Publishing Company, 1993:221-315.
[5] Gerding E . Toe structure stability of rubble mound breakwaters[D]. Delft:Delft University of Technology ,1993.
[6] Plarczyk K W. Dikes and revetments— design, maintenance and safety assessment[J]. Journal of hydraulic engineering,1998,126(4):317.
[7] 吴中,林民标,杨越. 斜坡堤天然块石护脚的稳定性计算[J]. 海洋工程,2002,20(2):19-23.

不均匀沉降影响下的方块码头胸墙内力有限元分析

丁建军[1,2]，卢生军[1,2]，李少斌[1,2]

（1. 中国港湾西部非洲区域公司，科特迪瓦阿比让 06BP6687；
2. 中交第四航务工程勘察设计院有限公司，广东广州 510230）

摘　要：针对方块码头普遍存在的不均匀沉降问题，进行了不均匀沉降影响下的胸墙内力数值分析。通过有限元软件 ANSYS 的静力求解模块及接触分析方法，计算得到了不均匀沉降影响后在自重及使用期荷载作用下的胸墙内力。结果表明，不均匀沉降影响后的方块码头胸墙内力将显著增加。因此，必须采取一些设计和施工的措施来减小不均匀沉降对方块码头胸墙的影响。

关键词：方块码头；不均匀沉降；胸墙；ANSYS

方块码头作为传统的重力式码头结构型式之一，具有施工简单、价格低廉、耐久性好和易于维护等诸多优点，已被广泛应用于如多哈新港、沙特达曼港、安哥拉 KBR 油码头、加纳塔克拉底港等一些海外码头工程。

当沿码头长度方向的荷载、抛石基床厚度、地基土的厚度及压缩性有较大变化时，在自重及使用荷载的作用下，方块码头将产生不均匀沉降。

通常，方块码头一个结构段内的现浇胸墙会跨越底部多个混凝土方块，在不均匀沉降的影响下，现浇胸墙将会与其底部起支撑作用的方块分离而改变胸墙的底部支撑条件。在使用期荷载尤其是起重机轮压的作用下，相比不均匀沉降发生之前，新的支撑条件下的胸墙内力将显著增加。因此，如果在设计之初忽略了不均匀沉降对方块码头胸墙的影响，那么所设计的胸墙在使用期很可能因这种显著增加的内力而开裂甚至断裂，并最终影响码头结构的安全、使用和耐久性。

1　不均匀沉降的成因及估计

1.1　不均匀沉降产生的原因

方块码头因其自身重量较大，在自重及使用期荷载的作用下，当相邻方块的基础沉降量不同时即产生不均匀沉降。通常，方块码头产生不均匀沉降的主要原因大致有以下几个方面[1]：

（1）对岩石地基，当沿码头长度方向荷载或抛石基床厚度发生较大变化时，方块码头会产生不均匀沉降。

（2）对非岩石地基，除上述原因以外，地基压缩层厚度或地基土的压缩性有较大变化时，同样会产生沿码头长度方向的不均匀沉降。

1.2　不均匀沉降的估计

不均匀沉降也就是通常所说的差异沉降，是反映土木工程结构地基变形特征的重要指标。一般是指同一结构体中,相邻的两个基础沉降量的差值。因此,不均匀沉降的估计值即计算相邻基础沉降量的差值。

通常,基础沉降量按产生时间的先后顺序(如图1所示)可分为瞬时沉降量 S_i、主固结沉降量 S_c 和次固结沉降量 S_s[2]。

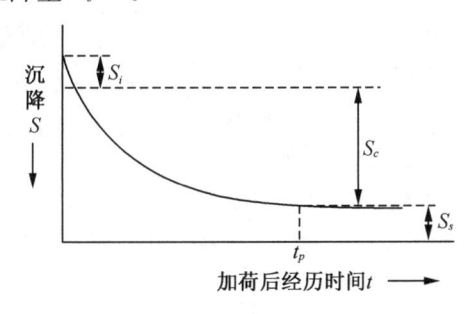

图1 沉降分量

其中,瞬时沉降量发生在加载的瞬间。当地基为单向压缩时,对于饱和土,因其在加载瞬间不可能产生排水变形,故瞬时沉降量 $S_i = 0$。

主固结沉降为土体在外荷载作用下产生的超静水压力迫使土中水外流,土孔隙减小形成的地面下沉。根据单向压缩沉降计算理论,土的主固结沉降为:

$$S_c = \frac{C_r}{(1+e_0)} H \lg(\frac{p_c}{p_1}) + \frac{C_c}{(1+e_0)} H \lg(\frac{p_2}{p_c}) \tag{1}$$

式中:C_r、C_c 分别为再压缩指数和压缩指数;p_c 为土的先期固结压力;p_1 为土的初始应力;p_2 为土的初始应力与附加应力之和;e_0 为对应于 p_1 时的孔隙比;H 为计算土层的厚度。

次固结沉降发生在土中超静水压力完全消散以后,是在恒定有效应力下的沉降。根据布依斯曼(Buisman)建议的半经验公式估算次固结沉降量如下:

$$S_s = \frac{C_\alpha}{(1+e_0)} H \lg \frac{t}{t_c} \tag{2}$$

式中:t,t_c 为从固结过程开始起算的和次固结完成时的时间;C_α 为次压缩系数;e_0 为土的初始孔隙比。

另外,根据香港《港口工程设计手册第三分册》——《填海工程设计指南》[3],对于未进行地基处理的非黏性土,$\frac{C_\alpha}{(1+e_0)}$ 值介于 1%~2%,而通过地基处理之后,$\frac{C_\alpha}{(1+e_0)}$ 值可减小到 0.5%~1%。

2 不均匀沉降对方块码头胸墙的影响

按时间顺序,方块码头的不均匀沉降形成的原因大致可以归纳为码头基础建设时期不均匀沉降、码头上部结构建设时期不均匀沉降和码头营运时期不均匀沉降三个方面[4]。对于码头基础和上部结构建设期的不均匀沉降,由于发生在胸墙浇筑之前,除可能局部影响现浇混凝土胸墙的混凝土用量之外,对胸墙影响不大[5]。因此,本文主要研究码头营运时期的不均匀沉降对码头胸墙的影响。

通常,处于营运时期的方块码头同一结构段内的现浇混凝土胸墙沿码头长度方向跨越下方多个混凝土方块,现浇混凝土被其下方的混凝土方块完全支撑。而当发生沿码头长度方向的不均匀沉降时,胸墙下方部分方块将与胸墙脱离,原先完全支撑在下层方块上的胸墙变成局部支撑在方块上的简支梁结构,如图2

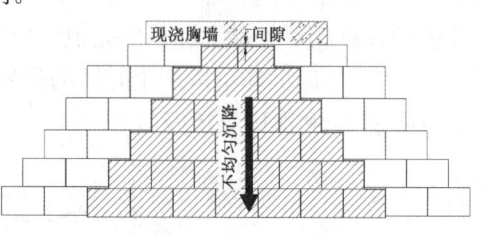

图2 不均匀沉降对胸墙的影响

所示。这样,在使用期荷载作用下,胸墙会因底部支撑条件的改变而导致内力陡增。如果设计之初忽略了这种不均匀沉降对码头胸墙的影响,将最终导致胸墙因强度不够而开裂,甚至断裂。

3 方块码头胸墙有限元分析

考虑到方块码头及胸墙具有典型的三维特征,且不均匀沉降影响后的胸墙与下层方块的相互作用十分复杂。因此,本文拟采用大型通用有限元计算软件 ANSYS 的静力求解模块及接触分析,对不均匀沉降影响下的方块码头胸墙内力进行数值分析。具体方法如下:

(1) 为准确模拟胸墙及混凝土方块在三维空间的质量和刚度分布,模型采用三维实体单元 SOLID65 模拟胸墙和混凝土方块结构。

(2) 为真实模拟不均匀沉降影响下胸墙与下方混凝土方块的接触与分离,模型采用三维接触单元 CONTA174 和 TARGE170 模拟胸墙与下层方块的接触作用。

(3) 考虑到混凝土刚度较大,荷载作用下的压缩性较小,为节省计算内存和时间,模型中只模拟胸墙下方的第一层混凝土方块。

(4) 为模拟荷载作用下抛石基床顶部的瞬时沉降,模型采用只受压杆单元 LIN10 模拟方块与抛石基床的相互作用。

(5) 考虑到地基不均匀沉降对码头方块及胸墙的影响十分复杂,出于保守考虑,假设胸墙与下方方块因不均匀沉降而产生的间隙值等于地基不均匀沉降值。

4 工程案例分析

本文以加纳某新建集装箱码头为例,采用有限元分析手段,对不均匀沉降影响下的方块码头胸墙内力进行了具体分析。

4.1 工程概括

码头结构型式采用重力式混凝土实心方块结构,码头面顶高程+4.0m CD,停泊水域底高程-16.9m CD,预制混凝土方块采用压缝安装,码头典型断面如图3所示。

码头主体结构由5层素混凝土方块和1层钢筋混凝土卸荷板组成,并在卸荷板顶部设置现浇混凝土胸墙,胸墙宽4.5 m,厚2 m,结构段长40 m。底层方块底部设0.5 m厚碎石基床,基床厚度允许偏差+0.5 m。基床底部为中风化片麻岩,岩石弹性模量为$2.85×10^3$ MPa。

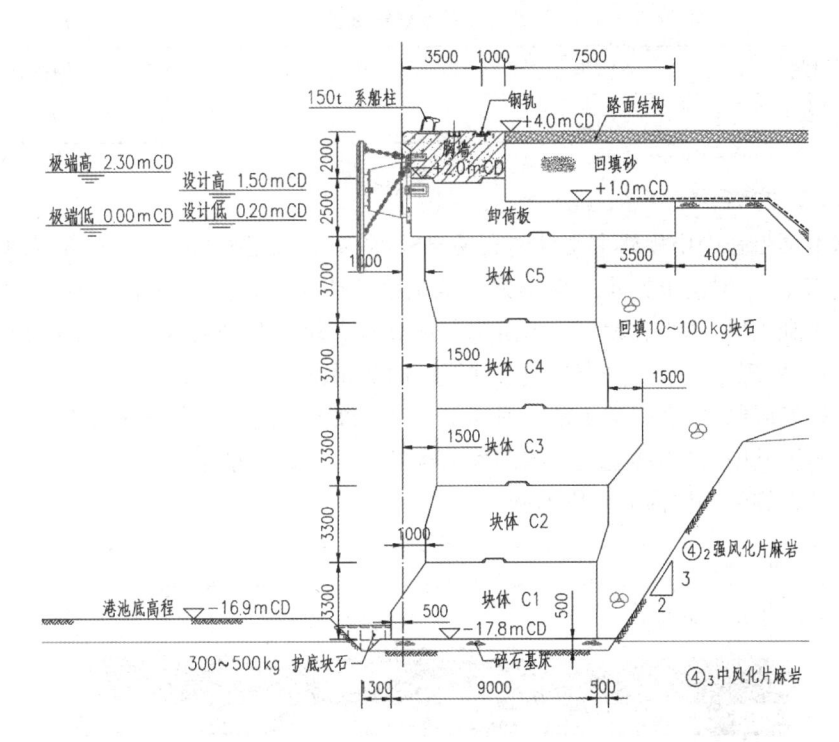

图 3　典型断面图(尺寸:mm;高程:m)

4.2　有限元模型的建立

4.2.1　码头不均匀沉降计算

本工程地基土为岩基,中风化片麻岩弹性模量较大,为 $2.85×10^3$ MPa,因此,码头可能的沉降主要发生在抛石基床层。由于抛石基床透水性好,码头自重作用下主固结沉降在浇筑胸墙之前就已经发生,因此,对胸墙受力影响不大。

抛石基床的次固结沉降按本文式(2)计算,结果如表 1 所示。

表 1　码头沉降计算

基床厚 H	$\dfrac{C_\alpha}{(1+e_0)}$	t	t_c	次固结沉降
0.5 m	0.5%	53 年	3 年	3.0 mm
1.0 m	0.5%	53 年	3 年	6.0 mm

根据上述计算结果可知,码头可能发生的最大不均匀沉降为 3.0 mm。出于保守考虑,在进行不均匀沉降影响下的胸墙有限元分析时,假设胸墙与下方方块因不均匀沉降而产生的间隙值等于此地基的不均匀沉降值,均为 3.0 mm。

4.2.2　模型材料参数

码头混凝土在模型中采用线弹性材料本构,混凝土材料的质量密度、弹性模量及泊松比如表 2 所示。

表 2 模型材料参数

材料	密度（t/m³）	弹性模（MPa）	泊松比
混凝土	2.5	3.3×10^4	0.2

4.2.3 模型荷载工况

根据本项目合同中规格书文件的有关要求，码头胸墙结构段长 40 m，沿码头长度方向跨越底部 10 个混凝土方块。由于无法准确确定码头不均匀沉降的范围，为找出胸墙设计的最不利工况，本文假设不均匀沉降可能导致方块脱开的数量从 0 到 8 块共 9 种工况进行试算，发现当胸墙下方有 2 块方块脱开时为最不利情况。

基于篇幅限制，本文列举了前六种分析工况，每种工况对应的边界条件及荷载分布如图 4 所示。其中，作为胸墙设计控制性荷载的起重机轮压的最不利作用位置根据按移动荷载计算得到的胸墙内力包络图确定。

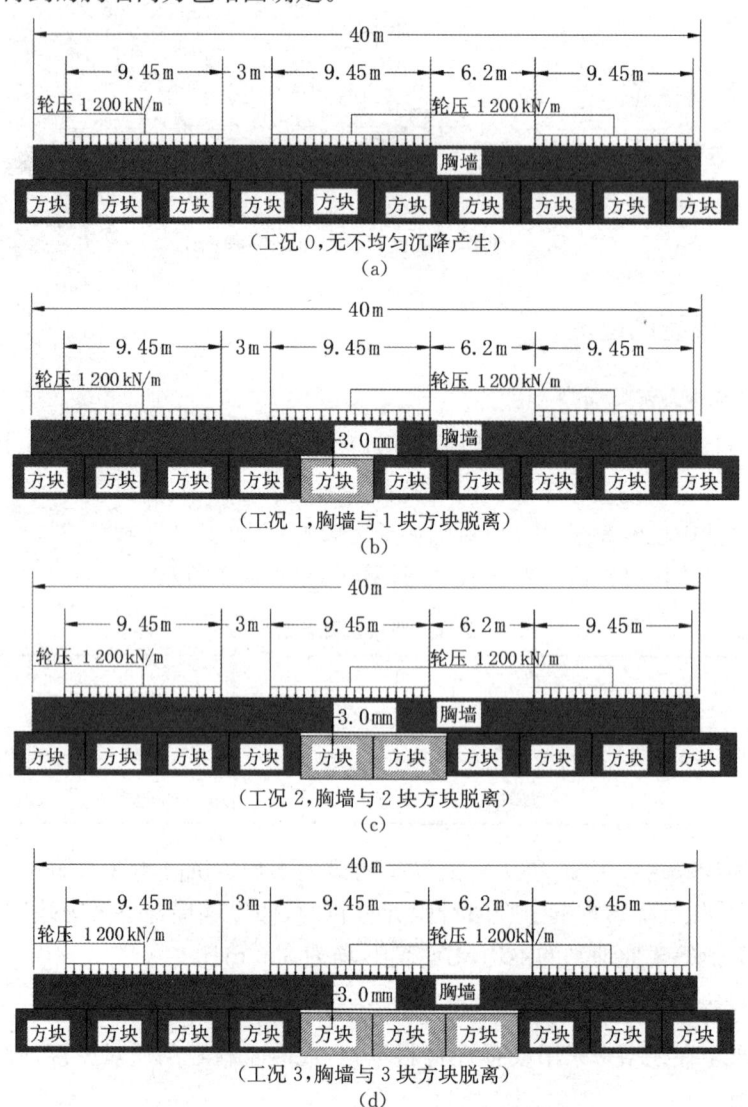

（工况 0，无不均匀沉降产生）
(a)

（工况 1，胸墙与 1 块方块脱离）
(b)

（工况 2，胸墙与 2 块方块脱离）
(c)

（工况 3，胸墙与 3 块方块脱离）
(d)

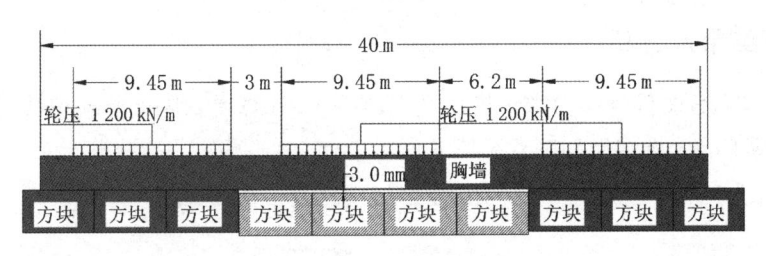

（工况 4，胸墙与 4 块方块脱离）
(e)

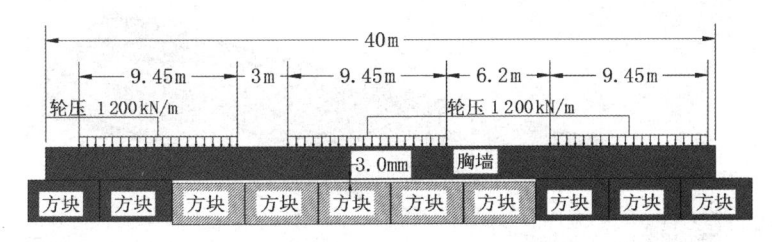

（工况 5，胸墙与 5 块方块脱离）
(f)

图 4　荷载工况示意图

4.2.4　有限元分析模型

根据本文第 3 节的方法与假定，模型采用三维实体单元 SOLID65 模拟胸墙和混凝土方块结构，采用三维接触单元 CONTA174 和 TARGE170 模拟胸墙与下层方块的相互作用，采用只受压杆单元 LIN10 模拟码头抛石基床，基床系数 K 取 5×10^4 kN/m³，得到有限元分析模型如图 5 所示。

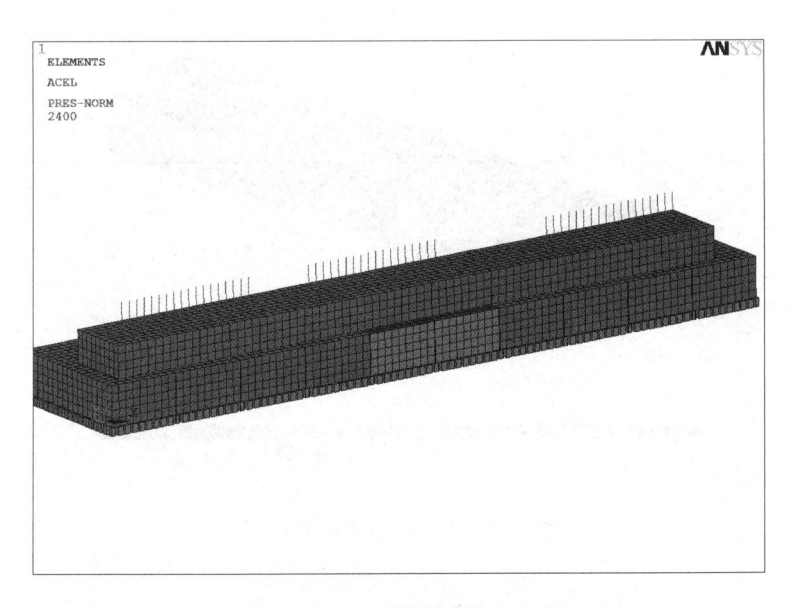

图 5　有限元分析模型（工况 2）

4.3 计算结果及分析

通过 ANSYS 软件的静力求解模块及接触分析,计算得到胸墙竖向位移、拉应力及剪应力等,典型工况分析结果如图 6 至图 8 所示。

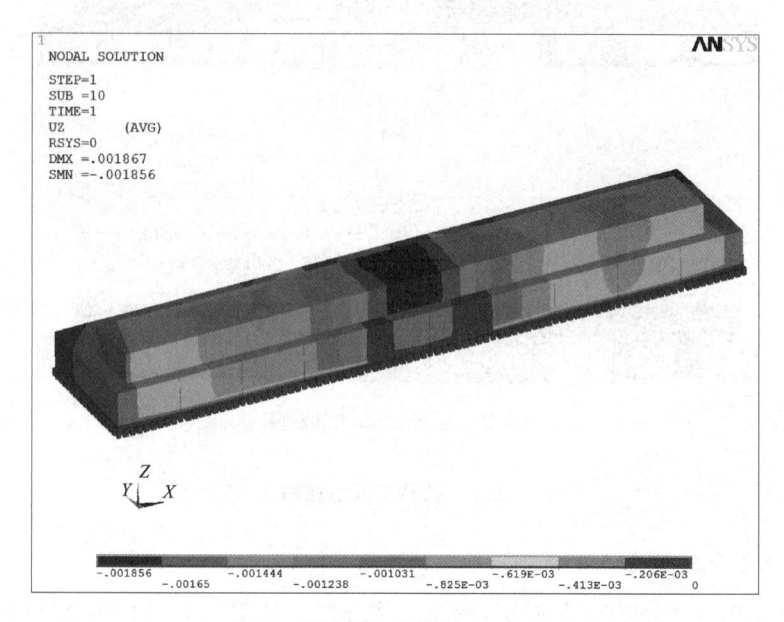

图 6　胸墙竖向位移(工况 2,m)

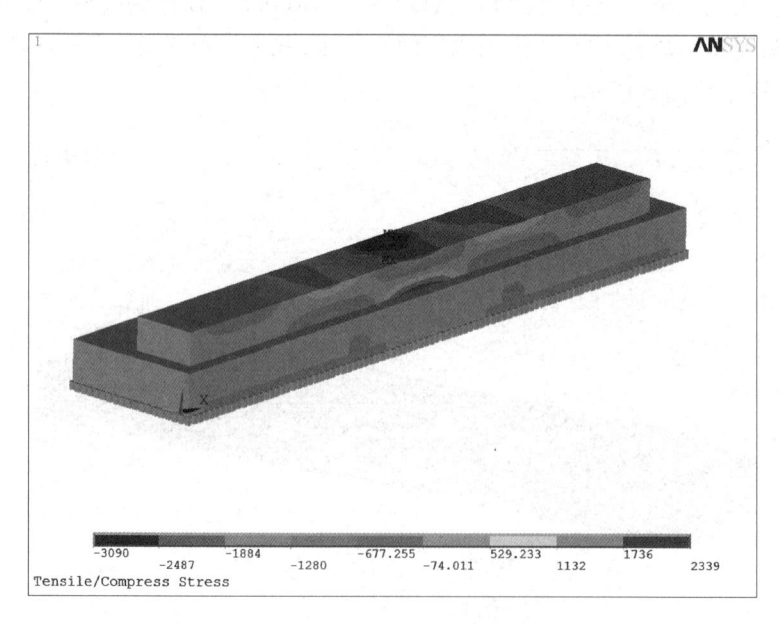

图 7　胸墙拉应力(工况 2,kPa)

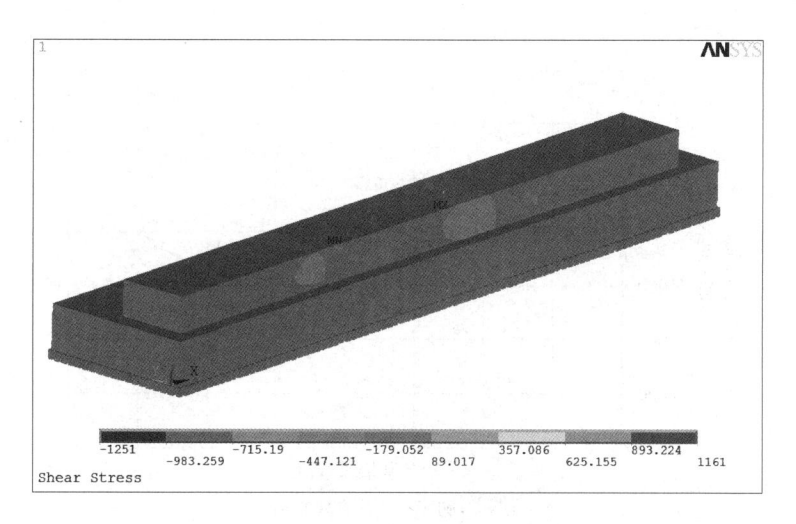

图 8　胸墙剪应力(工况 2,kPa)

通过 ANSYS 的二次开发功能,对胸墙不同位置截面处的实体单元应力进行积分或求和,得到沿胸墙长度方向的剪力和弯矩分布如图 9 所示。

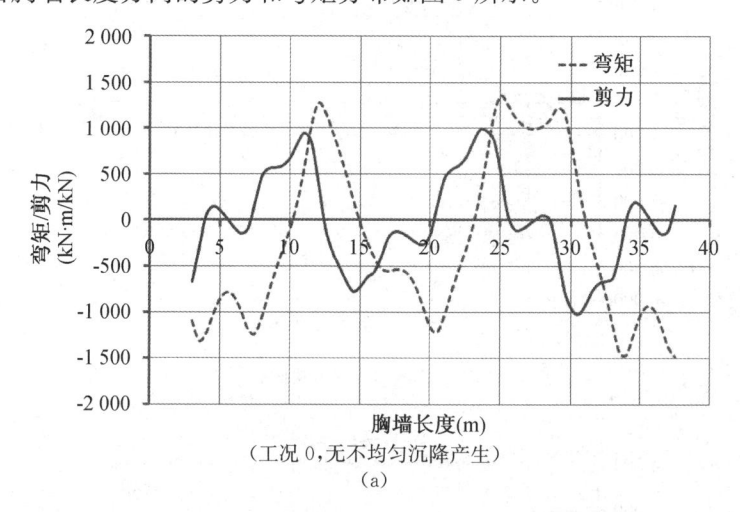

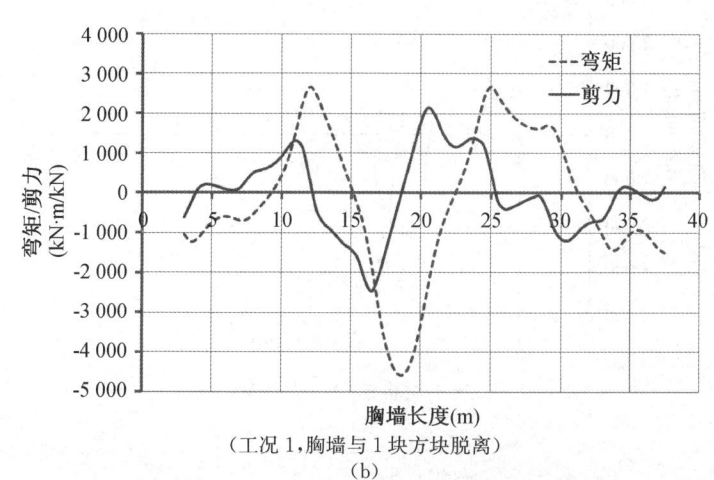

(工况 0,无不均匀沉降产生)
(a)

(工况 1,胸墙与 1 块方块脱离)
(b)

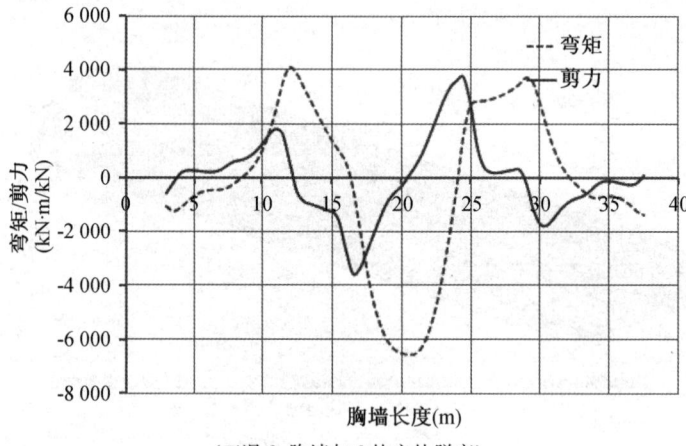

（工况 2，胸墙与 2 块方块脱离）
(c)

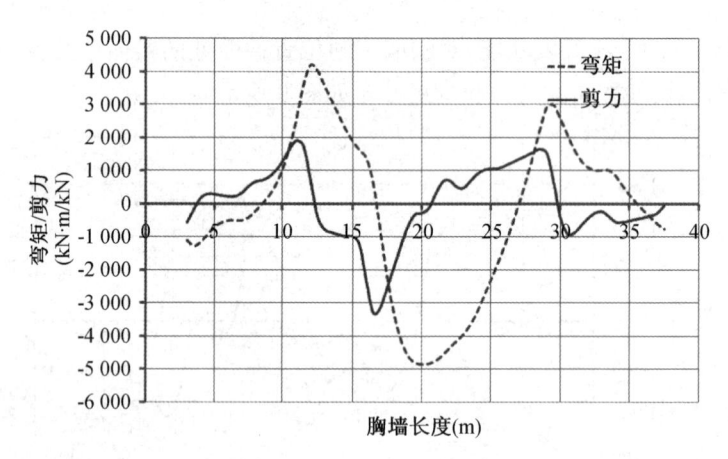

（工况 3，胸墙与 3 块方块脱离）
(d)

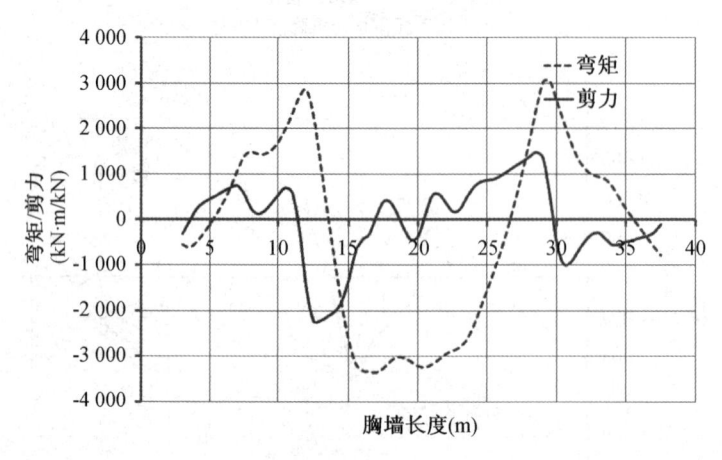

（工况 4，胸墙与 4 块方块脱离）
(e)

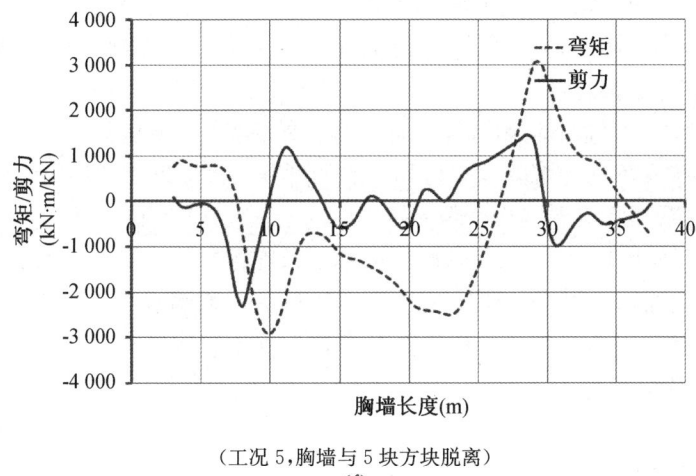

(工况 5,胸墙与 5 块方块脱离)
(f)

图 9　胸墙弯矩剪力图

不同工况下胸墙最大弯矩和最大剪力分布如图 10 所示。

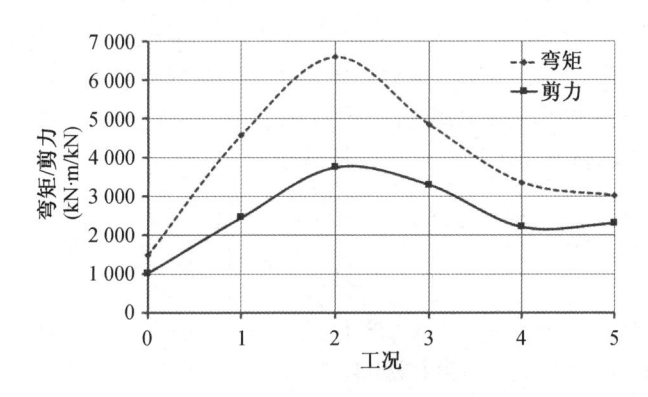

图 10　胸墙最大弯矩和最大剪力分布图

根据分析结果可知,在不均匀沉降影响下,原先完全支撑在下层方块上的现浇混凝土胸墙变为部分支撑的简支梁结构。在结构自重及集装箱装卸桥轮压作用下,胸墙内力显著增加,最大弯矩由 1 488 kN·m(工况 0)增加到 6 587 kN·m(工况 2),最大剪力由 1 024 kN(工况 0)增加到 3 742 kN(工况 2)。

随着下层方块脱开数量的增加(工况 0 至工况 2),胸墙弯矩、剪力及竖向变形也随之增加。当胸墙竖向变形大于不均匀沉降产生的间隙(3 mm)时,胸墙与脱开的下层方块再次接触。在再次接触的下层方块的支撑作用下,胸墙约束条件得到改善。因此,随着下层脱开方块数量的增加(工况 3 至工况 5),胸墙弯矩和剪力反而减小。

4.4　减小不均匀沉降影响的措施

根据以上分析结果可知,不均匀沉降影响后,在胸墙自重及起重机轮压作用下,方块码头胸墙内力将显著增加。且当不均匀沉降值越大时,胸墙需要越大的竖向变形来与原先脱开的下层方块再次接触,从而改善胸墙的支撑条件。而胸墙越大的竖向变形将对应越大的弯矩和剪力。因此,为降低不均匀沉降对码头胸墙的影响,该项目有针对性地采取了以下设计和施工措施:

(1) 在设计之初考虑不均匀沉降对码头胸墙的影响,根据增大后的胸墙内力进行配筋计算,确保码头在不均匀沉降发生后胸墙的强度和裂缝宽度仍能满足设计要求。

(2) 采取一系列施工措施减小码头使用期的不均匀沉降值。具体为:① 严格控制抛石基床厚度偏差不大于 0.5 m;② 基床顶面整平精度控制在±20 mm 以内;③ 加强方块顶部施工期沉降监测,待 24 h 沉降值<2 mm 后再进行胸墙混凝土浇筑;④ 针对地质交差区域,采用与使用期荷载等效的预压荷载对码头方块墙体进行预压,待 24 h 沉降值<2 mm 后再进行胸墙混凝土浇筑。

5　结语

不均匀沉降是方块码头普遍存在的问题。当发生沿码头长度方向的不均匀沉降时,胸墙将与下层方块之间产生间隙而改变原有的支撑条件。通过有限元计算软件 ANSYS 对这种被影响后的胸墙的内力进行数值分析,结果表明:(1)方块码头胸墙因不均匀沉降而导致的原有支撑条件的改变,在使用期荷载作用下,胸墙内力将显著增加。(2)胸墙内力随下层方块脱开数量的增加先增大后减小,内力峰值因不均匀沉降值的增加而增大。因此,除了根据增大后的内力对胸墙进行设计外,还应在码头结构建设过程中通过采取一些施工措施来减小码头使用期的不均匀沉降值。

参考文献

[1] 中华人民共和国交通运输部. 重力式码头设计与施工规范:JTS167—2—2009[S]. 北京,2009.

[2] 李广信. 高等土力学[M]. 北京:清华大学出版社,2004.

[3] Port Works Design Manual Part 3: Guide to Design of Reclamation[R]. Hong Kong:Civil Engineer Department,2002:45.

[4] 李金. 重力式码头不均匀沉降原因分析及预防措施[J]. 水路运输,2017(1):103.

[5] 李宏升,张刚. 重力式码头过大位移和不均匀沉降质量通病防治[J]. 海岸工程,2009(3):50.

石料质量综合评估法在海外防波堤工程中的应用

丁建军[1,2],卢生军[1,2],李少斌[1,2]

(1. 中国港湾西部非洲区域公司,科特迪瓦阿比让 06BP6687;
2. 中交第四航务工程勘察设计院有限公司,广东广州 510230)

摘 要:针对海外防波堤工程中经常遇到的石料质量不能满足技术规格要求的问题,对国外规范和文献中关于石料质量评估方法的研究成果进行分析。通过将石料质量综合评估法应用于海外某实际工程中,并结合一些设计和施工措施,很好地解决了该工程的石料来源问题。

关键词:防波堤;石料质量;综合评估法

天然石料作为传统建材,具有来源广泛、易于开采、价格低廉、强度和耐久性高等诸多优点,已被广泛用于防波堤的堤心、垫层及护面等结构。为满足石料在设计使用年限内的耐久性要求,根据其在防波堤结构中所发挥的作用及使用期其所处的环境特点,国内外相关规范均对与石料耐久性有关的一些质量指标提出了相应的要求。如,现行 JTS 154—1—2011《防波堤设计与施工规范》[1]中,对石料的形状、风化程度、裂纹及单轴抗压强度等提出了具体的要求。

与国内规范相比,国外 BS6349[2]、Rock Manual[3]等规范对防波堤石料质量的要求更为系统和严格,其要求的质量指标也更多。因此,在国外防波堤工程的建设过程中,比如莫桑比克 Pemba 石油服务基地一期工程、巴布亚新几内亚莱城港集装箱码头工程、喀麦隆 Kribi 深水港工程、加纳特码新集装箱码头工程等,经常会遇到石料的个别质量指标无法满足技术规格要求的问题。

以往,由于缺乏对国外相关规范及文献中有关石料质量评估方法的系统研究,当石料的个别质量指标不能满足该项目技术规格要求时,通常的做法要么是选择其他更远的能满足要求的石场为该工程提供石料,要么考虑采用人工材料来替代天然石料,比如将护面块石改为混凝土护面块体,而这两种做法对工程的建设成本和工期的影响都是巨大的。

因此,通过对国外规范和文献中有关石料质量的综合评估方法进行研究,找出解决上述问题的第 3 种方法,不仅可以发挥巨大的经济效益,而且对类似工程具有重要的参考价值。

1 影响石料耐久性的质量指标

在对石料的质量进行综合评估时,需要首先确定一系列可能影响质量的指标。通常,试图改变石料质量的整个过程可划分为 3 个阶段,即石料被开采前、开采和施工、使用期。在不同阶段,可能影响石料质量的因素各不相同。比如,开采前石料所处的地质条件是决定其质量的关键因素;而在石料的开采和施工过程中,石料的质量将会受开采及施工工艺影响;在使用期,由于环境荷载的作用,石料本身的物理化学特性则是决定石料质量的关键因素。不同阶段影响石料质量的指标如表1所示。

表1 影响石料质量的主要指标

开采前	开采和施工	使用期	
岩石类别	开采方法	声波波速	吸水率
应力状态	存储时间	点荷载试验强度	孔隙率
风化程度	石料质量	耐冲击	硫酸镁安定性
连续性	块石完整性	洛杉矶试验磨蚀率	耐冻融
地下水条件		密度	耐干湿

2 质量指标等级的确定

对石料质量进行综合评估时,除了需要首先确定一系列质量指标,还要对这些指标的等级进行划分。国外规范 Rock Manual[3]将质量指标划分为"极好""好""一般"及"差"4个等级,并给出区分每个质量指标等级的界限。其中,每一质量等级所代表的具体含义如下:

(1)极好:在设计使用年限内,石料质量不存在任何退化的风险。

(2)好:正常情况下,石料质量在设计使用年限内不会发生重大的退化;但在某些特殊情况下,它可能会显示质量逐渐退化的迹象。

(3)一般:通常石料质量在设计使用年限内可能发生显著的退化。

(4)差:石料尽可能不应用于可导致其快速降解的暴露环境下。

针对防波堤护面块石,通常建议岩石质量指标等级不低于"好";针对垫层块石,通常建议其质量指标等级不低于"一般";针对堤心石,质量指标等级可适当降低,但当质量指标等级为"差"时,须评估使用期堤心石料质量退化对防波堤沉降、倒滤及边坡稳定的影响。

3 石料质量的综合评估法

以往,工程师们通常通过将石料的现场和试验室数据与该工程对石料质量指标的技术规格要求进行对比来判断该石料的质量是否满足要求。然而,当多个石场的石料质量满足技术规格要求或者石料的质量指标不能完全满足技术规格要求时,工程师们往往很难判断哪个石场的石料质量更好或者不能完全满足技术规格要求的石料是否能够继续使用。为此,Lienhart(1998)[4]通过分析石料质量指标的意义,以及质量指标间的相关性及相互作用,得到了能够定量评价石料质量的综合评估法(表2)。该综合评估法的基本原理及使用方法如下:

(1)确定可能影响石料质量的主要指标,如表2第(a)列所示。

(2)通过现场调查及室内试验等获得第(a)列质量指标对应的数据值。

(3)根据质量等级界限和该指标的数据值,确定该质量指标的质量等级,并将质量等级对应的分数"4""3""2""1"填入表2第(b)列。

(4) 计算第(b)列分数的均值,并填入第(c)列。

(5) 通过分析质量指标间的相关性及相互作用,确定每个质量指标影响石料质量的相对重要性指数[5](表 2)。

(6) 计算每个质量指标的相对重要性指数与相对重要性指数均值的比值,并填入第(e)列。

(7) 计算每个质量指标的权重值,并填入第(f)列。

(8) 通过加权平均得到一个综合的质量指标值。

最后,根据计算得到的综合质量指标值来判断石料的质量。

表 2 石料质量综合评估法

(a) 质量指标	(b) 质量等级 极好(=4)	好(=3)	一般(=2)	差(=1)	(c) 分值	(d) 相对重要性指数	(e) 指数 ($=d/d_{平均}$)	(f) 权重 ($=c \cdot e$)
岩石类别						11.31	0.74	
应力状态						14.14	0.93	
风化程度						14.14	0.93	
连续性						18.38	1.20	
地下水条件						14.14	0.93	
开采方法						15.56	1.02	
存储时间						15.56	1.02	
石料质量						13.43	0.88	
块石完整性						15.56	1.02	
岩相评估						18.38	1.20	
声波波速								
点荷载试验强度						16.97	1.11	
耐冲击								
洛杉矶试验磨蚀率								
重度								
吸水率						15.56	1.02	
孔隙率								
硫酸镁安定性								
耐冻融						15.56	1.02	
耐干湿								
						均值= 15.28	总权重 $\sum(f)/13=$	

考虑到在进行石料质量综合评估时,有时很难获得表2中所列的所有20个质量指标,尤其是与地质条件及开采施工工艺相关的质量指标。因此,Lienhart(2003)[6]在表2的基础上,对此综合评估法进行了修正,提出一个完全基于室内试验数据的石料质量综合评估方法(表3)。

表3 修正的石料质量综合评估法

(a)质量指标	(b)质量等级 极好(=4)	好(=3)	一般(=2)	差(=1)	(c)分值	(d)相对重要性指数	(e)指数($=d/d_{平均}$)	(f)权重($=c \cdot e$)
岩相评估					95	1.12		
重度								
吸水率					80	0.95		
孔隙率								
无侧限抗压强度								
锤击试验					88	1.04		
声波波速								
点荷载试验强度								
洛杉矶试验磨蚀率					88	1.04		
耐久性指数								
巴西抗拉强度					85	1.01		
断裂韧度								
硫酸镁安定性								
耐冻融					80	0.95		
耐干湿								
耐久性吸收率								
					均值=84.5		总权重 $\sum(f)/6=$	

4 石料质量综合评估法的基本流程

石料质量综合评估法的基本流程见图1。

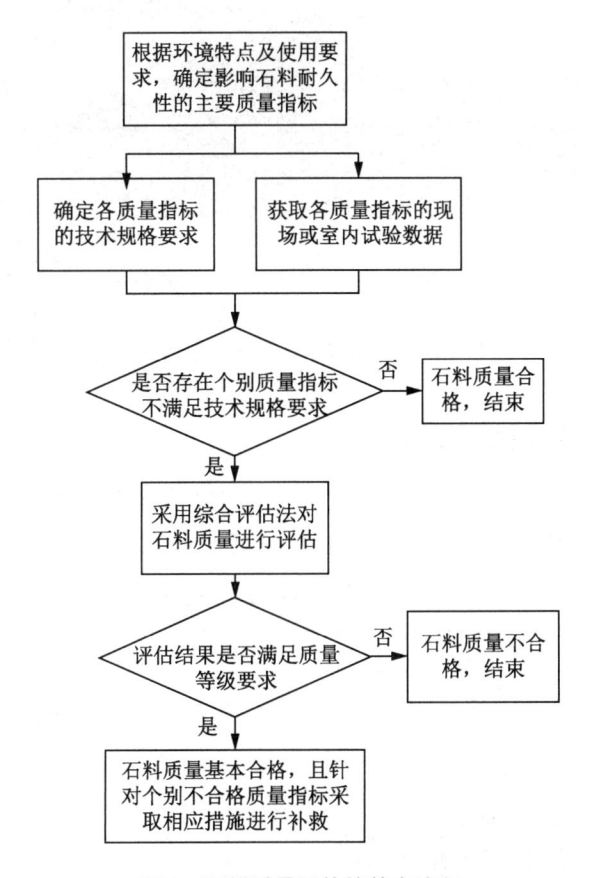

图1 石料质量评估的基本流程

从图1可以看出,该评估方法与以往最大的区别在于,当石料个别质量指标不满足技术规格要求时,并不能直接判断该石料质量不满足要求,而是可以通过采用综合评估法对石料质量进行更全面更合理的评估,并同时通过考虑一些设计施工措施使得质量基本合格的石料仍能被继续使用。

5 工程案例分析

5.1 工程概况

以加纳某新建防波堤工程为例,防波堤设计使用年限为100年,最大设计波高 $H_{1/3}$ 为3.5 m。防波堤总长3 558 m,结构形式为抛石斜坡堤。防波堤堤心采用1～1 000 kg 块石,垫层采用300～500 kg 块石,海侧护面采用2 m³ ACCROPODE™ Ⅱ 混凝土块体,防波堤典型断面如图2所示。

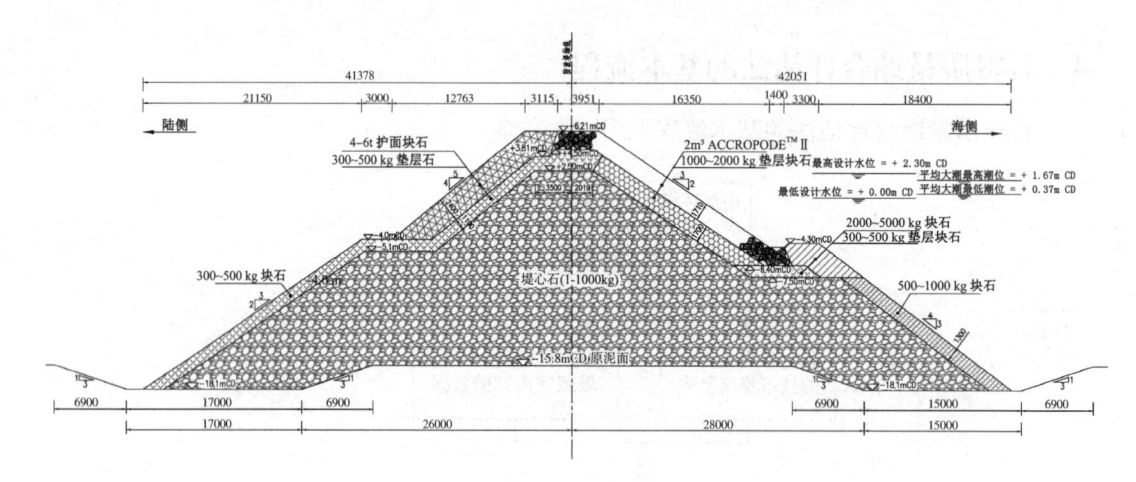

图 2　防波堤典型断面(高程:m; 尺寸:mm)

5.2　石料质量要求及检测结果

在综合考虑该防波堤结构的环境条件、使用年限及功能等因素后，业主在合同规格书文件中对石料的质量指标做出了具体的规定(见表4)。

表 4　石料质量技术规格要求

物理化学指标	要求
吸水饱和后表观密度(t·m^{-3})	≥2.65
吸水率(%)	≤2
平均抗压强度(N·mm^{-2})	≥60
洛杉矶试验磨蚀率(%)	≤25
抗硫酸盐结晶镁安定性(%)	≤10

而拟为该工程提供石料来源的石场的石料质量指标检测结果如表5所示。

表 5　石场石料质量指标检测结果

物理化学指标	结果
吸水饱和后表观密度(t·m^{-3})	2.85
吸水率(%)	0.25
平均抗压强度(N·mm^{-2})	97
洛杉矶试验磨蚀率(%)	34
抗硫酸盐结晶镁安定性(%)	5.33

通过对比可知，该石场石料的洛杉矶试验磨蚀率为34%，远大于业主在技术规格书中要求的≤25%，该石场石料存在个别指标不能满足技术规格要求的问题。

5.3　石场质量的综合评估

鉴于该石场存在个别质量指标不满足技术规格要求，考虑采用综合评估法，对该石场石料的质量进行评估,结果如表6所示。

表6 石场石料质量综合评估结果

(a)质量指标	(b)质量等级 极好(=4)	(b)质量等级 好(=3)	(b)质量等级 一般(=2)	(b)质量等级 差(=1)	(c)分值	(d)相对重要性指数	(e)指数(=d/d平均)	(f)权重(=c·e)
岩相评估	4	4			4	95	1.10	4.40
重度		3						
吸水率	4				3.5	80	0.93	3.26
无侧限抗压强度		3						
					3	88	1.02	3.06
声波波速								
点荷载试验强度								
洛杉矶试验磨蚀率			1		1	88	1.02	1.02
耐久性指数								
硫酸镁安定性	4							
耐冻融					4	80	0.93	3.72
耐干湿								
耐久性吸收率								
						均值=86.2	总权重 $\sum(f)/5=3.092$	

注:综合评估未考虑石料抗断裂强度质量指标的影响。

根据综合评估法计算结果,该石场石料质量的综合评估值为3.092,质量等级属于"好",因此,可以认为该石场的石料质量基本满足质量要求。

5.4 质量控制措施

(1) 加强该工程石料在开采及施工过程中的质量控制与检测。

(2) 采用MDE法[7]预测使用期单个块石的重量损失(见图3):根据预测结果,100年设计使用年限之后,因该防波堤石料实际磨蚀率导致的重量损失比技术规格要求中的磨蚀率导致的重量损失增加了7.7%(85.1%~77.4%)。

(3) 根据预测结果7.7%,在设计时通过将单个护面块石的质量增大1.1倍来弥补使用期因石料磨蚀率高而导致的质量损失。

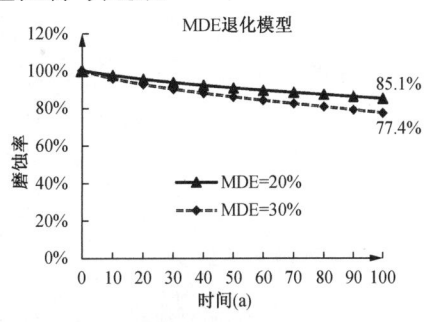

图3 块石重量损失计算结果

6 结论

(1) 石料的质量指标间存在相关性,采用传统的单指标法确定石料质量等级,不全面,也不合理。

(2) Lienhart 基于多个指标的石料质量综合评估法能够更全面、更合理地对石料的质量进行综合评估。当工程中石料个别质量不满足技术规格要求时,宜采用该综合评估法确定该石料的质量等级,并依此决定石料的使用。

(3) 在用综合评估法确定石料质量等级满足要求的前提下,对于重要性的防波堤,建议再针对个别不合格的质量指标可能导致的质量问题,采取必要的设计及施工措施。

参考文献

[1] 中华人民共和国交通运输部. 防波堤设计与施工规范:JTS 154—1—2011[S]. 北京:人民交通出版社股份有限公司,2011.

[2] The British Standards Institution. Maritime works-part 1—4:genera-lcode of practice for materials:BS6349—1—4:2013[S]. British:BSI Standards Publication,2013.

[3] Cur,Ciria,Cetmef. The rock manual. The use of rock in hydraulic engineering (2nd edition)[S]. London:C683,CIRIA,2007.

[4] Lienhart D A. Rock engineering rating system for assessing the suitability of armourstone sources [C]// Latham J P. Advances in aggregates and armor stone sources. London:Geology Special Publication,1998(13):91-106.

[5] Hubson J A. Rock mechanics principles in engineering practice [J]. Construction industry research and information association,1989(25):72-85.

[6] Lienhart D A. A systems approach to evaluation of riprap and armour stone sources [J]. Env & Eng Geoscience,2003,9(2):131-149.

[7] Lstham JP. Degradation model for rock armour in coastal engineering [J]. Q J Engg Geol,2001,24(1):101-118.

国外大预制沉箱吊装施工的吊耳设计

李少斌[1,2],许建武[1,2],丁建军[1,2]

(1. 中国港湾西部非洲区域公司,科特迪瓦阿比让 06BP6687;
2. 中交第四航务工程勘察设计院有限公司,广东广州 510230)

摘 要:本文针对国外大型预制沉箱吊装施工的吊耳设计问题,结合工程案例进行了吊耳本体强度和局部混凝土强度验算,并提出了大型预制沉箱吊运的技术要求。基于欧美规范对加纳某工程的沉箱吊耳本体和局部混凝土的受压强度、抗崩裂强度、抗拔出强度、抗侧面爆裂强度和抗剪撬强度进行验算,结果表明吊耳本体强度和局部混凝土强度验算的结果均满足要求。沉箱壁板作为薄壁结构,吊耳局部混凝土强度应是设计的关键问题,且在吊装施工过程中应采取必要的措施来保证吊耳受力合理。

关键词:吊耳;沉箱;混凝土;欧美规范

与普通的浮运拖带法相比,半潜驳干运法运输效率高,抗风、浪、流等的作用能力强,因此,国外项目中通常采用该法对预制沉箱进行较长距离的水上运输。随着沉箱结构的大型化,采用半潜驳运输时所要求的下潜区水深也越来越深。当下潜区已有水深不足而在下潜区进行浚深作业又比较困难时,可考虑采用起重船进行助浮。

目前,当利用起重船助浮对沉箱进行吊装施工时,大多采用在沉箱壁板预留吊孔并在吊装之前采用人工穿销的施工工艺,而人工穿销施工效率低、成本高和安全风险巨大,因此采用人工穿销工艺在国外工程中更是难以适用。

为简化施工,避免潜水员深潜作业,可考虑在沉箱顶部预埋吊耳的形式对沉箱进行吊装施工。然而,吊耳工艺目前通常被应用于化学设备的吊装,吊重一般小于 20 t[1],且关于吊耳的设计也主要集中于吊耳本体强度的复核。对于吊耳在大型预制混凝土沉箱吊装中应用目前是几乎没有经验的,这主要是因为吊耳与沉箱结构间的锚固受力机理十分复杂,而沉箱又作为薄壁混凝土结构,如果吊耳设计得不合理,可能导致吊耳局部的沉箱混凝土破坏而造成不安全因素。

本文针对加纳某工程案例,对该工程中的大型沉箱的吊耳进行专门设计,现采用该设计的吊耳已成功吊运安装该工程的全部 7 个大型沉箱。

1 概述

加纳某 LNG 码头工程包含 2 个靠船墩和 5 个系缆墩,墩台采用重力式沉箱结构。其中,靠船墩沉箱长 19.41 m,宽 11.62 m,高 21.2 m,单个沉箱重 1 851 t;系缆墩沉箱长 14.85 m,宽 10.62 m,高 18.7 m,单个沉箱重 1 430 t。本工程沉箱预制场距离安装位置直线距离近 5 km,且平日该工程海域存在 1~2 m 的涌浪,故考虑采用半潜驳进行沉箱的远距离水上运输。半潜驳下潜区位于现有码头主航道附近,天然水深约−13.0 m CD,不能满足半潜驳下潜的水深要求,且下潜区地质为强风化片麻岩,如浚深则需炸礁,而炸礁不仅工期长费用高,且不利于主航道上船舶航行安全,故考虑采用起重船助浮。根据沉箱起重助浮计算,并考虑一定的富裕,系、靠船墩沉箱助浮的吊力需要300 t。结合现场条件,最终选用八点吊方案,在沉箱顶部预埋吊耳,起吊时采用吊架或撑杆等吊具垂直起吊,吊耳板布置和细部结构如图1至图3所示。吊耳主体采用一层50 mm厚,360 mm宽的钢板焊拼而成,顶部离边85 mm处开Φ90 mm的吊孔,在吊孔两侧焊装一钢板加强吊孔,吊环吊孔处总厚90 mm。底部焊装一长600 mm,宽100 mm,厚度50 mm的钢板作为锚固。

每个的吊耳起吊力设计值,即最大垂直拉力$F = 300 \times 9.81 \times 1.1 \times 1.1 \times 1.4/8 = 623.2$ kN;不均匀系数根据现场施工工艺取1.1,动荷载系数根据欧标BS EN1991—3[2],吊运级别为HC_2,控制吊运速度不超过0.1 m/s,根据计算动荷载系数取1.1,荷载作用系数根据美标ACI 318—2011取1.4。吊绳沿沉箱长边方向与垂直方向最大夹角为20°(两侧吊耳处),因此吊耳最大剪力为$F_h = F\tan20° = 226.8$ kN。

图1 系缆墩沉箱结构图(尺寸:mm)

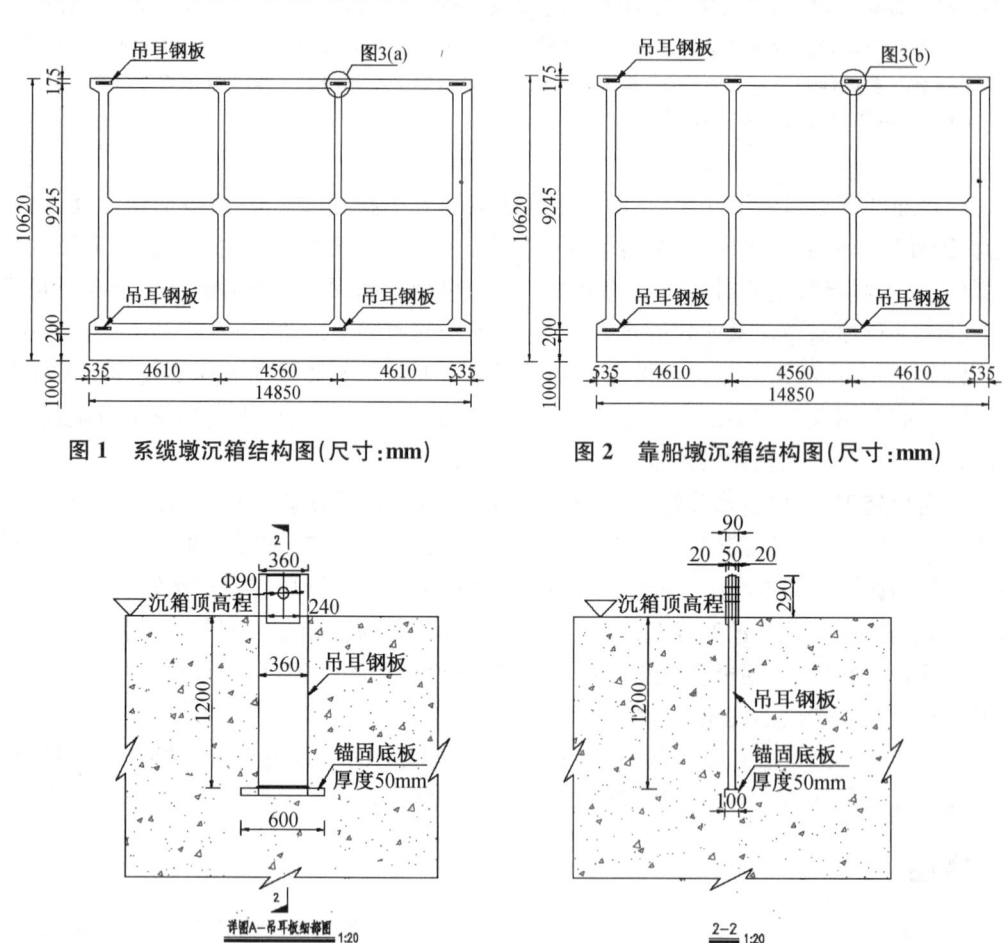

图2 靠船墩沉箱结构图(尺寸:mm)

图3 吊耳钢板结构图(尺寸:mm)

2 吊耳钢材强度验算

吊耳钢材强度验算内容包括:受拉强度验算、受剪强度验算、拉剪强度验算、吊耳孔承载力验算和锚固底板强度验算。吊耳孔承载力验算和锚固底板强度验算可参考相关文献[3][4]进行计算,不在此详述。受拉强度验算、受剪强度验算和拉剪强度验算则参考美标混凝土协会规范 ACI318—2011,将吊耳当作预埋锚栓进行验算。

2.1 受拉吊耳的钢材强度验算

根据美标 ACI318—2011 规定,吊耳钢材抗拉强度需满足以下条件:

$$F < \varphi N_{sa} \tag{1}$$

式中:φ 为强度折减系数,对于受拉元件取 0.80;N_{sa} 为钢材标称强度,其标称强度 N_{sa} 应不超过

$$N_{sa} = A_{se,N} f_{uta}/1000 \tag{2}$$

式中:$A_{se,N}$ 为受剪吊耳有效横截面积(mm^2),孔洞考虑两侧钢板加强后仍取 $50 \times 360 = 18\,000\ mm^2$;$f_{uta}$ 为钢材抗拉强度设计值(MPa),吊耳钢材材质为国标 Q355,设计抗拉强度为 288 MPa。

根据式(1)和式(2)计算可得,$\varphi N_{sa} = 4\,147\ kN > F = 623.2\ kN$,即吊耳钢材的抗拉强度满足要求。

2.2 受剪吊耳的钢材强度验算

根据美标 ACI318—2011 规定,吊耳钢材抗剪强度需满足以下条件:

$$F_h < \varphi V_{sa} \tag{3}$$

式中:φ 为强度折减系数,对于受剪元件取 0.75;V_{sa} 为钢材标称强度,对于预埋的带端头的螺栓,其标称强度 V_{sa} 应不超过

$$V_{sa} = 0.6 A_{se,v} f_{uta}/1\,000 \tag{4}$$

式中:$A_{se,v}$ 为受剪吊耳的有效横截面积(mm^2),取 $50 \times 360 = 18\,000\ mm^2$;$f_{uta}$ 为钢材抗拉强度设计值(MPa),吊耳钢材材质为国标 Q355,设计抗剪强度为 166 MPa。

根据式(3)和式(4)计算,$\varphi V_{sa} = 2\,241\ kN > F_h = 226.8\ kN$,即吊耳钢材的抗剪强度满足要求。

2.3 受拉剪吊耳的钢材强度验算

根据美标 ACI318—2011 规定,同时承担剪力和拉力的吊耳应满足以下要求:
(1) 若起控制作用的受剪强度 $V_{ua}/\varphi V_{sa} \leqslant 0.2$,则 $\varphi N_{sa} \geqslant N_{ua}$。
(2) 若起控制作用的受拉强度 $N_{ua}/\varphi N_{sa} \leqslant 0.2$,则 $\varphi V_{sa} \geqslant V_{ua}$。
(3) 若起控制作用的受剪强度 $V_{ua}/(\varphi V_{sa}) > 0.2$ 及起控制作用的受拉强度 $N_{ua}/\varphi N_{sa} > 0.2$,则

$$\frac{N_{ua}}{\varphi N_{sa}} + \frac{V_{ua}}{\varphi V_{sa}} \leqslant 1.2 \tag{5}$$

式中：V_{ua} 为作用于吊耳剪力设计值(kN)，为 $V_{ua}=F_h=226.8$ kN；N_{ua} 为作用于吊耳拉力设计值(kN)，为 $N_{ua}=F=623.2$ kN。由此可得 $V_{ua}/\varphi V_{sa}=0.10$；$N_{ua}/\varphi N_{sa}=0.13$，均满足要求，即吊耳钢材的拉剪强度满足要求。

3 吊耳局部混凝土强度验算

吊耳处混凝土强度验算内容包括：锚固底板处混凝土局部受压强度验算；受拉吊耳混凝土抗崩裂强度验算；受拉吊耳抗拔出强度验算；受拉吊耳混凝土抗侧面爆裂强度验算和受剪吊耳的混凝土抗剪撬强度验算。其中锚固底板处混凝土局部受压强度依据欧标 BSEN 1992—1—1[5] 进行验算，其他强度验算则参考美标混凝土协会规范 ACI 318—2011[6]，将吊耳当作预埋锚栓进行验算。

3.1 锚固底板处混凝土局部受压强度验算

锚固底板处混凝土局部抗压强度需满足以下要求，按素混凝土考虑：

$$F < F_p \tag{6}$$

式中：F_p 为混凝土局部抗压承载力(kN)，根据欧标 BS EN 1992—1—1 计算如下：

$$\begin{aligned}F_p &= A_{c_0} \cdot f_{cd} \cdot \sqrt{A_{c_1}/A_{c_0}}/1\,000 \\ &\leqslant 3.0 \cdot f_{cd} \cdot A_{c_0}/1\,000\end{aligned} \tag{7}$$

$$f_{cd} = \frac{\alpha_{cc} f_{ck}}{\gamma_c} \tag{8}$$

式中：A_{c_0} 为荷载作用面积(mm^2)，A_{c_1} 为荷载作用分布面积(mm^2)，见图 4，由于沉箱属于薄壁结构，荷载扩散面积有限，偏安全考虑取 $A_{c_1}=A_{c_0}$；f_{ck} 为混凝土圆柱体抗压强度特征值，取 35 MPa。f_{cd} 为混凝土设计抗压强度(MPa)。α_{cc} 为考虑了抗压强度长期效应及加载方式不利影响的系数，根据 BS EN 1992—1—1 取 1.0；γ_c 为混凝土强度分项系数，根据 BS EN 1992—1—1 取 1.5。

根据式(7)和式(8)计算 $F_p=980$ kN $>F=623.2$ kN，即锚固底板处混凝土局部受压强度满足要求。

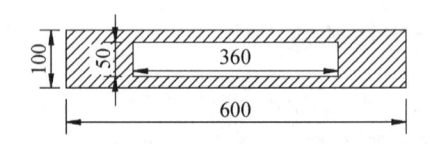

图 4 A_{c_0} 计算示意图(阴影部分)(尺寸:mm)

3.2 受拉吊耳混凝土抗崩裂强度验算

混凝土抗崩裂强度考虑了断裂力学的概念，假定吊耳受拉时混凝土破坏锥体约 35° 倾斜面，见图 5。

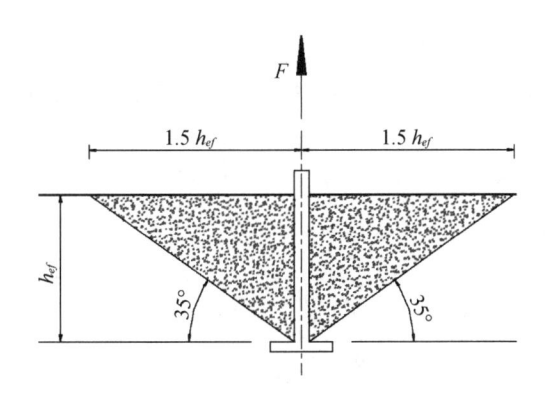

图5 受拉锚栓混凝土崩裂破坏示意图

根据美标ACI318—2011[6]计算,混凝土抗崩裂强度需满足以下条件:

$$F < \varphi N_{cb} \quad (9)$$

式中:φ为折减系数,根据ACI318—2011取0.85;N_{cb}为单个受拉吊耳的混凝土标称抗崩裂强度(kN)。

$$N_{cb} = \frac{A_{nc}}{A_{nc_0}} \psi_{ed,n} \psi_{c,n} \psi_{cp,n} N_b \quad (10)$$

式中:N_b为受拉单个吊耳基本混凝土破坏强度(kN);A_{nc}为单个吊耳的实际投影面积(mm²),见图6;A_{nc_0}为到构件边缘的距离等于或大于$1.5h_{ef}$的单吊耳混凝土破坏面积的投影,$A_{nc_0} = 9h_{ef}^2$;h_{ef}为锚固深度;$h_{ef} = 1\,200$ mm;$\psi_{ed,n}$为边缘效应修正系数,取0.77;$\psi_{c,n}$为吊耳栓施工修正系数,本项目为现浇取1.25;$\psi_{cp,n}$为辅助钢筋修正系数,取1.0。

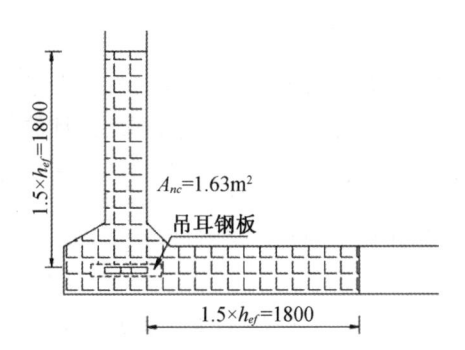

图6 受拉锚栓混凝土崩裂破坏投影面积示意(尺寸:mm;面积:m²)

在已开裂混凝土中,单个吊耳的混凝土基本抗崩裂强度N_b可由下式计算

$$N_b = k_c \lambda_a \sqrt{f_{ck}} h_{ef}^{1.5} / 1\,000 \quad (11)$$

式中:k_c为混凝土破坏强度修正系数,取10;λ_a为轻混凝土修正系数,取1.0;f_{ck}为混凝土圆柱体强度标准值(MPa),取35 MPa。

根据式(9)—(11)计算,$\varphi N_{cb} = 253$ kN $< F = 623.2$ kN,即吊耳的混凝土抗崩裂强度未考虑沉箱配筋时不能满足要求。考虑沉箱壁板配筋,根据ACI318—2011规定,

当在崩裂面的两侧均设置配筋时,标称强度可取为吊耳配筋的标称强度。需注意,有效的配筋(箍筋或拉筋等)满足在距离吊耳中心线 $0.5\ h_{ef}$ 范围内,见图 7。本文吊耳配筋为 17 根直径 16 mm 的 B500B 钢筋,钢筋设计抗拉强度为 435 MPa,因此 $\varphi N_{cb} = 0.85 \times 17 \times 16 \times 16 \times \pi \times 435/4/1000 = 1\ 263.2\ \text{kN} > F = 623.2\ \text{kN}$,即吊耳混凝土抗崩裂强度满足要求。

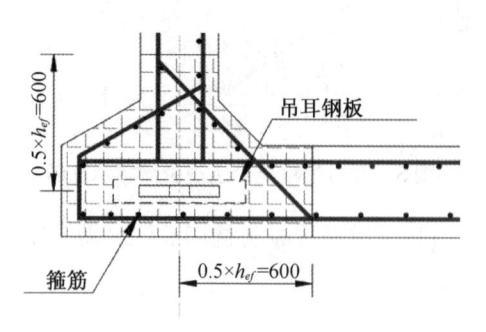

图 7 受拉锚栓混凝土崩裂破坏投影面积示意(尺寸:mm)

3.3 受拉吊耳的抗拔出强度验算

根据美标 ACI318—2011[6]计算,受拉吊耳混凝土拔出强度需满足以下条件:

$$F < \varphi N_{pn} \tag{12}$$

式中:φ 为折减系数,根据 ACI318—2011 取 0.85;N_{pn} 为单个受拉锚栓的标称抗拔出强度(kN),计算如下:

$$N_{pn} = \psi_{c,P} N_p \tag{13}$$

式中:$\psi_{c,P}$ 为调整系数,结构在水平荷载下不开裂,取 1.4,开裂则取 1.0,本文取 1.0;N_p 为未考虑吊耳靠近边缘影响的单个吊耳抗拔出强度(kN),计算如下:

$$N_p = 8 A_{\text{brg}} f_{ck}/1\ 000 \tag{14}$$

式中:A_{brg} 为吊耳的净受力面积(mm²),为 $50 \times 360 = 18\ 000\ \text{mm}^2$,$f_{ck}$ 为混凝土圆柱体强度标准值(MPa),取 35 MPa。

根据式(13)和式(14)计算,$\varphi N_{pn} = 4\ 284\ \text{kN} > F = 623.2\ \text{kN}$,即吊耳的抗拔出强度满足要求。由于该吊耳靠近边缘,因此需进一步验算受拉吊耳的混凝土抗侧面爆裂强度。

3.4 受拉吊耳的混凝土抗侧面爆裂强度

受拉吊耳混凝土自由边侧面爆裂破坏见图 8。

根据美标 ACI318—2011[6]计算,受拉混凝土抗侧面爆裂强度需满足以下条件:

$$F < \varphi N_{sb} \tag{15}$$

式中:φ 为折减系数,根据 ACI318—2011 取 0.85;N_{sb} 为其标称抗侧面爆裂强度(kN),

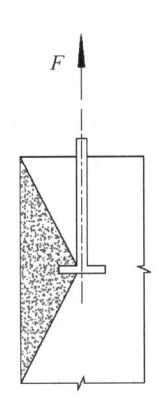

图 8　受拉吊耳混凝土自由边侧面爆裂破坏示意图

对于一个埋置长度较大且靠近边缘（$h_{ef} > 2.5c_{a_1}$）的单个底板的吊耳，计算如下：

$$N_{sb} = (13c_{a_1}\sqrt{A_{drg}})\lambda_a \sqrt{f_{ck}}/1000 \tag{16}$$

式中：c_{a_1} 距边缘较小距离(mm)，A_{drg} 为吊耳端头靠近爆裂破坏边缘一侧的面积(mm²)，如下图 9 所示，$\min(A_1,A_2) = 12\,000$ mm²，A_1 为吊耳长边方向靠近破坏边缘的面积，$600 \times (100-50)/2 = 15\,000$ mm²；A_2 为吊耳短边方向靠近破坏边缘的面积，$100 \times (600-360)/2 = 12\,000$ mm²，f_{ck} 为混凝土圆柱体强度标准值(MPa)，取 35 MPa。

若带端锚头锚栓的距离自由边较大距离 c_{a_2} 小于 $3c_{a_1}$，根据上式计算的 N_{sb} 的值应乘以系数 $(1 + c_{a_2}/c_{a_1})/4$，其中 $1.0 \leqslant c_{a_2}/c_{a_1} \leqslant 3.0$。如图 9 所示，$c_{a_2} = 235$ mm $< 3 \times 150 = 3c_{a_1}$，因此需乘以系数 $(1+235/150)/4 = 0.64$。

根据式(15)和式(16)计算，$\varphi N_{sb} = 1\,074$ kN $> F = 623.2$ kN，即吊耳的抗侧面爆裂强度满足要求。

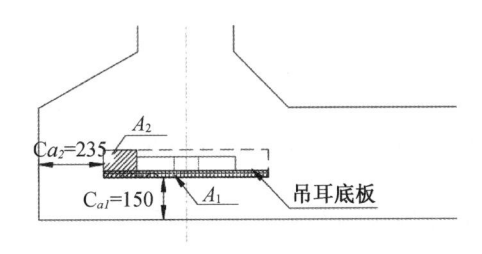

图 9　受拉吊耳混凝土侧面爆裂破坏平面图(尺寸:mm)

3.5　受剪吊耳的混凝土抗剪撬强度

根据美标 ACI318—2011[6] 计算，受剪吊耳混凝土剪撬强度需满足以下条件：

$$F_h < \varphi V_{cp} \tag{17}$$

式中：φ 为折减系数，根据 ACI318—2011 取 0.85；V_{cp} 为标称抗剪撬强度(kN)，计算如下：

$$V_{cp} = k_{cp}N_{cb} \tag{18}$$

式中：对于预埋型吊耳，N_{cb} 取式(10)计算得出的 N_{cb} 值，即 $N_{cb}=297.8$ kN；$k_{cp}=1.0$，当 $h_{ef}<63.5$ mm 时，$k_{cp}=2.0$，$h_{ef} \geqslant 63.5$ mm 时，$h_{ef}=1\,200$ mm>63.5 mm，取 2.0。

根据式(17)和式(18)计算，$\varphi V_{cp}=506$ kN$>F_h=226.8$ kN，即吊耳的抗剪撬强度满足要求。

4 吊运技术要求

为保证施工质量和安全，施工作业应满足以下主要技术要求[7]：

(1) 沉箱浮游稳定应满足规范要求；不满足时，应调整压舱水等措施。

(2) 起重机吊钩的吊点，应力求与吊重重心在同一条铅垂线上，使吊重处于稳定平衡状态，否则起吊前应做试吊试验，直到使吊重获得平衡为止，防止提升时产生倾斜。

(3) 为避免沉箱壁板在起吊过程中水平双向受力，应使用撑杆或吊架，撑杆或吊架上的吊具应对称地分布，且吊架与吊具承载点之间的垂直距离应相等，以保证吊架在承载和空载时保持平衡状态。

(4) 沉箱吊运安装作业应选择良好天气进行作业，起吊的最大速度不能超过 0.1m/s。

5 结论

(1) 大型沉箱通常采用预留吊孔并进行人工穿销的助浮吊装施工工艺，而采用顶部预埋吊耳的工艺能够简化施工工艺，避免深潜作业。

(2) 吊耳设计应首先对其本体钢材强度进行验算，再对吊耳与沉箱壁连接处的混凝土强度进行验算，本工程所有强度验算均满足要求。

(3) 吊运作业各方面应满足相关要求，以保证吊运稳定、施工的质量和安全。

参考文献

[1] 中华人民共和国工业和信息化部. 化工设备吊耳设计选用规范：HG/T21574—2018[S]. 北京：科学技术文献出版社，2018.

[2] Eurocode 1：Actions on structures - Part 3：Actions induced by cranes and machinery：BS EN 1991-3：2006[S]. British：Standards Policy and Strategy Committee，2006.

[3] 中华人民共和国交通运输部. 码头结构设计规范：JTS 167—2018[S]. 北京：人民交通出版社股份有限公司，2018.

[4] 田中南等. 浅析吊耳板在沉箱吊运中的设计及应用[J]. 水运工程，2014(14)：371-372.

[5] Eurocode 2：Design of concrete structures - Part 1-1 General rules and rules for buildings：BS EN 1992—1—1：2004[S]. British：Standards Policy and Strategy Committee，2004.

[6] Building Code Requirements for Structural Concrete：ACI 318-2011[S]. American：American Concrete Institute，2011.

[7] 杨文渊. 起重吊装常用数据手册[M]. 北京：人民交通出版社股份有限公司，2001.

加纳特码项目钢管桩选锤及停锤标准介绍

张志鹏[1,2], 李天翔[1,2], 李松樵[1,2]

(1. 中国港湾西部非洲区域公司,科特迪瓦阿比让 06BP6687;
2. 中交第四航务工程勘察设计院有限公司,广东广州 510230)

摘 要:加纳特码新集装箱码头后轨道梁基础采用钢管桩结构,设计桩端土层为强风化片麻岩。本文首先详细地介绍了本项目的工程地质特点和锤型选择过程,通过理论公式和试沉桩确定了以贯入度控制的停锤标准,进一步用高应变动力检测试验和静载荷试验进行复核并对 ENR 公式进行修正,为今后类似土层沉桩施工提供一定参考。

关键词:钢管桩;强分化片麻岩;选锤;贯入度;停锤标准;ENR 公式

1 引言

在钢管桩桩基施工过程中,沉桩锤型的选择和停锤标准的制定起着重要作用。锤型的选择和停锤标准的制定应根据地质、桩身结构强度、桩的承载力和锤的性能,并结合试沉桩情况确定。沉桩的停锤现行标准《港口工程桩基规范》[1]仅根据不同的地质情况给出了一般性的指导建议,而无可供实际参考的控制标准,因此有必要对沉桩的停锤标准进行研究。

本文介绍了加纳特码新建集装箱码头后轨道梁钢管桩基础沉桩的选锤及停锤标准,通过理论公式和试沉桩确定了以贯入度控制的停锤标准,进一步用高应变动力检测试验和静载荷试验进行复核并对 ENR 公式进行修正,实际应用效果良好,可供类似工程参考。

2 工程概况

加纳特码新集装箱码头项目码头总长 1 400 m,码头前沿为重力式沉箱结构。后轨道梁基础采用钢管桩桩基结构,钢管桩间距为 4.5 m,桩径为 1 m,壁厚为 20 mm,设计桩长 17.6 m(桩底高程-16.0 m,桩顶高程 1.6 m)。

本项目在码头沉箱主体结构、后方抛石棱体和土工布施工完成后,陆域回填砂到 2 m 左右,形成地基处理作业面,地基处理采用振冲密实法,业主要求地基处理后水上相对密实度不小于 70%,水下相对密实度不小于 60%。地基处理检测合格后进行沉桩施工。码头结构典型断面见图 1。

本项目沿后轨道梁原泥面在-7~-8 m 高程之间,由上至下主要土层为:松散粉质细砂,密实砂砾石层,强风化片麻岩、中风化至微风化片麻岩层等。设计桩底高程打入强风化片麻岩。各土层主要物理力学指标如表 1 所示。

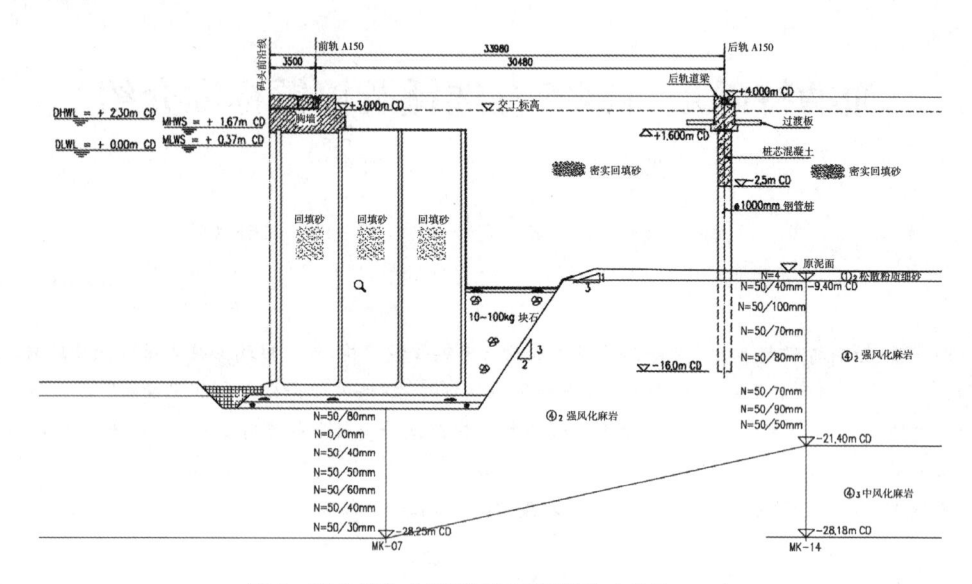

图 1 码头结构典型断面示意图(尺寸单位：mm)

表 1 各土层主要物理力学指标

土层名称	天然重度(kN/m³)	黏聚力(kPa)	摩擦角(°)	单轴抗压强度（MPa）
回填砂	18	0	35	/
1-2 松散粉质细砂	19	0	26	/
2-1 密实砂砾石层	23	0	40	/
4-2 强风化片麻岩	22	100	30	3.2
4-3 中风化片麻岩	26	2 500	35	45.7

根据设计内力计算结果显示，拉桩力极小可不考虑，最大工作荷载压桩力为 4 144 kN。根据业主要求，压桩承载力计算安全系数取 2.5，即桩基承载力要求至少为 10 360 kN。

3 选锤及停锤标准的确定

3.1 选锤分析

桩锤的选型应根据地质情况、桩型、设计承载力等综合考虑。桩锤不宜过大也不宜过小，桩锤过大易造成桩身损伤；桩锤过小，沉桩效率低且沉桩不易达到设计高程。本项目现场具备柴油锤 D128 和 D160 两种型号，D128 柴油锤单次打击能量最大为 426.5 kJ，每分钟打击次数为 36~45 次；D160 柴油锤单次打击能量最大为 533.0 kJ，每分钟打击次数为 36~45 次。具体的技术参数如表 2 所示。

表 2　柴油锤 D128 和 D160 技术参数

挡位	每次最大打击能量（J）	
	D128	D160
第 1 挡 64.1%	273 400	342 000
第 2 挡 77.2%	329 300	411 500
第 3 挡 89.7%	382 570	478 000
第 4 挡 100%	426 500	533 000

根据 *Installation Specification For Driven Piles - PDCA Specification* 102—07[2] 规定，大小合适的桩锤应满足在达到桩基承载力时，每 25.4 mm（1 英寸）夯沉量不超过 10 击。本工程设计桩端土层为强风化片麻岩，承载力要求大于 10 360 kN，为了初步评估现有锤型是否能够满足打桩要求。本项目采用 ENR 公式[3]进行计算：

$$R_a = \frac{1\,000E}{FS(S+2.54)} \tag{1}$$

其中：R_a 为桩基承载力，kN；FS 为安全系数，建议值取 6；E 为单次打击能量，kJ；S 为单次打击的夯沉量，mm。

计算中假定单击夯沉量为 2.54 mm，得到不同锤型停锤时所能达到的最大承载力，如表 3 所示。

表 3　不同锤型停锤时桩所能达到的最大承载力

锤型	E（kJ）	S（mm）	FS	R_a（kN）
D128	426.5	2.54	6.0	13 992.78
D160	533.0	2.54	6.0	17 486.88

从表 3 可知，在假定单击夯沉量为 2.54 mm 时，桩所能达到的最大承载力分别为 13 992.78 kN 和 17 486.88 kN，设计要求桩基承载力大于 10 360 kN，同时根据选锤参考资料[1]，柴油锤 D125 可能达到的极限承载力分别为 11 000~21 000 kN，D160 可达 15 000 kN 以上，最终 10 击的平均贯入度在 5~10 mm，因此，可以初步判断柴油锤 D128、D160 均可满足沉桩要求。综合考虑沉桩效率及经济性，选定 D128 柴油锤进行沉桩施工。

3.2　停锤标准

停锤标准应与锤型相适应。本项目设计桩端土层为强风化片麻岩，应以贯入度控制[1]；设计规格书要求 1 500 击的夯沉量不大于 1.5 m 或每 0.25 m 夯沉量需超过 650 击，该标准相对严格且过于宽泛，不宜作为实际沉桩施工的控制标准，控制贯入度应该根据选定锤型的不同而不同。为了初步确定停锤贯入度，根据 ENR 公式计算，桩基承载力 R_a 按设计要求，承载力取值为 10 360 kN，单次打击能量采用 3 挡计算，其结果见表 4。

表 4 柴油锤 D128 贯入度计算

锤型	E (kJ)	R_a (kN)	FS	S (mm)
D128	382.57	10 360	6.0	3.61

计算结果表明,平均贯入度小于 3.61 mm 或连续 30 击贯入度小于 108 mm 时,说明已达到桩基承载力要求。由于 ENR 公式为经验公式,安全系数的取值本身有一定主观性,而且考虑到地质的复杂多变性,计算结果只可作为控制贯入度的估值范围,停锤标准应根据试打桩、高应变动力检测和静载荷试验结果再调整。

实际沉桩过程中,首先以 ENR 公式计算出来的贯入度作为停锤标准,通过高应变动力检测发现桩基承载力不满足设计要求,经过继续试打和高应变动力复测,并出于保守考虑,初步确定控制贯入度为最后连续两个 30 击贯入度均小于 50 mm,考虑到土质不均匀情况,为了确保桩端能入持力层,当沉桩贯入度已达到控制贯入度时,要求继续锤击 50 击,避免沉桩中出现的虚假现象。

4 高应变动力检测试验

高应变动力检测是通过分析桩在冲击力作用下产生的力和加速度,确定桩的轴向承载力,评价桩身完整性和分析土的阻力分布等[4]。本项目高应变动力检测试验采用美国 PDI 公司生产的打桩分析仪(Pile Driving Analyser,PDA),数据分析采用 CAPWAP 软件。

根据沉桩情况选择有代表性的桩进行高应变动力检测试验,以确认其承载力是否满足设计要求,停锤标准是否合理。其中静载荷试验桩及 9 根工程桩的高应变动力检测结果见表 5。

表 5 高应变 CAPWAP 分析结果

桩号	—	B (mm)	R_u (kN)	R_s (kN)	R_t (kN)	S (mm)
静载桩	初打	−13.183	10 639.5	5 090.4	5 549.1	0.87
	复打		11 641.1	6 081.4	5 559.7	1.20
P11	初打	−13.252	12 015.0	5 911.0	6 104.0	1.67
	复打		12 306.3	6 258.9	6 047.4	0.87
P14	初打	−14.422	12 140.3	6 170.3	5 970.0	1.13
P16	初打	−14.547	12 223.0	6 218.0	6 006.0	1.30
P19	初打	−12.825	11 151.0	5 247.0	5 905.0	1.50
P29	初打	−10.068	10 756.9	4 653.8	6 103.1	1.59
P30	初打	−11.663	11 820.2	5 675.0	6 145.2	1.44
P33	初打	−10.679	11 066.5	4 940.4	6 126.1	0.80
P73	初打	−12.698	11 079.8	5 045.5	6 034.3	1.53
P77	初打	−14.799	11 311.8	5 529.9	5 781.9	1.17

注:B——底标高;R_u——承载力;R_s——侧摩阻力;R_t——端阻力。

高应变动力试验结果表明,按上述停锤标准沉桩,即满足连续两个 30 击贯入度小于 50 mm 的要求,平均贯入度小于 1.67 mm,承载力均大于 2.5 倍工作荷载(10 360 kN)且相差不大,满足设计承载力要求,说明初定的停锤标准是合理的。

从静载试桩和 P11 桩复打结果对比来看,复打承载力恢复系数分别 1.09 和 1.02,侧摩阻力有所提高,端阻力变化较小。

5 静载荷试验

5.1 试验概述

静载荷试验采用常规压重法,用工字钢作承重台架,上部堆叠 1 200 t 的钢筋作反力,用对称安放在桩顶的三个 QF500—20 液压千斤顶分级顶压试桩,桩顶的负载由油压表控制,桩顶沉降则由桩周四个千分表监测,并使用水准仪和标尺进行检查。静载试桩布置示意图如图 2 所示。

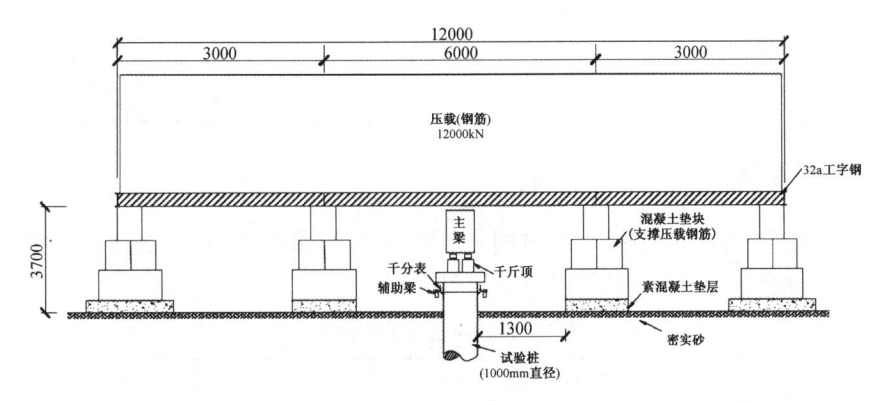

图 2 静载试桩布置示意图(单位:mm)

5.2 加载步骤

设计最大工作荷载为 4 144 kN,业主要求静载荷试验最大试验荷载为两倍最大工作荷载,即 8 288 kN。压桩试验分为两个循环,其具体加载、卸载过程如表 6 所示。

表 6 静载荷试验加载、卸载过程

编号	工作荷载百分比	荷载(kN)	油压表值	每级最小持续时间(min)	备注
1	25%	1 036	4.5	30	
2	50%	2 072	8.8	30	
3	75%	3 108	13.0	30	
4	100%	4 144	17.3	6	循环一
5	75%	3 108	13.0	10	
6	50%	2 072	8.8	10	
7	25%	1 036	4.5	10	
8	0%	0	0.0	60	

续表

编号	工作荷载百分比	荷载(kN)	油压表值	每级最小持续时间(min)	备注
9	100%	4 144	17.3	60	
10	125%	5 180	21.6	60	
11	150%	6 216	25.8	60	
12	175%	7 252	30.1	60	
13	200%	8 288	34.4	360	
14	175%	7 252	30.1	10	
15	150%	6 216	25.8	10	循环二
16	125%	5 180	21.6	10	
17	100%	4 144	17.3	10	
18	75%	3 108	13.0	10	
19	50%	2 072	8.8	10	
20	25%	1 036	4.5	10	
21	0%	0	0.0	60	

5.3 试验数据图表

静载荷试验检测结果见表 7,其时间—沉降(lgt-s)曲线见图 3。另外对静载荷试验与高应变动力检测试验 Q-s 曲线进行对比,见图 4。

表 7 静载荷试验检测结果

| 编号 | 荷载(kN) | 荷载的持续时间(min) || 桩顶实测沉降值(mm) ||
		间隔时间	累计时间	当前实测值	累计值
0	0	0	0	0	0
1	1 036	30	30	0.35	0.35
2	2 072	30	60	1.27	1.62
3	3 108	30	90	0.91	2.53
4	4 144	360	450	1.15	3.68
5	3 108	10	460	−0.06	3.62
6	2 072	10	470	−0.82	2.8
7	1 036	10	480	−1.17	1.63
8	0	60	540	−1.35	0.28
9	4 144	60	600	2.91	3.19
10	5 180	60	660	1.21	4.4
11	6 216	60	720	1.14	5.54

续表

编号	荷载(kN)	荷载的持续时间(min) 间隔时间	荷载的持续时间(min) 累计时间	桩顶实测沉降值(mm) 当前实测值	桩顶实测沉降值(mm) 累计值
12	7 252	60	780	1.95	7.49
13	8 288	360	1 140	0.98	8.47
14	7 252	10	1 150	−0.01	8.46
15	6 216	10	1 160	−0.68	7.78
16	5 180	10	1 170	−0.65	7.13
17	4 144	10	1 180	−1.26	5.87
18	3 108	10	1 190	−1.34	4.53
19	2 072	10	1 200	−1.54	2.99
20	1 036	10	1 210	−1.52	1.47
21	0	60	1 270	−1.13	0.34

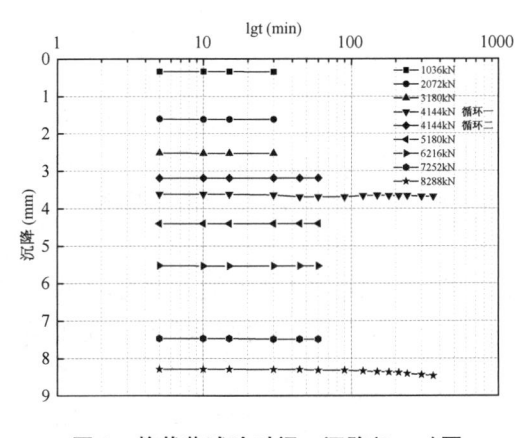

图 3 静载荷试验时间—沉降(lgt-s)图

图 4 静载荷试验桩静载与动测 Q-s 图

5.4 承载力分析

由静载试验结果可知,循环一在最大工作荷载下最大沉降量为 3.68 mm,残余沉降量为 0.28 mm;循环二在两倍最大工作荷载下最终沉降为 8.47 mm,残余沉降量为 0.34 mm。两个循环 Q-s 曲线斜率相对一致,且没有明显拐点,lgt-s 曲线上也没有明显向下弯曲现象。说明桩和桩周土在荷载作用下的变形一直处于弹性变形阶段。

因此,该试验桩的极限承载力不会小于试验最大荷载 8 488 kN,同时也进一步验证了停锤标准。

对比静载荷试验和高应变动力检测结果,静载荷试验 Q-s 曲线明显更缓,主要原因是静载试验采用两倍最大工作荷载,试验结果表明未达到桩基极限承载力,属于验证性试验,而非破坏性检测极限承载力试验。此外,静载荷试验较高应变动力检测晚了将近一个月,桩土作用有所恢复,桩侧阻力增加,承载力有所提高。

6　ENR 公式修正

根据上述 ENR 公式计算贯入度和高应变动力检测试验结果对比可知，与试验结果相比，相同桩基承载力情况下，ENR 公式计算出的贯入度明显偏大，计算结果偏危险，故不宜在该项目或类似项目情况下应用。基于此，建议将原 ENR 公式的安全系数取值做一些修改，为了得到合理的安全系数，绘制了各组试验的安全系数变化规律，如图 5 所示。

从图 5 可知，高应变动力检测试验结果的安全系数在 8~10.5 之间，将各组次安全系数取平均值为 8.8，故建议将 ENR 公式中的安全系数修改为 8.8。另外，由于该修改后的 ENR 公式只在该项目有限的试验数据中得到验证，故其仅供类似项目沉桩施工参考，最终的停锤标准应通过试打桩和试验验证确定。

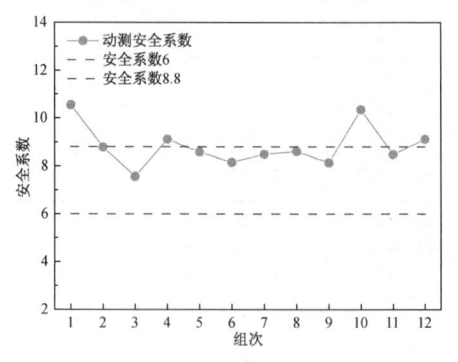

图 5　高应变动力检测试验安全系数

7　结语

（1）本项目设计桩端土层为强分化片麻岩，通过理论计算和试验验证，采用 D128 柴油锤，单次打击能量采用 3 挡，确定了以贯入度控制的停锤标准为：最后连续两个 30 击贯入度均小于 50 mm，而后再打 50 击终锤。根据已沉 86 根桩情况，总锤击数基本在 900~1 300 击，沉桩效率较好，设计桩长较为合理。

（2）当设计桩端土层为强风化片麻岩时，采用 ENR 公式计算结果偏于危险，建议将公式中的安全系数修正为 8.8，修正后的 ENR 公式与试验结果一致性较好，可供类似项目沉桩施工参考使用。

参考文献

[1] 中华人民共和国交通运输部. 港口工程桩基规范：JTS 167—4—2012 [S]. 北京：人民交通出版社股份有限公司，2012.

[2] Pile Driving Contractors Association. Installation Specification for Driven Piles-PDCA Specification 102-07[S]. [S. l]：Pile Driving Constractors Association，2007.

[3] Peck R B, Hansen W E and Thornburn T H. Foundation Engineering(Second Edition)[M]. New York：John Wiley and Son，Inc；1974.

[4] Tomlinson M, Woodward J. Pile Design and Construction Practice [M]. [S. l]：CRC Press，2007.

基于欧标的防波堤块石级配设计

张志鹏[1,2]，王　超[1,2]，曾　冬[1,2]

(1. 中国港湾西部非洲区域公司,科特迪瓦阿比让　06BP6687；
2. 中交第四航务工程勘察设计院有限公司,广东广州　510230)

摘　要：本文总结了欧标对于防坡堤块石级配的设计,详细介绍了标准级配、理想化级配的Rosin－Rammler曲线、非标准级配的设计理论以及块石级配检测频率要求,并结合特码LNG防波堤工程实例加以说明,供设计人员在国外防波堤项目设计时参考。

关键词：防波堤；块石级配；欧标；检测频率

1　引言

斜坡式防波堤是港口工程中广泛应用的一种结构型式。它主要由块石等散体材料堆筑而成,并用抗浪能力强的护面层加以保护,为港口形成掩护水域。国内规范对防波堤块石级配的设计并未做明确规定,在国外工程设计时,对防波堤块石级配有着详细的要求。在"一带一路"的时代背景之下,国内港工设计企业纷纷"走出去"参与海外项目,了解国外规范对防波堤块石级配设计是很有必要的。本文基于欧标对防波堤块石级配的设计进行总结,并通过特码LNG项目防波堤工程实例加以说明,为国外防波堤项目的设计提供一定的参考。

2　欧标防波堤块石级配设计理论

块石级配通常依据欧标进行设计,欧标 BS EN 13383[1,2] 和 The Rock Manual[3] 中设计准则包含护面、垫层及倒滤层块石级配要求。针对级配非常宽的块石,如堤心石一般只需要求最小、最大块石重量、不均匀系数等,不需要规定确切的级配曲线,因此本文不加讨论。

2.1　块石的尺度与级配

质量 M 是衡量块石尺度最简单的方法。防波堤设计中常用等效立方体粒径 D_n，又称公称粒径。粒径 D 表示筛分粒径。假设块石密度为 ρ_{app}，M、D 和 D_n 有如下关系：

$$D_n = (M/\rho_{app})^{1/3} \tag{1}$$

$$D_n = 0.84D \tag{2}$$

自然开采的石头粒径或质量各不相同,通常采用累计曲线法表示块石的颗粒大小及其组成情况。累计曲线法的横坐标为粒径,纵坐标为小于某粒径的累计百分含量。块体质量(粒径)由 $M_y(D_y)$ 表示,其中 y 表示质量(粒径)小于 $M(D)$ 的累计百分含量。曲线总体坡度可大致表征各级粒度所占的数量或称为质量的均匀程度，学术上也称为级配宽度或者级配。级配宽度定量表示见表1。

表1 与均匀度有关的护面块石级配宽度

级配宽度	D_{85}/D_{15}	M_{85}/M_{15}
窄级配或单一大小级配	<1.5	1.7～2.7
宽级配	1.5～2.5	2.7～16
非常宽级配或开山石级配	2.5～5.0	16～125＋

2.2 标准级配

设计中块石的级配采用公称下限值（NLL）和公称上限值（NUL）表示，同时用极端上、下限值（EUL、ELL）规定容差。例如1～3 t块石表示NLL为1 t，NUL为3 t。

欧标BS EN 13383[1,2]将块石的级配划分为三个大类：

重级配：用质量表示，NUL>500 kg，适用于较大尺寸的护面块石；

轻级配：用质量表示，25 kg≤NUL≤500 kg，适用于护面、垫层以及倒滤层；

粗级配：用筛分粒径表示，125 mm≤NUL≤250 mm，经常被用于倒滤层。

在不同级配类型中，ELL等的概念有所不同，以重级配为例：ELL（极端下限值）表示被允许的累积质量含量不多于5%的块石质量，对于轻级配，ELL取2%；NLL（公称下限值）表示被允许的累积质量含量不多于10%的块石质量；NUL（公称上限值）表示被允许的累积质量含量不少于70%的块石质量；EUL（极端上限值）表示被允许的累积质量含量不少于97%的块石质量。

欧标BS EN 13383[1,2]把重级配和轻级配分为A、B两类，A类级配对有效平均质量M_{en}有要求，而B类不做要求。重级配和轻级配的标准级配见表2和表3。粗级配只规定了A类，见表4。

表2 标准级配——重级配

	指定等级(kg)	ELL(kg)	NLL(kg)	NUL(kg)	EUL(kg)	M_{en} (kg)	
	通过比率	<5%	<10%	>70%	>97%	下限	上限
重级配	10 000～15 000	6 500	10 000	15 000	22 500	12 000	13 000
	6 000～1 000	4 000	6 000	10 000	15 000	7 500	8 500
	3 000～6 000	2 000	3 000	6 000	9 000	4 200	4 800
	1 000～3 000	700	1 000	3 000	4 500	1 700	2 100
	300～1 000	200	300	1 000	1 500	540	690

表 3　标准级配——轻级配

	指定等级(kg)	ELL(kg)	NLL(kg)	NUL(kg)	EUL(kg)	M_{en} (kg)	
	通过比率	<2%	<10%	>70%	>97%	下限	上限
轻级配	60~300	30	60	300	450	130	190
	10~60	2	10	60	120	20	35
	40~200	15	40	200	300	80	120
	5~40	1.5	5	40	80	10	20
	15~300	3	15	300	450	45	135

表 4　标准级配——粗级配

	指定等级(kg)	ELL(mm)	NLL(mm)	NUL(mm)	EUL(mm)	D_{en} (mm)
	通过比率	<5%	<10%	>70%	>98%	<50%
粗级配	45/125	22.4	45	125	180	63
	63/180	31.5	63	180	250	90
	90/250	45	90	250	360	125
	45/180	22.4	45	180	250	63
	90/180[a]	45	90[a]	180[a]	250	NA

注：a) 为用于笼装石，其中 NLL 取 20%，NUL 取 80%。

2.3 理想化级配的 Rosin‑Rammler 曲线

标准级配完整的质量(粒径)分布曲线可以利用 Rosin‑Rammler(Ros‑Ram)理论公式插值得到，Ros‑Ram 公式基本形式如下：

$$y = 1 - \exp\left[\ln\left(\frac{1}{2}\right)(M_y/M_{50})^{n_{RRM}}\right] \cong 1 - \exp\left[-0.693\,(M_y/M_{50})^{n_{RRM}}\right] \quad (3)$$

也可表示为：

$$M_y = M_{50}\left[\ln(1-y)/\ln\left(\frac{1}{2}\right)\right]^{1/n_{RRM}} \cong M_{50}\left[\frac{\ln(1-y)}{-0.693}\right]^{1/n_{RRM}} \quad (4)$$

式中：n_{RRM} 为均匀度系数，反应级配曲线倾斜度。该公式也可以表示粒径分布(用 D 或者 D_n 替换 M，$n_{RRD} = 3n_{RRM}$)，在此不再赘述。

在 Ros‑Ram 曲线上给定两个固定点，则可以得到 M_{50} 和 n_{RRM}。如给定 NLL、NUL 及对应的累计质量百分含量 y_{NLL}、y_{NUL}，则可得到式3。

$$M_{50} \cong NLL\left[\ln(1-y_{NLL})/(-0.693)\right]^{-1/n_{RRM}} \quad (5)$$

$$M_{50} \cong NUL\left[\ln(1-y_{NUL})/(-0.693)\right]^{-1/n_{RRM}} \quad (6)$$

故

$$n_{RRM} \cong \log[\ln(1-y_{NUL})/\ln(1-y_{NLL})]/\log(NUL/NLL) \tag{7}$$

根据 Ros-Ram 公式,可绘制 BS EN 13383[1,2]中标准级配的理想化曲线,The Rock Manual[3]规定,对于重级配和轻级配均取 $y_{NLL}=0.06$ 及 $y_{NUL}=0.90$,而粗级配取 $y_{NLL}=0.10$ 及 $y_{NUL}=0.95$,此时 $M_{50}\approx 0.5(NLL+NUL)$,较好地吻合。

2.4 非标准级配

设计中应尽可能地选择标准级配,尤其是对需要通过机械筛选的轻级配和粗级配[3]。但是实际工程情况不尽相同,例如对于重级配块石,在设计过程中,若选择标准级配块石 1~3 t 太轻,而保守选择标准级配块石 3~6 t 将导致护面层过厚时,可考虑选择 2~4 t 级配的块石。这种情况下可采用质量或粒径分布与标准级配类似的非标准级配设计。当石料为 B 类(即不对有效平均质量 M_{em} 做要求)时,可采用以下简单方法设计:

(1) 根据设计值 M_{50} 定义 NUL 和 NLL,使得 $M_{50}\cong 0.5(NLL+NUL)$。同时 NUL/NLL 比值可参考相似的标准级配的级配宽度,不宜过小。

(2) 定义 ELL=0.7NLL 和 EUL=1.5NUL。

(3) 对不同级配(粗级配、轻级配和重级配)所要求的各限值 ELL、NLL、NUL、EUL 分别定义为 5%、10%、70%和 97%。

对于 A 类重级配和轻级配块石,首先根据计算确定中值重量 M_{50},级配的各质量限值 Y 按下式计算

$$Y = AM_{50}^B \tag{8}$$

式中:A、B 均为系数,见表 5 所示。

表 5 非标准级配 A 类重级配和轻级配块石计算系数

指定等级	ELL(kg)	NLL(kg)	NUL(kg)	EUL(kg)	M_{em} (kg)	
					下限	上限
通过比率	5%/2%	10%	70%	97%		
系数 A	0.027	0.156	2.52	5.16	0.449	1.06
系数 B	1.32	1.16	0.92	0.88	1.08	0.99

对于 A 类粗级配,各粒径限值与中值粒径有如下关系:

ELL/$D_{50}=0.28$、NLL/$D_{50}=0.56$、$D_{50\min}/D_{50}=0.79$、NUL/$D_{50}=1.57$、EUL/$D_{50}=2.24$。

2.5 块石级配检测频率要求

施工过程中需对块石级配质量进行检测和控制。在各类规格块石初始使用阶段应对相应块石级配进行试验检测,确定是否满足级配的要求。在后续石料生产和使用过程中,可根据各规格块石使用量确定相应级配试验的检测频率。BS EN 13383—1∶2002[1]规定三种级配块石检测频率要求为:每 20 000 t 检测一次,若超过六个月再次使用块石,需再次进行级配检测。The Rock Manual[3]规定对三种级配块石分别做了如表 6 的规定,块石级配的检测方法见 BS EN 13383—2∶2002[2],在此不加赘述。

表6　The Rock Manual 对块石级配的检测频率要求

级配	块石采用机械筛选时频率	块石采用逐个选择时频率
粗级配	次/3 000~5 000 t	不适用
轻级配	次/3 000~5 000 t	不适用
重级配	次/3 000~5 000 t	次/1 500~2 500 t

3　工程案例

3.1　工程介绍

加纳特码 LNG 项目位于非洲西部，加纳南部沿海，濒临几内亚湾的北侧，与首都阿克拉相距约 26 km，位于特码老港现有港池外侧。该项目包括总长为 782.4 m 防波堤，采用抛石斜坡堤结构，典型断面见图1。堤心石采用 1~1 000 kg 开山石，内侧采用 300~500 kg 垫层块石和 2~5 t 护面块石；外侧采用 1~2 t 垫层块石和 2 m³ ACCROPODE™ Ⅱ型护面块体，外侧肩台以下采用 500~1 000 kg 护面块石，外侧肩台采用 2~5 t 护脚块石；防波堤内外侧防冲刷护底采用 60~300 kg 块石。

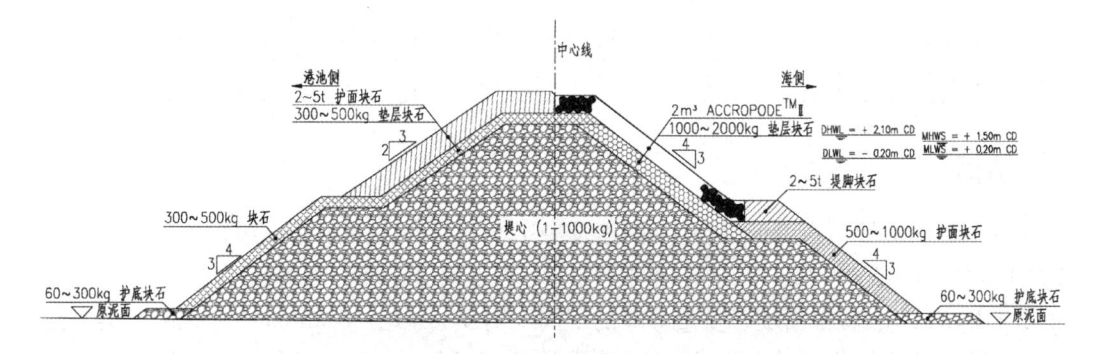

图1　防波堤典型断面图

3.2　块石级配计算和检测频率要求

本项目护面及垫层均采用非标准级配块石，其设计思路是首先根据波浪条件计算出所需的中值质量 M_{50}，然后结合现场实际条件和周边类似工程经验确定合理的 NUL 和 NLL 限值，最后根据 The Rock Manual[3] 规定的非标准级配 A 类方法确定相应级配要求。护底块石根据波浪条件计算所需的中值质量 M_{50} 选用标准级配 60~300 kg 块石(见表2)。

以 2 000~5 000 kg 护面重级配块石为例，根据波浪条件计算所需中值质量为 2 800 kg，设计中考虑一定安全富余并结合周边类似工程经验，最终确定采用 2 000~5 000 kg 重级配块石，其设计中值质量 $M_{50} = (2\,000 + 5\,000)/2 = 3\,500$ kg $> 2\,800$ kg；再根据式(8)可分别计算出各限值为：ELL $= 0.027 \times 3\,500^{1.32} = 1\,286.9$ kg；NLL $= 0.156 \times 3\,500^{1.16} = 2\,014.9$ kg；NUL $= 2.52 \times 3\,500^{0.92} = 4\,591.4$ kg；EUL $= 5.16 \times 3\,500^{0.88} = 6\,783.1$ kg；$M_{enll} = 0.449 \times 3\,500^{1.08} = 3\,018.8$ kg；$M_{enul} = 1.06 \times 3\,500^{0.99} = 3\,419.3$ kg，最后根据计算值做

适当取整,避免各限值太大或太小,本项目各块石级配计算和取值结果如表7所示。

该项目业主要求每次从采石场运送块石前和到达现场后均需对块石料进行视觉检查,判断级配是否合理。块石级配每个月需进行一次试验检测,若检测结果不满足要求,则后续试验检测频率调整为每周一次,直到检测结果满足要求并经咨询工程师同意后方可恢复至每月检测一次。

表7 非标准级配块石计算结果

指定等级(kg)		ELL(kg)	NLL(kg)	NUL(kg)	EUL(kg)	M_{em} (kg)	
通过比率		5%/2%	10%	70%	97%	下限 LL	上限 UL
系数 A		0.027	0.156	2.52	5.16	0.449	1.06
系数 B		1.32	1.16	0.92	0.88	1.08	0.99
2 000～5 000 kg	计算值	1 286.9	2 014.9	4 591.4	6 783.1	3 018.8	3 419.3
M_{50} =3 500 kg	取值	1 400	2 000	5 000	6 700	3 000	3 500
1 000～2 000 kg	计算值	420.5	754.0	2 105.7	3 218.2	1 209.0	1 477.9
M_{50} =1 500 kg	取值	500	1 000	2 000	3 000	1 200	1 500
500～1 000 kg	计算值	168.4	337.4	1 112.9	1 748.7	5 71.9	744.1
M_{50} =750 kg	取值	300	500	1 000	1 700	600	750
300～500 kg	计算值	73.5	162.7	624.2	1 005.7	290.0	399.3
M_{50} =400 kg	取值	200	300	500	1 000	330	450

4 结语

在国外防波堤项目设计过程中,护面及垫层块石应优先采用标准级配,可直接按 BS EN 13383—1∶2002[1]中给定的标准级配选用;当采用非标准级配时,首先根据计算确定中值重量 M_{50},然后根据块石重量等级的不同采用 The Rock Manual[3]规定的 A 类方法确定级配;当石料为 B 类(即不对有效平均质量 M_{em} 做要求)时,可采用 The Rock Manual[3]规定的简单方法设计。

施工过程中需对块石级配质量进行检测和控制。当采用机械筛选时,可按每3 000～5 000 t 使用方量检测一次;对于采用逐个选择的重级配块石,可按每1 500～2 500 t 使用方量检测一次。检测频率可根据实际情况和业主要求做相应调整。

参考文献

[1] British Stanards Instituion. BS EN 13383-1∶2002 Armourstone - Part 1∶Specification[S]London∶BSI,2006.

[2] British Stanards Instituion. BS EN 13383-2∶2002 Armourstone - Part 2∶Test methods[S]London∶BSI,2006.

[3] Ciria, Cur, Cetmef. The rock manual-the use of rock in hydraulic engineering(2nd edition)[M]. London∶CIRIA,2007.